EDUARDO CAAMAÑO

Edgar Allan Poe

La biografía definitiva
del maestro del terror

ALMUZARA

Fotografía de portada:
W.S. Hartshorn 1848; © 1904 por C.T. Tatman.
LC-USZ62-10610 © Library of Congress
Coloreada por Jaime Gea Ortigas
Fotografía de portadilla: The Poe Museum

Primera edición: noviembre de 2023

EDITORIAL ALMUZARA • COLECCIÓN MEMORIAS & BIOGRAFÍAS
Director editorial: Antonio Cuesta
Revisión del texto: Uriel Pascual
www.editorialalmuzara.com
pedidos@almuzaralibros.com - info@almuzaralibros.com

Imprime: BLACK PRINT
IBIC: BGF
ISBN: 978-84-11318-55-6
Depósito Legal: CO-1698-2023

Editorial Almuzara
Parque logístico de Córdoba
14005. Córdoba

Hecho e impreso en España - *Made and printed in Spain*

«Los hombres me han llamado loco; pero todavía no se ha resuelto la cuestión de si la locura es o no la forma más elevada de la inteligencia, si mucho de lo glorioso, si todo lo profundo, no surgen de una enfermedad del pensamiento, de estados de ánimo exaltados a expensas del intelecto general. Aquellos que sueñan de día conocen muchas cosas que escapan a los que sueñan solo de noche».

EDGAR ALLAN POE, fragmento de *Eleonora* (1842)

Índice

Introducción

La historia de la literatura es muy antigua y pertenece a todas las culturas, ya que todos los pueblos han querido escribir sus pensamientos, sus experiencias vividas o la cultura de su entorno. Hay innumerables autores que han dejado su huella en la literatura mundial, pero solo unos pocos han creado obras maestras universales, como Homero con su *Ilíada* (siglo VIII a. C.), Dante Alighieri con *La Divina Comedia* (1472), Miguel de Cervantes con *Don Quijote de la Mancha* (1605), Victor Hugo con *Los miserables* (1862) o Fiódor Dostoievski con *Crimen y castigo* (1886). Para muchos, Edgar Allan Poe también es uno de los autores que ha logrado un lugar en este grupo selecto, no solo por su magistral bibliografía, sino sobre todo por lo que se considera su obra más grande: *El cuervo*, un poema atemporal que puede sorprender a cualquier lector con solo unas pocas estrofas. La historia cuenta la misteriosa visita de un cuervo hablante a la casa de un estudiante afligido, al que parece agravar su sufrimiento al pronunciar de forma constante la palabra *nevermore* (nunca más). Esta obra, compuesta de 108 versos, destaca por su musicalidad, su original composición rítmica, su lirismo y una atmósfera sobrenatural que, lamentablemente, solo puede apreciarse en toda su esencia si se lee o escucha en su idioma original.

El cuervo fue publicado en enero de 1845; en ese momento, Edgar Allan Poe era un autor conocido en el círculo literario y ya había publicado muchas obras en diferentes revistas, pero aún vivía en una situación de pobreza. Era un momento de cambios importantes en su vida y Poe creía que este poema podría ser el primer paso hacia una carrera exitosa y reconocida, pero, para su desgracia, no fue más que el inicio de un espantoso retroceso que se volvió irreversible con la muerte de su amada esposa a los veinticuatro de años de edad, un terrible suceso que provocó el comienzo de su naufragio en su propia soledad hasta que se vio envuelto en una espiral de autodestrucción que acabaría con su vida pocos años más tarde.

Huérfano a los dos años, Poe tuvo la suerte de ser acogido por un rico matrimonio en Richmond (Virginia). Sin embargo, fue desheredado a los dieciocho años y tuvo que dejar la casa de sus tutores. Sin recursos económicos, se enroló en el Ejército americano, donde permaneció un breve periodo de tiempo hasta que consiguió ingresar en West Point, la academia militar más prestigiosa de Estados Unidos, pero al poco tiempo fue expulsado por insubordinación. De temperamento compulsivo, su egocentrismo y escaso don de gentes contribuyeron a granjearle muchos enemigos y, por mucho que se esforzara en escribir brillantes artículos y reseñas para las revistas para las que trabajaba, jamás consiguió superar un nivel económico precario. El alcohol también fue otro elemento que destrozó su vida, ya que lo alejó de posibles relaciones sentimentales y obstaculizó su progreso profesional. Sin embargo, cuando tenía la mente clara, era capaz de proezas impresionantes, como multiplicar por ocho el número de suscriptores de una revista en solo catorce meses gracias a su talento y sus habilidades periodísticas. Desafortunadamente, nuestro protagonista casi siempre se dejaba llevar por su lado más oscuro, lo que lo arrastraba a crisis que a duras penas podía superar.

Poe regresando a Boston. Esta estatua, obra de la escultora estadounidense Stefanie Rocknak, representa el retorno del autor a su ciudad natal, y está ubicada en una céntrica plaza que lleva su nombre.

Su errática trayectoria terminó en un bar de baja categoría en Baltimore tras la enésima borrachera. Fue rescatado por un amigo, que lo encontró en un estado deplorable y con ropas que no eran las suyas. Trasladado a un hospital de urgencias, falleció cuatro días más tarde, a los cuarenta años de edad. Las circunstancias exactas de su muerte nunca fueron clarificadas. A pesar de sus amores y seguidores literarios, Poe murió solo, sin hijos y sin dinero.

Este trágico final ha llevado a la formación de opiniones preconcebidas que se alimentaron de una infinidad de rumores malintencionados y que se han fortalecido a través de la cultura pop que se ha creado en torno a su figura. Muchas de estas narrativas hablan de un escritor alcohólico y atormentado que plasmó historias de terror; sin embargo, ninguna de estas afirmaciones ha logrado eclipsar la importancia de su legado literario.

Poe tuvo una vida muy difícil y fue un hombre atormentado, pero también fue un gran exponente literario que supo crear algo inmortal en sus textos a partir de su dolor, inspirando a autores de renombre como Dickens, Baudelaire y Valéry. Por fortuna, con la nueva perspectiva que da el tiempo, hoy en día, la obra de Edgar Allan Poe, libre de las cargas de sus circunstancias personales, sigue siendo muy relevante y nadie duda de la genialidad de un hombre considerado uno de los mejores escritores de terror de la historia. Por otro lado, si no hubiera sido por sus «cuentos de raciocinio» (así se conocían sus historias de detectives en la época), Arthur Conan Doyle nunca habría creado el personaje de Sherlock Holmes tal y como lo hizo; y de no haber sido por su poesía y sus cuentos de ficción, el surrealismo en Francia podría haber desaparecido sin pena ni gloria.

De todas las biografías que he escrito, la de Edgar Allan Poe ha sido, sin duda, mi mayor desafío. Debido a su temprana muerte, no dejó ninguna memoria escrita y no era conocido por confesar o compartir sus opiniones personales. Nunca se sintió motivado a escribir sobre su infancia ni sobre sus recuerdos juveniles, aunque se puede afirmar que el poeta trazó en muchos de sus personajes un retrato de sí mismo —quienes parecen sentir las mismas inquietudes y aflicciones de su creador—, de modo que no sería descabellado afirmar que el conjunto de su obra, leída con una mirada adecuada, nos puede proporcionar numerosas claves para comprender la personalidad y la vida de este autor tan oscuro.

Con este libro, tengo la humilde intención de acercar al lector una biografía moderna que nos ayude a entender la trayectoria de un escritor que sufrió una vida intensa y llena de altibajos, y que, pese a que gozaba de cierto prestigio, no pudo librarse del desprecio de sus detractores, que se referían a él como un «auténtico lunático» debido a sus excentricidades e impredecibles cambios de humor. Dispuesto a nadar contracorriente, Poe siguió plasmando en el papel sus «geniales locuras», convirtiéndose en el primer autor estadounidense que intentó vivir de la escritura, aunque para ello tuvo que elegir una existencia marcada por la miseria y la aflicción. Con su innegable genialidad, logró penetrar en el inconsciente del lector como nadie y produjo obras que aseguraron su fama póstuma de una manera que jamás hubiera imaginado. Además, su talento literario consiguió que el género del terror creciera de tal manera que influyó en escritores desde entonces. En resumen, Edgar Allan Poe fue un genio incomprendido que jamás supo canalizar su talento hacia la felicidad y fue víctima del desconcierto, de los excesos, de la turbulencia y de un romanticismo temerario e inconsecuente que brotaba de su propio interior, lo que él mismo llamaba «los terrores del alma».

Todos los datos que proporciono en esta biografía se sustentan en una exhaustiva y documentación de credibilidad comprobada, lo cual adquiere gran importancia al retratar la vida de un hombre tan complejo y lleno de claroscuros que no puede ser reducido a una única etiqueta simplista. También hago algunas reseñas sobre sus obras, aunque no profundizo demasiado en ellas para no entrar en un terreno ya estudiado y desarrollado por expertos que han transmitido sus valiosos conocimientos en numerosos y variados apéndices de las ediciones españolas dedicadas al maestro del terror. Quisiera, además, dejar constancia de que, aunque no haya nada inventado en esta obra, sí que se adornan determinados pasajes con alguna que otra anécdota. Para los lectores escépticos que deseen verificar algún dato, se incluye una extensa bibliografía a la que tuve acceso en la sección final. A aquellos que quieran ampliar información acerca de la sociedad de su época el libro les parecerá revelador; los que se interesen por conocer su magnífica bibliografía, encontrarán numerosas referencias, y los que deseen conocer su compleja personalidad, sus tribulaciones y su influencia en otros autores, verán que esta obra les resultará, sobre todo, interesante.

Se han consultado algunas de las obras consideradas fundamentales para entender a un hombre tan controvertido como Edgar Allan Poe para el desarrollo de esta biografía. Entre ellas, quisiera destacar: *Edgar Allan Poe, vida y obra*, de Charles Baudelaire; *The Works of Edgar Allan Poe*, de John Ingram; *Edgar Poe: Étude psychanalytique*, de Marie Bonaparte; *Poe, a Critical Study*, de Edward H. Davidson; *Critical Essays on Poe* y *A Companion to Poe Studie*, ambos de Eric W. Carlson; *The Poe Log*, de Dwight Thomas y David K. Jackson; *The Poe Encyclopedia*, de Frederick S. Frank y Tony Magistrale; *The Letters of Edgar Allan Poe*, de John Ward Ostrom; *Edgar Allan Poe: Mournful and Never-ending Remembrance*, de

Kenneth Silverman y *Edgar Allan Poe, a critical biography,* de Arthur Hobson Quinn. En nuestro idioma podemos encontrar riquísimo contenido sobre la obra del autor, con muy buenas reseñas, en el blog *El espejo gótico* (elespejogotico.blogspot.com).

Y aunque suene a tópico, este trabajo no hubiese sido posible sin el alentador apoyo y el estímulo de algunas personas e instituciones que demostraron una total disposición en ayudarme a llevar a cabo un proyecto bibliográfico de esta magnitud. Estamos hablando de un hombre de carácter muy reservado y que lleva fallecido casi dos siglos, lo que aumenta su complejidad. Por ello, quiero dar las gracias, en primer lugar, a mi esposa Eleonora, que me animó a escribir este libro desde el principio, a Rob Velella, el creador y administrador del blog *The Edgar A. Poe Calendar* y *The American Literary Blog*, dos fuentes de inagotable información fiable y precisa sobre su vida y obra; y a Chris Semtner, curador del Poe Museum de Richmond por su gentil ayuda y conocimientos bibliográficos. No podría dejar de manifestar mi profundo agradecimiento a mi minúsculo pero imprescindible equipo de colaboradores que son, al igual que Poe, verdaderos maestros en sus áreas de actuación: mi revisor, Uriel Pascual, y el experto en restauración fotográfica, Jaime Ortigas. Dirijo el mismo sentimiento de gratitud a mi editor, Antonio Cuesta, y a todo el equipo de la Editorial Almuzara por haber transformado mi desafío personal en una realidad literaria.

EDUARDO CAAMAÑO

PRIMERA PARTE

EL HUÉRFANO QUE JUGABA
ENTRE LAS TUMBAS
(1809-1826)

I

ELIZA

«Mi vida ha sido capricho, impulso, pasión, anhelo de la soledad, mofa de las cosas de este mundo; un honesto deseo de futuro».
EDGAR ALLAN POE

Existen personas que parecen estar destinadas para la tragedia, que persisten en tomar decisiones equivocadas y son perseguidas por una suerte de destino maligno que las lleva hacia una espiral de autodestrucción, muchas veces irreversible. Este fue el caso de Edgar Allan Poe, un hombre que tuvo que enfrentarse a toda una serie de tormentos desde su nacimiento hasta su último aliento. En su breve paso por este mundo, Allan Poe lidió con un sinfín de obstáculos: una orfandad temprana, situaciones familiares anómalas, amores imposibles, relaciones conflictivas, caídas a causa del alcohol y un estado constante de penurias económicas. Para hacernos una idea, durante su vida, ninguno de sus libros tuvo una segunda edición, excepto un tratado sobre botánica por el que fue acusado de plagio. Todo este conjunto de infortunios se refleja claramente en la expresión de su rostro captada por las lentes de las pocas cámaras por las que se dejó retratar. El resultado no podría ser otro: no existe ninguna fotografía en la que Edgar Allan Poe aparezca sonriendo.

Con ello, quiero advertir, apreciado lector, que esta obra biográfica no tratará sobre perseverancia ni superación, ni tendrá un final épico. Ni siquiera se puede decir que Poe tuviera una vida de altibajos, porque incluso en los días más positivos la desgracia no dejó de perseguirlo, como si se empecinara en no permitir que disfrutara del mínimo logro. A pesar de su triste y breve existencia, la aprovechó para escribir con una pulsión inagotable. Todo eran folios y letras para él, como si supiera que la vida se deslizaba entre sus dedos. En un lapso breve de tiempo, logró concebir una obra trascendental sin parangón, superando los logros de cualquier otro autor.

Para comprender mejor la triste historia de este «aristócrata sin dinero», como él mismo solía llamarse, debemos retroceder a la primavera de 1787, cuando nació su madre, Elizabeth Arnold, o simplemente Eliza, cuya muerte prematura influiría enormemente en la literatura de nuestro protagonista.

Eliza nació en Londres, hija de dos actores del West End de quienes apenas tenemos datos, excepto que se llamaban Elizabeth y Herny Arnold. Este último habría muerto pocos meses después del nacimiento de Eliza, lo que obligó a su madre a tener que conciliar sus labores maternales con su oficio de actriz. Y así lo hizo, no sin grandes dificultades, hasta que la niña cumplió los ocho años de edad, momento en el cual decidió trasladarse a los Estados Unidos en busca de un futuro en el floreciente mundo teatral. La escena teatral en aquel momento mostraba señales claras de transformarse en un sector pujante, gracias al surgimiento de una nueva clase aristocrática que acabaría convirtiéndose en un prometedor nicho de mercado para la industria del entretenimiento.

La primera compañía de teatro profesional nació en Virginia en 1752 y, poco a poco, fueron surgiendo otros dedicados exclusivamente al arte escénico; se representaban clásicos de Shakespeare, siendo *El mercader de Venecia* la primera de la que se tiene constancia. En años posteriores, el Imperio británico prohibiría la representación teatral en las colonias, debido a la sospecha de que algunos autores como Otis Warren, Hugh Henry Brackenridge y Robert Munford escribían mensajes implícitos de carácter revolucionario en sus obras. Con la declaración de la independencia de los Estados Unidos en 1776, salieron a la luz una serie de textos de la pluma de los primeros dramaturgos propiamente americanos, que tenían en la comedia social el primer género autóctono y en William Dunlap al primer escritor profesional; su figura se considera hoy como la del padre del drama americano. Además de traducir las principales obras europeas, Dunlap también trabajó en diversos géneros de teatro, siendo su obra *American Shandyism* la más valorada.[N1]

En 1809, año de nacimiento de Edgar Allan Poe, se fundó en Filadelfia el teatro Walnut, que es considerado el más antiguo de los Estados Unidos. En este edificio se representó la producción teatral *The Rivals*, estrenada en 1812. Con una audiencia tan selecta en sus butacas como Thomas Jefferson o el marqués de La Fayette, los teatros comenzaron a ganar fuerza y se fueron expandiendo hacia el oeste, casi todos presentando las obras clásicas de Shakespeare, aunque también géneros más populares, como el *Victorian Burlesque*, importado de Gran Bretaña y sazonado con mayores dosis de sexualidad, que llegó a ser explícita en muchos teatros de los barrios populares.

Nota del Autor

Durante la segunda mitad del siglo XIX, uno de los espectáculos de variedades más populares que ocupaban los carteles de los principales teatros de Estados Unidos fueron los *minstrels*, un espectáculo musical cuyo periodo de mayor esplendor se sitúa entre 1840 y 1900. Se trataba de un género que, de alguna manera, aunaba la ópera inglesa con la música de origen negro, procedente de las plantaciones del sur. Su característica más conocida era su reparto de actores, todos de raza blanca, que se pintaban las caras para interpretar canciones y bailes en los que imitaban a los negros de forma cómica y casi siempre peyorativa. El origen de este recurso escénico es incierto, aunque se sabe que durante la época del teatro isabelino —que abarcaría el periodo comprendido entre 1578-1642 en Inglaterra— ya se exhibían obras cuyos protagonistas eran negros, pero su papel siempre era llevado a cabo por actores blancos —*Otello* es un claro ejemplo de ello—. Hasta finales del siglo XIX, el *minstrel* era el espectáculo más conocido en los Estados Unidos y gozó de una sólida reputación en muchas partes de Europa. También estuvo muy presente en el cine y la radio, por lo menos hasta la década de 1930, cuando se transmitió la comedia de situación radiofónica *Amos 'n' Andy*. También se hicieron famosas en la misma época las películas *Swing Time*, con Fred Astaire (1936) y *Babe in Arms* (1938), con Judy Garland, en las que aparecen con los rostros pintados de negro.

Desde la década de 2010, se ha generado un debate sobre la práctica de usar maquillaje negro en la representación de personajes en países como España —donde era costumbre pintar de negro el rostro del actor que interpreta al rey Baltasar en la cabalgata de Reyes Magos—. En los Países Bajos, donde es muy popular la figura de *Zwarte Piet* (Pedro el Negro), el paje que ayuda a San Nicolás a repartir regalos, esta práctica también ha sido cuestionada. *Zwarte Piet* es un joven con la cara pintada de negro que va vestido con un traje renacentista, pelo rizado, pendientes dorados y gruesos labios rojos. Hasta hace poco, estos papeles eran interpretados por actores blancos maquillados de negro. Hoy, estos países contratan a perso-

Cartel del monólogo de Billy Van (1900), una obra teatral del género *minstrel* en la que un actor blanco se pintaba la cara de negro y una enorme boca roja para representar de forma burlona a una persona de origen afroamericano. Los *minstrels* se prohibieron en Estados Unidos a finales de 1960, cuando pasó a considerarse un acto ofensivo y racista.

nas negras para interpretar estos papeles, aunque todavía hay pueblos que mantienen la costumbre anterior, alegando que en Europa el *blackface* no tiene el mismo significado que en Estados Unidos, ya que hasta finales del siglo XX había poca población negra en el continente. Se trata de un acto sociocultural que no ha envejecido bien, puesto que hoy buena parte de la audiencia encuentra ofensivo que un actor blanco se pinte la cara de negro.

Elizabeth y su hija pequeña llegaron a Boston el 3 de enero de 1796, en una época en la que Estados Unidos trataba de establecerse como una nación. Había ganado una gran guerra contra su antigua metrópoli, pero también se había enfrentado a problemas económicos y transformaciones sociales significativas, además de conflictos con otras naciones europeas y con las tribus nativas americanas, con las que compartía el territorio a duras penas. Cuando Elizabeth pisó tierra estadounidense, el presidente era George Washington, quien estaba en su segundo mandato y había sido propuesto para un tercero en 1797, que no aceptó. Su decisión de no ser postulado ni elegido para un tercer mandato presidencial está detallada en su célebre *Discurso de despedida*, considerado como un testamento político en el que se refiere a los pilares fundamentales sobre los cuales la nación que contribuyó a construir debía continuar su camino de forma autónoma.

Eliza hizo su debut en los escenarios de Boston tres meses después de su llegada a América, interpretando a un personaje infantil llamado Biddy Blair en la obra *Miss in Her Teens,* de David Garrick. Sus naturales habilidades escénicas llamaron pronto la atención de los críticos locales, quienes le dedicaron reseñas muy positivas. Una de ellas apareció en la edición del *Portland Herald* del 28 de abril de 1796 y decía: «La actuación de la pequeña Eliza ha superado con creces todas las expectativas [...] A pesar de tener solo nueve años, sus habilidades como actriz equivalen a las de una profesional de edad más madura».

Ese mismo año, su madre se casó con un pianista llamado Charles Tubbs, al que había conocido a bordo del barco que los había traído a Estados Unidos. Juntos formaron una compañía teatral llamada Charleston Comedians junto a un mánager llamado Mister Edgar. La *troupe* tenía planes de hacer una gira por diferentes ciudades de la costa este del país, pero cuando llegaron a Charleston (Carolina del Norte), Elizabeth sufrió un mal repentino y murió al cabo de pocos días, sin que pudiera hacerse nada por ella. Aunque hay poca información sobre su defunción, se sospecha que la causa fue la fiebre amarilla, una de las muchas enfermedades que afectaron a las ciudades americanas en esa época. Los diagnósticos eran inciertos en aquel entonces y se conocían popularmente como «calenturas», «pestilencias» o «fiebres malignas». Las primeras descripciones de la enfermedad que la identifican formalmente señalan su aparición en Barbados en 1647, desde donde se extendió a otras partes de las Antillas entre 1648 y 1650. Los pacientes sufrían dolor de cabeza intenso, vomitaban sangre y la mayoría moría después de una semana.[N2] Las condiciones de higiene eran deficientes y la medicina aún no conocía la verdadera naturaleza de las enfermedades contagiosas. En los archivos de la biblioteca pública de Nueva Orleans hay una breve nota de prensa de la época que habla de una terrible epidemia de fiebre amarilla que asoló la ciudad en 1793. El relato es estremecedor: «Cuando habían muerto todos en el hospital, e incluso los médicos y las enfermeras habían sucumbido a la enfermedad, se quemaron edificios y cadáveres».[N3] Dado que había poca o ninguna infraestructura de salud pública para hacer frente a una enfermedad tan grave, cuya transmisión aún no estaba del todo aclarada, la población no tenía otra opción que esperar el contagio, enfermar y confiar en que su cuerpo fuera capaz de combatir la afección. Desafortunadamente, no fue el caso de la abuela materna de Edgar Allan Poe.

Al verse huérfana con tan solo once años, Eliza no tuvo otra alternativa que quedarse con la compañía teatral bajo la tutela de su padrastro, siguiendo la tradición de aquel tiempo en que los actores pernoctaban en pensiones de baja calidad y recorrían distancias interminables por malas carreteras y coches atestados cuyas ballestas destrozaban los riñones. Por si fuera poco, los actores también tenían que lidiar con la resistencia de un poderoso y cada vez más influyente sector puritano de la sociedad que consideraba el teatro como una obscena fuente de inmoralidad.[N4] Con una profesión tan inestable y mal vista, la mayoría de los actores no tenían residencia fija y solían viajar acompañados de su familia, por lo que no era rara la presencia de carritos de bebés y de muchos niños en los camerinos. La pequeña Eliza, sin embargo, no se quejaba; había logrado incorporarse a un circuito muy concurrido y sus actuaciones siempre terminaban con efusivos aplausos por parte del público. Uno de los lugares más impresionantes en los que actuó fue el Chestnut Street Theatre, cerca del Independence Hall en Filadelfia (Pensilvania), un grandioso teatro que podía alojar hasta dos mil personas sentadas. Con el tiempo, Eliza se convirtió en una actriz muy popular y llegó a ser descrita por un crítico de Norfolk como una de las actrices más hermosas que jamás había visto. Su naturalidad, su esbelta figura, sus negros rizos y sus grandes ojos despertaron la admiración del público y de sus compañeros.

No obstante, intentar ganarse la vida como actriz en una sociedad tan conservadora como la estadounidense del siglo XIX no era una tarea fácil, pues estaba considerada como una profesión cercana a la prostitución, pero Eliza no sabía hacer otra cosa que no fuera actuar y se mantuvo firme en contra de los recurrentes insultos que recibía de una pequeña parte del público simplemente por estar en el escenario. Su perseverancia la llevó a lograr lo que se había propuesto y su presencia en las tablas se hizo tan demandada que en el transcurso de su carrera llegó a interpretar alrededor de trescientos papeles, incluyendo roles corales o de danza. Entre sus personajes más emblemáticos se encuentran Julieta Capuleto y Ofelia, ambos de autoría de William Shakespeare.

«Eliza tenía una figura muy tierna, yo diría casi infantil. Sus ojos eran grandes y su mirada misteriosa; y debajo de su sombrero caía una cascada de pelo ondulado de color negro que le inundaba la frente; sus brazos delicados y hombros estrechos iban ceñidos en un traje con pálidos ramilletes de flores del que emergía una cabeza orgullosamente elevada. Era la cara de una sílfide, de un duende, de una ondina, destinada a ser la madre del más misterioso y enigmático y de los escritores, cuyos brillantes ojos azulados poseían un destello sobrenatural». TESTIMONIO DE BEVERLY TUCKER, UNO DE SUS MUCHOS ADMIRADORES.[N5]

Llegado el verano de 1802 y con tan solo quince años de edad, Eliza se casó con un compañero de escena llamado Charles Hopkins en un intento desesperado de reparar algunas de las conexiones rotas en su vida. Más o menos por la misma época, el matrimonio se unió a otra compañía, la Green's Virginia Company, que actuaba en el mismo teatro de Richmond. En esta nueva etapa profesional, Eliza pasó a representar papeles más difíciles y ambiciosos, consiguiendo, una vez más, ganarse el aprecio y la admiración del público. En poco tiempo, la pareja se convirtió en uno de los grandes reclamos de la compañía y su carrera conjunta habría ido lejos de no haber sido por la inesperada aparición de una nueva tragedia: la repentina muerte de su esposo —causada muy probablemente también por la fiebre amarilla—.

Huérfana y viuda a tan temprana edad, Eliza no tuvo otra opción que reanudar su carrera artística completamente sola y con muy pocos recursos. Su soledad, sin embargo, duró poco, pues en la primavera del año siguiente conoció a un joven estudiante de Derecho llamado David Poe Jr. durante una gira en la ciudad de Norfolk (Virginia). Al terminar una de sus funciones, los dos salieron a dar un paseo y se enamoraron aquella misma noche, un clásico caso de amor a primera vista. Tres años mayor que ella, David Poe Jr. pertenecía a una tradicional familia de inmigrantes irlandeses: su abuelo, John Poe, se casó con la hermana de un importante almirante británico y tuvieron diez hijos. Uno de ellos, que también se llamaba David, se casó con una emigrada irlandesa, Elizabeth Cairnes, y se instaló con ella en Baltimore, donde comenzó a trabajar como carpintero hasta que un día decidió entregarse a la patriótica tarea de echar a los ingleses de Maryland durante la Revolución de las Trece Colonias, nombre dado al proceso de emancipación de las colonias inglesas situadas en Estados Unidos a finales del siglo XVIII que acabó culminando con la independencia del país pocos años más tarde.

En 1778, David Poe fue nombrado para un puesto de alta responsabilidad de intendencia, que era la parte débil de un ejército valeroso, pero muy escaso en recursos. En realidad, ni siquiera se podría considerar como un ejército, era más bien una milicia formada por ciudadanos-soldados a tiempo parcial. En algunas ocasiones, se creaba de forma temporal un regimiento provincial para desempeñar labores de defensa ante convulsiones locales, como la revuelta de algunas tribus indígenas. La formación y el entrenamiento de los soldados solo aumentó de forma considerable después de la aprobación de las Leyes Intolerables en 1774, nombre dado a un conjunto de resoluciones jurídicas aprobadas por el Parlamento británico que tenían como objetivo aplastar la sublevación de Boston y recordar a todos los colonos su obligación de aceptar sin objeciones todos los actos aprobados por el Parlamento británico.

Este acto, considerado como una afrenta, llevó al Congreso Provincial de Massachusetts a autorizar, en abril de 1775, la creación de un ejército colonial de veintiséis regimientos, seguido poco después de fuerzas similares pero más pequeñas, levantadas en New Hampshire, Rhode Island y Connecticut. En junio, un nuevo Congreso aprobó la creación de un Ejército Continental para fines de defensa común. También se crearon las primeras diez compañías de tropas continentales formadas por fusileros de Pensilvania, Maryland y Virginia, que formarían el regimiento primero del Ejército Continental en 1776. Finalmente, el 15 de junio, el Congreso eligió a George Washington como comandante en jefe, cargo que ocupó durante toda la guerra sin ninguna remuneración, excepto el reembolso de sus gastos personales. Encargado de las compras para las tropas de la Revolución, David Poe ascendió al grado de comandante y su popularidad le valió ser nombrado —de manera informal— «general». Embargado por una profunda consciencia patriótica, David Poe prestó cuarenta mil dólares al Gobierno para apoyar la causa, un importe tan considerable que acabó arruinándole pocos años después. A pesar de ello, David Poe no abandonó el servicio hasta cumplir los setenta y dos años de edad, y aún tuvo fuerzas para participar en la batalla de North Point, una de las últimas acciones contra los ingleses.[N6]

Dada la naturaleza conservadora de la familia, no es sorprendente el escándalo que se produjo cuando David Poe se enteró de las intenciones de su hijo de abandonar los estudios de Derecho para perseguir una carrera como actor de teatro, una profesión que se encontraba en el escalón más bajo de la jerarquía laboral estadounidense. En aquel entonces, cualquier joven caballero que deseara mantener —o mejorar— su estatus social debería mantenerse alejado del arte y la literatura, ya que se consideraba que eran perjudiciales para su reputación. David Poe, al igual que otros veteranos de su quinta, veía el arte escénico como algo estrechamente relacionado con la decadencia de la vieja y obscena Europa.[N7]

Según el testimonio de uno de sus amigos más cercanos, la atracción que David Poe Jr. sentía por el teatro era tan poderosa que un día decidió abandonar su casa en Baltimore para vivir en la ciudad de Charleston y anunciar su debut en las tablas. Su tío, Guillermo Poe, vio el anuncio en los periódicos y, alarmado, se apresuró a buscar a su sobrino y lo obligó a regresar de inmediato a Baltimore para ocupar un puesto como becario en el despacho del abogado de su cuñado, John Forsyth. Este percance no le impidió seguir con sus aspiraciones artísticas y, meses más tarde, junto con unos amigos, fundó una asociación llamada Los Tespianos, con la misión de promover el gusto por el drama —el término *tespiano* hace referencia a Tespis, un dramaturgo griego del siglo VI a. C, considerado el padre del teatro y el primer actor de la historia—. El grupo se reunía cada semana para recitar piezas de los antiguos autores dramáticos y representar algunas de las comedias populares de la época.[N8] Completamente entregado al arte dramático, David Poe Jr. rompió definitivamente con sus padres y abandonó el bufete de su tío para incorporarse de forma permanente a la compañía teatral de la cual formaba parte su novia Eliza. Juntos, viajaron por Nueva Inglaterra y la costa noreste del país y actuaron en varias ciudades como Richmond, Filadelfia y Nueva York.

En 1806, David Poe Jr. y Eliza contrajeron matrimonio después de un noviazgo extraordinariamente rápido para los estándares de la época. Los padres de David siempre se opusieron a esta imprudente unión y le prohibieron volver a casa; y como ni él ni Eliza disponían de medios propios para subsistir con cierta dignidad, tuvieron que dedicarse en exclusiva al teatro para ganarse la vida. Esos primeros años de la pareja fueron muy difíciles; su hogar era disfuncional y carecía de todo. Primero vivieron en Filadelfia y de allí se mudaron a Nueva York, donde fueron contratados para actuar en el recién inaugurado Vauxhall Gardens, un gran parque de ocio que pronto se convertiría en uno de los lugares más destacados para el entretenimiento público de la ciudad. Allí, Eliza hizo su *entrée* el 16 de julio de 1806 interpretando a Priscilla en la obra *La doncella juguetona*, mientras que David Poe Jr. tuvo su primera aparición en los escenarios neoyorquinos dos días después como Francisco en *Extravagancias de la fortuna*. Al terminar el contrato de ambos, la pareja decidió trasladarse a Boston, donde tuvieron la oportunidad de interpretar papeles en obras tan variadas como *Hamlet* o *Macbeth*, dramas lacrimosos y comedias de magia.

Boston no era precisamente un bastión de la cultura: muy puritana y burguesa en su concepción de la vida, la sociedad bostoniana de aquella época alimentaba un fuerte resentimiento contra el arte, los artistas, la libertad espiritual y la sensualidad. Con todo, aunque este nuevo hito constituyera, profesionalmente hablando, un descenso, la pareja actuó durante tres temporadas consecutivas, de treinta semanas cada una, en un teatro con capacidad para mil espectadores sentados. David Poe Jr. interpretó papeles tan exigentes como los de Edmund en *El rey Lear*, Malcom en *Macbeth* y Charles Surface en *The School for Scandal*.[N9]

La estancia de la pareja en Boston durante tres largos años significó para Eliza una etapa inédita de estabilidad en una vida que antes se resumía en un imparable hacer y deshacer de maletas. Con el tiempo, fue inevitable no reconocer el cariño que sentía por una ciudad que la había aplaudido desde su debut en Estados Unidos, cuando era tan solo una niña de nueve años que cantaba *The Market Lass*. En enero de 1807, Eliza dio a luz a su primer hijo, David, nueve meses después de su boda, durante una gira por la costa noroeste de Estados Unidos. Como sus atareados padres trabajaban todas las tardes en el teatro y casi no podían hacerse cargo de él ni tampoco podían permitirse una niñera, pronto se convino en pedir a sus abuelos que se hicieran cargo del niño. Al principio, el «general» se mostró reticente, pero pronto cogió cariño al nieto —que recibió el nombre de William Henry Leonard— y finalmente decidió acogerlo en su casa en Baltimore, reconciliándose, a la vez, con su hijo pródigo.[N10]

Dos años más tarde, Eliza quedó embarazada de nuevo, pero esta vez lo ocultó con habilidad para seguir actuando. Después de unos meses, su embarazo se hizo evidente y tuvo que rechazar las ofertas que le llegaban para interpretar nuevos papeles. El embarazo se desarrolló sin complicaciones y llegó a término a su debido tiempo con el recién nacido normal y sano. El varón (nuestro protagonista) llegó al mundo el 19 de enero de 1809, por lo que es un capricornio en términos astrológicos. Décimo signo del zodíaco, está regido por el planeta Saturno y dota a sus nativos de un carácter decidido, un tanto frío en algunas ocasiones, pero también melancólico. Sin embargo, son personas muy luchadoras que no se dan por vencidas hasta conseguir lo que buscan, llegando incluso a obsesionarse. Es importante resaltar que esta fecha de nacimiento es la única que cuenta con el «visto bueno» de sus biógrafos, puesto que, hasta ahora, no se ha encontrado ningún certificado de nacimiento. Lo único de lo que disponemos es una nota encontrada en la Biblia de la familia Allan, depositada en el Museo Valentine de Richmond, que dice: «William Henry Poe nació el 30 de enero de 1807; Edgar Poe nació el 19 de enero de 1809». La fecha sigue siendo motivo de controversia, debido a que el propio poeta disfrutaba jugando a hacerse mayor o más joven según le conviniera.[N11]

El niño, que nació el mismo año que Louis Braille, Nikolái Gogol, Frédéric Chopin, Felix Mendelssohn, Abraham Lincoln y Charles Darwin, recibió el nombre de Edgar, cuya etimología deriva de los términos en inglés *ead* (riqueza) y *gar* (lanza), resultando en la combinación Edgar («el que defiende su riqueza con la lanza»). El primer Edgar que mereció una mención en la historia fue el rey de Inglaterra Edgar el Pacífico (943-975). A pesar de su apodo, fue un monarca de carácter fuerte y decidido que llegó a tomar los reinos de Northumbria y Mercia en 958, arrebatándoselos a su hermano mayor, el rey Edwy. Como la mayoría de los nombres anglosajones antiguos, cayó en desuso en el período medieval posterior hasta mediados del siglo XVIII, cuando volvió a cobrar fuerza gracias a la gran popularidad de una novela escrita por Walter Scott, *La novia de Lammermoor*, cuya trama relata los infortunios de un amor desgraciado entre Lucy Ashton y el enemigo de su familia, Edgar Ravenswood. Se dice que la elección de este nombre se debió al personaje homónimo que aparece en *El rey Lear*, de William Shakespeare, obra que Eliza y su esposo trabajaron

Edgar heredó de su madre una pequeña acuarela del puerto de Boston, en cuyo reverso se podía leer la siguiente dedicatoria: «A mi hijo pequeño, Edgar, que ha de amar siempre Boston, la ciudad en la que nació, pues fue aquí donde su madre encontró sus mejores y más íntimos amigos». Años más tarde, el poeta expresó su desacuerdo con la valoración de su madre sobre los ciudadanos de aquella conservadora ciudad: «Los bostonianos son muy maleducados, como lo son la mayoría de las personas aburridas».

durante el año de su nacimiento —en este caso, este nombre no podría ser más apropiado, ya que la vida de nuestro protagonista fue definitivamente una tragedia—. No obstante, hay biógrafos que creen que la elección se debía más bien al deseo de rendir un homenaje a Mr. Edgar, que fue el primer mánager que contrató la madre de Eliza poco después de su llegada a Estados Unidos.

El nacimiento de un segundo hijo supuso una dura prueba para los recursos de los Poe, no solo los financieros, sino, sobre todo, los emocionales. La propiedad personal de David Poe Jr. fue valorada en 1808 en tan solo trescientos dólares, y un anuncio en un periódico que promocionaba una actuación en beneficio de la pareja ponía de manifiesto su precaria situación. Al no poder proporcionar la merecida bienvenida al recién nacido, David Poe Jr. decidió acudir una vez más a su padre, quien, conmovido por la fragilidad de su segundo nieto, lo acogió bajo su techo sin dudarlo.

Al terminar su temporada en Boston, en el verano de 1809, la pareja se mudó con sus dos hijos a Nueva York, una ciudad más liberal, pero donde todavía existía la esclavitud, que no desaparecería hasta casi medio siglo después con el fin de la guerra civil. En septiembre, Eliza y David volvieron a las tablas interpretando los papeles de Hassan y Angela en *Espectro del castillo*, una adaptación de la novela homónima del escritor inglés Matthew Lewis, considerada un clásico de la literatura gótica de la época. Durante esta etapa, se produjo un cierto distanciamiento profesional entre ambos, pues, conforme avanzaba la temporada, David interpretaba personajes más o menos secundarios mientras que su esposa conseguía incluso representar hasta tres papeles en una misma noche en una compañía que se mantenía a base de giras continuas. Para mantener este ritmo, el repertorio debía ser amplio para que, en caso de que no se pudiera disponer de un papel principal, se pudiera cambiar el programa. Debió ser trascendental la energía que necesitó desplegar una persona tan frágil y delicada como Eliza si tomamos como verídicos algunos registros de la época que certifican que podría haber interpretado más de doscientos papeles diferentes, entre ellos catorce protagonistas de Shakespeare, personajes de comedia ligera o de melodramas estremecedores.[N12] Mimada por el público y alabada por sus innumerables habilidades escénicas, una serie de críticas favorables apareció en los rotativos más importantes de la ciudad. «La señora Eliza Poe lleva interpretando personajes cada vez más difíciles y numerosos —escribió un crítico del *New York Morning Chronicle*—. Y no fueron pocas las veces en las que tuvo que representar a más de un protagonista la misma noche, estando sublime en cada una de sus actuaciones. No veo a nadie en los escenarios de Nueva York que pueda superar semejante talento».

Las críticas a David Poe Jr. ya no eran tan generosas, y a menudo le achacaban olvidarse su texto durante la función, un lapsus recurrente que hoy se conoce como «miedo escénico», un estado emocional que puede llegar a provocar una grave crisis de ansiedad cuando un individuo tiene que presentarse ante una audiencia —lo que supone para un actor un trastorno incompatible con su profesión—. Un crítico de su tiempo llegó a afirmar que «la dama (Eliza) era joven y bonita, y mostraba gran talento no solo como cantante, sobre todo, como actriz, mientras que el caballero (David Poe Jr.) no valía para nada». Otro crítico, menos ácido pero más sutil, se limitó a escribir lo siguiente: «Como no era posible escuchar lo que decía el señor Poe, parte del público no pudo entender de qué trataba la obra que interpretaba». Otros críticos, más benévolos, a veces lo alentaban tibiamente en sus notas con términos como «se le nota una sensible mejora»; otros eran más cínicos, como un crítico del *Finger Post*, que escribió: «Esta vez, el señor Poe, sorprendentemente, logró acertar. No lo esperábamos, pero el público, al parecer, se mostró agradecido».

David se mostró irascible por el desprecio hacia su trabajo, pero lo que más le molestaba era ver a su mujer brillar en escena mientras él luchaba contra las malas críticas. Este conflicto de sentimientos acabó arrastrándole a la bebida, lo que aceleró su inevitable declive y creó entre sus compañeros un sentimiento de repulsa hasta entonces inexistente. Un famoso cronista, conocedor de sus frecuentes «indisposiciones», lo exasperó en una breve nota en la que evocaba —de forma maliciosa— su inclinación a la botella; y otro periodista se dio el gusto de publicar en la revista *Rambler's* un artículo que afirmaba que David tuvo una violenta discusión con su mánager cuando se enteró de la contratación del actor John Howard Payne, ídolo de la costa este y el primer actor americano que interpretó a Hamlet, un personaje que se creía que era propiedad exclusiva de los ingleses. Es de imaginar la cólera que David debió de sentir al ver a esta estrella en ciernes compartiendo escenario con su mismísima esposa. Y no le faltaba la razón. Al lado de John Howard Payne, Eliza mostró lo gigante que era como actriz interpretando junto a él papeles complejos como Ofelia, Julieta, Irene y Segismunda.

David Poe Jr. subió por última vez a las tablas en octubre de 1810, en una función que terminó con aplausos melancólicos, que posiblemente le moti-

Retrato de Eliza Poe actuando en el escenario detrás de las candilejas. Su éxito en las tablas no fue bien recibido por su marido, que acabó abandonándola para tomar un rumbo cuyo destino aún es motivo de debate.

varon a abandonar su carrera para siempre, tal era el menosprecio y el desdén con el que lo trataban. Sin mirar atrás, David abandonó los escenarios y también a su familia cuando Edgar tenía solo un año de edad. Se desconoce su destino posterior, y hay diversas teorías que sugieren que podría haber huido con una joven escocesa o que simplemente decidió desaparecer del mapa al sentirse incapaz de proporcionar una vida digna a sus hijos. A falta de datos fiables, algunas evidencias sugieren que podría haber muerto en Norfolk el 11 de diciembre de 1810, aunque no exista un documento oficial que lo corrobore. También en este caso, lo único probado fue la rápida decadencia de un hombre que acabó sus días sumido en la pobreza y el alcohol, dos maldiciones que también se cernirían sobre su hijo.[N13]

Al verse una vez más sola y con pocos recursos, Eliza continuó actuando durante los nueve meses siguientes hasta el final de la temporada en julio de 1811. Entonces, el público y los críticos de la ciudad ya se habían dado cuenta de su precaria situación. Fueron organizadas actuaciones benéficas para ayudarla y se publicaron notas en los periódicos locales llamando la atención sobre sus «desgracias personales», pidiendo auxilio especialmente a las madres, «con el fin de ayudarla a salir de la humillación que supone tener que criar a dos niños pequeños sola y con un salario que apenas le permite llegar a fin de mes». Los espectros de la miseria se hicieron aún más acuciantes cuando Eliza llegó a Richmond en el mes de agosto para dar la luz a su tercer hijo, esta vez una niña, que recibió el nombre de Rosalie y que sería descrita como «retrasada», y podría, en efecto, haber sufrido alguna enfermedad grave (posiblemente, una meningitis), que frenó su desarrollo mental. Como David llevaba desaparecido casi un año, no fueron pocas las voces que hicieron correr el rumor de que Rosalie era, en realidad, hija de John Howard Payne. A falta de pruebas que respaldasen esta afirmación, el ruido que se propagó sobre el nacimiento de esta niña no tuvo una explicación más plausible que el oscuro fin de David Poe y la trágica disolución de la pareja.[N14]

Nota del Autor

Después de dar la luz a Rosalie, Eliza tuvo que contratar los servicios de una niñera para poder retomar su carrera y seguir actuando en los teatros de Richmond, ya que no contaba con ninguna otra fuente de ingresos. Incapaz de pagar los honorarios de una profesional, la actriz optó por una anciana galesa que tenía la curiosa costumbre de dar a los pequeños un bol de pan empapado en ginebra creyendo que esto los haría crecer más saludables. Al parecer, este brebaje parecía funcionar, ya que a los pocos minutos Edgar y Rosalie se mostraban hiperactivos y traviesos. Para contrarrestar semejante euforia, la anciana les suministraba láudano, un compuesto elaborado con clavo, canela, vino blanco y opio que tenía un efecto analgésico y sedante.[N15]

Más tarde, Rosalie fue dada en adopción a la familia Mackenzie, quienes le brindaron todas las comodidades posibles, una buena educación y una posición social. A los diez años, la niña destacaba en piano y danza, pero después no hubo más avances. Le invadía un desinterés por cualquier tipo de actividad y, a pesar del apoyo de sus maestros, nunca más volvió a ser la misma. Su semblante, notablemente hermoso y delicado, se fue marchitando, como si careciera de fuerza para sostenerse, y sus ojos fueron perdiendo el brillo, cubriéndose con un velo de una triste languidez. A partir de los diez años de edad, Rosalie pasó a sentir una aversión instintiva por cualquier esfuerzo físico o mental, una postura antagónica a su etapa más temprana, cuando destacaba entre sus compañeros de clase y sacaba las mejores notas en la escuela. Incapaz de entender lo que estaba ocurriendo, la señora Mackenzie decidió ponerla al cuidado de los mejores tutores de Richmond, pero Rosalie no mostraba el menor interés.

Rosalie Mackenzie Poe a los treinta años de edad. La hermana pequeña de Edgar Allan Poe tuvo siempre una salud muy deteriorada, posiblemente debido a la ingesta de alcohol y drogas durante su primera infancia. A los doce años, padeció una meningitis que la limitó tanto mental como físicamente.

Su incurable apatía no parecía ser ya una enfermedad, sino un extraño desvanecimiento físico y mental del cual nunca se recuperó. Con el tiempo, la señora Mackenzie sospecharía que la ingesta involuntaria de alcohol a la que los hermanos habían sido sometidos en su niñez era la única respuesta factible para explicar el carácter taciturno que ambos presentarían en la edad adulta, especialmente Rosalie, que había recibido este «tratamiento» desde los primeros días de vida. Como consecuencia, un simple vaso de vino en la cena le provocaba un sopor del que despertaba con irritabilidad, dolor de cabeza y una depresión aguda que duraba días, al igual que Edgar, quien se intoxicaba con solo beber una pequeña copa de ron. Esta simple dosis lo hacía entrar en un estado de hiperlucidez mental que lo convertía en un conversador brillante, hasta que llegaba el segundo trago, que lo hundía en una borrachera absoluta. El despertar era lento y el autor pasaba días en un estado de letargia profunda hasta conseguir recobrar la normalidad.

Hoy sabemos que en algunas personas existe un déficit congénito de una enzima hepática conocida como alcohol deshidrogenasa (ADH), que, al faltar, incrementa los efectos tóxicos del alcohol. Es posible que Poe padeciera esta condición, por lo demás no muy común, pero no tenemos forma de saberlo con certeza. Como quiera que sea, Poe recaía con frecuencia en la bebida, aun a sabiendas de los desastrosos efectos que debía afrontar a continuación. Resulta muy significativo este fragmento autobiográfico del escritor: «Como ofensa, mis enemigos atribuyeron mi locura al alcohol en vez del abuso de alcohol a la locura».

John Daniel, director del periódico *Richmond Examiner*, afirmaba que «el deseo incontrolable de Poe por el alcohol era una enfermedad en toda regla, y no simplemente una fuente de placer o alegría». La causa del alcoholismo de Poe no fue una mala herencia, una morbosa adicción psicológica o la falta de fuerza de voluntad para resistirse a ella. No era la embriaguez el origen del estado de turbación, sino la grave angustia mental que provocaba el giro hacia el alcohol. Charles Baudelaire atribuyó la predilección morbosa a la «incompatibilidad con el entorno social y a una necesidad creativa interior».[N16] Al final, la señora Mackenzie se convenció de que la niñera —que era una persona de modales muy humildes— actuaba concienzudamente por el bienestar de la niña, y no imaginaba que la ingesta regular de ginebra podría perjudicar y condicionar sus futuras capacidades físicas y mentales, lo que, por desgracia, acabó ocurriendo.

* * *

A pesar de las dificultades de ser una madre viuda y solitaria, Eliza luchó con valentía para mantener a sus tres pequeños hijos, actuando en innumerables obras teatrales, desde Boston hasta Charleston; no solo actuaba en papeles hablados, sino que también cantaba y bailaba, hasta que su salud empezó a deteriorarse. Un día, mientras se encontraba en su habitación de una pensión de Richmond esperando para presentarse en una función, sufrió su primer episodio de hemoptisis, que es la expulsión de sangre o de esputo manchado con sangre proveniente de las vías respiratorias inferiores, un síntoma inequívoco de uno de los males más letales del siglo XIX: la tuberculosis, una grave enfermedad infecciosa que afectaba a los pulmones, aunque también podía atacar a otros órganos. Esta terrible dolencia, responsable de una de cada siete muertes en las primeras décadas del siglo XIX en Estados Unidos, ya era bien conocida por los médicos de la antigüedad y aparece documentada por primera vez en el famoso Código de Hammurabi (de 1692 a. C.), en el cual aparece por primera vez el término *consunción*. En la Grecia antigua, el médico Hipócrates redactó una impresionante descripción clínica de la enfermedad y le puso el nombre de *tisis*, palabra derivada de un verbo griego que significa «secarse»; y fue por ese nombre, o por el de consunción, que fue conocida hasta el siglo XIX.[N17]

No pasó mucho tiempo hasta que la enfermedad de la actriz se hizo evidente en sus funciones. Un crítico de Norfolk recordó sus últimas actuaciones en la ciudad, cuando se decía que era una de las mujeres más hermosas de Estados Unidos: «Nada más subir al escenario, Eliza ya provocaba un murmullo entre el público que asistía: "¿De dónde habrá salido una criatura tan encantadora?"; pero ahora su luz parece haber desaparecido, junto con el suave color rosado de sus mejillas. Las desgracias la han presionado y ahora no es capaz de provocar la admiración y el deleite de antaño».

Al verse afectada por una enfermedad tan terrible —y cuyo tratamiento solo aparecería varios años después—, Eliza pasó a actuar en funciones puntuales hasta que llegó un momento en el que tuvo que ser reemplazada por una actriz suplente. Para la segunda semana de octubre dejó de aparecer del todo, aquejada de una tos crónica, con esputo de sangre, fiebre y sustancial pérdida de peso. Su última función tuvo lugar el 11 de octubre de 1811, cuando interpretó a la condesa Wintersen en una obra llamada *The Stranger*.

Sin opciones, la actriz decidió permanecer en Richmond, donde tanto éxito había tenido al principio de su carrera. La ciudad, que contaba entonces con tan solo quince mil habitantes, era un pueblo pequeño, y Eliza era una persona tan querida que muchas familias locales le ofrecieron su tiempo para cuidar de los pequeños, un acto loable que la ayudó a aliviar en parte sus sufrimientos. Henry, el hermano mayor, se quedó al cuidado de sus abuelos paternos, mientras que Edgar y Rosalie fueron enviados a la casa de la familia Usher, con quienes Eliza había entablado una profunda amistad. Por aquel entonces, sin ninguna protección social en caso de enfermedad o paro, los actores se solidarizaban entre ellos y, en ciertas ocasiones, la compañía organizaba una velada benéfica a favor de un actor necesitado, que recibía la totalidad de la suma de taquilla una vez pagados los gastos.[N18]

El 29 de noviembre de 1811, la *Enquire*, una conocida revista de Richmond, publicó una pequeña nota en la que apelaba a la buena voluntad de la población para ayudar a la actriz y a sus tres hijos pequeños, que vivían en una habitación angosta, insalubre, húmeda y constantemente invadida por la ceniza y el humo. Durante el tiempo en el que estuvo enferma, Elisa no recibió la visita de ningún médico, aunque las damas de alta sociedad —que sentían cierto desprecio por las actrices— le enviaban algo de alimento y ropas de cama. Solo unas pocas, más valientes y caritativas, comenzaron a turnarse para no dejarla sola en la miserable y fría habitación en la que pasaba el día y la noche postrada. Las más asiduas eran las señoras Allan y Mackenzie, fieles integrantes de la Iglesia episcopalista, la rama estadounidense de la Iglesia anglicana británica. Entre los edificios más emblemáticos de Richmond se encuentra la catedral de San Pedro y San Pablo, la sexta catedral más grande del mundo, y la segunda más grande de Estados Unidos.

Finalmente, el domingo 8 de diciembre de 1811, Eliza exhaló su último aliento de vida, cuando tenía tan solo veinticuatro años de edad, y muy probablemente delante de Edgar, que aún no había cumplido los tres años, pero ya parecía estar familiarizado con la muerte de otros seres queridos.[N19] Eliza pasó casi toda su corta vida en escena, donde llegó a interpretar más de trescientos papeles diferentes, entre ellos catorce piezas de Shakespeare, sin contar los innumerables números de canto y baile. El único bien material que le dejó a Edgar tenía un valor incalculable para el niño: un medallón con su retrato, la única imagen que se tiene de ella, y una caja de cartas familiares con anotaciones de todo tipo. Se dice que entre estos escritos habría una misiva que confirmaba los rumores que decían que Rosalie no era hija de David Poe Jr., lo que nunca se pudo demostrar, sobre todo porque, según la última voluntad de Edgar Allan Poe, el contenido de dicha caja fue destruido después de su muerte. Más tarde, Edgar sentiría la necesidad de defender la imagen de una madre perteneciente a una profesión aplaudida y reprobada al mismo tiempo. En este sentido, escribió: «No hay hipocresía más despreciable que aquella que ordinariamente calumnia la profesión teatral… El propio autor de este artículo es —y siempre se ha vanagloriado de ello— hijo de una actriz, y no hay duque más orgulloso de su ducado que yo mismo lo estoy de ser descendiente de una mujer que, por bien nacida que fuera, no dudó en consagrar al teatro su breve carrera de genio y de belleza».

«Falleció el domingo pasado la señora Poe, una de las artistas de la compañía que se presenta actualmente en las tablas de Richmond. Con la muerte de esta señora, ha sido privado el teatro de uno de sus principales ornamentos. Eliza mostró ser una actriz muy por encima de la media y nunca dejó de arrancar aplausos y captar la admiración de su público». ESQUELA PUBLICADA EN UN PERIÓDICO DE RICHMOND

A pesar de los prejuicios en contra de su profesión, Eliza fue enterrada en el hermoso cementerio de Old Saint John's, en Richmond, gracias a la intervención de miembros notables de la congregación que se habían interesado por su suerte. Con todo, su féretro fue enterrado aparte, contra un muro lejano ubicado en la zona este del camposanto.[20] Sabiendo que su muerte era inminente, Eliza decidió cortarse un mechón del cabello

Único retrato que se conoce de Eliza Poe, en el que se puede ver no solo su rostro, sino también un mechón de su cabello, que se convirtió en una reliquia familiar para que sus hijos nunca se olvidaran de su madre. Años más tarde, su hijo mayor, Henry Poe, escribió un poema en el que describía el «largo... último adiós» que ella les dio, junto con un mechón de pelo para que la recordasen.

y dejarlo como recuerdo para sus hijos, una costumbre que se hizo muy popular en Inglaterra cuando la reina Victoria decidió usar un collar con un relicario que guardaba un mechón de su fallecido marido, el príncipe Alberto. Se creía entonces que el cabello contenía la esencia del difunto, por lo que preservar algunos mechones era una forma sentimental de aferrarse a los seres queridos fallecidos. Estas reliquias familiares se conocían como *memento mori*, un término en latín que significa literalmente «recuerda que morirás», cuyo origen se remonta a una peculiar costumbre de la Antigua Roma. Cuando un general desfilaba victorioso por las calles de Roma, tras él un siervo se encargaba de recordarle las limitaciones de la naturaleza humana con el fin de impedir que incurriese en la soberbia y pretendiese, a la manera de un dios omnipotente, usar su poder ignorando las limitaciones impuestas por la ley y la costumbre.

Nota del Autor

El 26 de diciembre de 1811, tan solo dos semanas después de la muerte de Eliza Poe, el teatro de Richmond (en el que tantas veces había actuado) estrenó un drama titulado *La monja sangrienta*. Al tratarse de una época de festividades navideñas, se formaron colas inusitadas en la taquilla y muy pronto se agotaron todas las localidades. En aquella época, las salas teatrales se iluminaban por medio de grandes candelabros de velas, y en el teatro de Richmond los candelabros eran sostenidos en el techo por cadenas, y no por cuerdas, pues estas podían quemarse a causa del calor de las velas y caer sobre el público. Durante un tiempo, los espectadores incluso evitaban comprar asientos en la zona central de la platea, lo que hizo que los palcos se volvieran más caros, a pesar de que se ubicaban en una zona oscura que entonces no gustaba a nadie.

Aproximadamente a las 20:30 de la noche, después de la finalización del primer acto de la pantomima, el telón comenzó a bajar lentamente, cuando un empleado intentó elevar el candelabro que iluminaba el escenario. De repente, un inesperado fallo hizo que la cadena que lo sostenía se enredara, por lo que las velas entraron en contacto con los adornos del escenario. El fuego se propagó con rapidez y se extendió hacia al telón, que cayó envuelto en llamas sobre el foso de la orquesta. La catástrofe se agravó debido a una serie de trágicas circunstancias: el edificio no estaba equipado con un telón de hierro —lo que habría limitado el fuego al área

El teatro de Richmond no fue ni mucho menos la primera casa de espectáculos pasto de las llamas. Se calcula que en el transcurso del siglo XIX se produjeron incendios en 1200 escenarios de todo el mundo. No resulta sorprendente, ya que durante mucho tiempo el fuego fue un componente esencial del teatro occidental: la platea y el escenario se iluminaban con velas y más tarde con lámparas de gas.

del escenario— y los pasillos de salida estaban dotados de puertas que se abrían hacia dentro, lo que dificultaba la huida de las personas del edificio, con lo que se convirtió en una ratonera mortal.

El incendio fue de tal magnitud que los cronistas de la época lo describieron como memorable. El tejado ardía con tal intensidad que los viajeros que llegaban a la estación de trenes creían que la ciudad entera se había convertido en pasto de las llamas. A pesar de ello, la destrucción no fue total y tanto la fachada del edificio como el salón principal y otras dependencias no sufrieron daños significativos. En cambio, el techo se desplomó sobre las butacas y solo se mantuvieron en pie las columnas que sostenían los diferentes pisos. El terrible suceso dejó setenta y dos víctimas mortales y fue considerado en la época como el peor desastre urbano en la historia de Estados Unidos. Un diario de Massachusetts describió que «inmensas llamaradas de fuego y humo se elevaban en horribles oleadas que, empujadas por una leve brisa, desprendían carbonizados fragmentos y una espesa lluvia de brasas que llegaron hasta varias manzanas colindantes».

En una nota lamentando profundamente lo ocurrido, el secretario de estado Robert Smith exigió a los empresarios que invirtieran más en la seguridad de sus instalaciones: «Si no hacemos nada ahora, los teatros estarán condenados a arder tarde o temprano». Smith no exageraba: había estadísticas que indicaban que en Europa casi el 30 % de los teatros acababan destruidos entre el primer y el quinto año de apertura; el mayor riesgo surgía durante los preparativos de la representación y al finalizar la vigilancia tras la función, con las prisas del cierre.

Ligeia, ilustración de Frederic Simpson Coburn (1902).

II

FRANCES

«Los monstruos más terribles son los que
se esconden en nuestras almas».
EDGAR ALLAN POE

Huérfanos por deserción y muerte, los tres hermanos Poe fueron pronta-
mente separados y acogidos por diferentes familias, un loable gesto que
evitó que estas pobres criaturas se viesen obligadas a vivir de la caridad.
El hermano mayor, William Henry Leonard, se quedó con sus abuelos
paternos en Baltimore —con quienes ya llevaba viviendo cierto tiempo—;
Rosalie fue acogida en el hogar de los Mackenzie, un matrimonio de clase
media de Richmond que tenía una hija de la misma edad y la adoptaría
de forma legal algún tiempo después; y de Edgar se encaprichó Frances
Allan, la esposa de un acaudalado comerciante de Richmond y una de las
damas de sociedad que había cuidado de Eliza en sus últimos días. Las dos
estaban muy unidas, y como Frances no tenía hijos y también había perdido muy pronto a sus padres, es fácil imaginarla presionando a su marido
diciéndole: «¡Acojamos al pobre niño! ¡Es nuestra oportunidad de tener
una familia!». John Allan no puso reparos en acoger a Edgar, aunque tampoco se preocupó en formalizar legalmente su adopción, un pequeño detalle que no impidió al pequeño de disfrutar de una vida cómoda y un futuro
prometedor, todo ello con el prestigioso apellido de los Allan incorporado
a su nombre. (Hoy se sabe que Allan aceptó al huérfano únicamente para
complacer a su esposa y mantenerla ocupada).

Frances se convirtió enseguida en la principal influencia femenina
beneficiosa en la vida de Edgar y lo amó desde el primer día, de modo que,

como arte de magia, aquel niño caído bruscamente en la miseria se vio en una cuna de oro gracias a la generosidad de Frances y de su esposo John Allan. Sin embargo, la condicionada acogida de Edgar por parte de John Allan lo sometería a una eventual disputa patrimonial, ya que Allan tenía hijos ilegítimos con dos mujeres de Richmond, la señora Collier y la señora Wills, y les pagaba por su educación, además de la de Edgar. Es difícil saber en qué momento Frances Allan se enteró de esta vejatoria situación, pero es probable que más de un ciudadano de Richmond, incluidos los maestros de la escuela, conocieran el trasfondo de la vida privada de un hombre que no parecía sentirse demasiado molesto por la opinión de los demás. [N1] Ajena a polémicas y cotilleos sociales, Frances se empeñó en ocupar el vacío dejado por Eliza y representó la imagen materna que nuestro protagonista había perdido.

Dotada de un carácter sensible y amoroso, Frances estaba siempre pendiente de las necesidades de su tutelado, mientras que John Allan apenas le ofrecía afecto. Esta postura resulta curiosa si consideramos que él también se quedó huérfano a una edad temprana y tuvo que ser acogido por un familiar cercano. Con el tiempo, se hizo evidente que la naturaleza de ambos difería de manera contundente, lo que llevó a que chocaran en innumerables ocasiones y cometieran faltas tan torpes como imperdonables. [N2]

Nacido en Escocia, John Allan fue enviado a los Estados Unidos cuando tenía quince años de edad, poco tiempo después de perder a sus padres, y se fue a vivir con su tío William Galt, uno de los comerciantes de tabaco más importantes de Richmond. Según algunos registros de la época, Galt era un hombre pintoresco y habría huido de Escocia hacia los Estados Unidos para escapar de un juicio por contrabando. Allan siempre expresó su gratitud hacia su tío por haberlo criado durante su adolescencia, aunque también albergaba cierto resentimiento por no haberle permitido obtener una formación académica.

Con un espíritu emprendedor, John ahorraba gran parte de su salario como ayudante en las empresas de su tío y cuando cumplió los veintidós años decidió abrir una compañía de importación y exportación junto a su mejor amigo, Charles Ellis, formando la empresa Allan & Ellis. En poco tiempo, la compañía ya contaba con grandes almacenes y un muelle propio para los barcos que ellos mismos fletaban. En un inicio, los dos jóvenes socios comenzaron con la importación y exportación de tabaco, pero rápidamente ampliaron su catálogo con productos como carbón, trigo, maíz, café y té. John y Ellis parecían haber nacido para el sector empresarial; establecían metas de venta, realizaban proyecciones constantes y buscaban mantener excelentes relaciones con sus clientes y proveedores. Siempre atentos a la constante fluctuación del mercado, cuando veían que el precio del tabaco estaba en alza, aceptaban este producto como forma pago y lo revendían en el extranjero, donde obtenían importantes ganancias.

Los contactos de Allan & Ellis se extendían por varios países del Viejo Continente, desde Portugal hasta Holanda. Se dice incluso que los socios conocieron a Napoleón durante un viaje a París (John Allan lo describió como «un genio que hacía maravillas»). Según el testimonio de algunos proveedores que tuvieron relación profesional con la empresa, el secreto de su éxito era la capacidad de los socios de prever la necesidad del mercado, adelantándose a la competencia con los mejores precios y ofreciendo una amplia gama de productos, incluido el comercio de esclavos, que en aquel entonces, en los estados del sur, no se consideraba inmoral, sino más bien un «negocio». El esclavismo tuvo en Estados Unidos un desarrollo muy acusado debido a las necesidades económicas de los nuevos estados miembros. La guerra contra los británicos, las malas cosechas, el proteccionismo económico de la metrópoli inglesa y los ataques de las tribus nativas redujeron enormemente la mano de obra disponible para trabajar el campo y en la industria que comenzaba a dar sus primeros pasos. Hay que tener en cuenta que en los territorios ocupados se asentaban tribus que, en lugar de integrarse con los colonizadores, se enfrentaban a ellos en una lucha por defender lo que consideraban su hogar. Esas carencias obligaron a las colonias a importar esclavos de África, continente que ya llevaba décadas ofreciendo mano de obra barata y eficiente para diferentes países del nuevo mundo.[N3]

Con veintiún años, John Allan conoció a Frances Keeling Valentine, una joven proveniente de una antigua familia de grandes plantadores; el noviazgo fue breve y en dos años ya estaban casados, un paso que resultaba ventajoso para Allan tanto social como comercialmente, ya que en el mismo año de su boda obtuvo la carta de ciudadanía de Virginia, un documento que le permitiría emprender en un estado cuya economía, a pesar de ser fundamentalmente agrícola, estaba en pleno crecimiento y era dominada por una aristocracia que quería diferenciarse de sus orígenes británicos para afirmar una personalidad propia.[N4] Las raíces de la Virginia moderna se remontan a la fundación de la colonia de Virginia en 1607 por la Compañía de Virginia de Londres. La agricultura, el colonialismo y la esclavitud desempeñaron papeles significativos en su economía y su política durante los primeros tiempos. Fue la primera colonia inglesa en el Nuevo Mundo —una de las trece que participarían en la guerra de la Independencia— y más tarde se convertiría en el corazón de la Confederación en la guerra civil estadounidense.

Junto a John Allan y su esposa vivía Anne Moore Valentine, hermana mayor de Frances, quien se ocupaba de llevar los quehaceres del hogar y que luego se convertiría para Edgar en la querida «tía Nancy», un cariñoso apodo que recibió por mimarlo en exceso. Bajo la tutela de los Allan, Edgar recibió una educación sureña que acabaría por moldear su carácter y sus opiniones, pues muchas de sus críticas a la democracia, el progreso, a la creencia en la perfectibilidad de los pueblos, surgieron de haber sido un «caballero del sur»; de tener arraigados hábitos mentales y morales moldeados por la vida virginiana. Los caballeros del sur estaban orgullosos de sus modales y tenían una mirada despectiva hacia las aspiraciones profesionales de sus compatriotas del norte. En el sur de Estados Unidos de la época, el tiempo parecía correr más despacio y el sueño americano se arraigaba de forma más lenta y equilibrada; en aquella región, las nuevas modas y las opiniones libres no encontraban un terreno fértil. En su libro *Heritage of the South* (La herencia del sur), el autor Timothy Jacobson describe con cierto trasfondo poético el espíritu del sur de Estados Unidos de aquella época:

> Más que cualquier otra parte de los Estados Unidos, el sur permanece aparte… Miles de norteños y extranjeros ya han emigrado hacia el sur, pero nunca se harán sureños, puesto que se trata de un lugar en donde se debe haber nacido o tener «gente» allí para sentir que es su tierra natal. Los naturales le dirán esto. Están orgullosos de ser estadounidenses, pero también están orgullosos de ser de Virginia, Carolina del Sur, Tennessee o Texas. Pero también son conscientes de otra lealtad, una que supera los lazos habituales del patriotismo nacional y el orgullo estatal. Es una lealtad a un lugar donde las costumbres son fuertes y las memorias largas. Si esas memorias pudieran hablar, contarían historias de una región poderosamente formada por su historia y decidida a pasarla a las futuras generaciones.[N5]

Richmond contaba entonces con cinco mil trescientos habitantes de diferentes orígenes étnicos. Su crecimiento se dio en torno al capitolio que Thomas Jefferson había hecho construir, siguiendo el modelo de la Maison Carrée de Nimes, un templo romano consagrado al culto imperial en la ciudad francesa. Este capitolio, hoy en día oculto por bancos y grandes edificios, era el punto de referencia de la metrópolis virginiana; cuando era niño, Edgar aún podía verlo desde el río James mientras nadaba, del mismo modo que vio cómo las casas de madera eran reemplazadas por mansiones georgianas de ladrillo rojo adornadas con pilastras dóricas. En las avenidas de Richmond no era raro encontrar a antiguos presidentes, como Jefferson, Madison o Monroe, socializando con sus conciudadanos con una actitud simple y campechana. Cuando la marea ascendía, los barcos de vela se adentraban en la ciudad y traían las últimas noticias de una Europa incendiada en aquellos años de guerras napoleónicas.[N6]

Con el paso del tiempo, los recuerdos de Edgar de una vida de inestabilidad y pobreza se fueron desvaneciendo. A pesar de que el devenir de la empresa de su tutor dependía de manera impredecible de la geopolítica global y la influencia del clima sobre las cosechas, en aquel momento, se encontraba en plena expansión. En general, los negocios de John y Ellis prosperaban de forma sostenible y alcanzaban las metas esperadas, lo que les permitió ampliar el negocio y adquirir tierras en diferentes ciudades.

Vista de la ciudad de Richmond en 1811. Aguatinta de W. J. Bennett.

John Allan había prometido a la familia de David Poe que le proporcionaría a Edgar una educación completa y diversa que incluyera literatura, historia y apreciación de las artes. Como empresario, creía que el éxito requería habilidades matemáticas para hacer cálculos rápidos y precisos, y fluidez en la lectura y la escritura, especialmente en el uso correcto de la ortografía y de la gramática, ya que a nadie le gustaba hacer negocios con alguien con una mala educación. Con respecto a esto último, John Allan creía que era necesario deshacerse de su acento escocés, quizás en un intento de parecer más cosmopolita, puesto que para muchos estadounidenses Escocia era una tierra lejana y sus habitantes parecían sacados de un cuento de bárbaros. El manejo del francés también tenía gran valor comercial, no solo debido al intenso flujo de mercancías entre Estados Unidos y Francia, sino también porque este país fue el primer aliado de Estados Unidos en la guerra de la Independencia. Durante el conflicto, los franceses mostraron su apoyo con grabados conmemorativos de las victorias americanas sobre los británicos, mientras que algunos miembros de la alta sociedad francesa decidieron adoptar el número trece como símbolo en alusión a las trece colonias y, en eventos en los que se reunían trece personas, hacían trece brindis por la victoria americana.

Poco se sabe sobre los primeros tres años de Edgar bajo el techo de sus tutores. John Allan lo incluyó en el libro de familia (que entonces se llamaba «Biblia familiar») y le compró varios trajes hechos a medida, y lo llevaba a White Sulphur Springs, un balneario de moda ubicado en las montañas de Virginia, donde llegó a pasar varios veranos. Cumpliendo su promesa de proporcionarle una educación de alto nivel, John Allan contrató los servicios de Clotilda Fisher, una maestra aparentemente relacionada con la iglesia de los Allan, y luego al maestro de escuela de Richmond, William Ewing, quien describió a Edgar como «un niño encantador que disfrutaba mucho de la escuela».[N7] En resumen, se puede decir que la infancia de Edgar no difería mucho de la de cualquier otro hijo de una familia burguesa de la época, con una rutina que transcurría entre la casa, la escuela, la iglesia, la finca y el pueblo, y actividades que se alternaban entre lecciones, juegos y siestas.

Frances Allan organizaba meriendas semanales con tés y pastas para sus mejores amigas mientras John Allan jugaba con sus amigos al *whist*, considerado el primer gran juego inglés de alta sociedad. También fue el primer juego de naipes sobre el que se escribió un tratado (en 1742), que no solo describía sus reglas, sino que también aportaba detalles y consejos sobre el modo de jugarlo y las estrategias que debían aplicarse en cada caso. Para las partidas de *whist* se utiliza una baraja inglesa de 52 cartas sin el comodín; y se disputan entre cuatro jugadores que Forman dos parejas. Los compañeros que componen una pareja se sientan enfrentados en la mesa de juego y entre ellos se intercalan los otros dos jugadores de la pareja adversaria. (El juego lleva este nombre debido al sonido «chissss» que se daba al comenzar una partida como un orden de silencio). Eran muchos los jugadores ilustres que compartían la mesa con John Allan, entre ellos, el alcalde de Richmond, el director del puerto y algunos jueces, como Henry Marshall —ante quien había prestado juramento en 1804 al recibir la ciudadanía americana—. Al evocar a estos caballeros, uno puede deducir, sin miedo al error, que las primeras relaciones de Edgar Allan Poe estaban asociadas con la capa más educada y notable de la sociedad sureña estadounidense.[N8] El historiógrafo literario Van Wyck Brooks hizo de Edgar la siguiente descripción:

> Se le veía caminar en compañía de sus tutores, siempre rodeado de servidores, caballos, perros y vestido con elegantes trajes confeccionados por los mejores sastres de Richmond. En aquellos años, Edgar parecía encarnar el tipo de la juventud dorada de Virginia; tenía trato con los hijos de cultos juristas y de los dueños de las plantaciones, con quienes se le veía pasear por las elegantes calles de la vecindad, cuyas casas poseían grandes porches flanqueados de columnas que mostraban cómo el gusto clásico había dominado la ciudad. Tanto es así, que se decía que fue el portavoz de la Asamblea de los Diputados de Richmond quien tradujo por primera vez la *Ilíada* al inglés.[N9]

Los que frecuentaban la casa de los Allan solían retratar a Edgar como un niño mimado y consentido que crecía en una casa acaudalada, como el pequeño Lord Fauntleroy —personaje de una novela infantil creado por la autora angloestadounidense Frances Hodgson en 1885—. La novela cuenta la historia de Ceddie, un niño pobre de Brooklyn que se convierte en el heredero del título y la fortuna de un conde inglés, pero una cláusula del testamento lo obliga a vivir en Inglaterra con su abuelo, un viejo cascarrabias de carácter frío y amargado.

Otros elementos sureños que habrían influido en la imaginación del pequeño Edgar fueron las criadas negras que lo cuidaban, y es muy probable que lo iniciaran en el folclore y las leyendas del sur, lo que podría explicar su interés casi obsesivo por los relatos sobre cementerios y muertos vivientes que luego crearían en su mente todo un repertorio de lo sobrenatural que más tarde se reflejaría en obras sublimes como *El cuervo, Ulalume* y *Annabel Lee*. Además, escuchaba numerosas historias que nutrían su imaginación, como las marineras que contaban los capitanes de veleros que se acercaban a Richmond. Algunas de estas leyendas inspirarían, en su momento, una de sus obras fundamentales: *Las aventuras de Arthur Gordon Pym*.[N10]

Nota del Autor

Edgar Allan Poe fue testigo directo de uno de los períodos más trágicos de la historia de Estados Unidos, que fue el pasado esclavista. Durante este tiempo, los esclavos africanos eran capturados con violencia y transportados en barcos negreros, donde viajaban hacinados, lo que a menudo provo-

Esclavos trabajando en una plantación de boniatos (aproximadamente, 1862). Las tradiciones afroamericanas florecieron dentro de las pequeñas comunidades que se formaban en las plantaciones de algodón, el principal destino de los esclavos. La tradición oral de las leyendas africanas era una parte integral de la vida cotidiana de estos lugares; incluso, cantar durante las tareas diarias era una habilidad que destacaba a unos esclavos por encima de otros.

caba enfermedades que se propagaban a bordo de las bodegas y causaban un gran número de muertos. Los supervivientes eran vendidos en el sur de Estados Unidos para trabajar en diferentes plantaciones agrícolas donde producían, mediante trabajos forzados, materias primas como arroz, tabaco y algodón, que después se vendían a toda Europa. Estos hombres trabajaban desde el amanecer hasta la puesta del sol, seis días a la semana, y vivían en pequeñas chozas con suelo de tierra y escasos o inexistentes muebles.

En el norte, los negros no eran esclavos, pero estaban sujetos a leyes discriminatorias y de segregación que restringían sus derechos políticos y limitaban los espacios públicos por donde podían transitar. Este terrible panorama comenzó a cambiar en 1833 con la creación de la Sociedad Americana de Colonización (que tenía el objetivo —que no se logró— de repatriar negros a África). Más activa y exitosa fue la lucha liderada por la Asociación Antiesclavista Americana, fundada el mismo año con el propósito de poner fin a la esclavitud, un hecho que solo tendría lugar en 1865, cuando el presidente Lincoln firmó la Proclamación de Emancipación.

* * *

En 1812, el pequeño Edgar fue bautizado en la Iglesia episcopaliana y a los cinco años de edad inició sus estudios primarios. Aún no había cumplido los seis y ya estaba familiarizado con las obras de Horace Walpole, Ann Radcliffe, Walter Scott y Lord Byron, quien pronto se convertiría en uno de sus ídolos literarios. Además, Edgar se inspiró en las historias que solían aparecer en la revista escocesa *Blackwood's Magazine*, la cual el autor llegaría a satirizar en sus relatos más extravagantes, como *El aliento perdido* (que cuenta la historia de un hombre que pierde la capacidad del habla tras entablar una violenta discusión con su esposa un día después de su boda) o *Cómo escribir un artículo a la manera de Blackwood*, una sátira de la mencionada revista homónima en la que Edgar, ridiculizándose a sí mismo, juega a desvelar al lector los secretos de algunos trucos literarios para dotar de intensidad y trascendencia una narración.

El acceso a todo este material literario se debe a la relación que su padrastro, John Allan, mantenía con una empresa británica que representaba algunas revistas especializadas en el mundo erudito, gótico y novelesco, donde los restos del ingenio del siglo XVIII se mezclaban con el Romanticismo, que se encontraba en plena eclosión. Las tempranas lecturas a las que Poe tuvo acceso a través de esta empresa dejaron una huella indeleble en su obra. En algunas, la madre de acogida de Poe organizaba meriendas con té en su residencia para sus amigas, y estas no se cansaban de oír al pequeño niño recitar extensas composiciones que se sabía de memoria. La apreciación de los poemas que recitaba causaba una sorprendente impresión en los asistentes y conquistaba sus corazones gracias a la ingenua sencillez y la manera agradable con la que el pequeño poeta se manejaba. En respuesta a los aplausos que recibía, Poe brindaba con un vaso de agua con azúcar coloreada con un poco de vino, tal como le habían enseñado como protocolo social de buena educación.[N11]

Como todos los niños de su edad, Edgar era recompensado con regalos por su buen comportamiento y castigado por sus travesuras —le gustaba, por ejemplo, imitar a un primo mayor que solía retirar la silla justo cuando alguien iba a sentarse—. Tratado como si fuera su propio hijo, los Allan no escatimaban y trataban de proporcionarle los cuidados y la educación de un pequeño aristócrata.[N12] No obstante, la empresa de su padrastro era una historia diferente y comenzó a tambalearse a causa de las guerras napoleónicas y las simpatías de la Unión, recientemente formada, cuya preferencia por el lado francés era harto conocida. Con el cese de las hostilidades con Inglaterra en 1815, John Allan se dio cuenta de que había llegado el momento de realizar el anhelado viaje a Europa que tantas veces había pospuesto. Entre sus planes estaba visitar su ciudad natal, la pequeña Irvine,

John y Frances Allan, un matrimonio acaudalado y sin hijos de Richmond que acogió a Edgar Allan Poe cuando este se quedó huérfano a los dos años de edad. Aunque Frances sentía un verdadero amor maternal por Edgar, el matrimonio nunca llegó a adoptarlo de manera oficial.

situada en la costa oeste de Escocia, para reencontrarse con sus parientes, quienes le habían visto marchar como un pobre huérfano y le verían ahora volver como un acomodado comerciante, casado con una representante de la mejor sociedad de Virginia. También estaba entre sus planes intentar restablecer las relaciones comerciales con el mercado inglés del tabaco, entonces interrumpidas, y hacer fluir muchos de sus activos, que llevaban meses estancados. Sus planes, sin embargo, no contaban con el apoyo total de Frances, quien se resistía a hacer el viaje. No le agradaba la idea de una larga y exhaustiva travesía oceánica y, además, no parecía dispuesta a dejar atrás la vida que tenía en Richmond. Para convencerla, John Allan le prometió que no permanecerían más de tres años en el extranjero, aunque sabía que serían necesarios al menos cinco para recuperar las inversiones que estaba dispuesto a llevar a cabo en Gran Bretaña. Y con este objetivo en mente, subastó una gran cantidad de objetos y muebles del hogar familiar.[N13]

Como Frances temía, el viaje resultó un verdadero tormento para ella y bastó que el buque efectuara la primera maniobra para sentir fuertes mareos. Durante la travesía, mientras muchos de los pasajeros luchaban por un lugar privilegiado en la cubierta del navío para contemplar la aparente infinitud del océano y los delfines que parecían escoltar el buque, Frances permanecía encerrada en su apretada cabina, consciente de que su sufrimiento apenas había comenzado. Su marido trató de aliviar su malestar con hielo y generosas dosis de zumo de limón, pero sus esfuerzos resultaron poco efectivos. La travesía duró en total 34 días, se hizo extremadamente larga e incómoda, pero John Allan estaba convencido de que todo aquel sacrificio sería recompensado con creces.[N14]

Una vez en Gran Bretaña, comenzó una gira de seis semanas que partió de Edimburgo y Glasgow, pasando por algunos pueblos escoceses, hasta llegar a Irvine, el lugar de nacimiento de John Allan, donde la familia se quedó un breve periodo de tiempo. Sus parientes, que no eran pocos, se enamoraron rápidamente del pequeño Edgar y lo acogieron como si fuera suyo. Al enterarse, a través de Frances, de la fascinación del niño por las historias fantásticas, compartieron con él lo mejor del antiguo folclore escocés, cuyas historias, en su mayoría provenientes de la tradición celta, hablaban de espeluznantes criaturas sobrenaturales como la Caoineag, un demonio de agua que adoptaba forma femenina y habitaba en las cascadas y riachuelos. Según la leyenda, la Caoineag lloraba durante la noche sin dejarse ver, y quien tuviera la mala fortuna de oír sus lamentos se enfrentaría a una gran catástrofe, incluso a una muerte inminente.

Otra criatura sobrenatural del país era el Cù Sìth, un perro sabueso que merodea por los páramos y las partes rocosas de las Highlands. Tenía el pelo enmarañado, la cola rizada y cuatro patas del tamaño de una mano humana. El Cù Sìth era muy temido por ser un mensajero de la muerte, que aparecía para llevarse el alma de una persona al más allá. Este mito sirvió de inspiración para que Arthur Conan Doyle escribiera una de sus novelas holmesianas más aclamadas, *El sabueso de los Baskerville*, que cuenta la historia de una vieja leyenda de los alrededores del páramo de Dartmoor sobre un enorme sabueso que acecha la zona y que estaría relacionado con la muerte del patriarca de una de las familias más tradicionales de la región, Charles Baskerville.

Durante su estancia en Irvine, Edgar acudió a las clases de la Kailyard School, que se encontraba justo al lado de la iglesia y el cementerio parroquial, donde muchos familiares de John Allan estaban enterrados. Se dice que su profesor de Matemáticas tenía la costumbre de sacar a los alumnos de la clase y hacerlos pasear por entre las tumbas para que calcularan la edad de los fallecidos, restando las fechas de nacimiento y defunción que figuraban en las lápidas. Es de suponer que Edgar conocía bien el cementerio, ya que los niños del internado eran los encargados de cavar las tumbas cuando algún miembro de la parroquia moría y era enterrado en aquel lugar.[N15] Fue un periodo de grandes descubrimientos para el pequeño Edgar, que contaba entonces con tan solo siete años, aunque no le gustaba la rigurosa disciplina de estudio medieval propia de esa escuela. Los modales en clase tenían casi el mismo valor que una enseñanza religiosa y no se escatimaban los castigos, como golpear los nudillos con borradores o la cabeza con una herramienta de caucho indio del tamaño y forma de una bota que se conocía como férula. En esa época, muchos profesores creían que el castigo corporal era una herramienta eficaz y sencilla para imponer el orden en las clases.

A mediados de octubre, John Allan decidió trasladarse con su familia a Londres, donde alquiló un piso amueblado por seis guineas a la semana en la calle Southampton Row n.º 47, en Russell Square, un famoso jardín público diseñado en 1800 por el arquitecto paisajista Humphry Repton. Al tratarse de un barrio de alto nivel adquisitivo, John consideró que era conveniente buscar una opción más económica, pero, por razones que se desconocen —quizá la presión de Frances—, permanecieron allí casi dos años, tratando, de alguna forma, de que su vida se asemejara a la que tenían en

Richmond. El matrimonio contrató un pequeño equipo de sirvientes, que incluía un ama de llaves, responsable de las criadas, una institutriz encargada de la educación y cuidado de Edgar y un cochero para llevar diariamente a John Allan a la delegación londinense de su firma, ubicada en el número 18 de Basinghall Street.

Los comienzos profesionales de John Allan en la capital británica no fueron fáciles, esencialmente porque la vida empresarial de la ciudad era mucho más compleja que la de Richmond, con métodos y relaciones comerciales diferentes. Además, al no ser un nombre conocido, también le resultó difícil obtener crédito, lo que le ocasionó recurrentes dificultades para pagar a sus acreedores. A pesar de ello, Allan era persistente y no se dejó vencer. Con el tiempo, estableció una eficaz cadena de suministro, negoció intereses favorables con los bancos y cerró importantes y numerosas operaciones, como una partida de tabaco que le reportó una ganancia de más de diecisiete mil dólares. Así, con el paso del tiempo, logró multiplicar el valor de su empresa, difundió su nombre por la ciudad y captó más clientes.

Convencido de que iba por el buen camino, John Allan extendió su estancia en el país cinco años más y, para que la vida de su familia fuera más cómoda, se trasladaron a una casa más grande. Edgar fue enviado al internado de las señoritas Dubourg —nombre que quedaría grabado en su memoria y que posteriormente usaría en el cuento *Los crímenes de la calle Morgue*—. Allí comenzó sus estudios de Ortografía, Geografía y también Catecismo, asignatura que tenía un papel clave en los estudios primarios, como atestiguan los libros *Church Catechism Explained* y *Catechism of the History of England*, que testimonian la complicada fundación de la Iglesia de Inglaterra, un largo proceso que comenzó con el rey Enrique VIII en 1534 y solo se consolidaría durante el reinado de su hija Elizabeth I.

En el otoño de 1817, Frances inscribió a Edgar en Manor House, una escuela de alto nivel dirigida por el reverendo John Bransby en Stoke Newington, entonces una villa aislada que posteriormente sería absorbida por la capital. El niño estaba interno y regresaba a casa los fines de semana. [N16] Bajo la temida palmeta de su nuevo maestro, Edgar aprendió a hablar francés y a traducir autores latinos cuyas obras no fuesen muy complejas. En poco tiempo, se estaba versando en historia y literatura, superando a muchos niños mayores que él. Además, perfeccionó su pronunciación del inglés, hablando con claridad y prácticamente sin acento definido, lo que ya no abandonaría. En la prestigiosa escuela del reverendo John Bransby no se toleraba una pronunciación descuidada ni un dialecto específico, y se prohibían expresiones poco elegantes, ya que la escuela había sido concebida para formar caballeros que se esperaba que ocuparan un día un puesto de relevancia en la sociedad.[N17]

En sus cartas, Allan se mostraba complacido con la dedicación demostrada por su tutelado y sus prometedores avances. Pero no todos compartían una valoración tan positiva. El reverendo Bransby lo describió como «un niño despierto y de inteligencia rápida», aunque posteriormente trató de rectificar y limitar sus elogios: «El hijo del señor y de la señora Allan hubiera sido un alumno ejemplar si no lo hubieran mimado tanto. Pero lo tenían consentido y le permitían que dispusiera de una cantidad inusitadamente alta de dinero con la que no hacía más que alborotar y gastar todo tipo de bromas pesadas».[N18] En conjunto, los cinco años pasados por el pequeño Edgar en Inglaterra pertenecen indiscutiblemente a los periodos más lúdicos de su vida, aunque el recuerdo que conservaría de su estancia en este país fuese de tristeza y soledad, sentimientos compartidos por su madre adoptiva. A este respecto, John Allan solía manifestarse de forma despreciativa, diciendo que «Frances se quejaba de todo, como de costumbre». De esta etapa en Stoke Newington, y a partir de la contemplación de los paisajes y arquitecturas góticos de Gran Bretaña, nació el relato «William Wilson», publicado en *The Gift: A Christmas and New Year's Present for 1840.*

Con sus olmos alineados sobre una antigua calzada romana, sus muros de ladrillo y sus jardines de rosas, el colegio de Stoke Newington parece haber quedado anclado en la época de los Tudor y de la reina virgen, Elizabeth I, a quien el estado de Virginia debe su nombre. Su peculiar arquitectura sirvió de inspiración para que Edgar escribiera el relato corto *William Wilson.*

«Mis primeros recuerdos de la vida escolar se remontan a una vasta casa isabelina llena de recovecos, en un neblinoso pueblo de Inglaterra, donde se alzaban innumerables árboles gigantescos y nudosos, y donde todas las casas eran antiquísimas. Aquel venerable pueblo era como un lugar de ensueño, propio para la paz del espíritu. Ahora mismo, en mi fantasía, siento la refrescante atmósfera de sus avenidas en sombra, aspiro la fragancia de sus mil arbustos y me estremezco nuevamente, con indefinible delicia, al oír la profunda y hueca voz de la campana de la iglesia quebrando hora tras hora con su hosco y repentino tañido el silencio de la fusca atmósfera, en la que el calado campanario gótico se sumía y reposaba». EDGAR ALLAN POE, FRAGMENTO DE *WILLIAM WILSON* (1839).

Dispuesto a asegurarle un buen futuro a su tutelado, John Allan tenía previsto mantener a Edgar internado en Stoke Newington un año más, pero sus planes se vieron afectados por una repentina crisis financiera que afectó a los negocios que mantenía en el Reino Unido. Europa se encontraba en un período de desorganización, tratando de reajustarse a la producción y el comercio en tiempos de paz después de las guerras napoleónicas. Esto provocó que muchas tuvieran serias dificultades para cumplir con sus pagos y algunas no tuvieron otra opción que declararse en quiebra. Los precios del tabaco cayeron de forma tan contundente que ni siquiera la todopoderosa firma de Campbell y Bowden resistió al golpe. «La caída tan insospechada de una casa como esa es algo que nadie podría prever ni siquiera en los peores escenarios —escribió John Allan a un amigo— y, dadas las circunstancias, no sé si seremos capaces de mantener la confianza que el mercado de valores tiene en nuestra empresa». En un acto desesperado e inconsecuente, John Allan intentó vender todo el acopio que tenía a precio de coste, pero con la creciente desaceleración comercial y el pánico que se desató entre los inversos, el dinero dejó de circular. «Los comerciantes de tabaco se han convertido en víctimas destinadas a la ruina inevitable», concluyó Allan, resignado.

La crisis se agravó y no tardó en afectar a la empresa de John Allan, que aún era pequeña en el competitivo mundo empresarial londinense. Temiéndose lo peor, Allan decidió pedir un rescate financiero a la sucursal de Richmond con la esperanza de responder a sus deudas, pero ya no había nada que hacer y a principios de 1820 la quiebra fue inevitable.[N19] Los bancos estatales en Virginia comenzaron a colapsar uno tras otro, llevando a la bancarrota a muchos comerciantes y granjeros que vieron sus créditos congelados en cuestión de horas.

La fecha tan temida por John Allan llegó el 17 de enero de 1820, cuando una cadena de colapsos provocó que su empresa fuera incapaz de hacer frente a sus obligaciones inmediatas de pago. Como resultado, un juez declaró la quiebra y nombró a unos administradores judiciales para que se hicieran cargo de los pocos activos que quedaban. La crisis financiera que azotó a John Allan afectó incluso a su entorno familiar y llegó a tal punto que no le quedaba dinero ni para pagar el alquiler de su casa en Russell Square. Con deudas que ascendían a 35 000 libras y con pérdidas que se acumulaban mes a mes, John Allan no tuvo otra opción que escribir a su socio en Richmond para anunciar el cierre definitivo de todas las actividades de su empresa en Reino Unido. La última línea de su carta resumía el sentimiento de fatalismo y desesperanza que dominaba su espíritu: «Hemos pecado por exceso de orgullo y ambición».

Por fortuna, algunos acreedores se mostraron dispuestos a renegociar el pago de las deudas pendientes y John pudo regresar con su familia a Estados Unidos con la promesa de poner la empresa en orden y cumplir todos los compromisos asumidos. Pero el estrés de los últimos meses acabó pasándole factura y, cuando tenía todo listo para embarcar en marzo de 1820, cayó enfermo de pleuresía, una afección en la pleura que provoca un dolor agudo en el pecho que empeora al respirar. Aconsejado por su médico, se mantuvo en reposo absoluto durante un mes, pero estaba tan débil que tuvo que retrasar su regreso a Estados Unidos. Finalmente, el 21 de julio de 1820, tras un largo viaje de treinta y seis días, John Allan y su familia llegaron a Nueva York.[N20] Al principio, parecían tener planes de regresar en algún momento a Inglaterra, ya que dejaron los muebles de su piso con un familiar, incluido un piano, pero la situación no parecía favorable para hacer planes a medio plazo. Durante los primeros meses, los Allan vivieron con los Ellis en un edificio con buhardillas en las calles Second y Franklin hasta que consiguieron alquilar una casa en el distrito de Shockoe Hill. De allí se mudaron una vez más a una casa que era propiedad de un tío de John Allan, ubicada en la esquina de Fourteenth Street con Tobacco Alley.

En medio de tantos contratiempos, los Allan se esforzaron por no desatender a Edgar en sus estudios y, poco después de establecerse en su nueva vivienda, lo matricularon en una academia privada. En aquellos años, la educación primaria en América se encontraba en una situación precaria y dependía de estas academias, donde la enseñanza desempeñaba un papel, si no importante, fundamental, ya que la escolarización obligatoria, la enseñanza gratuita y las escuelas estatales no se establecerían hasta mediados de siglo. Durante los siguientes tres años, Edgar asistió a la academia de Joseph H. Clarke, un irlandés muy presumido que se creía el académico más erudito de Virginia y se enorgullecía de enseñar solamente el latín que se hablaba en la época dorada de la Roma antigua. Resulta que su arrogancia no era del todo infundada y, bajo su tutela, Edgar tuvo acceso a las obras de grandes autores clásicos, como Ovidio, Virgilio, Homero y Jenofonte.[N21]

> El poco tiempo libre que tenía en la escuela, o fuera de ella, Edgar lo usaba para escribir poesía. Como nos sentábamos juntos, solía mostrarme sus versos y a veces me pedía opinión. Recuerdo una ocasión en la que me preguntó acerca de una línea en particular y quería saber si la palabra *groat* combinaría bien con *not*. No me sorprendería ahora si, al revisar los poemas de su juventud, pudiera identificar ese mismo verso. TESTIMONIO DE UNA COMPAÑERA DE CLASE DE EDGAR ALLAN POE

El profesor Clark, quien sobrevivió a su alumno, recordaba con nostalgia la excepcional capacidad imaginativa del joven Edgar, que pasaba buena parte de su tiempo libre hojeando revistas que cautivaban su imaginación con historias de apariciones, cadáveres y cementerios que más tarde servirían de inspiración para muchas de sus obras fundamentales.[N22] En una entrevista concedida a un periódico de Richmond, después de la muerte de Edgar Allan Poe, el profesor Clarke reveló que un día John Allan fue a pedirle consejo sobre un cuaderno de versos escritos por su tutelado. La respuesta que obtuvo solo sirvió para confirmar lo que el profesor ya sabía desde hacía tiempo: «Edgar es un chico de temperamento apasionado y, aunque tiene una elevada idea de sí mismo, no puedo negar que sus poemas son sobresalientes para un chico de su edad». Y concluyó la conversación con la siguiente advertencia: «No me parece oportuno que intente publicar cualquiera de estos textos, al menos por ahora. Me temo que eso podría acarrear consecuencias funestas en la formación del carácter de su hijo». Allan no era precisamente de la opinión contraria y, aunque el talento literario de Edgar era encomiable, la única opción viable para su futuro era encontrar una profesión burguesa.[N23]

Por otra parte, la advertencia de Joseph Clarke solo buscaba la protección de uno de sus mejores alumnos de las eventuales críticas que su trabajo podría recibir una vez publicado. La admiración que tenía por Edgar comenzó un día en el que sus estudiantes de latín se propusieron, por cuenta propia, organizar un reto en el que cada uno debería recitar de memoria un verso latino. Para añadir más dificultad al desafío, el verso elegido debía terminar con la misma letra con la que había comenzado.[N24] Uno de los compañeros de Edgar recordaba con emoción estos tiempos tan lúdicos y creativos:

> Hoy en día me parece un juego tonto, pero nos ayudaba a memorizar muchos versos, y Edgar era capaz de recitar decenas de ellos. Le encantaban especialmente las *Odas* de Horacio y las repetía con tanta frecuencia que yo podía recordarlas solo por su sonido. Algunas de estas odas todavía me suenan en los oídos, como si fuera él quien las recitara. A veces, Edgar desaparecía durante horas, entregado a la tarea misteriosa de escribir secretamente sus primeros versos. Los copiaba siempre con una bella caligrafía, los atesoraba y a veces se los dedicaba a alguna de las jovencitas de su entorno por las que sentía un amor platónico.[N25]

Edgar era, en definitiva, un chico afectivo y solía dejarse llevar, aunque no toleraba ningún tipo de injusticia, sobre todo cuando se burlaban de él por ser hijo de una actriz, lo que no era mucho mejor que ser el hijo de una prostituta. Rodeado de niños que en ocasiones se mostraban bastante crueles, Poe tenía que imponerse y hacía todo lo posible para demostrar que era mejor que todos a su alrededor. En cierta ocasión, un alumno apellidado Selden le había tachado de mentiroso y Edgar, decidido a defender su honor, lo retó a una pelea a puño limpio. Su contrincante no solo aceptó gustosamente, sino que lo molió a golpes delante de sus amigos. Cuando todos pensaban que Edgar era demasiado delicado como para oponer resistencia alguna, se levantó y, para sorpresa general, le propinó un severo correctivo como respuesta. Cuando le preguntaron por qué había dejado que Selden lo golpeara, Poe contestó que había llevado a cabo una antigua táctica de combate grecorromana que consistía en esperar a que el contrincante estuviera sin aliento para propinarle el golpe final.[N26] John T. L. Preston, compañero de Poe durante su etapa estudiantil, ofrece un testimonio bastante vívido de esta época:

> Edgar Allan Poe tendría, en esa época, unos quince o dieciséis años; era uno de los muchachos mayores en la escuela, mientras que yo era uno de los más pequeños. Sus habilidades me cautivaban, y algo en mí, o en él, hizo que me tomara cariño. En las sencillas actividades deportivas que practicábamos en la escuela,

cuando aún no se había oído hablar de un gimnasio, él destacaba entre todos nosotros. Era ágil corredor, admirable saltador y, lo que era más raro, un boxeador con cierta habilidad. Recuerdo también que permitía al muchacho más fuerte de la escuela golpearle con toda su fuerza en el pecho. Un día, le pedí que me enseñara el secreto y lo hizo con gusto: su truco consistía en inflar los pulmones hasta el límite, y en el momento de recibir el golpe, exhalar el aire. Parecía sorprendente y, en verdad, era un poco brutal, pero con un buen esternón y un poco de resolución no era difícil soportarlo.[N27]

El testimonio de Preston confirma el importante papel que el deporte ejerció en la formación de Allan Poe, sobre todo porque también representaba una forma de reconocimiento en una sociedad que creía que los jóvenes de buena familia debían combinar su tiempo de estudios con actividades al aire libre. Estar recluido en casa estaba mal visto y actividades como nadar, remar o montar a caballo aportaban cierto prestigio a los niños que las practicaban. En este sentido, Poe fue un extraordinario deportista y llegó incluso a sobresalir en algunas disciplinas. Después de superar una infancia algo enfermiza, Edgar se convirtió en un joven sano y desarrolló un cuerpo bien entrenado, lo que le beneficiaría cuando tuvo que mostrar su capacidad de resistir largas privaciones en épocas posteriores, mucho más de lo que hubiera podido imaginar.[N28]

Aunque es cierto que Poe solía inventarse anécdotas heroicas sobre sí mismo para ocultar ciertos episodios oscuros de su vida, se considera como verdadera una historia en particular que tuvo lugar en un día tórrido de junio, cuando el autor nadó una distancia aproximada de ocho kilómetros contracorriente en el río James mientras sus compañeros lo alentaban. En aguas tranquilas llegó a los veinte kilómetros, un logro que lo hizo compararse con su ídolo literario, Lord Byron, quien es considerado uno de los primeros grandes nadadores de la época moderna. Según reza la leyenda, Byron cruzó el estrecho de los Dardanelos en una hora recorriendo una distancia de casi dos kilómetros; y lo hizo con el curioso objetivo de reproducir el antiguo mito de Hero y Leandro, uno de los amoríos más tristes en la mitología griega.

Hero fue una hermosa joven que se dedicaba al cuidado de uno de los templos de Afrodita en Grecia y vivía gran parte de su tiempo recluida en una torre en Sestos, al norte del estrecho de Dardanelos (que entonces se llamaba Helesponto). Un día, Hero se enamoró de un joven llamado Leandro, que solía cortejarla casi a diario, a pesar de que vivía en Abidos, al otro de lado del estrecho, que debía atravesar en cada visita que le hacía. No pasó demasiado tiempo hasta que los padres de los jóvenes se opusieron a la relación y prohibieron terminantemente cualquier contacto, lo que los obligó a idear un plan para verse en secreto. Cada noche, Hero encendía una linterna en una ventana de la torre que servía de guía para que Leandro, en la orilla opuesta, pudiera cruzar el estrecho hasta llegar a su amada. Así pasaron muchas noches juntos, aunque con cierto temor a ser descubiertos, lo que obligaba a Leandro a regresar muy temprano, desolado por tener que partir, pero feliz por la llegada del próximo encuentro. Sin embargo, una noche hubo un fuerte vendaval que apagó la linterna encendida por Hero. A pesar de esto, Leandro intentó cruzar el estrecho, pero fue arrastrado por las terribles aguas. Hero corrió a la mañana siguiente a la playa en su búsqueda y, cuando estaba atisbando el horizonte, vio su cuerpo sin vida flotando en la orilla. Horrorizada, se lanzó a las aguas turbulentas en busca del alma de su amado y jamás retornó a la superficie.[N29]

La hazaña de Allan Poe, realizada diez años después de que Byron la llevara a cabo en el estrecho de Dardanelos, le sirvió para destacar entre sus compañeros, que solían menospreciarlo debido a su origen, pues en el pequeño Richmond de entonces todo el mundo sabía que era hijo de padres que habían pertenecido al mundo del teatro. En aquella jornada veraniega a las orillas del James, Poe decidió sacar provecho de sus habilidades como nadador para autoafirmarse y, ante la mirada asombrada de sus compañeros, afirmó, sin falsa modestia, que luchar contra la corriente del río James era una hazaña mucho más difícil que atravesar las tranquilas aguas del Helesponto. Para dejar constancia de su portento para la posteridad, Edgar buscó testigos que tuvieron que firmar una declaración escrita que más tarde apareció en la prensa. Este episodio, que representa uno de los escasos momentos de gloria de Allan Poe, sería usado en varias ocasiones por el autor para adornar su biografía.[N30]

Nota del Autor

Lord Byron (1788-1824) fue un poeta inglés y uno de los principales nombres del movimiento romántico en la literatura. Debido a su talento poético, su personalidad, su atractivo físico y sus escándalos personales, Byron gozó de gran popularidad y celebridad en su época. Su estilo narrativo atrevido tuvo gran influencia en la obra de Edgar Allan Poe, en especial,

George Gordon Byron, más conocido como Lord Byron, fue un poeta y revolucionario del movimiento romántico británico. A los treinta y cinco años decidió participar en la guerra de la independencia de Grecia y fue recibido como un héroe por los griegos. Sin embargo, a diferencia de la imagen idealizada de los héroes románticos, Byron no murió en combate, sino enfermo de fiebres y diarreas, en un estado deplorable, lejos de cualquier acto de heroicidad.

en su primera etapa como poeta. Sus primeros escritos (como *Tamerlán y otros poemas*) son claramente byronianos. En *Tamerlán*, por ejemplo, Poe escribió la siguiente frase: «Llegué a mi hogar, que se asemejaba a la encontrada en el poema inconcluso de Byron, *Don Juan* (1824): "Entró en la casa, que ya no era su casa"». Con el tempo, y a medida que maduraba como poeta y construía su propia narrativa, Poe se fue distanciando de las extensas obras de Byron y se dedicó a piezas más breves. Incluso antes de escribir sobre la brevedad de los poemas en su ensayo *Filosofía de la composición* (1829), Poe le escribió a su padre de acogida diciendo: «Ya hace tiempo que he dejado de tener a Byron como modelo, así que creo que merezco algo de crédito». A pesar de sus esfuerzos por desmarcarse de su antecesor literario, Poe siempre respetaría la obra de Byron.

* * *

A los quince años, Edgar fue nombrado teniente a cargo de una compañía voluntaria de jóvenes de Richmond, los Junior Morgan Riflemen. Se trataba de un regimiento que realizaba actividades al aire libre y de servicio comunitario; algo similar al movimiento *scout* que conocemos hoy en día. En octubre

Considerado como «el padre francés de los Estados Unidos», el marqués de La Fayette fue uno de los personajes más destacados en la guerra de la Independencia. Amigo de George Washington, llegó a las antiguas colonias inglesas para prestar su ayuda en la guerra y se convirtió en un líder militar que dedicó buena parte de su fortuna para proveer de mercancías y arsenal a las tropas revolucionarias. Durante la contienda, conoció al abuelo de Edgar Allan Poe, David Poe, quien también contribuyó a la causa estadounidense al financiar la compra de suministros y armamento para las tropas revolucionarias.

Existe una interesante conexión entre el Marqués de La Fayette y España, más precisamente con la ciudad de Pasajes (Pasaia), en Guipúzcoa. Fue desde el puerto de este pueblo que su barco, La Victoire, partió el 26 de abril de 1777 rumbo a América, donde finalmente llegó el 12 de junio, cerca de Georgetown, Carolina del Sur, para brindar apoyo a los norteamericanos en su lucha por la independencia. Según el historiador Antonio Azpiau, «en la primavera de 1777, el puerto de Pasaia se convirtió en el objetivo prioritario de un soñador revolucionario. Este puerto sería el primer destino de un barco destinado a desempeñar un papel fundamental en los eventos que antecedieron a la independencia de los Estados Unidos de Norteamérica». Azpiazu añadió que, «en esta época, Pasaia era una ciudad cosmopolita donde La Victoire se abasteció de víveres y armas».

de 1824, este regimiento recibió la misión de organizar un pelotón que escoltaría al marqués de La Fayette durante su paso por la ciudad de Richmond. La Fayette fue uno de los generales más famosos de la Revolución americana y tuvo una intervención destacada en la guerra de la Independencia, donde arriesgó su vida sin recibir a cambio ningún tipo de remuneración. Se unió al personal del general George Washington —que llegó a quererlo como a un hijo—, soportó una grave herida en la pierna en la batalla de Brandywine, sufrió con las tropas el horrible invierno de Valley Forge, ayudó a Benjamin Franklin a conseguir el apoyo francés para el esfuerzo bélico y desempeñó un papel fundamental como comandante en una batalla tras otra, incluido el decisivo final de Yorktown en 1781, cuando recibió el rango de general de división en el Ejército Continental. Cuando la guerra terminó, La Fayette regresó a Francia y en 1789 fue elegido diputado por el brazo nobiliario para los Estados Generales, cuya convocatoria desencadenaría, tras la proclamación de la Asamblea Nacional, la Revolución francesa. Adherido desde el comienzo a la causa revolucionaria, su prestigio como defensor de la libertad en la pasada guerra contra Gran Bretaña hizo que fuera nombrado presidente de la Asamblea Nacional y comandante de la Guardia Nacional.

Casi medio siglo después de la Revolución, La Fayette decidió llevar a cabo una gira por Estados Unidos. El país, que no era más que una pequeña república conformada por trece estados fatigados por seis años de guerra, ahora era una Unión poderosa de veinticuatro estados prósperos que abarcaban desde las orillas del Atlántico hasta los espacios todavía salvajes del oeste. Aunque parezca increíble, casi todos los habitantes de la ciudad de Nueva York acudieron a darle la bienvenida cuando desembarcó y una multitud lo recibió en todos las ciudades por donde pasó. Durante su recorrido, de más de ocho mil kilómetros, La Fayette visitó ciento cincuenta ciudades, algunas más de una vez, y siempre era recibido con vítores entusiastas, recepciones, desfiles y fiestas. Los lugareños decoraban las carreteras y erigían arcos ceremoniales para que él y su séquito pasaran por ellos; las campanas de las iglesias repicaban en su honor y se disparaban cañones como saludos. A La Fayette le gustaba hablar con los veteranos y visitar los antiguos campos de batalla, donde colocaba piedras angulares y dedicaba monumentos.

Consagrado por una nación que aún estaba en formación, La Fayette ansiaba llegar al sur, sobre todo a aquella Virginia en la que tuvo lugar la batalla de Yorktown, uno de los últimos enfrentamientos armados de una guerra que culminaría con una derrota británica tan contundente que acabaría forzando al Gobierno del primer ministro Frederick North a iniciar negociaciones que finalizaron con la firma del Tratado de París que, en 1783, reconoció la independencia de los Estados Unidos.[N31] Así, la visita de La Fayette a Richmond era inevitable: llegó para quedarse durante tres días, donde fue recibido por el regimiento liderado por Edgar Allan Poe, el elegido para acompañar su carruaje en el desfile de bienvenida a la ciudad. Aunque no hay evidencias o testimonios que certifiquen que Poe y La Fayette entablaran alguna conversación o al menos se estrecharan las manos, se sabe que el marqués pasó revista a su regimiento, según se dice, para asegurarse de que todos llevaban el uniforme completo. Después de un breve paso por Richmond, La Fayette visitó Baltimore y, por una de estas extrañas casualidades del destino, la única persona por la que preguntó en esta ciudad fue el abuelo paterno de Edgar, David Poe, a quien llamaba conocía cariñosamente como General. Nacido en Irlanda, pero llevado por sus padres a los Estados Unidos cuando aún era un niño pequeño, David se convirtió en un patriota de su país adoptivo y se distinguió durante la guerra, llegando a costear suministros al ejército de su propio bolsillo, incluida la generosa suma de quinientos dólares destinados a ropa para las tropas. Al enterarse de que David había fallecido hacía pocos años, el marqués canceló algunos compromisos de su agenda para visitar su tumba en el cementerio de Westminster Hall and Burying Ground, justo al lado de la parcela donde Edgar Allan Poe sería enterrado solo veinticinco años más tarde.

Jane Stannard fue el primer amor platónico de Allan Poe, a quien dedicó algunos de sus primeros poemas. Entre ellos se encuentran *Elena* y *Un peán*; este último trabajo lo perfeccionó y lo publicaría más tarde bajo el nombre de *Leonora*.

Así como las historias sobre su abuelo habían alimentado el imaginario de Edgar, otro episodio de su adolescencia, mucho menos divulgado en la época, marcaría su existencia y lo recordaría toda su vida. Era el mes de abril de 1823, Poe tenía catorce años, y ya había hecho sus primeros pinitos literarios cuando se enamoró apasionadamente de Jane Stannard, la joven madre de un compañero de estudios que, según todo indica, fue su primer amor adolescente. Aunque se trató más bien una relación platónica, Poe acudía a ella en momentos de desasosiego en busca de la figura materna que le faltaba. Jane fue, en realidad, la primera mujer —de una extensa galería— de quien Edgar se enamoraría, aun sabiendo que ella no era más que un ideal inalcanzable.[N32] Su bondad y su comprensión produjeron en el joven poeta una impresión inextinguible y arrebatadora que lo motivó a escribir versos plasmando sus fantasías. De esta etapa existe una nota escrita por su tía, Maria Clemm, donde se daba fe de la apasionada y fanática veneración que su sobrino sentía por todas aquellas mujeres que eran objeto de su afecto:

> Mientras asistía a la escuela de Richmond, Eddy [como era llamado Edgar por su tía] acompañaba a un amigo a casa, cuando vio por primera vez a la madre de este, la señora Jane Stannard. Al verlos entrar, ella le cogió la mano de Eddy y le dio una cálida bienvenida con palabras cariñosas y dulces que penetraron profundamente en el sensible corazón del niño huérfano, dejándole sin habla y sin consciencia de sí mismo por un tiempo. Luego, mi sobrino regresó a su casa soñando con volver a escuchar las amables palabras que habían transformado su mundo desolado en algo más hermoso. Jane Stannard se convirtió más tarde en la confidente de sus pesares juveniles y su influencia redentora lo guio en los primeros días de su juventud turbulenta y apasionada.[N33]

La aparición de Jane en la vida de Edgar representó un momento de transición hacia la madurez, aunque es difícil saber si la callada y tímida devoción que profesaba hacia ella era amor o simplemente un arrebato juvenil. Como quiera que sea, su vínculo fue efímero porque, apenas pasados unos meses, Jane Stannard falleció a causa de un tumor cerebral cuando contaba con tan solo treinta y un años de edad. Como era de esperar, su muerte afectó profundamente a Allan Poe, quien poco podía imaginar que esta sería la primera de las muchas veces que lloraría sobre la tumba de una mujer amada. «Después de la muerte de la señora Stannard, Eddy pasó a ir todas las noches al cementerio de Shockoe Hill para sentarse frente a su tumba, donde permanecía durante horas contemplándola —recordaba Maria Clemm en una misiva—. Cuando sentía que las noches eran muy tristes y los vientos soplaban como si estuviesen lamentándose sobre los sepulcros, entonces se quedaba más tiempo de lo habitual y, después, se retiraba pesaroso». Esta etapa marcó el comienzo de los primeros signos de nerviosismo, irritación, ansiedad y de una profunda tristeza en el comportamiento de Poe, lo que acabaría forjando su personalidad para siempre. «Esta compleja inseguridad, que incluía aspectos de índole física, social y posteriormente financiera —explica el crítico Van Wyck Brooks—, es la pieza clave que nos permitirá entender tanto la vida como la personalidad y la obra de Edgar Allan Poe».[N34]

Nota del Autor

Fundado en 1820, Shockoe Hill fue uno de los primeros cementerios estadounidenses construido de forma planificada. Su terreno fue ampliado en 1833, 1850 y por último en 1870, cuando alcanzó su tamaño actual de 48 000 metros cuadrados. Ubicado en una zona deprimida de Richmond en la que pueden verse decenas de casas deshabitadas y ruinosas, se trata

En el antiguo cementerio de Shockoe Hill se encuentran los restos de algunos de los familiares y amigos más queridos de Edgar Allan Poe. Se sabe, además, que alrededor de mil trescientos militares están enterrados allí, entre ellos se incluyen al menos veintidós veteranos de la guerra revolucionaria; cuatrocientos de la guerra de 1812; y alrededor de ochocientos soldados de la guerra civil.

de un cementerio en el que apenas hay entierros, ya que la mayoría de los vecinos prefieren reposar en la nueva necrópolis, más cercana al centro. El solitario vigilante, el único que permanece en su puesto de guardia, sabe que los escasos forasteros que se acercan son devotos seguidores de Edgar Allan Poe y su interés se centra en conocer la tumba de Jane Stannard. Su lápida, decorada con hermosos versos que la inmortalizan, se encuentra en medio de otras tumbas cuyas fechas de defunción guardan cercanía con la suya; sus ocupantes son en su mayoría personas notables de la época, como magistrados y comerciantes, muchos de los cuales acudieron a la casa de John Allan como invitados. De hecho, casi enfrente de la sepultura de Jane se encuentra la del mismísimo John Allan, con una estela estrecha e inclinada que a nadie se le ocurre enderezar. Como bien ha dicho el biógrafo Georges Walters: «Los muertos de Richmond se quedan entre los suyos, pues ya no queda nadie dispuesto a molestarlos».[N35]

* * *

La muerte de Jane Stannard no llegó a agotar toda la reserva de energía de Allan Poe, por aquel entonces un joven sano y lleno de vida, pero de alguna manera afectó a la relación que mantenía con su padre de acogida, que se mostraba cada día más severo ante los actos de rebeldía de su protegido. En realidad, John ignoraba que Edgar, al igual que cualquier otro adolescente, estaba sumido en una etapa de cambios y contradicciones continuas; ya no era un niño, pero tampoco era un adulto, y se le exigían responsabilidades que hasta entonces no existían. Y aunque anhelaba cierta autonomía, lo que deseaba en realidad era el afecto del entorno familiar, sobre todo, por parte de John Allan, que comenzaba a darse cuenta de lo difícil que sería criar a un artista. Su intención era hacer de Edgar un abogado o un buen comerciante como él, puesto que en Estados Unidos prácticamente nadie vivía de escribir.

De hecho, los primeros grandes escritores estadounidenses —la gran mayoría de los cuales eran contemporáneos de Edgar Allan Poe— tenían trabajos formales que les aseguraban una vida digna y libre de problemas económicos. Washington Irving, uno de los máximos exponentes del Romanticismo, era embajador; Henry Wadsworth Longfellow, autor de *The Song of Hiawatha*, impartía clases en la Universidad de Harvard; el famosísimo Nathaniel Hawthorne, autor de la también consagrada novela *La letra escarlata*, era periodista; el filósofo Ralph Waldo Emerson era pastor; Henry

David Thoreau fundó una escuela y trabajaba como profesor; el novelista y poeta Herman Melville era inspector de aduanas. Para escribir en aquella época se necesitaba tener un trabajo o, al menos, gozar de una situación económica privilegiada. Esta es la raíz del conflicto más importante entre Edgar Allan Poe y su padre de acogida, ya que, por un lado, el joven poeta no deseaba tener un trabajo convencional, mientras que su tutor tampoco estaba dispuesto a sufragar las aventuras literarias de su protegido. Como resultado de este dilema transcendental, Edgar no sabía hacia dónde dirigir sus esfuerzos y se sentía un incomprendido. John Allan, por su parte, sentía que la aflicción y el resentimiento de Edgar eran afrentas personales que demostraban una falta de gratitud hacia la vida que él le había proporcionado. En una misiva escrita al hermano mayor de Edgar —en la que ninguna línea tiene desperdicio—, John Allan se quejaba de que su tutelado tenía muy pocas obligaciones y, aun así, era incapaz de cumplirlas.[N36]

> Mi querido Henry. Acabo de leer su carta a Edgar del 25 del pasado mes y estoy muy enfadado porque aún no le ha respondido. Esto no tiene justificación, ya que tiene poco más que hacer y, además, se muestra desobediente y siempre de mal humor. A menudo, me pregunto qué hemos hecho para que se comporte de esa manera, puesto que puedo asegurarle que hemos hecho todo lo posible para ofrecerle la mejor educación posible. Pero, a mi pesar, parece que el muchacho no siente ni una pizca de afecto por nosotros ni muestra gratitud por todo el cuidado y cariño que le profesamos. Espero que Rosalie no tenga esperanza de obtener su amor, de lo contrario, que Dios la proteja, ya que ella solo es su hermanastra. Créame, querido Henry, cuando digo que nos preocupamos profundamente por el destino de Edgar y pedimos que Dios lo bendiga y lo proteja. CARTA DE JOHN ALLAN A HENRY LEONARD POE. NOVIEMBRE DE 1824[N37]

Como podemos comprobar, esta carta no presenta una imagen positiva del carácter de John Allan. Es difícil de entender cómo pudo imaginar que William Henry no estaba al tanto del comportamiento y carácter de su hermano menor, considerando lo unidos que estaban los dos hermanos y la frecuencia con que se escribían. Aun así, la carta revela un dato sumamente controvertido que podría representar la única referencia existente sobre una gran incógnita familiar que ha mantenido en vilo a la mayoría de los biógrafos de Poe: el posible origen extramatrimonial de la hermana pequeña de ambos, Rosalie, posibilidad que siempre atormentó a Edgar. La cuestión que se plantea es: ¿de dónde saca John Allan la certeza como para calificarla de «hermanastra» de Edgar y Henry? Algunos biógrafos creen que John pudo conocer el contenido de un paquete de cartas misteriosas que estaban en posesión de la tía de Edgar, Maria Clemm, quien trató de destruirlas para acabar de una vez con «disgustos familiares del pasado». No obstante, que se sepa, nadie más ha tenido acceso a estas cartas y solo un par de personas sabían de su existencia, aunque Maria Clemm era la única que conocía su contenido.[N38] A pesar de tantas incertidumbres, se vislumbra el resentimiento que John Allan empezaba a sentir por Edgar, que, por su parte, tampoco lo admiraba como cuando era un niño, lo cual manifestó en un relato que escribió en 1848, titulado El *hombre de negocios*, que puede leerse como una crítica a John Allan:

> Soy un hombre de negocios. Soy un hombre metódico. El método es la cosa, después de todo. Sin embargo, no hay personas que odie más que a esos excéntricos [...]. Si hay algo en este mundo que deteste, son los genios.

A medida que avanza el relato, Allan Poe va revelando que el protagonista tiene unas habilidades y una ética profesional dudosas y que su riqueza se debe en gran medida al azar. Aunque el relato puede parecer un mensaje resentido hacia su padre de acogida, el retrato que Edgar hizo de él como un hombre de negocios se desmoronó muchos años antes de su publicación, en 1824, cuando la firma de John Allan estaba al borde de la bancarrota. Presionados por los acreedores y enredados en diferentes juicios, John Allan y su socio Charles Ellis solo pudieron pagar una pequeña fracción de sus deudas, incluso después de vender casi todos los activos inmobiliarios. Su firma, que en algún momento fue uno de los más importantes mayoristas de Virginia —y que llegó a tener una sucursal en Londres—, terminó sus días como un comercio minorista de barrio.[N39]

Difícilmente hubiera podido remontar John Allan el fiasco por sus propios medios, pero quiso el destino brindarle una nueva oportunidad algo más de un año después, cuando llegó la noticia de que su tío William Galt había fallecido de un mal súbito el 26 de marzo de 1825. Viudo y sin hijos, Galt era un gran empresario y propietario de un gran patrimonio que incluía una empresa de importación y exportación, varios inmuebles en Richmond y Lynchburg, centenares de hectáreas de algodón en diferentes condados, así como algunos molinos y miles de dólares en acciones en el Banco de Virginia. Convocado a comparecer en el juzgado con otros familiares, John Allan supo que su nombre estaba incluido en el testamento de su tío, quien le dejó tres fincas: Lower Byrd, que tenía alrededor de 350 hectáreas, Little Byrd, de 270 hectáreas, y Big Byrd, de 1600 hectáreas. Juntas, estas propiedades alcanzaban alrededor de setecientos mil dólares, un importe que hoy representaría la imponente suma de casi veinte millones de dólares. De la noche a la mañana, John Allan se había convertido, a los cuarenta y seis años de edad, en uno de los herederos más ricos de la provincia. Desde aquel día, una avaricia glacial, oculta hasta el momento, se apoderó del comerciante escocés, de tal modo que Edgar pasaría de ser el pobre huérfano desatendido a convertirse en un joven rebelde cuya mera presencia resultaba cada vez más incómoda.[N40]

John Allan celebró su fortuna (nunca mejor dicho) con la adquisición de una imponente mansión que pertenecía a un negociante andaluz de harinas llamado José Gallego, fallecido no hacía mucho tiempo. Ubicada en uno de los barrios más exclusivos de Richmond, John Allan le puso al inmueble el nombre de Moldavia, una imponente construcción de ladrillo, con dos plantas dotadas de balcones y una fachada con doble portada, aunque la estancia más llamativa era un inmenso salón octogonal que se convertía en sala de baile. Allan y Frances ocuparon la habitación principal y Edgar se quedó con una coqueta habitación con vistas al río James y a las verdes praderas que se extendían al sur y al este.[N41] Asomado al balcón, y gracias a la oscuridad de las noches de Richmond, Edgar pudo observar, mediante un potente telescopio, el cielo nocturno y el destello del amanecer. Fue ahí cuando manifestó un profundo interés por la astronomía, que le permitiría, años más tarde, escribir un relato de viajes extraordinarios que recibió el título de *La incomparable aventura de un tal Hans Pfaall*. Publicado en 1835 en la revista *Southern Literary Messenger*, se trataba de una historia que se pretendía hacer pasar por verdadera sobre un hombre que, en su globo aerostático, había conseguido llegar a la Luna.

El traslado de la familia Allan a Moldavia representó para Edgar una importante etapa de transición y de gran significado en su vida: aquel mismo verano recibió la visita de su hermano mayor. Era la primera vez que se veían, ya que hasta entonces solo habían mantenido contacto epistolar. Henry había pasado gran parte de su vida en altamar, lejos de todo y de todos, por lo que no resultaba extraño el sentimiento de nostalgia que floreció entre ambos con este anhelado encuentro. Nunca antes había tratado Edgar con una persona de su propia sangre, nada menos que su hermano mayor, quien no dudó en hablar de sus parientes de Baltimore, esos desconocidos llamados Maria Clemm y su hija de cinco años, Virginia, personas todavía lejanas —tanto física como emocionalmente—, pero que en un futuro se convertirían en el epicentro de su propia existencia.[N42]

El retrato oval, ilustración de Jean-Paul Laurens (1884).

III

ELMIRA

«Se entregó solitario a su complejo destino
de creador de pesadillas».
JORGE LUIS BORGES

Algunos biógrafos tempranos de Edgar Allan Poe creían que Frances ya dudaba de la fidelidad de su esposo durante su estancia en Inglaterra e incluso podría haberse enterado de que Allan tenía hijos extramatrimoniales cuyas madres recibían remesas regulares de dinero, lo que confirmó sus sospechas. Aunque nunca sabremos si hubo algún altercado entre Frances y Allan relacionado con este espinoso asunto, es probable que hicieran todo lo posible para conservar su reputación intacta, algo que era importante en una época en que las familias conservadoras debían aparentar una armonía plena y constante. Lo que se hablaba en casa se quedaba en casa, pero una desavenencia de semejante magnitud no podía pasarle inadvertida al joven Edgar y difícilmente podría habérsele pasado por alto…, posibles indirectas durante la cena, voces altas detrás de las puertas o incluso alguna lágrima escondida.

Sin embargo, y como cabía esperar, Edgar tomó enseguida partido por su adorada madre adoptiva y juzgó sin titubear al hombre que era el causante de tanto dolor. También debió comprender que sus posibilidades de ser adoptado y heredar algo de patrimonio eran muy pequeñas, pues John Allan nunca había manifestado la más mínima intención de reconocerlo legalmente como hijo. Todo indicaba que nada iría a cambiar en este sentido, ya que el distanciamiento entre los dos aumentaba cada vez más.[N1] Poco dispuesto a suavizar asperezas con su protector, Edgar decidió emprender un camino anárquico y sin retorno al que su temperamento predisponía de forma natural. A partir de entonces, John Allan comprendió lo que suponía tener en casa a un artista de sentimientos inquietos y sensibilidad a flor de piel. Y como su intención era hacer de su protegido un abogado o un buen comerciante como él, podemos deducir cuál era la razón fundamental de los choques que se producirían entre estos dos hombres de corazones tercos y aspiraciones antagónicas.[N2]

John Allan no estaba dispuesto a renunciar a sus aventuras amorosas y, como tampoco toleraba las miradas inquisitorias de su tutelado, decidió enviarlo a la Universidad de Virginia, ubicada cerca del pueblo de Charlottesville, a unos noventa kilómetros de Richmond. Y lo hizo de la forma más mezquina posible, proporcionándole solo el dinero estrictamente necesario para sus gastos escolares, ni un céntimo adicional, ni siquiera para necesidades básicas, como ropa o comida. En estas condiciones, el huérfano que vivía bajo el techo de la casa de un millonario llegó a Charlottesville como un alumno pobre, rodeado de compañeros acomodados, casi todos integrantes de familias aristocráticas, dueñas de extensas plantaciones de algodón que prosperaban a costa del látigo y el sudor de los esclavos negros.

Estatua de Thomas Jefferson enfrente de la Rotonda, una de las muchas joyas arquitectónicas que conforman el campus de la Universidad de Virginia. Fue terminada en 1826 e inspirada en el Panteón de Roma, presentando una esfera casi perfecta que descansa sobre un cubo. Desde la escalera sur se pueden observar los jardines bordeados por columnas que conectan las residencias de los estudiantes con diez pabellones, cada uno de ellos construido como un templo griego o romano.

Edgar Allan Poe se matriculó en la Universidad de Virginia el 14 de febrero de 1826, y fue el alumno n.º 136 de un centro que apenas había completado un año de funcionamiento. Fue fundada por Thomas Jefferson, el redactor de la Declaración de Independencia de los Estados Unidos y el tercero de sus presidentes, quien se había dedicado por completo en sus últimos años de vida a erigir una entidad de enseñanza superior que representara y promoviera el nuevo pensamiento democrático en América. Y lo hizo a lo grande, con una construcción integrada con el paisaje gracias a un sistema de pabellones que rodean una plaza rectangular, claramente inspirado en las formas clásicas. Su construcción más característica es la Rotonda, que destaca por la sala de la cúpula y por su entrada, que se hace a través de un edificio que representa una réplica de la acrópolis a media escala. Thomas Jefferson lo diseñó para representar la «autoridad de la naturaleza y el poder de la razón» y lo modeló basado en el diseño del Panteón de Roma. La construcción comenzó en 1822 y se completó poco después de la muerte de Jefferson en 1826. El campus de la nueva universidad era único, en el sentido de que sus edificios estaban rodeados por una biblioteca en lugar de una iglesia, como era común en otras universidades del mundo de habla inglesa. Para muchos, la Rotonda simboliza la creencia de Jefferson en la separación de la Iglesia y la educación, y representa su dedicación de por vida a la educación y la arquitectura.

Conocido entre sus contemporáneos como una especie de enciclopedia viviente, Thomas Jefferson también poseía una voz cautivadora que atraía de inmediato atención en cualquier círculo. Bastaba con que disertara sobre cualquier tema, por trivial que fuera, para que sus seguidores se rindieran hechizados ante él. Su correspondencia sobre asuntos relacionados con la agricultura ocupaba tanto espacio como sus cartas diplomáticas, y su biblioteca era tan grande que llegó a ser la más importante de América. Jefferson era un erudito consumado, leía textos en su idioma original, ya fueran en griego, latín, francés, español o italiano; y consideraba que la escritura de los poetas griegos era insuperable, ni por Shakespeare, tan venerado en Inglaterra y en los Estados Unidos. Con tal pasión por el conocimiento, no es sorprendente su dedicación a la creación de su propia universidad; se encargó de todos los detalles, desde la selección de los profesores hasta el diseño de los edificios que conformarían el campus.

Nota del Autor

La Universidad de Virginia fue la primera en contar con cursos académicos de Arquitectura, Astronomía y Filosofía; y su escuela de Derecho es la cuarta más antigua de los Estados Unidos y la segunda más antigua en funcionamiento. Su fundador creía que la libertad solo sería posible si el pueblo tenía acceso pleno a la educación, y cuando aún planeaba la creación de su universidad, escribió: «Considero nuestro estado actual de libertad como la posesión de una corta vida, a no ser que las masas que conforman nuestro pueblo puedan ser educadas a un cierto nivel». Y en este sentido, la Universidad de Virginia fue el culmen de su empresa educativa y con ella logró su objetivo: la libertad intelectual del pueblo americano. Una misión loable, aunque tenemos que recordar que el proyecto educacional de Thomas Jefferson solo incluía a una parcela específica de la población, ya que excluía a las mujeres y a los negros, quedando la admisión restringida a una clase privilegiada de hombres blancos de talento reconocido —lo que ocurría con la inmensa mayoría de las instituciones americanas de este período—. Tal fue la importancia de esta entidad en la vida de Jefferson que encargó que se escribieran en su epitafio tres de sus más destacados logros: «Autor de la Declaración de Independencia de América, autor del Estatuto de Virginia para la Libertad de Culto y fundador de la Universidad de Virginia».[N3]

Universidad de Virginia, en la época de su fundación.

* * *

El día de la inauguración de la universidad, tuvo lugar una ceremonia solemne que contó con la presencia de varias autoridades del país. Enfrente de este grupo de notables, Thomas Jefferson se atrevió a denominar su campus como «la Oxford del Nuevo Mundo», aunque aún le faltaba un buen camino para alcanzar semejante prestigio. Para lograr tal excelencia, Jefferson contrató a los mejores profesores de Inglaterra y, gracias a que Allan Poe fue uno de los alumnos en este momento, es posible conocer los nombres de algunos de sus profesores: George Long, proveniente de Cambridge, considerado uno de los mejores latinistas de su época, enseñaba lenguas antiguas, mientras que George Blaettermann, un alemán irascible que vivía en Londres —de quien se dijo en la época que fue visto un día azotando a su mujer en una calle de Charlottesville— enseñaba lenguas modernas.[N4] Edgar asistía a las clases de Long los lunes, miércoles y viernes, y a las de Blaettermann los martes, jueves y sábados. Algunos registros, que todavía se conservan intactos en el archivo de la universidad, certifican que Allan Poe emprendía sus tareas con gran entusiasmo y recibía buenas calificaciones. Sus informes de conducta no mencionan ninguna medida disciplinaria y a veces destacaba entre sus compañeros, a quienes les contaba historias inventadas sobre su genealogía y sus supuestos viajes por Europa, forjando así una leyenda llena de hazañas imaginarias sobre su vida que él mismo trataría de reforzar en repetidas ocasiones.

A pesar de sus habilidades como contador de historias, Allan Poe tenía un temperamento más bien introvertido, y trató de mantenerse alejado de sus camaradas más juerguistas, al menos en un primer momento. Sin embargo, en realidad, si se mantuvo al margen de cualquier exceso propio de un adolescente de su edad fue porque no disponía de medios para sostenerlo. Esta fue la primera lección de su vida de estudiante entre los hijos de terratenientes, quienes estaban familiarizados con las armas de fuego y la elegancia, y solo se interesaban en desfilar por las tabernas, lanzarse al galope por las calles y disfrutar de todos los placeres posibles, gracias a la amplia cantidad de recursos financieros a los que tenían acceso.[N5] De hecho, el alcance financiero de Edgar era tan limitado que únicamente pudo inscribirse en dos cursos, ya que su padre solo le proporcionó un tercio del dinero necesario para cubrir sus gastos básicos. Preocupado por su acuciante situación financiera, Poe tomó la iniciativa de enviar a su padre los movimientos detallados de sus cuentas a un nivel digno de un contable, con el único propósito de demostrarle que las cantidades recibidas no cubrían sus gastos elementales. Además, deseaba que su padre percibiera lo humillado que se sentía al ver cómo sus compañeros perdían hasta trescientos dólares en una partida de póker mientras él tenía que suplicar a su padre que le enviara al menos una simple barra de jabón, pero la única respuesta que recibía venía cargada de reproches y muestras de desprecio.

Hoy se sabe que John Allan, por consejo de amistades bien situadas, solo envió a Edgar a la recién inaugurada universidad de Thomas Jefferson porque quería convertirlo en un hombre con una carrera digna. Por ello, resulta difícil comprender por qué entonces no le proporcionó los recursos necesarios para que su tutelado cumpliera con este objetivo. Esta misma pregunta se hacía el propio Allan Poe, que comenzó a interrogarse sobre su porvenir y sobre las verdaderas intenciones de su tutor.[N6] Tal era su desamparo que el joven poeta tuvo que desmontar los muebles de su habitación para hacer fogatas y resguardarse del frío, una penosa situación que lo empujó a comenzar un peligroso e irreversible flirteo con el alcohol. Al contrario de la creencia popular, Allan Poe nunca llegó a ser un alcohólico empedernido, aunque se mostró muy sensible a la bebida, de tal modo que su carácter se volvía tempestuoso con unos tragos. Pronto, sus compañeros se dieron cuenta de que no tenía el mismo modo de beber ni manifestaba la misma ebriedad. Un solo vaso y quedaba como anonadado. Uno de sus amigos más cercanos lo describió de la siguiente manera:[N7]

> Agarraba el vaso con firmeza y, sin añadirle azúcar o agua, bebía todo su contenido de un solo trago, sin detenerse hasta que la última gota alcanzaba sus labios. Aunque este gesto no parecía proporcionarle placer alguno, era suficiente para despertar su sensible naturaleza y llevarla a un estado de excitación que resultaba en una fascinante oratoria capaz de encantar a los oyentes como si fueran cantos de sirena.[N8]

Esta es la primera descripción conocida del supuesto alcoholismo de Edgar Allan Poe, cuando contaba con diecisiete años de edad. Sin embargo, parece ser que disimuló bien sus desvíos de conducta, o al menos es como lo atestiguaron sus compañeros más cercanos:

> Entre los profesores gozaba de excelente reputación —declaró su condiscípulo William Wertenbaker— y su conducta era la de un muchacho formal. Si las intemperancias que le atribuyen sus biógrafos hubieran sido ciertas, inevitablemente habrían atraído

la atención de la dirección y provocado un merecido castigo. Los archivos de la universidad, que registraban hasta las menores desviaciones de los alumnos, atestiguan que en ningún momento del curso recibió una solo reprimenda.[N9]

Para respaldar al testimonio de Wertenbaker, basta con observar los excelentes resultados que Poe obtuvo en las aulas, que fueron todo lo sobresaliente que cabía esperar: recitaba poemas enteros de memoria, incluso cuando no estaba preparado; hablaba y traducía las lenguas clásicas con aparente facilidad, preparaba sus lecciones con diligencia y leía incansablemente libros de historia antigua, astronomía y, por supuesto, poetas y novelistas, lo que le ganó la admiración de profesores y compañeros. Los registros de la biblioteca —que se conservan hasta hoy— indican que, en un periodo de tan solo cinco meses, Allan Poe sacó siete obras voluminosas en francés, incluyendo cinco del historiador Charles Rollin y dos de Voltaire, uno de los principales representantes de la Ilustración, un período que enfatizó el poder de la razón humana y de la ciencia en detrimento de la religión.[N10] Con hábitos de lectura tan eruditos, no es de extrañar que consiguiera alcanzar las mejores notas en los exámenes de Francés y Latín con facilidad.

En el siguiente curso, Poe fue elegido miembro de la Sociedad Literaria y Debate de Jefferson, donde llegó a asumir el cargo de secretario provisional. Aunque no presentó trabajos originales a la entidad, a menudo entretenía a sus amigos más cercanos con lecturas privadas en su pequeña habitación. Allí acudía con regularidad una pequeña pero selecta audiencia que, embelesada por su narrativa, apenas respiraba mientras escuchaba sus cuentos. Edgar, tal vez sin saberlo, se había convertido en un *storyteller* (término inglés para contador de historias). Muy apreciado por sus compañeros, Poe era considerado extremadamente talentoso, aunque muchos reconocían que su carácter era bastante melancólico y solitario. En una ocasión, leyó un cuento escrito para sus amigos, cuando alguien afirmó entre risas que el nombre del héroe, Gaffy, se repetía con demasiada frecuencia. Incapaz de asimilar la crítica recibida y antes de que los demás pudieran objetarla, Poe arrojó su manuscrito al fuego. A partir de entonces, sus amigos pasaron a llamarlo Gaffy.

Durante esta época comenzó a florecer en su carácter una peculiaridad que lo acompañaría hasta el fin de sus días: una cierta megalomanía que le hacía creer que poseía una erudición y unos conocimientos muy superiores a los que tenía en realidad. En las charlas que mantenía con sus amigos alrededor de una hoguera, presumía de haber viajado a Grecia, conocer bien todo el Mediterráneo y haber estado en Arabia y San Petersburgo.[N11] Además, no escatimaba esfuerzos para exhibir sus dotes atléticas y destacaba en todos los ejercicios que se practicaban en el campus. En una ocasión, un estudiante corría por una pequeña pendiente y, al saltar, logró cubrir una distancia de casi seis metros. Sintiéndose desafiado —aunque nadie le había retado—, Edgar se dirigió al mismo local, dio un salto largo y superó la marca de su compañero por medio metro. Se desconoce si en aquel momento el joven poeta perseguía sus intereses artísticos con el mismo espíritu competitivo, pero, sin duda, continuó cultivándolos. Escribía versos a diario y también dibujaba con carboncillo. Según el testimonio de Miles George, estudiante del campus, un día Allan Poe compró una obra de Byron ilustrada con grabados y reprodujo uno de ellos, a escala, en el techo de su habitación, como si fuera un gran fresco. «Todos sabíamos que Poe era muy versado en el arte de poetizar, pero al parecer ese talento no parecía ser lo suficiente para aplacar su narcisismo, de modo que comenzó a dibujar figuras maravillosas y grotescas en las paredes de su dormitorio; y lo hacía con una habilidad tal que llegué a poner en duda si sería pintor o escritor».[N12]

La libertad de Poe para «vandalizar» su propia habitación con sus pinturas en las paredes y el techo era totalmente legítima y seguía la doctrina de Thomas Jefferson, quien conocía mejor que nadie el carácter sureño y sabía que los jóvenes de Virginia jamás se someterían a la estricta disciplina practicada en Harvard y en otras escuelas del norte. Para equilibrar estas diferencias culturales, Jefferson decidió establecer un sistema de autogobierno para los estudiantes, permitiéndoles elegir sus asignaturas, organizar sus agendas e informar a la dirección de cualquier irregularidad o falta cometida por sus compañeros. Con estas pautas, Jefferson tenía la intención de convertir a los estudiantes en sus propios tutores, confiando en sus valores de honor y patriotismo. Se redactó un código de leyes para lograr este objetivo, pero no solo fracasó de forma estrepitosa, sino que acabó convirtiendo a la comunidad escolar en un caos.[N13]

En lugar de disfrutar de su tiempo libre con lecturas o charlas intelectuales, los estudiantes jugaban por dinero, bebían sin control e incluso se batían en duelo, endeudándose sin pudor, pues sabían que sus ricos padres asumirían los costes de todas sus extravagancias. La situación llegó hasta tal extremo que el comisario del condado de Albemarle tuvo que enviar a sus hombres al campus con una orden de detención que incluía los nombres de más de cincuenta estudiantes. Algunos de los citados saltaron por las ventanas de sus habitaciones y huyeron hacia la montaña con provisiones, pero su desesperada estrategia no los libró de un severo castigo. Hubo suspensiones y al menos una expulsión. «Los inicios de la universidad de Virginia fueron detestables —declararía mucho tiempo después el profesor George Long—. Había allí muchachos excelentes, pero también otros de la peor especie que he encontrado en mi vida».[N14]

En una carta escrita a su padrastro, Allan Poe relató una gran pelea en la que un estudiante recibió un golpe en la cabeza con una piedra y respondió a la agresión disparando al azar con un revólver que, según sus palabras, «se han vuelto muy de moda por aquí». También mencionó otra pelea ocurrida unos días antes, en la que uno de los implicados terminó en la enfermería debido a las graves heridas causadas por las mordeduras de su contrincante. «Uno de los estudiantes desgarró con los dientes el brazo de un compañero con el que se había pegado. Pude ver cómo quedó el brazo y era realmente algo tremendo: había múltiples heridas de mordiscos desde el hombro hasta el codo, hasta el extremo de que tenía desgarrados trozos del tamaño de mi mano».[N15]

> Es posible que usted haya oído hablar de los disturbios en el campus; la policía no colabora para aliviar la tensión, sino todo lo contrario; nos transmite una sensación de miedo tan terrible que a veces ni siquiera me atrevo a salir de mi habitación para asistir a las clases. Después de una semana de mucha inquietud, se decretó un toque de queda a partir de las ocho de la noche. Ni las súplicas del señor Jefferson ni la persuasión de los profesores lograron que los estudiantes cumplieran con sus obligaciones. Así que, durante mucho tiempo, la insubordinación y el desorden predominaron en el campus; la situación se hizo tan intolerable que los profesores decidieron suspender sus actividades. Después de una serie de controles llevados a cabo por la dirección, algunos de mis compañeros recibieron una amonestación, aunque muchos otros fueron suspendidos y hubo uno que fue expulsado.
> CARTA DE EDGAR A. POE A JOHN ALLAN, MAYO DE 1826[N16]

Resulta curioso pensar que estos comportamientos salvajes e inconsecuentes eran llevados a cabo por jóvenes que representaban algo así como la flor y nata de Virginia; y muchos tenían padres poderosos e influyentes. La estrecha convivencia hacía casi imposible que alguien pudiera permanecer al margen de aquel desorden, ni siquiera los más voluntariosos y ávidos de saber; naturalmente, se entendía que ser un chivato era una deshonra. A pesar de todo, Poe consiguió destacar y se distinguió como estudiante de idiomas. Pudo haber conocido al propio Thomas Jefferson e incluso participado de su funeral, que tuvo lugar en julio de 1826, aunque hubo quien lo calificó como un «sudista antijeffersoniano» por su falta de fe en la perfectibilidad humana o en las comunes nociones acerca de la igualdad, el progreso y la mejora social que caracterizaron su época.

Nota del Autor

Thomas Jefferson era muy cuidadoso en el registro de su documentación y mantenía correspondencia regular con sus amigos y conocidos. En muchos de estos documentos que se han conservado, el expresidente mencionaba el malestar que causaban diferentes enfermedades que padecía, a veces coincidiendo con momentos cruciales de su carrera. No fueron pocos los médicos que intentaron ayudarlo, pero Jefferson solía mostrarse escéptico, ya que pensaba que no existía un tratamiento capaz de combatir todas sus dolencias. Una de las enfermedades que más le afectaba fue una migraña persistente que se intensificaba durante las horas de sol, lo que lo obligaba a permanecer largos periodos de tiempo encerrado en una habitación oscura hasta la llegada de la noche. En ocasiones, Jefferson tomaba corteza de quina (también llamada corteza jesuita), que le funcionó por un tiempo hasta que sus migrañas comenzaron a manifestarse de forma más intensa.

Con el tiempo, se dio cuenta de que el estrés era el causante de sus dolores de cabeza, junto con un reumatismo que trató de paliar con aguas terapéuticas de manantial cercano a su residencia de Monticello. Sin embargo, de todas las enfermedades y dolencias que padeció, hubo una que le avergonzaba especialmente: una diarrea crónica que se manifestó de manera fortuita tras haber sido elegido presidente de los Estados Unidos en 1801. Para un hombre que daba tanta importancia a su imagen pública, una enfermedad como la diarrea, que apenas podía controlar, le supuso un verdadero quebradero de cabeza, de tal modo que decidió mantenerla en secreto durante años para evitar el escarnio de la oposición. Jefferson también tuvo que luchar contra otras enfermedades, como la disentería y la irritabilidad de vejiga. Esta última dolencia apareció en 1825 y sus médicos, nuevamente, no fueron capaces de encontrar un tratamiento eficaz. Los dolores generados por la disuria (dificultad o dolor en la evacuación de la orina) terminaron postrándole en la cama.[N17]

Thomas Jefferson murió el 4 de julio de 1826, justo el día en el que se celebraba el cincuenta aniversario de la firma de la Declaración de la Independencia. Irónicamente, murió unas horas antes que su gran rival político, John Adams, de quien más tarde se hizo amigo. Se considera que Jefferson murió a causa de una serie de condiciones propias de la vejez, incluyendo toxinas en la sangre, diarrea severa y neumonía, aunque sus recurrentes problemas para orinar han hecho que algunos consideren que habría muerto de un cáncer de próstata sin diagnosticar.[N18]

* * *

Entre sus idas y venidas a la universidad, Allan Poe se enamoró de una jovencita de la vecindad llamada Sarah Elmira Royster, que había de representar un extraño papel en su vida, ya que desapareció tempranamente y resurgió en los últimos años de la vida del autor. Sarah tenía quince años y Edgar dieciséis y se conocieron con toda naturalidad como vecinos. La familia de Sarah y la de los Allan se visitaban con regularidad, proporcionándoles incontables ocasiones para dibujar, hablar de música y tocar sus instrumentos —Sarah tocaba el piano y Poe la flauta—. En una carta dirigida a un amigo, Sarah describió muchos años después al futuro escritor de esta forma:

> Edgar era un muchacho muy guapo, no muy hablador. Cuando conversaba era sumamente agradable, pero su rasgo característico más contundente era la melancolía. Nunca hablaba de sus padres, aunque estaba completamente entregado a la señora Allan, así como ella a él. ¡Era tan apasionado y vehemente con lo que le interesaba, pero no soportaba la menor hostilidad verbal![N19]

Un detalle peculiar que da más veracidad a las palabras de Elmira fue el hecho de que Poe nunca le escribió versos, una declaración que no deja de causar sorpresa si tenemos en cuenta la cantidad de mujeres que pretendían ser las inspiradoras de los poemas de Poe. Quien sí le dedico un poema, no solo a ella, sino también a Poe, fue el propio hermano de este, William Henry, con la obra *El pirata*, donde un joven llamado Edgar Leonard, huérfano como ellos mismos, se enamoraba de una joven llamada Rosalie, un apodo de la propia Sarah.

Los dos adolescentes se consideraban novios y continuaron su relación a distancia cuando Edgar regresó a la universidad. Durante todo el tiempo en que estuvo allí le escribió con regularidad, pero como los padres de ambos no estaban de acuerdo con la relación, decidieron unir fuerzas para sabotear a sus propios hijos. De este modo, el padre de Sarah pasó a interceptar las cartas de Edgar y a destruirlas sin decirle una palabra a su hija, haciéndola creer que su prometido la había olvidado. Sintiéndose rechazada, la muchacha rehízo su vida amorosa y finalmente contrajo matrimonio con un joven comerciante de Richmond llamado Alexander Shelton, que se ajustaba mejor a la imagen que los Royster tenían del prometido adecuado. El hecho de que Allan Poe ya estuviese viviendo en Charlottesville para atender a las clases en la universidad contribuyó a que los planes del padre de Sarah se llevaran a cabo sin contratiempos ni sorpresas inesperadas. En 1827, Poe publicó el poema *Tamerlán*, en el que describe los viajes y aventuras de un joven que retorna a su tierra natal solo para descubrir que su amada se ha casado con otro. Dos años más tarde, Poe revivió su desilusión en el poema *Para —*, en el que sostiene que ni todo el oro del mundo podría comprar la felicidad que secretamente había planeado para su amada.

A pesar de que Poe comenzó su carrera poética con trabajos tan extensos como *Tamerlán*, siempre se declaró contrario a obras largas como la epopeya, que era un poema extenso común en la antigua Grecia que narraba hazañas heroicas. En su ensayo titulado *El principio poético*, Allan Poe expresa su resistencia a escribir un poema de más de cien versos, aunque

Retrato de Sarah Emira Royster, primer amor de Edgar,
según un dibujo realizado por el propio autor.

admite su rechazo a las obras demasiado cortas. Su ideal de poema era aquel que alcanzaba un valor estético, cuyo fin último era la belleza. Estos atributos también eran valorados por el escritor irlandés Oscar Wilde, quien en cierta ocasión llegó a rechazar un encargo de escribir un poema de cien palabras, argumentando que «no existían cien palabras bellas en inglés».

Sarah Elmira Royster, la Myra de sus cartas, solo volvería a entrar en el ámbito de Poe en el último año de su vida, ya como viuda acomodada e independiente.

> Siempre me he sentido apenada cuando leía algo hostil hacia él y no creía ni la décima parte de lo que decían. En gran medida, solo había envidia y celos detrás de ello. Yo le tengo un gran respeto y admiración. Tenía principios estrictos y todo lo que era mediocre, vulgar y poco fino le repelía. Al poco tiempo de enviarlo a la universidad, me casaron con el señor Shelton sin que yo supiera que Poe me había estado escribiendo todo el tiempo. CARTA DE SARAH ELMIRA ROYSTER A EDWARD V. VALENTIN (1849)[N20]

Después de regresar a la universidad, y sin saber que su amada ya estaba comprometida con otro hombre, Edgar Allan Poe intentó mantener una correspondencia regular con su madre, a quien tanto echaba en falta. Por estas fechas, ya había escrito más de dos docenas de poemas y tenía buenos amigos, pero su condición financiera seguía siendo tan penosa como el primer día en que llegó. Preocupado por su situación, cada vez más acuciante, decidió escribir a casa para solicitarle a su padre el envío de pequeñas sumas, respaldando su petición con informes minuciosos, como había hecho en ocasiones anteriores, tratando de demostrar que las cantidades que recibía no eran suficientes para cubrir sus gastos básicos. Pero la ayuda que llegaba apenas le daba para comer y, como su padrastro se negaba a aumentar los fondos, el joven estudiante decidió buscar una salida desesperada por medio del juego, pero lo único que consiguió fue acumular más deudas, que su padre, evidentemente, se negaba a pagar.

Con el paso del tiempo, y sin conseguir revertir su penosa situación, la permanencia de Poe se hizo insostenible y atribuyó la culpa de todos estos infortunios a su padre, quien en ningún momento percibió que no había lógica en proporcionarle la mejor educación de la época, pero negarle el dinero necesario para no tener que avergonzarse ante sus camaradas sureños. Edgar, por su parte, no lograba entender que la intención de su padre al tomar estas medidas contradictorias no era otra que buscar motivos de disputa para finalmente desentenderse de él, aprovechando la enfermedad de Frances como una oportunidad para librarse de su molesto tutelado y llevar a cabo una serie de proyectos futuros que, evidentemente, no lo incluían a él.[N21]

Poe regresó a Richmond para celebrar las Navidades y el 19 de enero cumplió los dieciocho, aunque no haya diario personal en el que se mencione ninguna de estas dos fechas. En este momento, ya había dejado de ser el centro en las alegres veladas de la casa de los Allan. Bajo aquel techo solo tenía asegurado el afecto por parte de su madre adoptiva, quien debió besarlo en secreto el día de su cumpleaños, ya que su «papá» —como Poe le solía llamar en sus misivas— ardía de indignación por el resultado desastroso de su año universitario. John Allan tenía en su poder unas cuantas amonestaciones desagradables y un buen número de recibos como resultado de las deudas de juego que su tutelado había contraído durante su estancia en la universidad. Se estima que la cifra ascendía a los dos mil dólares, una suma considerable para la época. Aunque su padre no habría tenido ninguna dificultad para hacer frente a este importe, hay que tener en cuenta que para un escocés que llegó a América como un huérfano pobre y se hizo rico con su trabajo, las deudas de juego debían de ser una afrenta enorme.[N22]

Cuestionado sobre sus deudas de juego y su decisión imprudente de gastar el dinero en ellas, Edgar apenas pudo defenderse. Ni siquiera sus buenas notas en la universidad fueron suficientes para influir en el juicio de John Allan. Como sus alegaciones no se sostenían, el veredicto de su padre fue tajante e irrevocable: su tutelado no volvería a poner un pie en la universidad, ya que no era digno de estar allí ni en ningún otro lugar de excelencia.[N23]

Las dificultades a las que Allan Poe tuvo que enfrentarse a causa de la negligencia de su padre adoptivo se reflejan claramente en una carta redactada meses después de abandonar Charlottesville.

Usted cree que no pude graduarme en la universidad por mi culpa, cuando la verdad es que es usted quien no quiso dejarme seguir estudiando allí. Esto se debió a que le presentaron recibos de deudas que yo no deseaba haber contraído. En otras palabras, fueron sus acciones tacañas la causa de todas mis dificultades en Charlottesville, ya que usted sabía que el coste mínimo de mis estudios alcanzaba los trescientos cincuenta dólares por año, pero solo me envió ciento diez dólares, de los cuales tuve que gastar cincuenta para la manutención, sesenta en las clases con dos profesores y otros quince en el alquiler de mi habitación. Todo esto debía pagarse por adelantado, lo que me obligó a contraer deudas, en contra de las disposiciones de la institución. Además, usted se acordará de que una semana después de mi llegada, le pedí algo de dinero para poder dejar todo en orden y comprar libros, pero lo único que recibí de usted fue una respuesta agresiva, como si yo fuera el peor del mundo por no haber sido capaz de cumplir con mis compromisos, cuando en realidad no disponía de recursos suficientes para ello. Tuve que comprar libros a crédito y así fueron creciendo las deudas, llevándome a la desesperación. Esta es la razón por la cual empecé a jugar, ya que no tenía otra salida. Le pido que se ponga en mi lugar y juzgue si yo debería ser reprendido por todo esto. ¿No habría actuado usted de la misma manera? Esta es la difícil situación en la que me encuentro. CARTA DE EDGAR A. POE A JOHN ALLAN[N24]

En esta carta, Allan Poe expone, de forma clara y sin tapujos, los motivos que ocasionaron su pésimo rendimiento en Charlottesville. Además, nos brinda una explicación de cómo llegó a la peligrosa combinación de juego y bebida. Por su parte, John Allan no era ingenuo y conocía bien las costumbres de su entorno social. Sabía que los hijos de las familias acaudaladas se mantenían en la universidad sin tener que pasar por apuros y con dinero abundante. Así pues, todo este panorama nos lleva a concluir que John Allan permitió deliberadamente que Edgar se endeudara con la única intención de darle una lección y someterlo a una situación vejatoria. Pero, al parecer, la situación se escapó de su control y Poe, dejándose llevar por sus compañeros, trató de resolver su situación en las partidas de póker que se llevaban a cabo de forma clandestina en los dormitorios de la universidad. Como resultado inevitable, acabó hundiéndose en deudas aún más acuciantes. Poe no era un ludópata, como puede parecer a primera vista; simplemente creía, de forma ingenua, que el juego que era la forma conseguir dinero rápidamente.[N25]

Charles Baudelaire escribió en cierta ocasión que «Edgar Allan Poe no bebía como sibarita, sino como bárbaro». Esta afirmación fue respaldada por un compañero de estudios de Poe llamado Thomas Goode Tucker, quien, en una entrevista concedida después de la muerte del autor, dijo:

> Su inclinación hacia el alcohol me parecía muy preocupante y a la vez muy inusual. Nunca le interesaba el sabor de la bebida que consumía y apenas la disfrutaba. Simplemente, cogía el vaso y lo bebía de un trago sin demostrar la menor señal de placer [...]. Segundos después, se despertaba en él una locuacidad inagotable y fascinante; sus palabras actuaban como una fuerza cautivadora que dejaba irremediablemente hechizados a todos sus oyentes.[N26]

Esta actitud, temeraria e inconsecuente, no era más que un triste retrato de un joven estudiante que comenzó a comprender lo inestable e incierta que era su existencia bajo el techo de su padre adoptivo, quien no le brindaba protección legal ni recursos propios. Frances, por su parte, intentaba consolarlo, pero no podía ayudarlo a enfrentarse a las dificultades que surgían en su hogar, ya que, según los estándares de la época, las mujeres no tenían autoridad ni recursos propios para intervenir en las decisiones de los hombres.[N27]

Para abordar este asunto con la debida rigurosidad, es necesario remontarse a una nota publicada en el diario *Richmond Standard* cuarenta años después de la muerte de Edgar Allan Poe, cuando el autor ya gozaba de una fama más que merecida y era admirado por sus compatriotas. En esta nota, Thomas Ellis, el hijo del socio de John Allan, hizo la siguiente declaración: «Al contrario de lo que se piensa, el señor Allan no fue un padre despiadado; de hecho, llegó a ir personalmente a Charlottesville para hacerse cargo de todas las deudas contraídas por su hijo, aunque se negó a pagar las de juego por considerarlas ilegales». Con este testimonio, Ellis trataba de restaurar la reputación del antiguo socio de su padre y concluyó la nota de forma contundente: «No fue el señor John Allan quien puso fin a los estudios de su pupilo, sino que fue Edgar quien facilitó su propia desgracia».[N28]

En medio de tantos reveses, Allan Poe aún tuvo que lidiar con la inesperada noticia de la boda de su amada Sarah Elmira Royster, que nunca sospechó que su padre destruía las cartas que Edgar le escribía desde la universidad. Al ser cuestionado, el señor Royster se defendió diciendo que su hija era demasiado joven para comprometerse con un hombre. La realidad, sin embargo, no era otra más que el interés en desposar a su hija con un joven adinerado que pudiera proporcionarle una vida cómoda y sin sobresaltos. Y con este objetivo, prácticamente la obligó a casarse a los diecisiete años con Alexander B. Shelton, un prometedor hombre de negocios de Richmond que tenía veinte años más que ella.

Hay un rumor, muy edulcorado, que afirma que Edgar regresó a Richmond en la noche de bodas de Elmira y la invitó a bailar. Mientras la orquesta tocaba el vals, el autor se enteró de toda la verdad y, cuando abandonó la velada, ella ya no volvió a bailar en toda la noche. Esta leyenda nació a través de los versos escritos por el propio Edgar Allan Poe en el poema titulado *Canción*, en el que el autor escribe: «Te vi en tu día nupcial, / cuando un intenso pudor invadía tu frente, / aunque todo fuera alegría alrededor de ti y, / delante de ti, no fuera el mundo sino amor». Sin embargo, la realidad fue menos dramática. Cuando Edgar volvió a Richmond, la que había sido un día su novia estaba en casa de sus padres en Carolina del Norte, y no volverían a verse hasta 1835, en circunstancias que alimentarían aún más el patológico romanticismo de Poe.[N29]

Durante aquellos días turbulentos, los asuntos sentimentales ocupaban un espacio relativamente reducido en la mente de Edgar Allan Poe, que vivía una atmósfera de pronunciada tensión con su padre. Apenas pasadas las fiestas de Navidad y fin de año, el enfrentamiento entre tutor y tutelado, que ahora se miraban de igual a igual, estalló con una intensidad sin precedentes. Frustrado por el autoritarismo sofocante de un padre que nunca lo quiso y por la decepción de ver a su prometida casarse con otro hombre, Edgar concluyó que había llegado el momento de salir definitivamente de su zona de confort y buscarse la vida por sus propios medios. Cuando le reveló sus intenciones a John Allan, este le dio un plazo máximo de doce horas para que decidiera si aceptaría someterse a sus exigencias, que consistían, entre otras cosas, en ocupar un puesto de trabajo en su firma. Aquella noche, Edgar apenas pegó ojo y repasó mentalmente todos los recuerdos que tenía junto a los Allan hasta donde le alcanzaba la memoria, pero por mucho que se esforzaba, las únicas imágenes que le venían a la mente eran las recurrentes escenas de mutuos reproches y conflictos interminables.

La mañana siguiente tardó en llegar, pero cuando los primeros rayos de sol aparecieron, Edgar fue al encuentro de sus padres y les reveló su decisión. Lo que se siguió después fue horrible para todos: Edgar y John Allan se enzarzaron en una terrible discusión mientras Frances lloraba de forma desconsolada. Una vez terminada la acalorada disputa, el joven poeta se marchó golpeando puertas y llevándose consigo tan solo doce dólares en el bolsillo. Marcharse de aquella casa era la única opción coherente que tenía y, cuando lo hizo, le pareció surgir la esperanza de un porvenir más halagüeño. Nada, ni la incertidumbre que invadía su cuerpo ni la soledad a la que tendría que enfrentarse parecía menguar su coraje. Con esta certeza, Poe dio por concluida esa brevísima y agridulce etapa académica que duró tan solo diez meses. Si, por un lado, encontró el espacio y las condiciones necesarias para empezar a desarrollar sus primeros escritos, por otro, la interrupción de sus estudios no le permitió adquirir la erudición que él hubiera deseado.

Después de salir de casa sin tener dónde refugiarse, Allan Poe tuvo que buscar cobijo en otros lugares y terminó durmiendo en la taberna Richardson, donde su amigo Ebenezer Burling era cliente habitual y consiguió que le hicieran un favor. Además, contó con la inesperada y bienvenida ayuda de uno de los esclavos de su padre, un tal Dabney Dandridge, que llevó discretamente sus pertenencias a la taberna. Gracias a esa desinteresada y noble acción, Edgar pudo recuperar sus manuscritos, que había dejado atrás en medio del caos. Horas más tarde, tumbado en la cama de una pequeña habitación cercana a la taberna, tuvo tiempo de reflexionar sobre lo sucedido en las últimas horas y concluyó que le debía una satisfacción al hombre que le había dado comida y un techo durante todos estos años. Entonces, decidió escribir una carta detallando los motivos que lo llevaron a tomar tan drástica decisión.

Señor: Después del trato que recibí ayer y de lo sucedido esta mañana, dudo que se sorprenda por el contenido de la presente carta. Tras mucho pensar, he decidido dejar su casa para tratar de descubrir en este vasto mundo un lugar en el que sea tratado de manera diferente a como usted lo ha hecho. Esta no es una decisión impulsiva, ya que la he meditado con tiempo y tranquilidad, por lo que mi resolución es firme e inalterable. Tal vez piense que me he ido bajo los efectos de un arrebato emocional y que a esas alturas estoy deseoso de regresar, pero no es así. Usted era consciente de mi deseo de obtener una educación universitaria, y siempre he deseado que algún día se me ofreciera tal oportunidad. Pero, por un mero capricho, usted destruyó mi esperanza solo porque no estuve de acuerdo con los planes que usted tenía en mente. Además, le oí decir que no sentía afecto por mí y, para colmo, me instó a abandonar su hogar y me cubrió de reproches, diciéndome que era un inútil, siendo usted la única persona que podría ayudarme proporcionándome alguna ocupación. Usted me abrumó con sus caprichos y ocurrencias no solo ante su familia, sino también, con su total autoridad, delante de sus criados. Esos son agravios a los que no puedo someterme, y por eso me he marchado. CARTA DE EDGAR A. POE A JOHN ALLAN. 18 DE MARZO DE 1827[N30]

Los días pasaron y Edgar no obtuvo la respuesta esperada, lo que generó en él un terrible sentimiento de desprecio y ninguneo. Dejándose engañar, prefirió pensar que solo había una explicación plausible para la falta de noticias: John Allan no había recibido su misiva, por lo que volvió a escribirle, pero en un tono diferente, esta vez de manera más amable, comenzando con un «Estimado señor» en lugar de un brusco «Señor», y expresando su humildad en el tono de la carta.

Estimado señor: Por favor, tenga la amabilidad de enviarme mi baúl con mis efectos personales; ya le escribí ayer exponiéndole los motivos de mi partida, pero, al no haber recibido el baúl ni la respuesta a mi carta, supongo que no la habrá recibido. Me encuentro en la mayor de las necesidades y no he comido nada desde ayer por la mañana. Tampoco tengo dónde dormir, así que deambulo por las calles sin saber adónde voy. Le ruego encarecidamente que, si no quiere que se cumplan sus predicciones, me envíe sin demora mi baúl con mis pertenencias y, si no desea otorgarme un adelanto, que al menos me preste el dinero necesario para pagar mi pasaje a Boston y algo más para subsistir hasta que encuentre un trabajo que me permita mantenerme. Podrá enviar mis cosas a la taberna Court House, usted sabe dónde se ubica. Mis afectuosos saludos. CARTA DE EDGAR A. POE A JOHN ALLAN. 19 DE MARZO DE 1827 [N31]

Su padrastro permaneció imperturbable y no le contestó, pero Frances le hizo llegar en secreto su baúl y una ayuda financiera para conseguir llegar a su destino. El hecho de que su madre fuera la remitente de sus cosas le hizo concluir que su ruptura con los Allan era definitiva, por lo que ya no existía razón alguna para seguir viviendo en Richmond. Con el dinero recibido, Poe se trasladó primero a Norfolk y después a su lugar de nacimiento, Boston, para buscar fortuna, pero pronto se dio cuenta de que, a pesar de su brillantez en muchos aspectos, no había aprendido nada práctico que le resultara útil en la «vida real» de un trabajador común. Poe era versado en lenguas clásicas, así como en francés y en italiano, y poseía amplios conocimientos de historia antigua, geografía, matemáticas y otras ciencias naturales. Pero todo este conocimiento erudito apenas tenía valor en la América de entonces, sobre todo si se tiene en cuenta que no poseía ningún certificado acreditativo, diploma o grado académico. Tampoco tenía ningún conocimiento práctico de oficio alguno y las circunstancias en que se encontraba le hacían sufrir aún más. A pesar de todas las profundas contradicciones, tanto entonces como ahora, el norte y el sur eran de la misma opinión: un hombre sin dinero es un hombre poco digno de atención, por lo que Allan Poe tendría que demostrar más que brillantez para seguir adelante sin depender de la ayuda de nadie, mucho menos de John Allan.

Ligeia, ilustración de Frederick Simpson Coburn (1902).

SEGUNDA PARTE

EL REBELDE INCOMPRENDIDO
(1827-1842)

IV

MARIA

«Y siendo joven y sumergido en la locura,
me enamoré de la melancolía».
EDGAR ALLAN POE

La estancia de Allan Poe en Boston fue errática y dispersa debido a sus
cambios frecuentes de trabajo. Se sabe que trabajó unos pocos meses en una
empresa mercantil y luego en las oficinas de un pequeño periódico, donde
se dedicaba a pulir sus poesías en su tiempo libre. Incapaz de sobrevivir
por sí mismo, decidió alistarse en el ejército como soldado raso usando un
nombre inventado, Edgar A. Perry, probablemente para evitar problemas
legales relacionados con sus deudas. Poe tenía entonces dieciocho años y
la vida castrense le pareció, al principio, la opción más adecuada en aquel
momento, dado que sus habilidades intelectuales y físicas lo hacían apto
para tener un buen desempeño en el servicio, y el cuartel le proporcionaría
una subsistencia honrada.

La compañía de Poe constaba de unos cincuenta hombres, incluyendo
veintinueve soldados rasos, todos comandados por un capitán y cuatro
tenientes. Durante el verano y el otoño de 1827, Poe estuvo destinado en el
cuartel general del regimiento en el puerto de Boston, más precisamente
en Fort Independence, donde se hizo amigo de un joven impresor llamado
Calvin F. Thomas, que lo ayudó a producir su primer trabajo literario, una
sencilla antología de poesías de cuarenta páginas con una cubierta amarilla que se tituló *Tamerlán y otros poemas*. El nombre de «Tamerlán» hace
referencia a un señor turco de la guerra que abandona a su verdadero amor
para construir un imperio, pero más tarde se arrepiente de la decisión.

Según la historia, el verdadero Timur Lang (1333-1405) era hijo de Teragai, jefe de su tribu, y descendiente del primer ministro del hijo de Gengis Kan. Poe no siguió la historia real de su héroe, sino que lo usó como modelo para representar a un ambicioso conquistador que abandona a su amada y retorna, al final, para darse cuenta de lo fútiles que eran sus conquistas.

Aunque Poe se mostraba complacido con la impresión de sus primeros textos, sabía que aún no podría vivir de la literatura. Sin embargo, al menos esperaba ser recordado como poeta para la posteridad, por lo que convierte en extraña su decisión de firmar la obra con el pseudónimo «un bostoniano». No se sabe exactamente por qué eligió ese nombre, pero se barajan cuatro posibilidades. En primer lugar, es posible que Poe tuviera la intención de resaltar sus raíces y alejarse de los vínculos que lo unían a su familia adoptiva de Richmond; también podría haber querido atraer la atención por medio del anonimato hasta que sus obras obtuvieran el reconocimiento que esperaba; por otro lado, Poe creía que al autodenominarse «un bostoniano» —que, de hecho, lo era— tendría más oportunidades de interesar a la crítica del norte, que tenía más influencia que cualquier otra en los Estados Unidos de aquella época. La cuarta razón, sin embargo, es la más pragmática: Poe quería despistar a posibles acreedores. Se dice que un día un librero de Charlottesville llamado Peter Pindar lo reconoció en la calle, aunque iba muy mal vestido, y lo saludó. Edgar le tomó por el brazo suplicándole que no pronunciara su nombre y lo llevó a una avenida apartada. Allí le contó que había dejado su hogar de Richmond en busca de fortuna y que, por el momento, prefería mantener el secreto.

Allan Poe era consciente de que la calidad poética de su trabajo era pobre y trató de aclarar en el prólogo que casi todos los poemas que conformaban la obra habían sido compuestos en los años 1821 y 1822, es decir, cuando el autor aún no había cumplido los catorce años. También se llamó a sí mismo «principiante» en una advertencia, y añadió el siguiente comentario: «De las composiciones más pequeñas muy poco hay que decir, ya que tienen mucho sabor de egoísmo, pero habían sido escritas por uno que era demasiado joven para tener conocimiento alguno del mundo, excepto por medio de su propio corazón».[N1] Esta antología está compuesta de diez poemas: *Tamerlán, A —, Sueños, Espíritus de los muertos, Estrella de la tarde, Imitación, Stanzas, Un sueño, El día más feliz* y *El lago*. En cuanto a este último poema, se dice que Poe se inspiró en el lago Drummond, en Virginia, que, según la leyenda, está embrujado por los espíritus de una pareja de nativos norteamericanos que se ahogaron en sus aguas. Los que allí habitaban en la época de los hechos afirman que la novia murió el día de su boda y su prometido, enloquecido por la visión de ella flotando en el lago, se ahogó en sus intentos desesperados por alcanzarla. Se sabe que Edgar Allan Poe visitó la zona tras la muerte de su madre, por lo que es bastante factible que esta leyenda inspirase los versos de este poema.

En la remota primavera de mi vida, jubilosa primavera,
dirigí mi paso errante a una mágica ribera,
la ribera solitaria, la ribera silenciosa
de un perdido lago ignoto que circundan y oscurecen
las negras rocas
y espigados pinos que las auras estremecen.

Pero cuando allí la noche arroja su manto fúnebre
y el místico y trémulo viento de su melodía,
entonces, ¡oh!, entonces quiere despertar de su aflicción
por el terror del lago triste, despertar el alma mía.

Y ese horror que habitaba en mi espíritu satisfecho;
hoy, ni las joyas ni el afán de riqueza,
como antes, llevarán mi pensamiento a contemplarlo,
ni el amor, por más que fuese el amor de tu belleza.

La muerte estaba en esa ola venenosa,
y en su golfo una sepultura adecuada
para quien hubiera dado tregua a su amargura,
cuya alma solitaria podría hacer un edén de ese lago oscuro.

Casi todos los poemas que conforman esta colección están claramente inspirados en la obra de Lord Byron, autor que Poe admiraba fervorosamente. Su padre adoptivo, en cambio, lo despreciaba por considerarlo «licencioso». De hecho, uno de los personajes de *Tamerlán* se llama Ada en honor de la hija de Byron, Ada Lovelace, una joven dotada de una inteligencia excepcional que en su vida adulta describiría por primera vez los conceptos de un *software* moderno y, en la actualidad, es considerada como la primera programadora de la historia.

Tomado en conjunto, y reconociendo algunos pasajes excepcionalmente preciosos y alguna originalidad ocasional, aún no era posible percibir en esta obra la belleza que Allan Poe trataba de plasmar en sus escritos. Aunque se puede apreciar la melodía del ritmo que más tarde haría de Allan Poe un referente en el uso de las palabras, estas cualidades todavía no estaban completamente desarrolladas. De hecho, tan solo dos revistas

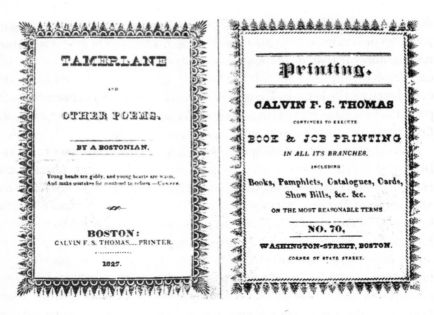

Tamerlán y otros poemas no fue una antología elegante, sino que fue impresa en papel barato y encuadernada como un panfleto. Allan Poe asumió todos los costes de producción y el libro salió a la luz con una modesta tirada de tan solo cincuenta copias. La obra no recibió atención alguna de la crítica y no le proporcionó al autor ningún beneficio financiero. Durante mucho tiempo, se creyó que esta obra era parte de una leyenda, y se desconoce qué suerte corrieron las copias originales que circularon. (Más tarde, Allan Poe aseguró que la edición había sido destruida por «razones privadas», pero en 1859 se halló un ejemplar olvidado en una biblioteca de Boston). Actualmente, solo se sabe de la existencia de doce ejemplares intactos; uno de ellos fue vendido por la Anderson Art Galleries de Nueva York en febrero de 1919 al exorbitante precio de once mil seiscientos dólares.

se hicieron eco de la aparición de esta obra, pero, por lo demás, *Tamerlán* pasó desapercibida tanto por la crítica como por el público, y poco ha cambiado la percepción de esta obra desde entonces. Tampoco Poe estaba satisfecho con sus versos y los reescribió una y otra vez, lo que ha dado lugar al menos a cuatro versiones conocidas de estos textos.

Durante medio año, Poe estuvo en el Fort Independence de Boston y no se sabe mucho sobre su servicio en este breve periodo de tiempo, ya que el ejército no estaba preparándose para ninguna guerra en ese momento. De hecho, el período de 1815 a 1846 se conoce como la Paz de los Treinta Años, de modo que la vida castrense de Poe se limitaba a la práctica de ejercicios y labores de limpieza. Básicamente, Poe y sus compañeros se levantaban a las seis, desayunaban a las siete, tenían clases a las ocho, más tarde hacían una pausa de una hora para almorzar y volvían a asistir a clases desde las dos a las cuatro de la tarde. Después, realizaban ejercicios militares hasta la puesta del sol. Tras la cena, regresaban a clase hasta las diez, hora a la que, finalmente, se retiraban a dormir.

Bajo el pseudónimo de Edgar A. Perry, nuestro protagonista fue trasladado al fuerte Monroe, una antigua instalación militar ubicada en Hampton, en el extremo sur de la península de Virginia. Construido en 1609, en una ubicación estratégica, el edificio comenzó como una pequeña fortificación empalizada de madera conocida como Fort Algernourne. Posteriormente, se construyeron otros pequeños fuertes en la zona. Más tarde, se llevó a cabo la construcción de una fortificación en piedra en el mismo lugar, que recibió el nombre de Fort Monroe, en honor del presidente de los Estados Unidos James Monroe. En este nuevo destino, Allan Poe tuvo el raro privilegio de aburrirse y lo único bueno de su tediosa rutina era poder comer sin limitaciones. El único evento digno de mención durante su estancia en Fort Monroe tuvo lugar en octubre o a principios de noviembre de 1827, cuando su regimiento fue trasladado a un lugar más cálido, Fort Moultrie, en Carolina del Sur. El fuerte estaba ubicado en la entrada principal del puerto de Charleston, entre el Atlántico y las tierras bajas subtropicales bordeadas por largos bancos de arena, en una zona de inviernos poco rigurosos. La región era recordada por los lugareños por ser frecuentada por piratas, como Barbanegra, que fue descrito de manera exagerada y prácticamente ficticia por el autor Daniel Defoe (1660-1731), convirtiéndolo en el pirata más pintoresco de la llamada Edad de Oro de la Piratería. Barbanegra era conocido por su falta de moral y escrúpulos hacia sus víctimas inocentes y sus propios compañeros. Su apodo se debía a su barba espesa y enredada de un intenso color negro, y reza la leyenda que el pirata la adornaba con mechas de cañón que él mismo encendía durante los abordajes para infundir aún más terror entre sus enemigos.[N2]

La exótica ubicación del fuerte, rodeado de vegetación subtropical, sirvió de escenario para una de las obras más famosas de Edgar Allan Poe, *El escarabajo de oro*. «Esta es una isla muy singular —escribió el autor—. No consiste en otra cosa que arena de mar y tiene cerca de tres millas de longitud. Su anchura en ninguna parte excede un cuarto de milla [...]. La vegetación, como puede suponerse, es pobre o al menos raquítica. No se ven árboles de algún tamaño. Cerca del extremo oeste solo queda el fuerte Moultrie y algunos miserables edificios de madera, cuyos habitantes son unos pobres diablos que huyen del polvo y la fiebre de Charleston».[N3]

Durante casi un año, Poe estuvo destacado en la isla de Sullivan y, a pesar de los interrogantes que, en ocasiones, atormentaban su mente, el autor consideró esta etapa como una de las más agradables de su vida y una de las más importantes para su desarrollo personal. En 1828, ascendió al rango de artificiero, que es el soldado encargado de preparar los proyectiles de artillería. Fue con este nuevo puesto con el que Poe llamó la atención de sus superiores, que se dieron cuenta de que aquel joven poseía un perfil que no era el habitual entre los soldados, pues era muchísimo más culto que todos sus compañeros. Así pues, al inteligente joven, inclinado a escribir, se le destinó rápidamente a las oficinas administrativas del cuartel, donde se ganó el favor de sus superiores, quienes lo nombraron con asombrosa rapidez suboficial y, después, sargento mayor de artillería, el mayor rango que un suboficial podía alcanzar por mérito. En este periodo de tiempo, Poe obtuvo varios permisos para visitar la ciudad, pero a menudo prefería quedarse recluido en el cuartel para evitar encontrarse con conocidos y para esquivar la melancolía que le producía el recuerdo de su madre, que había actuado allí en numerosas ocasiones. Para el poeta soldado, era más placentero y tranquilo recorrer la salvaje y solitaria isla que protegía su guarnición.[N4]

DOCUMENTO DE ALISTAMIENTO DE «EDGAR A. PERRY». Después de abandonar la universidad, Poe tuvo que buscar una forma de obtener ingresos estables, por lo que decidió alistarse en el ejército como soldado raso utilizando un nombre inventado y diciendo que tenía veintidós años, cuando en realidad tenía dieciocho.

En aquel momento, Poe ya llevaba dos años en el ejército y todavía le faltaban tres más para completar su servicio militar; fue cuando se dio cuenta de que no podría soportar aquella mediocre realidad a la que se veía obligado a someterse durante tanto tiempo. El poeta bostoniano deseaba consagrarse a la literatura, pero sabía que tal empresa requería tiempo, acceso a bibliotecas y contactos estimulantes, cosas de las que no disponía en el cuartel, donde solo había fusiles, tareas inútiles y compañeros que apenas sabían leer. Determinado a perseguir sus objetivos, Poe decidió solicitar su baja del ejército de manera temeraria: revelando a su superior su verdadero nombre y las circunstancias previas a su reclutamiento.

A pesar de que faltaba mucho tiempo para que cumpliera con su servicio militar, su comandante, el teniente Howard, un hombre compasivo y de actitud paternal, se mostró dispuesto a aceptar su baja del ejército con la condición de reconciliarse con su padrastro, una cuestión que se consideraba sumamente espinosa. Ya habían transcurrido dos años desde su separación y la posición de John Allan no había cambiado en absoluto. Finalmente, fue el propio teniente Howard quien trató de buscar un acercamiento entre ambos, pero John Allan se mostró inflexible. Además, se encontraba muy a gusto en su nueva casa y no quería la molesta presencia de su ingrato tutelado. Escribió: «Es mejor que se quede como está hasta que termine su alistamiento». Como era de esperar, Edgar reaccionó de manera agresiva, reanudando la eterna disputa entre el hijo problemático y el padre desengañado.

> Llevo en el ejército el tiempo suficiente para mis propósitos e intereses. Como sabe, el servicio militar se considera concluido al completar el quinto año, lo cual significa que desperdiciaré los mejores años de mi vida. Me veré obligado a tomar medidas más drásticas si se niega usted a ayudarme. [...] He cambiado mucho desde la última vez que me vio, y ya no soy un joven sin rumbo ni propósito. Siento en mí la fuerza para cumplir con sus expectativas más altas, y tan solo le pido que posponga su juicio sobre mí hasta que tenga noticias mías. No solicito ayuda financiera, a menos que sea su elección libre e imparcial. CARTA DE EDGAR A. POE A JOHN ALLAN. 1 DE DICIEMBRE DE 1828[N5]

Por supuesto, a los ojos de John Allan, las apelaciones de Edgar parecían, como siempre, exageradas y con un tono melodramático que rayaba lo patético. John Allan jamás respondió a esta carta y, con el paso de los meses, las reiteradas súplicas de su tutelado siguieron siendo ignoradas.

Acostumbrado a manipular a su padrastro con chantajes emocionales bastante superficiales, Edgar aprovechó el momento en que le estaba escribiendo una nueva carta para intentar persuadirlo una vez más:

> Si en verdad está usted determinado a abandonarme, esta es mi despedida. Una vez caído en desgracia, me volveré aún más ambicioso y el mundo sabrá del hijo al que consideró usted indigno de su atención. Pero si permite que su amor supere cualquier ofensa que pueda haberle causado, entonces le ruego que me escriba, padre, con la mayor brevedad posible. Mi mayor deseo en este momento es obtener mi licencia del ejército. Desde que me alisté, mi carácter ha sido intachable, lo que me ha hecho ganar la estima de mis superiores. Pero ya he logrado mis propósitos y ahora deseo marchar. CARTA DE EDGAR A. POE A JOHN ALLAN. 22 DE DICIEMBRE DE 1828

Allan Poe acababa de cumplir los veinte años cuando escribió esta desesperada carta a su padrastro. Ya llevaba veintiún meses de vida militar a sus espaldas y creía que había invertido demasiado tiempo en algo que no le agradaba. Sin embargo, era consciente de que su rango de sargento mayor podría brindarle la oportunidad de convertirse en cadete en West Point, la prestigiosa academia militar del país. West Point se fundó en 1802 por iniciativa de Thomas Jefferson, quien pensó que no solo sería útil proporcionar una formación técnica avanzada a los ingenieros militares, sino que estos jóvenes también podrían contribuir al desarrollo de la comunidad en el ámbito público. No era exactamente lo que Poe ambicionaba, pero, sin más albergue que el ejército desde su partida de Richmond, no le quedaba otra opción sino ceder a las recomendaciones de sus superiores, cuya influencia le permitiría plantear su solicitud como cadete excepcional sin haber recibido la formación primaria de la academia. Lo único que le faltaba era el consentimiento de John Allan, quien ya había sido requerido por tercera vez en tan solo dos meses.

> A la espera de noticias, me he visto obligado a hacer gastos que superan mis posibilidades, por lo que me encuentro en una situación incómoda. Conocí una época en la que usted no habría consentido dejarme en tal estado, así que, cualesquiera que hayan sido mis pecados, yo no he mostrado ingratitud hacia sus anteriores bondades. [...] Espero con impaciencia su respuesta a esta carta, ya que mi futura existencia dependerá en gran medida de

ella. Solo hay dos caminos posibles para mí: la seguridad de una carrera honorable o la perspectiva de un exilio eterno y lejano.

CARTA DE EDGAR A. POE A JOHN ALLAN. 4 DE FEBRERO DE 1829

Cuando escribió esta carta, los oficiales del 1.ᵉʳ regimiento de artillería no eran los únicos que deseaban la reconciliación de Edgar con su tutor. Frances Allan, enferma de tuberculosis desde hacía meses, también anhelaba reunirse con su amado pupilo al saber que ya no se encontraba perdido en una lejana comarca, sino en una guarnición a pocos kilómetros de Richmond. Cuando John Allan decidió informarle sobre los planes de su hijo, a su esposa le quedaban pocos días de vida, algo que ella sabía. Por ello, insistía en volver a ver a aquel a quien llamaba hijo. Tras una reticencia inicial, John Allan accedió a su petición, tal vez apenado por el estado en el que se encontraba su amada esposa, pero ya era demasiado tarde. Después de una enfermedad descrita por un periódico local como «prolongada y dolorosa», Frances Allan murió el 28 de febrero de 1829 a los cuarenta y siete años. Se dice que John Allan pasó un largo rato solo en la habitación, de pie, junto al cuerpo inerte de su esposa, hasta que se derrumbó y comenzó a llorar como un niño desamparado, sumido en un sentimiento que mezclaba dolor y remordimiento.

Aunque la noticia tardó demasiado tiempo en llegar a la guarnición, Allan Poe consiguió obtener rápidamente un permiso de diez días y tomó la diligencia en Norfolk para llegar a Richmond esa misma noche. Sus esfuerzos, sin embargo, fueron en vano. Su querida madre ya había sido sepultada y ahora sus restos mortales descansaban en el cementerio de Shockoe Hill. Poe no había cumplido aún los veinte años de edad y ya había perdido a dos madres; con la primera apenas convivió, y con la segunda encontró el afecto sin el que no hubiera sobrevivido. Con su partida, Else se unía a Eliza Poe y Jane Stannard en el reino sagrado que existía en la mente de Allan Poe en que las almas que él amaba seguían existiendo. Frances fue la tercera mujer a quien amó que falleció y la segunda en morir de tuberculosis. La gran ironía era que esta sería tan solo una de las muchas muertes que tendría que afrontar en su breve paso por este mundo.

Después de dos años de ausencia, Allan Poe regresaba así a la casa que representaba el único hogar que conocía, a pesar de la ausencia de la mujer que había sido su pilar y apoyo más firme. Inesperadamente, el profundo duelo que reinaba en aquel ambiente pareció haber tocado el corazón de John Allan, quien recibió a su tutelado, si no de manera cordial, sí, al menos, cortésmente y, en cualquier caso, con mayor comprensión. Al día siguiente de su llegada, le proporcionó fondos para renovar su guardarropa e hizo que le confeccionaran ropa de luto. A petición de Edgar, también accedió a ayudarlo a obtener su licenciamiento del ejército, aunque con la condición de que se alistara en West Point. Edgar aceptó sin reservas, ya que de esa manera podía librarse del asunto sin perder crédito ante la sociedad de Richmond. A principio de abril, las autoridades militares le dieron la baja formal, permitiendo que el sargento mayor de artillería Edgar A. Perry pudiese volver a convertirse en Edgar Allan Poe y enderezar su vida hacia un camino menos temeroso y más prudente.[N6]

Nota del Autor

Durante el Romanticismo, la tuberculosis se convirtió en una enfermedad «de moda», ya que asociaba a las jóvenes con un ideal de belleza que transmitía una cierta expresión de melancolía y marcó buena parte del siglo XIX en Europa y Estados Unidos. Esta imagen enfermiza se explotó en muchas representaciones artísticas de la época, y se dotó a la tuberculosis de grandes dosis de romanticismo. Ejemplos de esto se ven en la obra de Henry Murger, *La vida bohemia* (1849), y la novela *Escenas de la vida bohemia*

Modelos simulando la postura encorvada que recuerda a un enfermo de tuberculosis (ilustración publicada en *Magazine of the Beau Monde*, 1842). En el siglo XIX, la tuberculosis recibió varios nombres, incluyendo «peste blanca», «mal de vivir» o «*mal du siècle*». El ideal de belleza romántica de la época llevó a muchas jóvenes a seguir estrictas dietas de vinagre y agua, con el objetivo de provocarse anemias hemolíticas que palidecían su semblante. Estos hábitos alimenticios y la idealización de la palidez en lugar de la salud reflejan la influencia de la cultura de la época en la percepción de la belleza.

(1851), que competían con la famosísima novela y obra teatral de Alexandre Dumas *La dama de las camelias* (1849/52). La adaptación de esta última en *La Traviata* (1853) de Verdi parece ser la primera muerte operística de la protagonista (Violetta Valéry) por tuberculosis. En el caso particular de *La Bohème* de Puccini, también se presenta la muerte de una de las protagonistas (Mimi) por la tisis, pero a diferencia de Violetta, su muerte ocurre en un ambiente de pobreza en el Quartier Latin de París, en contraste con la ópera de Verdi, que retrata la vida de una cortesana parisina.[N7]

Con tantos referentes culturales, muchas jóvenes de aquella época decidieron ignorar los síntomas devastadores de la tuberculosis y pasaron a enfocar su atención en la «belleza romántica» que proporcionaba la enfermedad. Esta admiración no tenía nada que ver con las toses o la posibilidad de morir entre terribles esputos, sino con la apariencia de aquellos que la padecían: delgadez, piel nívea resaltada por mejillas sonrojadas y ojos brillantes con pupilas dilatadas, el retrato perfecto del modelo ideal de belleza victoriano. La búsqueda de este extraño ideal de belleza llegó hasta tal extremo que muchas jóvenes sanas pasaron a buscar accesorios y prendas que les permitieran «recrear» la enfermedad mediante el uso de ajustadísimos corsés que cortaban la respiración y toda una gama de cosméticos que incluían el polvo de arroz para imitar la palidez, un toque fundamental en una época en la que lucir una piel dorada por el sol era signo de pobreza, ya que los trabajadores al aire libre, generalmente de la clase obrera y jornaleros, eran los que solían estar siempre bronceados.[N8] A finales del siglo XIX se produjo un drástico cambio de tendencia y la sociedad comenzó a sentirse avergonzada de tener un enfermo de tuberculosis en el seno familiar; el tísico se convirtió en un marginado social y, cuando morían, la familia solía ocultar la verdadera causa de su deceso.

Aunque pueda parecer surrealista, el *glamour* asociado a la tuberculosis de siglos pasados encuentra paralelismos en la actualidad. En la década de los 90 del siglo XX surgieron varios movimientos que promovían la anorexia nerviosa y la bulimia como un estilo de vida en lugar de considerarlas trastornos alimenticios graves. Estos movimientos, que comenzaron en círculos limitados, se potenciaron con la popularización de Internet y hoy existen miles de comunidades virtuales donde los miembros comparten experiencias sobre el tema, incentivando a millones de jóvenes a alcanzar una imagen corporal perfecta a través del uso de laxantes, diuréticos o vómitos tras los atracones de comida.[N9]

* * *

Apenas queda información sobre la semana que Edgar pasó en Richmond, aunque es posible imaginar la tristeza que sintió al darse cuenta de cómo sería su vida sin el apoyo de la única persona que realmente lo quería. Lo que sí se sabe es que Edgar estuvo en más de una ocasión en el cementerio de Shockoe Hill, que pasó a tener dos tumbas de seres queridos, número que, por desgracia, no dejaría de crecer. Durante esta semana también se enteró de que su «novia de la vecindad», Sarah Elmira Royster, se había casado con otra persona y que le estaba prohibido verla. Según sus primeros biógrafos, Allan Poe prefirió mantenerse recluido en casa, en parte porque sabía que no era el momento adecuado para indisponer a su anfitrión. Al final de su permiso, Edgar regresó a su guarnición para recoger su carta de recomendación para West Point, pero el oficial que lo recibió le informó de que el proceso de selección para ingresar en la academia sería más riguroso de lo que esperaba. En una actitud poco común, este oficial tomó la iniciativa de escribir una carta de recomendación a John H. Eaton, el secretario de Estado para la Guerra en Washington, quien era la única autoridad que tenía la capacidad de conceder la admisión de Edgar Allan Poe en West Point de manera excepcional.

> El soldado Edgar Allan Poe proviene de una familia de huérfanos. Sus padres fueron víctimas del incendio del teatro de Richmond de 1809. A raíz de esta tragedia, el niño fue acogido por el señor Allan, un respetable caballero de la ciudad que, según me han informado, lo adoptó como hijo y heredero. Más tarde, con la intención de proporcionarle una educación liberal, lo matriculó en la prestigiosa Universidad de Virginia. Después de una trayectoria considerable de estudios y buenas notas, el soldado Poe desapareció de forma inexplicable y su tutor no volvió a saber nada de él durante dos años, hasta que supo que estaba sirviendo en el ejército. Fue entonces cuando llegó a mi regimiento en Fort Independence, en 1827. Más tarde, cuando fue trasladado al fuerte Monroe, el soldado Poe informó a su tutor sobre su situación y, tras un amable intercambio de correspondencia, volvieron a reconciliarse. En una carta dirigida a mí, el señor Allan solicitó que su hijo fuera liberado, ya que había encontrado un reemplazante dispuesto a ocupar su puesto, de modo que el servicio no se vería afectado.

Aunque esta carta tenía varios datos poco verosímiles, el 15 de abril, Edgar fue reemplazado por el sargento Samuel Graves. A partir de esa fecha, quedó libre para intentar ascender a posiciones más altas dentro del ámbito militar. Además, John Allan se prestó a escribir una carta en la que describe las «excepcionales cualidades» de su protegido, también dirigida a John H. Eaton.

> El joven que le remite la presente misiva es Edgar Poe, mi tutelado, y el mismo que le recomiendan el teniente Howard, el capitán Griswold, el coronel Worth y mi amigo, el comandante Campbell. La historia de este joven es breve: es nieto del general Poe, de Maryland, cuya viuda aún percibe una pensión por los servicios prestados por su marido durante la guerra de la Independencia. Le puedo asegurar, señor, que no tengo ningún parentesco con él y no pido nada para mí. Sin embargo, solicito su amable ayuda para que este joven, cuyo destino le impuso la orfandad cuando todavía era un niño pequeño, pueda forjarse una carrera sólida en la academia y llevar una vida digna. (6 de mayo de 1829).[N10]

Mientras esperaba su admisión en West Point, Edgar Allan Poe aprovechó para acercarse a su única familia consanguínea que vivía entonces en Baltimore. Entre ellos se encontraban Elizabeth Poe, su abuela y viuda de David Poe, la misma a la que La Fayette había abrazado en su visita a la ciudad. Junto a ella, siempre pendiente, se encontraba su hija Maria Clemm, que permaneció soltera hasta los veintisiete años, cuando su padre falleció. Maria era una de las pocas mujeres de su familia que había recibido una educación formal, lo que le permitió enseñar durante una breve etapa de su vida. Se desconoce la razón por la cual la pobreza la empujó hacia trabajos más humildes y peor pagados. Cuando Edgar fue a verla a Baltimore, aún no tenía cuarenta años y acababa de perder a su marido, víctima del alcoholismo, dejándola con dos hijos pequeños por criar, Henry, de nueve años, y Virginia, que cumpliría siete el verano siguiente.

La pensión de la abuela Elizabeth y los pocos trabajos que Maria Clemm conseguía en la vecindad garantizaban una supervivencia precaria a la familia, que ya se veía sobrecargada por el hermano mayor de Edgar, William Henry. Este había caído enfermo, afectado por la tuberculosis, y también tuvo que ser acogido en la casa familiar, ya que se encontraba destrozado por la bebida y era incapaz de ocuparse de sí mismo. Edgar, que tampoco disponía de medios para quedarse en la ciudad, pronto se dio cuenta de que no podía quedarse a vivir en una casa tan pobre, pero el inmenso corazón de madre de Maria Clemm, que jamás aceptaría dejar a uno de los suyos a merced de la suerte, lo acogió con los brazos abiertos sin pedirle nada a cambio. Por primera vez, Allan Poe experimentaba un verdadero sentido de pertenencia.[N11]

Casa de la familia Poe en Baltimore. La tía de Edgar Allan Poe, Maria Clemm, que pronto se convertiría en su «madre por excelencia», tuvo su rostro inmortalizado en este único daguerrotipo que se conoce, posando con su bonete y delantal de viuda.

Nota del Autor

El daguerrotipo fue el primer procedimiento fotográfico de la historia para captar imágenes y debe su nombre a su inventor, Louis Jacques Mandé Daguerre. El 19 de agosto de 1839, la Academia de Ciencias de Francia anunció públicamente su invención y la presentó como «un regalo de Francia gratuito para el mundo» —aunque no se trató exactamente de un «regalo», ya que Daguerre recibió una pensión vitalicia del Gobierno a cambio de su patente—. La imagen de un daguerrotipo se forma sobre una placa de cobre recubierta de plata pulida, que se hace fotosensible mediante vapores de yodo, bromo y cloro. Luego, se introduce en una cámara oscura y se expone a la luz para que se formen nanopartículas de plata de uno o dos nanómetros. Estas crecen hasta los cien nanómetros durante el revelado con mercurio y, finalmente, la imagen se fija sumergiendo la placa en una solución acuosa de tiosulfato. En un principio, el proceso de Daguerre no era excesivamente sensible a la luz, y el tiempo de exposición podía llegar a ser de hasta treinta minutos. Pero, poco después, tras algunos avances muy notables, los tiempos de exposición se redujeron a mínimos considerables.

En enero de 1840, Allan Poe escribió sobre esta «tecnología innovadora» en la edición de enero del periódico *Alexander's Weekly Messenger* de Filadelfia. En el artículo, titulado *El daguerrotipo*, el autor expresó su apoyo a la recién desarrollada técnica de fotografía y la calificó como «el más extraordinario triunfo de la ciencia moderna». A partir de sus palabras, se puede entender que Poe tenía una buena comprensión de cómo esta nueva técnica cambiaría el mundo de la fotografía en la historia:

La palabra se deletrea correctamente como *Daguerréotype*, y se pronuncia como *Dagairraioteep*. El nombre del inventor es Daguerre, pero en el uso francés se requiere un acento en la segunda letra «e», para formar el término compuesto. El propio instrumento debe considerarse como el triunfo más importante, y quizás el más extraordinario, de la ciencia moderna. En este momento, no contamos con espacio suficiente para detallar la historia de su invención, cuya primera idea se deriva de la cámara oscura. Incluso los detalles minuciosos del proceso de «fotogenia» (una palabra de origen griego que significa «pintura solar») son demasiado extensos para nuestro propósito actual.

No obstante, podemos resumir que el proceso para crear una imagen fotográfica implica la preparación de una placa de plata sobre cobre con una superficie muy delicada para capturar la luz. Se utiliza una piedra calcárea esteatítica, llamada *daguerreolite*, que contiene partes iguales de esteatita y carbonato de cal para aplicar un alto esmalte a la placa. Luego, se sumerge la superficie fina en yodo para que adquiera un tinte amarillo pálido. La placa se coloca en una cámara oscura y la lente del instrumento se enfoca en el objeto que se quiere retratar. La acción de la luz hace el resto del trabajo. El tiempo necesario para la exposición varía según la hora del día y las condiciones climáticas, generalmente de diez a treinta minutos, y solo la experiencia del profesional podrá calcular el momento adecuado para retirar la placa. Al principio, la placa no parece haber capturado la imagen de manera definitiva, pero algunos procesos cortos permiten que aparezca la belleza más milagrosa en la imagen. Los resultados de esta invención no se pueden prever completamente, pero la experiencia, en materia de descubrimiento filosófico, nos enseña que lo imprevisto es algo que debemos considerar en gran medida. Es un teorema casi demostrado que las consecuencias de cualquier nueva invención científica superarán, en gran medida, las expectativas más imaginativas.[N12] EDGAR ALLAN POE, FRAGMENTO DE *EL DAGUERROTIPO* (1840)

En 1838, se tomó esta fotografía que se cree es la primera de personas vivas de la historia. La imagen muestra una calle muy concurrida del Bulevar del Temple parisino. Sin embargo, debido al largo tiempo de exposición (aproximadamente diez minutos), la imagen de los demás transeúntes no fue captada, a excepción de un limpiabotas y su cliente, que se pueden observar señalados en el círculo.

A pesar de haber sido una verdadera revolución en su época, el daguerrotipo no tuvo todo el impacto esperado y quedó obsoleto en menos de una década, puesto que se trataba de un proceso que generaba una única imagen que no se podía reproducir, a diferencia de su sucesor, el calotipo, desarrollado por William Henry Fox Talbot. Con este nuevo proceso se podían obtener un número ilimitado de copias a partir de una imagen negativa inicial, que lo hacía menos costoso. Además, producía imágenes más nítidas. El calotipo fue el precursor de la fotografía moderna.[N13]

* * *

Edgar se sentía a gusto en Baltimore, pero no quería arruinar la buena relación que había establecido con su padrastro. Por eso, intentaba escribirle con cierta frecuencia para ponerle al día sobre sus días en la casa de sus familiares. En una de sus misivas, le agradeció la generosidad de enviarle una orden de pago de cien dólares:

Recibí su carta esta mañana junto con la orden de pago, por la cual le agradezco enormemente. He logrado localizar a mi abuela y a mis parientes, y me complace informarle de que la etapa en que mi abuelo trabajó como general en jefe de la Administración del Ejército de Estados Unidos durante la guerra de la Independencia está bien documentada y es de conocimiento público en Washington. Por lo tanto, no será necesario que consiga los certificados que usted mencionaba.

Finalmente, en mayo de 1829, Edgar logró licenciarse del ejército con todos los honores y las recomendaciones necesarias para ser admitido en West Point, aunque tendría que esperar hasta el otoño del año siguiente a que hubiera una plaza libre. Según lo informado por el secretario de guerra, había una lista de espera con cuarenta y siete candidatos por delante, pero, con algunas renuncias y rechazos, su solicitud podría ser admitida en septiembre. Este fue un momento crucial en la vida de Edgar Allan Poe, aunque no lo parezca, por no ser tan dramático como fueron otros tantos episodios de su vida. En esta época, a pesar de tener poco dinero, Edgar disponía de mucho tiempo libre que usó para establecer sus primeros contactos sólidos con editores y directores de revistas, aunque estos esfuerzos iniciales resultaron en vano debido a que entonces no contaba con ninguna obra relevante en su haber. De manera ingenua, llegó a pedir a su padrastro una ayuda de cien dólares para financiar la impresión de su nuevo libro, pero John Allan ni siquiera se molestó en responder. Las pocas veces que respondía se mostraba frío y lejano, como si disfrutara del sádico placer de ver a su tutelado mendigando dinero cada vez con más sumisión.

Durante la mayor parte del tiempo que pasó en Baltimore, Poe vivió en condiciones de extrema pobreza. Su única esperanza de salir de esa situación era ser aceptado en West Point, pero un acontecimiento inesperado le proporcionó la oportunidad que esperaba para convertirse en poeta profesional. Un día, gracias a un pariente, Allan Poe consiguió contactar con un miembro del Delphian Club, una importante sociedad literaria de Baltimore cuyos miembros eran escritores de renombre como Jared Sparks, George H. Calvert y John Pendleton Kennedy, que acabaría convirtiéndose en un importante promotor de los trabajos de Edgar Allan Poe. A pesar de haber tenido la oportunidad de presentar sus poemas a estos reconocidos escritores, no consiguió generar el entusiasmo que esperaba. Sin embargo, el autor no se rindió y logró concertar una cita con el editor y dramaturgo Nathaniel Parker Willis, un personaje de moda en esa época con cierto aire de dandi, que se preciaba de reconocer la calidad de una obra sin equivocarse, dándole su veredicto con un pulgar hacia arriba o hacia abajo, como un emperador romano. Más adelante, Poe se burlaría de su arrogancia y lo ridiculizaría en el relato *El duque de l'Omellette*, que cuenta la historia de un hombre que, tras morir, negocia con el diablo para volver al mundo de los vivos.

Debido a la falta de fondos para editar su poema, Poe se vio obligado a quedarse más tiempo del previsto en la casa de Maria Clemm. A pesar de vivir en condiciones muy complicadas, su tía se comportó como un verdadero ángel guardián y lo aceptó sin reservas ni restricciones. En todas las biografías de Edgar Allan Poe, Maria Clemm desempeña un papel decisivo en la vida del escritor, pues, aunque no era capaz de seguirlo intelectualmente, lo comprendió como nadie jamás podría haberlo hecho. A diferencia de John Allan, Maria nunca le hizo reproches y siempre lo cuidó, apoyó y consoló, incluso en los momentos en que se vio obligada a pedir caridad a los vecinos. A pesar de las dificultades a las que tuvo que enfrentarse para mantener a otra persona bajo sus alas, nunca se quejó ni se lamentó ante nadie. Esta mujer humilde, de gran corazón, ha entrado con justicia en la historia de la vida de Allan Poe como una de las figuras que más contribuyeron a aliviar el destino del artista. De pronto, ocupó el lugar de Eliza y Frances, convirtiéndose en su verdadera protectora, como el propio poeta lo expresó en el soneto que le dedicó, titulado *A mi madre* (1849):

> Porque siento que allá arriba, en el cielo,
> los ángeles que se hablan dulcemente al oído
> no pueden encontrar entre sus radiantes palabras de amor
> una expresión más ferviente que la de «madre»,
> he ahí por qué, desde hace largo tiempo,
> os llamo con ese nombre querido,
> a usted, que es para mí más que una madre
> y que llena el santuario de mi corazón en el que
> la muerte os ha instalado, al libertar el alma de mi Virginia.

> Mi madre, mi propia madre,
> que murió en buena hora, no era sino mi madre.
> Pero vos fuisteis la madre de aquella que quise
> tan tiernamente, y por eso mismo me sois
> más querida que la madre que conocí,
> más querida que todo, lo mismo que mi mujer era
> más amada por mi alma que lo que esta misma
> amaba su propia vida.

A mi madre, Edgar Allan Poe (1849).

En junio de 1829, el secretario de Estado para la Guerra en Washington, John H. Eaton, escribió una carta a John Allan Poe para informarle de que su tutelado aún se encontraba en la lista de espera. Sin tener claro por qué su ingreso se posponía una y otra vez sin mayores explicaciones, John Allan comenzó a sospechar que Edgar no estaba colaborando con las autoridades al no enviarles la documentación solicitada. Indignado por tal insinuación, Edgar se defendió por carta diciendo que había presentado todos los papeles que le habían pedido y que, si no lo creía, podía investigarlo por sí mismo: «Si usted tiene dudas y cree que no he hecho ningún esfuerzo para conseguir mi admisión, escríbale al señor Eaton y él le dirá que yo cumplí con todas las obligaciones que estaban a mi alcance». La desconfianza dio lugar a un nuevo enfrentamiento por dinero al mes siguiente, cuando Edgar viajó a Washington y John Allan le envió cien dólares para sus gastos, con una nota adjunta que decía: «Sé prudente y cuidadoso». Al parecer, Edgar no hizo mucho caso a la advertencia de su padrastro, ya que pocas semanas después le escribió para pedir más dinero, alegando que le habían robado cuarenta dólares en el hotel en el que se encontraba hospedado y el resto había sido invertido en la formación del soldado que sería su reemplazo en el ejército. John Allan dudó de la primera historia, aunque Edgar le envió una carta del propietario del hotel confirmando el robo. En realidad, fue la segunda justificativa la que lo indignó, ya que Edgar le había asegurado antes que el coste para formar un sustituto era de tan solo doce dólares. Edgar trató de explicar la discrepancia entre los valores diciendo simplemente que no había mencionado una cantidad superior porque no creía que llegaría a necesitar tal importe.

Por un lado, mientras Edgar trataba de demostrar a su padrastro que estaba siendo diligente y responsable en su proceso de admisión en West Point, por otro, trataba de ocultarle sus planes de publicación de sus trabajos literarios. En ese momento, el poeta había buscado el consejo de William Wirt, un distinguido hombre de letras y ex fiscal general, y le había enviado un poema de 442 líneas titulado *Al Aaraaf*. Wirt le respondió diciendo que no se veía capaz de juzgar su obra por considerarla «demasiado moderna», y le aconsejó que la presentara a algún crítico literario de Filadelfia, como Robert Walsh, editor de la *American Quarterly Review*.

A pesar de las recomendaciones de su padrastro de que usara el dinero destinado a sus gastos personales con prudencia, Edgar decidió viajar a

Filadelfia, donde se hospedó en el Indian Queen Hotel y concertó una reunión con Robert Walsh. El editor le habló de la dificultad de publicar un poema en Estados Unidos, pero prometió hacer una breve mención de su trabajo en su periódico. Sin dejarse desanimar por las barreras impuestas, Edgar decidió enviar el manuscrito completo a los editores del diario *Filadelfia Carey*, quienes se mostraron dispuestos a publicarlo con la condición de que Edgar financiara todos los gastos de producción. Poe recibió la respuesta como si le hubieran dado una bofetada y, al verse sin salida, no tuvo otra opción que escribir a su padre adoptivo pidiéndole que sufragara la publicación.

Aunque pueda parecer draconiana, la condición impuesta por los editores del *Filadelfia Carey* era una práctica común en el mercado editorial de la época. En aquel entonces, los pocos autores estadounidenses que escribían para ganarse la vida, como Washington Irving y James Fenimore, financiaban la producción de sus obras y contrataban al editor solo para que se encargara de la distribución, dejando el autor con una buena parte de las ganancias. Fue precisamente con estos argumentos con los que Edgar trató de convencer a su padrastro.

> Soy plenamente consciente de lo difícil que es publicar un poema en este país, pero los obstáculos no debieran intimidarme, teniendo en cuenta mi noble propósito. Por lo tanto, la propuesta que le presento es la siguiente: que me escriba una carta dirigida a Lea & Carey, en la cual indique que si la publicación de mi poema les causa alguna pérdida, usted se compromete a compensarlos por ella. El coste de la publicación, realizada al estilo de las que se hacen en Norteamérica, rondará los cien dólares, y ese debe ser el límite de cualquier pérdida en el supuesto de que no se venda ni un solo ejemplar. Tengo esperanzas de que la obra generará beneficios, y de que nosotros, en lugar de perder, incluso ganemos dinero. Si usted pudiera ayudarme en este proyecto, le estaré eternamente agradecido por su generosidad. CARTA DE EDGAR A. POE A JOHN ALLAN. 29 DE MAYO DE 1829[N14]

John Allan, sin embargo, no apoyaba las presunciones literarias de su tutelado y le respondió reprobando con dureza su conducta y rehusando proporcionarle cualquier ayuda. No se sabe si Edgar era ingenuo o si quería dejarse engañar, pero la respuesta de su padrastro no solo era la esperada, sino que era obvia, en especial porque se producía en un momento bastante inoportuno. No habían pasado ni dos meses desde la muerte de su esposa y John Allan ya había comenzado una relación con una mujer llamada Elizabeth Wills; y como no estaba dispuesto a oír los posibles reproches de su tutelado, le escribió en julio otra carta que terminaba con una frase escueta, pero muy clara: «No estoy particularmente ansioso de volver a verte». Edgar interpretó las palabras de su padrastro como una prohibición de regresar a Richmond, pero, como deseaba mantener una relación armónica con él, se atrevió a escribirle, intentando demostrar buena voluntad y pleno interés de ingresar en West Point lo antes posible. «Usted me quitaría un gran peso de encima si me respondiera pronto». Luego, en otra misiva, añadió: «Quisiera que usted comprendiera que mi etapa como joven rebelde ya ha sido superada». Pasado un tiempo prudencial, y al no obtener respuesta alguna, el poeta le dio un «ultimátum amable»: «Entiendo que no es de su interés que vuelva a casa, aunque he manifestado muchas veces mi deseo de hacerle una visita. De ser así, respetaré su voluntad y solo le pido que me indique qué rumbo debería tomar. Lo que usted me diga lo perseguiré». Como había hecho antes, Allan se negaba a contestar, dejándolo a merced de su suerte.

Desprovisto de cualquier apoyo, y a la espera de la aprobación de su admisión en West Point, Allan Poe aprovechó su tiempo para trabajar en su poesía con el objetivo de publicarla en alguna revista, aunque sin saber bien cómo hacerlo. En julio presentó parte de un nuevo poema al *American Monthly*, cuyo editor imprimió una estrofa como ejemplo de «rimas enfermizas». En septiembre, extractos del mismo poema (que finalmente se tituló *Fairy-Land*) aparecieron en el diario *The Yankee and Boston Literary Gazette*, editado por John Neal, un cuáquero de Maine que se encontraba en declive. Neal calificó el texto de Edgar como «ingenuo, pero de una ingenuidad bastante exquisita», y añadió que el autor «estaba capacitado para escribir algo realmente hermoso y tal vez magnífico». Sintiéndose halagado, Allan Poe le respondió al día siguiente: «Sus palabras han sido las primeras de aliento que recuerdo haber escuchado en mucho tiempo. Todavía soy joven y creo que me queda mucho por aportar. Anhelaría dar a conocer al mundo apenas una fracción de las ideas que vagan en las profundidades de mi imaginación».

A mediados de noviembre, Edgar encontró finalmente a un editor dispuesto a publicar su nuevo volumen de poemas, la editorial Hatch and Dunning de Baltimore. Los dos jóvenes dueños se ofrecieron a imprimir el libro y regalarle 250 ejemplares. Nunca se supo si Edgar consiguió algún soporte financiero de John Allan, pero la obra apareció publicada en diciembre con el título *Al Aaraaf, Tamerlán y poemas menores*. Con setenta y una páginas, el volumen era fino, pero estaba mejor impreso y con un diseño más elaborado que su primera colección. Además, no lo presentó como un anónimo «bostoniano», sino que, esta vez, prefirió identificarse ante el público con el nombre que usaba para firmar su correspondencia: Edgar A. Poe. En esta ocasión, el apellido Allan quedaba reducido a una inicial, como señal implícita del desprecio que sentía por su padrastro, y así firmaría sus obras para siempre.

Según las palabras del propio autor, *Al Aaraaf* se inspiró en el descubrimiento del astrónomo sueco Tycho Brahe de una supernova que fue visible en el hemisferio norte durante casi todo el año de 1752. Según Poe, «Brahe sitúa el purgatorio de los mahometanos en esta estrella, ese término medio entre cielo e infierno, donde los hombres no sufren castigo alguno, sino que se les dispensa la paz y la felicidad, que es la quintaesencia para los creyentes en el paraíso». El título del libro también indica que se trata de una recopilación del primer volumen con algunos poemas nuevos que fueron escritos con posterioridad. En la antología, compuesta por seis poemas, destacan tres piezas: *Israfel*, presentado por Poe como un ángel «cuyo corazón palpita al ritmo de invisibles laúdes y dueño de la voz más dulce de todas las criaturas creadas»,[N15] *Para M,* un poema de amor extremadamente personal, aunque la identidad de la mujer a quien fue dedicada es incierta, *y Soneto a la ciencia*, en el que Poe dejó entrever su admiración por un conocimiento que rompía con las premisas sobrenaturales y pulsiones que plasmaba en sus escritos.

¡Oh, ciencia! ¡Verdadera hija del viejo tiempo tú eres!
Cuya mirada indiscreta alteras todas las cosas.
¿Por qué devoras así el corazón del poeta,
oh, buitre, cuyas alas son obtusas realidades?

¿Cómo podría él amarte? ¿O cómo puede juzgarte sabia
aquel a quien no dejas en su vagar
buscar un tesoro en los enjoyados cielos,
aunque se elevara con intrépida ala?

¿No has arrebatado a Diana de su carro?
¿Ni expulsado a las hamadríades del bosque
para buscar abrigo en alguna feliz estrella?

¿No has arrancado a las náyades de la inundación,
al elfo de la verde hierba, y a mí
del sueño de verano bajo el tamarindo?

En esta colección de poemas aún se pueden percibir influencias de Lord Byron y Thomas Moore. Aunque no fue completamente comprendido, la obra tuvo cierto eco, aunque la mayoría de las críticas trataron de no ser muy duras con el autor, destacando más su juventud que el valor de sus poemas. Allan Poe recibió reseñas de al menos cuatro periódicos de Baltimore, todas positivas. John Neal, que ya había reseñado uno de sus textos, tuvo comentarios elogiosos: «Será el primerísimo en las filas de los verdaderos poetas», y la conocida Sarah Josepha Hale llegó a afirmar que «su escritura recordaba a un poeta no menor que Shelley». (Hale se hizo conocida por haber iniciado la campaña a favor de la creación del Día de Acción de Gracias de los Estados Unidos). Estas críticas favorables despertaron un extraño e inesperado sentimiento de generosidad por parte de John Allan, que le envió unos cuantos dólares. Al parecer, la posibilidad de que su extutelado comenzara a perseverar en sus proyectos literarios debió de impresionarlo.

Nota del Autor

Tycho Brahe, cuyos descubrimientos sirvieron de inspiración para el poema *Al Aaraaf* de Edgar Allan Poe, fue un astrónomo danés al que se considera el mayor observador del cielo en el período previo a la invención del telescopio, lo que cambió para siempre la forma en que se miran las estrellas; y también diseñó instrumentos para medir la posición de las estrellas y los planetas con una precisión muy superior a la de otros aparatos de su época. Como muchas personas, Brahe tenía sus excentricidades, como tener un alce como mascota y ser conocido entre sus allegados como el «hombre con la nariz de oro», debido a una prótesis nasal que tuvo que usar después de perder su nariz original en un duelo de juventud. La causa de la disputa no está clara, pero se rumorea que fue un apasionado desacuerdo matemático. Así son las cosas de los genios.

Educado en la refinada etiqueta de las mesas nobles, a Brahe le gustaba seguir los protocolos y normas de los lugares a los que era invitado, una actitud noble que, sin embargo, acabó cobrándole una factura demasiado elevada. El 13 de octubre de 1601, el astrónomo fue invitado a un banquete en la corte del barón Rosenberg, su protector en Praga. Durante la velada, consumió una cantidad excesiva de alcohol y su vejiga comenzó a apremiarle. Para no pecar de descortés, ya que se consideraba de mala educación levantarse antes que el anfitrión, Brahe aguantó más tiempo del recomendado. Su temeraria decisión acabó provocándole una infección que le impidió orinar con normalidad, y así seguiría durante once días, al cabo de los cuales falleció, víctima de altas fiebres.

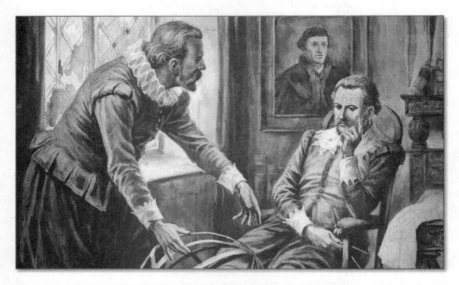

Tras la repentina muerte de Brahe, sus notas y material de estudio fueron heredados por uno de sus ayudantes, nada menos que Johannes Kepler, quien posteriormente se convertiría en uno de los astrónomos más importantes de todos los tiempos. Gracias a esos datos, Kepler pudo deducir las órbitas planetarias y formular sus tres leyes sobre el movimiento de los planetas en su órbita alrededor del Sol.

El pozo y el péndulo, Ilustración de Frederick Colin Tiney (1906).

V

LOUISE

«La ciencia no nos ha enseñado aún si la locura
es o no lo más sublime de la inteligencia».
EDGAR ALLAN POE

La llegada del año nuevo y la aparente reconciliación con John Allan motivaron a Edgar a regresar a Richmond y preparar su examen de acceso a West Point. El joven poeta aún mantenía la esperanza de consolidar su relación con el hombre a quien había llamado padre durante toda su infancia y juventud. De hecho, Allan lo recibió de manera bastante cordial, si cabe mencionar, incluso más de lo esperado: su antigua habitación seguía igual que cuando la dejó, los criados atendían todos sus caprichos y un sastre contratado para la ocasión se apresuraba en proveerle de elegantes trajes. En comparación con la amarga y precaria situación vivida en la casa de su tía en Baltimore, este abrupto cambio de vida produjo en Poe una curiosa e inesperada sensación de aturdimiento. Al día siguiente de su llegada, trató de encontrarse con su excompañero de Charlotesville, Thomas Bolling, a quien le regaló un ejemplar de su reciente obra publicada. También se sabe que el autor hizo frecuentes visitas a los Mackenzie, la familia que había acogido a su hermana pequeña Rosalie. Bajo el mismo techo había un seguidor suyo declarado, John Hamilton, uno de los hijos de los Mackenzie, con quien tuvo animadas charlas. Este reencuentro con su pasado le proporcionó momentos de plenitud y serenidad, aunque le resultó imposible evadirse de algunos fantasmas queridos que, de alguna manera, aún se hacían presentes en la ciudad, como la fallecida esposa de su padrastro, Frances Allan, cuya fragancia aún se percibía en las diferentes habitaciones de la casa. Poe también tuvo que lidiar con fantasmas «vivos», como Sarah Elmira Royster, que se casó con otro hombre solo para complacer las ambiciones de su codicioso padre. Sin embargo, de todas estas almas —vivas o muertas—, la que emanaba la energía más intensa era, sin lugar a dudas, Jane Stannard, inmortalizada en un poema de Edgar bajo el nombre de *Elena*, cuyas estrofas acabarían grabadas en su blanca lápida del cementerio de Shokoe Hill:

Te vi una vez, solo una vez, hace años:
no debo decir cuantos, pero no muchos.
Era una medianoche de julio,
y de luna llena que, como tu alma,
cerníase también en el firmamento,
y buscaba con afán un sendero a través de él.
Caía un plateado velo de luz, con la quietud,
la pena y el sopor sobre los rostros vueltos
a la bóveda de mil rosas que crecen en aquel jardín encantado,
donde el viento solo deambula sigiloso, en puntas de pie.

Vestida de blanco, sobre un campo de violetas, te vi medio reclinada,
mientras la luna se derramaba sobre los rostros vueltos
hacia el firmamento de las rosas, y sobre tu rostro,
también vuelto hacia el vacío. ¡Ah!, por la tristeza.

El resplandor de la luna desapareció,
también las blandas hierbas y las veredas sinuosas,
desaparecieron los árboles lozanos y las flores venturosas;
el mismo perfume de las rosas en el aire expiró.
Todo, todo murió, salvo tú;
salvo la divina luz en tus ojos,
el alma de tus ojos alzados hacia el cielo.
Ellos fueron lo único que vi;
ellos fueron el mundo entero para mí:
ellos fueron lo único que vi durante horas,
lo único que vi hasta que la luna se puso.
¡Qué extrañas historias parecen yacer
escritas en esas cristalinas, celestiales esferas!
¡Qué sereno mar vacío de orgullo!
¡Qué osadía de ambición!
Mas ¡qué profunda, qué insondable capacidad de amor!

En marzo, Edgar fue finalmente aceptado en West Point, y para asegurar su posición, John Allan usó sus influyentes relaciones y logró que un senador de Washington interviniera urgentemente ante el Ministerio de Guerra. A principios de abril, todo estaba arreglado para su ingreso y Poe solo tenía que someterse a las pruebas protocolarias. Aprobó sus exámenes a finales de junio y a la semana siguiente pronunció el juramento en el que se comprometía a servir al Ejército de los Estados Unidos durante cinco años, a menos que fuera dado de baja antes. Mientras esperaba su convocatoria, el autor pasó parte del tiempo en Richmond junto a su padrastro. El inminente nombramiento de Poe le sirvió como un salvoconducto para volver a casa de John Allan, quien lo recibió con cierta resignación, pero no duró mucho y la convivencia diaria bajo el mismo techo acabó empujándolos hacia un nuevo altercado —esta vez el último—. El ambiente comenzó a tensarse a principios de mayo, cuando John Allan se enteró de que Edgar aún debía a sus antiguos compañeros de regimiento en Fortress Monroe una considerable suma de dinero, pero lo que realmente lo indignó fueron unas insinuaciones maliciosas que Edgar había hecho hacia él en una carta dirigida carta a un tal sargento Graves. Pese a ello, John Allan le compró cuatro mantas y llegó incluso a acompañarlo hasta el barco de vapor con destino a Baltimore, donde el autor pasaría una breve estancia con su familia.

Después de incorporarse a las filas de West Point, Poe tuvo que soportar dos meses de dura instrucción y el cumplimiento de una serie de obligaciones que llegaron a ser aún más penosas y desagradables que las tareas que desempeñaba como soldado raso cuando estaba acuartelado en Fort Independence. Las opciones que tenía entonces tampoco habían cambiado: o seguir una «carrera» o morirse de hambre. A pesar de tener pocas ilusiones y de haberse acostumbrado a la vida castrense, Allan Poe pronto se dio cuenta de que aquella prestigiosa academia no era un lugar adecuado para un joven con una sensibilidad tan agudizada como la suya. Incluso en el aspecto físico, la situación no era favorable, ya que la excelente salud que tenía de cuando era más joven empezaba a resentirse y el entrenamiento severísimo se volvió penoso y casi insoportable. Además, cual prisión, los oficiales organizaban controles vejatorios en las habitaciones y taquillas de los cadetes con el fin de encontrar objetos considerados prohibidos por el reglamento interno de la academia, que prohibía la posesión de novelas, poesía y otros libros que no correspondiesen al curso. Las quejas sobre la severidad del reglamento llegaron a hacerse notorias en la prensa de la época, como se menciona en la nota publicada en la edición del 29 de septiembre de 1829 en el diario de Baltimore *Niles Weekly Register*:

> Cada cadete debe permanecer cuatro años en la academia y luego cumplir otro año adicional en una institución militar de los Estados Unidos. Sin embargo, el servicio y los eventuales castigos aplicados son tan rigurosos que muchos son suspendidos o expulsados antes de la conclusión del curso. Solo una pequeña minoría de los alumnos logra completar todo el término de servicio. De un total de 204 cadetes, solo hay 26 sin anotaciones disciplinares vinculadas a sus nombres.

Privado de distracciones y de lecturas que amenizaran su difícil rutina, Allan Poe apenas podía soportar la obligación de volver al manejo de las armas y a la marcha a pie, habilidades que solo le fueron útiles para ascender al rango de sargento mayor. A los veinte años, el autor alegaba que ya no era el gran nadador y el atleta de su juventud; no podía soportar las fatigas físicas y parecía que su corazón se había debilitado en la época en que estuvo en la universidad.[N1] También es cierto que Poe ingresó en West Point a una edad avanzada en comparación con los otros doscientos cincuenta cadetes admitidos ese año, cuyas edades oscilaban entre los dieciséis y los dieciocho años; y la madurez de Poe no pasaba desapercibida para ellos. «El señor Poe, aunque en ese momento rondaba los veinte años, parecía mucho mayor —recordaba Thomas Gibson, uno de sus compañeros de academia— y tenía una miraba sombría imposible de olvidar». El general Magruder lo describió como tímido y reservado y dado a relacionarse solo con los virginianos. «De la misma manera que, en Francia, los reclutas bretones solo frecuentan a los bretones», añadió de forma irónica.[N2]

En lo que respecta al programa formativo, la academia no quería que los cadetes tuvieran un conocimiento superficial de las materias, sino todo lo contrario; la intención era formar especialistas que pudieran usar los conocimientos adquiridos para el progreso del país. Edgar solo cursó Francés y Matemáticas, asignaturas cuya utilidad había sido subrayada por John Allan, y estudió a fondo cuestiones como geometría descriptiva y álgebra fundamental, que luego le servirían como base de algunos de sus relatos de ficción. El estudio de materias tan dispares le pareció una pérdida de tiempo a alguno de sus compañeros, pero como Poe siempre quería destacar sobre los demás, hizo lo posible para alcanzar los conocimientos equivalentes a los de un matemático y un filólogo. En octubre quedó clasificado entre los mejores cadetes en Francés y, nuevamente en noviembre, cuando también recibió una calificación sobresaliente en Matemáticas. Volvió a distinguirse en los exámenes generales de enero, cuando los rigores impuestos por la academia habían reducido su grupo solo a ochenta y siete cadetes, de los cuales solo veinticuatro se graduarían. Edgar Allan Poe ocupó el séptimo puesto en Matemáticas y el tercero en Francés.

Aunque se sentía orgulloso de sus logros, la perspectiva de soportar la misma rutina sin ningún alivio durante los próximos cuatro años y con la única esperanza de un ascenso que no apreciaba en lo más mínimo lo sumergió en una profunda desesperación. Además, se negaba a quejarse a John Allan, ya que no quería admitir que estaba haciendo el ridículo ante sus compañeros más acaudalados, como ocurrió cuando estaba en la universidad. Sin opciones, Poe se refugió en su estatus de veterano entre sus compañeros y pronto destacó como líder. Les contaba historias inventadas sobre sus genealogías mitológicas, sus viajes imaginarios por Europa y sus aventuras novelescas, que muchos tomaron como verdaderas —y que luego serían incluidas por algunos de sus primeros biógrafos, que apenas se preocuparon de comprobar la veracidad de los hechos narrados por Poe en esa época—. Atrapado en una atmósfera vulgar y sin imaginación, Poe se defendió encerrándose en sí mismo, meditando y analizando los elementos que pronto formarían parte de su obra poética.[N3]

Mientras tanto, John Allan intentaba rehacer su vida con una nueva mujer, de quien esperaba conseguir un heredero, aunque ya tenía otros hijos, pero fruto de una relación «prohibida», y él necesitaba de un descendiente para presentarlo a la sociedad de Richmond sin miedo a posibles reproches. La saga de John Allan en busca de una nueva pareja tuvo lugar pocos meses después de la muerte de Frances, en el condado de Goochland (en el estado de Virginia), donde conoció a una joven llamada Louise Gabrielle Patterson. Procedente de una familia tradicional de Elizabethtown (Nueva Jersey), Louise tenía treinta años y, según decían los relatos de la época, era muy guapa. Edgar se enteró de la relación que su padrastro mantenía con esta joven, cuando se encontraba en West Point, a través de algunos visitantes que conocía de Richmond. De repente, la sombra de esta mujer y la posibilidad de que tuviera un heredero se convirtió en una inesperada preocupación. Para su disgusto, John Allan se casó con ella el 5 de octubre de 1830 en Nueva York y no se molestó siquiera en invitar a Edgar a la ceremonia. La aflicción del autor es bastante perceptible en esta carta enviada a su padrastro poco tiempo después:

Hace ya mucho tiempo que habría querido escribirle, y si no lo hice fue simplemente porque no sabía dónde encontrarlo. Tenía la esperanza de que usted me visitara durante su paso hacia Nueva York, y no pude ocultar mi decepción al enterarme de que se había marchado sin darme noticias suyas. Pese a todo ello, mi vida en la academia es agradable, aunque el estudio apenas deje tiempo libre y la disciplina sea excesivamente rígida. Si fuera posible, le agradecería si pudiera enviarme un estuche de instrumentos de geometría y un ejemplar de las *Matemáticas de Cambridge*, ya que no dispongo de dinero y, como de costumbre, he tenido que endeudarme para cubrir las necesidades básicas. CARTA DE EDGAR ALLAN POE A JOHN ALLAN. 6 DE NOVIEMBRE DE 1830

Ni los instrumentos de geometría ni las recurrentes deudas de su tutelado parecieron ser lo suficientemente interesantes como para que John Allan tomara la pluma y le respondiera durante su luna de miel. Además, las actitudes de su nueva esposa y sus declaraciones despreciativas sobre Edgar por sus orígenes, sugieren que ella ya conocía los antecedentes del extutelado de su esposo, quien le había contado toda su vida y confesado todos sus deslices anteriores al matrimonio, incluyendo la existencia de hijos ilegítimos. No cabe duda alguna de que John Allan había decidido que su nueva vida debía estar libre no solo de secretos de su pasado, sino también de la incómoda presencia de Edgar y, para ello, es posible que lo describiera como si fuera prácticamente un vagabundo.[N4]

Edgar, por su parte, estaba ansioso por conocer a su nueva madrastra, por lo que aprovechó el primer permiso que le concedieron para dirigirse a Richmond. Sin embargo, Louise se mostró muy poco receptiva y llegó incluso a sentir un cierto desprecio por el «hijo de la cómica». Esta actitud hirió profundamente al poeta, quien suponía que su nueva posición como alumno de la exclusiva academia de West Point le conferiría cierto estatus del que podría enorgullecerse. Pero la realidad demostró que John Allan jamás lo valoraría, por más que se esforzara, aun sabiendo que su tutelado había tomado la decisión más dolorosa de su vida: renunciar a sus ilusiones literarias para seguir una carrera sin pasión y con la única intención de complacerlo. Edgar regresó a West Point sintiéndose menospreciado, lo que lo llevó a reflexionar. Decidió escribir una carta a John Allan en la que expresó, de manera cruda y verdadera, todo lo que sentía hacia él. En esta carta habló de los sentimientos de amargura que había acumulado desde la infancia y utilizó todos los recursos de manipulación y chantaje emocional que tenía a su disposición, como era costumbre.

De pequeño, ¿acaso solicité su caridad y su protección? ¿O fue usted, con su libre albedrío y voluntad, quien se ofreció para cuidar de mi bienestar? Es de sobra conocido, para no pocos respetables señores de Baltimore y de otras ciudades, que mi abuelo (mi protector natural en la época en la que se interpuso usted) era un hombre acaudalado y que yo era, en efecto, su nieto favorito. No obstante, la promesa de adopción por su parte, junto con el ofrecimiento de una educación liberal que usted le hizo por su cuenta en una carta que actualmente se halla en poder de mi familia, le indujeron a renunciar a mi cuidado, que dejó en manos de usted. [...] No tengo nada más que añadir, salvo que mi vida en el futuro (que ruego a Dios no dure demasiado) habrá de continuar en la indigencia y la enfermedad. No me quedan energías, tengo la salud minada, me resulta imposible seguir soportando las fatigas propias de este lugar y los muchos inconvenientes a la que mi total carencia de recursos me somete. [...] Desde el instante en que termino de escribirle la presente, pienso desatender todos mis estudios y deberes en esta institución; si no recibo su respuesta en el plazo de diez días, abandonaré la institución sin su permiso, ya que pienso hacerme acreedor a la expulsión.
CARTA DE EDGAR ALLAN POE A JOHN ALLAN. 3 DE ENERO DE 1831[N5]

Al no recibir respuesta, Poe no tuvo más opción que cumplir con sus amenazas de hacerse expulsar sin violar el juramento que había hecho en el momento de su admisión, lo que podría llevarlo a la cárcel. Después de tomar esa decisión, Poe adoptó un comportamiento que llevó a que el respeto que había ganado entre sus profesores por su brillantez se desvaneciera rápidamente. Primero, el autor empezó a incumplir reiteradamente una serie de compromisos y obligaciones, hasta que acumuló 44 ofensas y 106 deméritos, un «palmarés» sin precedentes en la historia de West Point. Entre sus diversas faltas se incluían la ausencia de desfiles y guardias, no presentarse a las clases y negarse a obedecer órdenes de los oficiales. Hubo incluso un rumor de que en una ocasión se presentó solo con un cinturón puesto y nada más, pero este hecho no está corroborado en ningún registro. Lo que sí se sabe es que todas las presiones experimentadas en West Point acabaron por hacer flaquear su buena voluntad. Poe volvió a recurrir al alcohol, contrajo más deudas y pronto se vio sometido a un consejo de guerra integrado por seis militares y un juez de instrucción, que le imputó dos delitos: grave negligencia en el cumplimiento del deber (el tribunal alegó que había estado ausente en sus obligaciones en veintitrés ocasiones, principalmente en los desfiles y el cambio de guardia). El segundo delito consistía en la desobediencia de órdenes de sus superiores. Los testigos presentes testificaron que Edgar había faltado a las clases de Matemáticas durante dos semanas y a las recitaciones de Francés al menos en tres ocasiones. Otros testigos militares también confirmaron su ausencia en varios desfiles y el incumplimiento de varias órdenes. Uno de los compañeros de habitación de Edgar fue convocado para atestiguar en su defensa, pero, como no tenía mucho que aportar a su favor, el tribunal militar hizo sus deliberaciones y el 28 de enero lo declaró culpable de todos los cargos, determinando su expulsión inmediata. Allan Poe abandonó West Point el 8 de febrero de 1831, llevándose consigo, como único recuerdo, su capa de cadete, que en muchas ocasiones sería la única prenda que tendría para cobijarse del frío.

Después de despedirse de la academia militar de forma absolutamente vejatoria, Allan Poe no tuvo otra opción que instalarse en una modesta pensión de quinta categoría. Cansado y abatido, tuvo que humillarse una vez más escribiendo de nuevo a su padrastro: «Distinguido señor, a pesar de la resolución que tomé en sentido contrario a su voluntad, me veo obligado una vez más a recurrir a su generosidad y solicitarle su ayuda». A juzgar por los recientes acontecimientos, Poe sabía o, al menos, debería saber que tenía muy pocas posibilidades de recibir una respuesta, pero no dejó de intentarlo, simplemente porque se encontraba, una vez más, en un callejón sin salida del que no podía escapar.

Al no contar con ningún apoyo financiero, Poe tuvo que hacer todo lo posible para lograr algún éxito en sus pretensiones literarias y emanciparse lo antes posible, sin tener que volver a humillarse ante nadie. Para salir del agujero en el que se encontraba, recurrió a unos buenos amigos que hizo durante el tiempo en el que estuvo en el servicio militar para que lo ayudaran a costear la producción de su nueva antología de versos, que tituló simplemente *Poemas*, que contaría con una modesta tirada de cien ejemplares. Curiosamente, Poe dedicó la obra «respetuosamente al Cuerpo de Cadetes de los Estados Unidos» y sus excompañeros imaginaron que estaría llena de versos maliciosos y sarcásticos sobre las vejatorias ordenanzas. Es bastante probable que esperaran algo del género, pero lo que encontraron fue un trabajo poético y lírico muy entrañable.

Es probable que a las numerosas suscripciones que consiguió se sumara la del editor neoyorquino Elam Bliss, que se encargó de la impresión. La obra estaba compuesta por algunos poemas ya publicados (*Tamerlán* y *Al Aaraaf*) y por seis textos inéditos, entre los cuales destaca *Un peán*, un poema que relata la pérdida de la amada y, con hermosas palabras, su despedida. (En febrero de 1843, Allan Poe lo publicó nuevamente en el periódico *Pioneer*, pero con una versión corregida, muy superior en calidad a la original y con un nuevo título que lo llevaría a la fama mundial: *Lenore*). Las dos versiones son completamente diferentes: *Un peán* consta de once estrofas de cuatro líneas cada una, mientras que *Lenore tiene* solo cuatro, de diferentes longitudes. Esta obra retoma un tópico melancólico y poético que siempre obsesionó a Allan Poe y que se convertiría en su «marca registrada»: la muerte de una mujer joven y hermosa —aunque en este caso lo aborda desde una perspectiva muy diferente a la que podemos apreciar en sus obras posteriores como *Annabel Lee* o *Ulalume*—. En este poema, el novio de Lenore, Guy de Vere, a diferencia de las emociones de Poe, encuentra indecoroso llorar por la muerte de su amada; por el contrario, cree que debe celebrar la ascensión de Lenore al cielo, lugar donde espera encontrarla al final de sus días. Curiosamente, el nombre Lenore no aparece en la versión original, pero sí en otro poema anterior, el ya mencionado *Al Aaraaf*. Además, se cree que no está dedicado a ninguna mujer en particular, sino a una combinación de todas las mujeres que el autor conoció hasta el momento, quienes compartían una inoportuna y siniestra tendencia a morir jóvenes.[N6] Las mujeres que protagonizan la ficción de Edgar Allan Poe o bien ya están muertas, están a punto de morir o saben que van a morir. La mujer tiene que morir para que haya historia. Al parecer, Poe temía a las mujeres porque morían muy fácilmente; se sentía atraído y, a la vez, repelido por la idea de que sería abandonado una vez más.

Las ganancias obtenidas con la publicación de su antología *Poemas* —si es que las hubo— no duraron mucho tiempo. Pocas semanas después, el autor tuvo que tragarse el orgullo y tomar la humillante decisión de regresar a la residencia de su padre adoptivo. Su llegada, sin embargo, no fue bien recibida por su nueva esposa, quien le informó de que John Allan no se encontraba bien y no deseaba recibir ninguna visita. Sintiéndose una vez más rechazado y empequeñecido, Poe decidió vengarse escribiendo a uno de sus acreedores una misiva en la que se excusaba por no pagar sus deudas debido a la tacañería de su tutor, y agregando que eran pocas las veces en que se encontraba sobrio y en condiciones de responder a sus peticiones. Estas afirmaciones, indudablemente calumniosas, llegaron a los oídos de John Allan, lo que terminó por arruinar definitivamente las perspectivas del joven escritor de lograr una estabilidad social y económica. Sin opciones, Poe embarcó en un navío de vapor rumbo a Nueva York el 19 de febrero de 1831. Era la segunda vez que realizaba esta travesía; la primera había sido cuando era niño y su familia regresaba de Inglaterra. Diez años después, los vapores de las palas que reemplazaban a los veleros anunciaban los clíperes oceánicos, mientras que en las canteras se colocaban los primeros raíles para locomotoras, todavía llamadas «caballos de acero» debido a que los caballos verdaderos eran los encargados de tirar de los primeros trenes.[N7]

Después de que un editor le diera un puñado de dólares, Poe se hospedó en una modesta pensión de Manhattan y comenzó a elaborar un plan extravagante para unirse como soldado en el ejército de Polonia, que en aquel entonces estaba en medio de una rebelión contra Rusia liderada por un grupo de jóvenes conspiradores de la Escuela de Oficiales del Ejército que pronto fueron respaldados por gran parte de la sociedad polaca. El deseo de unirse a las filas de aquel país era tan fuerte que el joven poeta llegó a escribir una carta al superintendente de West Point, el coronel Sulvanus Thayer, pidiéndole ayuda para reunir fondos y viajar a París para reunirse con el marqués de La Fayette. Según Poe, el oficial francés, que tenía un fuerte vínculo con el ejército estadounidense, era la única persona que podría ayudarlo a unirse al ejército polaco. «Ya no tengo ningún vínculo que me mantenga atado a mi país, ni planes ni amigos ni mujeres —escribió—; por ello, me propongo, a la primera ocasión que se presente, viajar a París y, si fuera posible, presentarme como voluntario en Polonia. Este es el único plan que veo viable para mí en este momento». Mientras esperaba una respuesta que nunca llegaría, Poe escribió una carta desesperada y llena de ira a John Allan.

> Estimado señor: A pesar de todos mis sentimientos encontrados, me veo obligado a suplicar nuevamente a su buena voluntad, aunque esta será la última vez que le vuelva a molestar; en esa ocasión, apelo no a su afecto, ya que sé que lo he perdido, quizá merecidamente, sino a su sentido de la justicia. Le escribí anteriormente para solicitar la autorización para renunciar a la academia, porque me resultaba imposible seguir el ritmo de los jóvenes cadetes y me estaba debilitando día a día debido a mi edad. Por eso, y solo por esta razón, solicité su autorización, ya que sin ella mi renuncia no podía ser aceptada. Sin embargo, usted se ha negado deliberadamente a contestar a mi carta y, como resultado de su negligencia, fui expulsado; con solo una línea de respuesta, usted

podría haberme salvado de la desgracia en la que me encuentro ahora. Todos mis superiores se preocuparon por mi salud, ya que mi único delito fue estar enfermo, pero no sirvió de nada. Ahora ya no tengo energía ni para describir la mitad de lo que estoy padeciendo, pero algún día usted mismo sufrirá las consecuencias del trato que me ha dado. Hace diez días que dejé West Point para viajar hasta Nueva York, y en este momento me encuentro tumbado en una cama sin saber si podré levantarme. Padezco de un violento resfriado que ha afectado mis pulmones, mi oído no deja de supurar sangre e impurezas y los dolores de cabeza me hacen enloquecer. Apenas puedo escribir estas palabras y no creo que pueda volver a escribir de nuevo. Le ruego que envié rápidamente algo de dinero y olvidaré lo que dije acerca de usted. CARTA DE EDGAR A. POE A JOHN ALLAN. 21 DE FEBRERO DE 1831[N8]

Nota del Autor

Son muchas las especulaciones acerca del corto periodo de tiempo en el que Allan Poe vivió en Nueva York tras su expulsión de West Point. Algunos de sus excompañeros de la academia afirman que el escritor habría abandonado el cuartel en un estado de nervios calamitoso y, según parece, se alojó en una humilde hospedería en la que pasó días encerrado en su habitación sin el menor contacto con el mundo exterior. Para muchos de sus escasos amigos debió de resultar difícil comprender por qué Edgar Allan Poe, quien entonces no parecía apto para desempañar ningún oficio profesional y no contaba con ninguna fuente de ingresos, había tomado la drástica decisión de abandonar una academia de renombrado prestigio como West Point, donde al menos tenía cubiertas las necesidades básicas de alojamiento y alimentación.

Los biógrafos de Edgar Allan Poe coinciden en que este corto periodo en Nueva York, después de ser expulsado de West Point, representó su primera grave crisis psicológica. No debe considerarse solo como una simple reacción humana, comprensible en una naturaleza sensible, enfrentada a un sinnúmero de decepciones en diferentes ámbitos, sobre todo en el plano familiar. Algunos creen que esta crisis en particular se debe más bien a factores hereditarios enormemente desequilibrados, cuyo peso hará que

Poe transite por una sutil línea que divide la genialidad de la locura. Cómo se combinaron estos factores, y a partir de qué predisposiciones familiares, es una pregunta difícil de responder, ya que apenas disponemos de información relevante acerca de los progenitores de Poe. Su padre, por ejemplo, era alcohólico y un hombre sometido a impulsivos cambios de humor, mientras que su madre padecía de cierta fragilidad nerviosa, según decían de ella en la época en que actuaba en los escenarios de la costa este estadounidense. Estos datos son insuficientes para determinar una supuesta constitución patológica de Poe, pero es indudable que su historia familiar pone de manifiesto una cierta tendencia a altibajos y alteraciones de orden psicológico. De sus dos hermanos, se decía que Henry era un hombre inestable que fanfarroneaba y exageraba continuamente, y murió a los veinticuatro años, mientras que Rosalie, la más pequeña, sufrió a los doce años un trastorno de origen desconocido y siguió siendo desde entonces, hasta su muerte en 1874, un ser infantil, necesitado de cuidados constantes.[N9]

Las investigaciones psiquiátricas y psicoanalíticas sobre la personalidad de Edgar Allan Poe han dado resultados tan contradictorios y diferentes que lo único de lo que no se puede dudar es del hecho de que poseía una estructura emocional extremadamente inestable y sensible a perturbaciones externas. Conviene añadir que Poe tenía graves problemas con el alcohol, lo que sumado a los apremios financieros agudizó su tendencia a la depresión y la melancolía. Tal vez esta es la razón por la cual se le ha considerado un alcohólico, aunque no lo era si consideramos la estricta definición del término: «Impulso excesivo de beber que genera dependencia». Poe no se sentía una necesidad imperativa de beber, y solo lo hacía cuando quería escapar de sus angustias. Pero cuando bebía, su conducta se trastornaba, se volvía incoherente y agresivo.

En la década de los 90 del siglo XX, el psicólogo y escritor estadounidense Arno Karlen propuso la tesis de que Allan Poe carecía de la enzima hepática alcohol-deshidrogenasa, lo que podría explicar su exagerada sensibilidad al alcohol.[N10] En 2018, el neurólogo suizo Julien Bogousslavsky publicó un libro en que buscaba explicar el comportamiento de algunos artistas considerados «problemáticos», como Franz Kafka, Van Gogh o Tolstói.

En esta obra se contempla la hipótesis de que Poe podía padecer una forma de epilepsia no convulsiva que se desencadenaba con la ingesta de alcohol. Este trastorno fue postulado como una forma de epilepsia del lóbulo temporal que se caracteriza por desconexión, la incoherencia y los automatismos motores de la boca y de las manos. Según Bogousslavsky, la ingestión de alcohol también podría haberle precipitado ataques de confusión que habrían sido confundidos con ebriedad.[N11] En cualquier caso,

Edgar Allan Poe siguió la premisa de los grandes escritores, aquellos que dejan marcas indelebles en sus lectores, escribiendo acerca de lo que realmente conocían. Poe experimentó la locura, la alienación, la frustración, lo macabro, lo siniestro y la pérdida, cuestiones que volcó con maestría a través de personajes complejos cuya fuente primaria no es otra que una mirada implacable sobre sí mismo.[N12]

* * *

Sin tener ninguna ilusión que lo alimentara ni esperanza alguna de cambio, Poe regresó a Baltimore perseguido por el hambre y se refugió por segunda vez en la casa de su tía paterna, quien lo volvió a acoger con su habitual cordialidad en aquel lugar lleno de carencias y dificultades. Emocionada por el regreso de su sobrino, Maria apenas entendía cómo alguien podría ganar dinero con la pluma y, a pesar de todos los fracasos de Poe, no puso en duda su genio ni por un instante. Nada más llegar, Poe quedó impactado por el delicado estado de salud de su hermano mayor, en gran parte debido a su alcoholismo. Comenzaba para nuestro protagonista una nueva etapa oscura de su historia, marcada por la opresión y la miseria.

Dispuesta a modo de abanico alrededor de un puerto bien abrigado, Baltimore era la tercera ciudad de los Estados Unidos en aquel entonces, con una población de ochenta mil habitantes. La ciudad se alimentaba del frenesí contemporáneo de la especulación, los transportes, la política y la prensa. Aunque no todos lograron mantenerse por mucho tiempo, entre 1815 y 1833 surgieron setenta y dos periódicos nuevos, se inauguró un teatro en 1822 y un museo en 1830. Además, había dos clubes literarios muy prestigiosos que se repartían la intelectualidad. El más elitista de ellos lleva el nombre clásico de Tusculum (que es, originalmente, el nombre de una importante ciudad latina situada en los montes Albanos de la antigua región del Latium, en Italia).

Con una oferta cultural tan diversa, no es de extrañar que los ciudadanos de Baltimore se jactaran de que ninguna otra ciudad de América o Europa, moderna o antigua, había adquirido tanta importancia como la suya. Desde su amplio puerto, sobre el cual la ciudad y las colinas más allá se extendían como un anfiteatro, los barcos zarpaban hacia Cantón, Buenos Aires y Marsella; y en 1830, se inauguró el ferrocarril de Baltimore y Ohio (B&O), la compañía ferroviaria más antigua de Estados Unidos. Fue la primera empresa en ofrecer un servicio al público con horarios fijos, tanto para carga como para pasajeros. La línea ferroviaria creció rápidamente en la segunda mitad del siglo XIX. Su extensión a Parkersburg (West Virginia), en 1857, permitió que el ferrocarril se conectara con las líneas locales y obtuviera acceso a Columbus, Cincinnati y Saint Louis. El carbón de Ohio y Virginia Occidental era uno de los cargamentos más importantes, cuyo transporte era responsable de un tercio de los ingresos de la compañía en 1860. Esta línea de ferrocarril sirvió bien a la Unión durante la Guerra Civil (1861-65), y, aunque casi llegó a la quiebra, logro recuperarse y continuó expandiéndose; de los 520 kilómetros de vías que disponían en 1865, consiguieron llegar a los 1700 en 1885.

Para los estadounidenses de la época, Baltimore era una «ciudad cosmopolita en ciernes» que se encontraba en plena expansión, no solo en términos de población, sino, sobre todo, cultural y políticamente. «Baltimore es el lugar más hermoso que he visto hasta ahora —escribió el estadista inglés Richard Cobden durante su visita a la ciudad en 1835—; aquí se encuentran los mejores monumentos, las chicas más hermosas y la ciudad más limpia de la Unión». Entre sus edificios más imponentes se encontraba la basílica de la Asunción, la primera construida en Estados Unidos después de la aprobación de la Constitución de los Estados Unidos, considerada la obra maestra de Benjamin Henry Latrobe, conocido como el «padre de la arquitectura americana». La basílica alberga un órgano de seis mil tubos, el más grande de América en aquel entonces.

Edgar Allan Poe pertenecía a la cuarta generación de la familia Poe en Baltimore. Su bisabuelo paterno, John Poe, llegó allí después de emigrar de Irlanda del Norte antes de la Revolución americana. Dos de sus hijos fundaron ramas familiares en la ciudad, entre ellos el general David Poe, quien desempeñó múltiples trabajos: comenzó como fabricante de máquinas de hilar, sirvió con distinción en el ejército, se sentó un año en el consejo de Baltimore, se declaró en bancarrota después de asociarse en una cordelería y en 1814 participó en una batalla en la que la milicia de Maryland rechazó a los invasores británicos. Dos años después, murió «como un republicano ferviente», según un periodista local.

En esta segunda instancia en Baltimore, que fue más larga que la anterior, Allan Poe pudo disfrutar de la compañía de su hermano mayor durante un tiempo prolongado, ya que su relación era esporádica y se mantenía principalmente por correspondencia. Al igual que Edgar, Henry también había nacido en Boston, y de niño también había vivido con una familia de acogida, aunque en su caso se trataba de su familia consanguínea. Es posible que pasara la mayor parte de su infancia con ellos. Al igual que Edgar, Henry lamentaba a menudo la muerte prematura de su madre y casi con certeza estuvo a su lado el día que falleció en Richmond, un trágico evento que permanecería grabado en la memoria de ambos para siempre. Aunque no lo supieran, Henry y Edgar estaban tan unidos que eran prácticamente una sola persona, al menos en términos emocionales.

A pesar de su corta vida, William Henry Poe tuvo la oportunidad de conocer lugares tan dispares y distantes como Sudamérica, las Indias Occidentales y Rusia gracias a su labor como marinero de la fragata USS Macedonian. En 1827, regresó a Baltimore para vivir en un pequeño apartamento con su abuela paterna, su tía Maria Clemm y sus dos primos. Allí consiguió un empleo en un despacho legal y comenzó a desarrollar su interés por la escritura. En mayo de 1827, el *Weekly Journal of Politics, Science, and Literature* de Baltimore publicó, bajo las iniciales W. H. P el poema *Sueños*, una obra escrita en el estilo de Byron que puede leerse como una especie de balance de lo que su vida había sido hasta entonces. Otra de sus obras literarias, titulada *El pirata,* narra el frágil romance de su hermano Edgar con su novia de la adolescencia, Sarah Elmira Royster. El personaje principal se llamaba Edgar Leonard, una combinación de los nombres de los dos hermanos, y perseguía a una mujer llamada Rosalie, nombre prestado de su hermana.[N13]

La narrativa de William Henry Poe se parece notablemente a la de su hermano menor; ambos presentan una temática melancólica, desesperanzada, y cuentan historias de mujeres que mueren y abandonan a sus seres queridos, quienes sueñan con reencontrarse con ellas. Algunos relatos son tan parecidos que se cree que podrían haber sido el resultado de un esfuerzo colaborativo entre los dos hermanos. De hecho, Edgar a veces usaba el seudónimo Henri Le Rennet, una versión francesa del nombre de su hermano mayor. También se especula que el nombre *Leonor*, que da título a su poema de 1831, podría haber sido tomado del tercer nombre de William (Leonard). Además, muchas de las obras de Edgar Allan Poe tienen al mar como protagonista, a pesar de que él tenía poca familiaridad con este escenario, en contraste con su hermano, quien tenía un conocimiento profundo del mar debido a sus numerosos viajes como marinero en la fragata USS Macedonian.[N14]

Desafortunadamente, el esperado reencuentro de Edgar con su hermano duró solo seis meses, porque Henry falleció la noche del 1 de agosto de 1831 a los veinticuatro años, la misma edad que tenía su madre cuando murió. Según un vecino cercano, la causa de su muerte fue «intemperancia», un término que generalmente se asocia a la falta de frenos o inhibiciones frente a emociones negativas o violentas. Sin embargo, la verdad es que Henry falleció víctima de tuberculosis, agravada por su alcoholismo. Tras su muerte, Edgar pudo instalarse con relativa comodidad en la buhardilla que antes compartía con Henry, donde comenzó a escribir febrilmente sus primeros relatos. El primero del que se tiene constancia fue *Sueño*, que fue publicado en el *Saturday Evening Post* de Filadelfia el 13 de agosto de 1831. La ubicación y la fecha de publicación son importantes, porque su hermano había publicado dos poemas en este mismo periódico, y el cuento de Edgar apareció allí dos semanas después de su muerte. El relato comienza con el narrador en su lecho, a punto de dormir, indicando al lector su costumbre de leer pasajes de las sagradas escrituras antes de entregarse al sueño profundo. En una noche particular, por casualidad, encuentra un fragmento bíblico que dice que «la inspiración grabó la agonía del Dios de la naturaleza», una imagen que sugestiona la imaginación del narrador hasta el punto de que, al entrar en los dominios del sueño, comienza un viaje a través de las profundidades horrendas de la escena evocada por el pasaje bíblico. A pesar de ser un relato de tan solo tres páginas, la obra encarna gran parte del pasado y presente de Edgar Allan Poe y es posible que fuera inspirada por el reciente fallecimiento de su hermano.

Aunque había logrado publicar su trabajo en tiempo récord, las perspectivas de Allan Poe no eran precisamente las más optimistas. Sometido a fuertes presiones financieras y bajo la amenaza de ir a la cárcel debido a sus deudas, Poe intentó retomar el contacto con su padrastro, quien acababa de tener un hijo con su nueva pareja, a quien puso el nombre de John Allan Jr. Es muy probable que Edgar no lo supiera cuando le escribió en octubre para informarle de las pésimas circunstancias en las que se encontraba. El tiempo pasó y el silencio de John Allan provocó que toda la desesperación de su protegido saliera en la siguiente carta: «Mi querido papá, me encuentro en una situación de extrema necesidad y no tengo ningún otro amigo en la tierra a quien pueda recurrir, excepto usted […]. Si pudiera enviarme en esta ocasión ochenta dólares, nunca olvidaré su amabilidad y generosidad», pero Allan no respondió. Finalmente, fue Maria Clemm quien escribió una carta pidiéndole el dinero, a lo que Allan reaccionó con sorpresa y quizás con algo de empatía, ya que terminó enviándole una pequeña suma.[N15]

La llegada del año nuevo de 1832 marcó un antes y un después en la carrera literaria de Allan Poe, que hasta entonces se había dedicado principalmente a la poesía. En ese momento, decidió cambiar su enfoque y comenzar a escribir cuentos en lugar de poemas, ya que consideraba que era un género más fácil de publicar y también más rentable, lo cual en esos momentos era de importancia crucial no solo para el escritor, sino también para su familia paterna, que lo había acogido desinteresadamente. Poe sabía que poseía un talento literario con potencial para crear historias cautivadoras, siempre y cuando lo canalizara de manera adecuada. Con esta motivación, escribió el impronunciable relato *Metzengerstein*, que trata de una vieja rivalidad y una venganza *post mortem*. La historia se centra en un joven aristócrata de dieciocho años llamado Frederick, quien vive en un castillo de Hungría y cuya familia —los Metzengerstein— estaba enemistada desde tiempos inmemoriales con la otra gran familia que disputaba el poder de la región: los Berlifitzing.

Durante muchas generaciones, ambos clanes fomentaron un profundo odio mutuo a causa de una antigua y absurda profecía que decía que «un augusto nombre sufrirá una terrible caída cuando, como el jinete en su caballo, la mortalidad de Metzengerstein triunfe sobre la inmortalidad de Berlifitzing». Tras el fallecimiento de sus padres, el joven barón Frederick Metzengerstein heredó una gran fortuna y se entregó a los vicios más inconfesables, avalado por su condición de amo y demostrando no tener las virtudes que suelen atribuirse a la aristocracia. La historia llega a su cenit el día en que el patriarca de la familia rival, el viejo conde Berlifitzing, muere entre las llamas del establo al tratar de salvar a sus animales, cuando entre la humareda aparece un misterioso caballo que provoca la admiración de todos los presentes, incluido el joven barón, que se apropia de él para montarlo de manera compulsiva, sin tregua ni descanso, día tras día, como si hubiera caído víctima de un hechizo o estuviera embrujado. Tras una serie de trágicos sucesos, el relato llega a su parte final con una secuencia de escenas impactantes que culminan con la imagen del gigantesco caballo dibujándose en el cielo con el humo del incendio. Una imagen fantasmagórica que confirma el poder del animal sobre el pequeño mundo devastado de los seres humanos.[N16]

Algunos críticos de la época destacaron los intentos del autor por intentar expresarse de manera exageradamente elegante utilizando palabras de uso poco común —e incluso algunas en latín—. Esta elección resultó equivocada y acabó dificultando la lectura para muchas personas que no estaban acostumbradas a este tipo de narrativa. Además, la crítica le acusó de ser un mero imitador del terror del Romanticismo alemán. Como respuesta, Poe añadió el siguiente subtítulo a una reimpresión de *Metzengerstein*: «Un cuento a imitación de los alemanes». Se trataba de una provocación irónica, ya que, en la introducción a *Cuentos de lo grotesco y lo arabesco*, el autor afirmó que su terror «no procedía de Alemania, sino del alma», tratando de desmarcarse de la crítica que le reprochaba por atenerse demasiado a los modelos alemanes.

Muchos de los biógrafos e investigadores de la obra de Edgar Allan Poe consideran que sus obras poéticas representan la cumbre de su arte y por ello lamentan que el autor se dedicara principalmente a este género durante la mayor parte de su carrera. A pesar de su limitada producción poética, Poe figura entre los grandes líricos de toda la literatura de habla inglesa. No obstante, no quedan dudas de que su prosa, sus narraciones y sus ensayos le convirtieron en una de las figuras más relevantes de la literatura de todos los tiempos. Debido a que la prosa ofrece muchas menos dificultades de traducción que la poesía, fueron precisamente las narraciones de Poe las primeras que se tradujeron a las grandes lenguas universales, sobre todo, el francés.

De cualquier manera, sigue siendo casi un milagro que Allan Poe encontrara en esos oscuros años la fuerza y el estímulo para escribir, ya que, entre un boceto y otro de sus textos, el autor se veía en la infructuosa tarea de buscar a un editor dispuesto a publicar sus manuscritos. Aunque los pocos dólares que ganaba aquí y allá desaparecían enseguida, se sabe que en todo este período se mantuvo sobrio y que hizo todo lo posible para ayudar a mantener la casa de su tía, donde se alojaba. Pero una vieja deuda surgió de pronto, con la consiguiente amenaza de arresto y prisión. Como era de esperar, Edgar escribió de nuevo a John Allan con el tono más angustioso y lamentable que se pueda imaginar.

> Querido padre: Me encuentro implicado en un gran apuro y no tengo a nadie más en la tierra a quien acudir, excepto a usted. Estuve a punto de ser arrestado por una deuda que nunca esperé tener que pagar y haría cualquier cosa en el mundo antes de acudir a usted otra vez, pero no tengo ningún otro recurso. Estoy mal de salud e incapaz de enfrentar tantas dificultades; de lo contrario, nunca le pediría un centavo más. Sé que he desperdiciado todas sus bondades y que no debo albergar ninguna esperanza de volver a ganarme su aprecio, pero, por el amor a Cristo, no me precipite al abismo por una cantidad de dinero que para usted apenas significa nada y que a mí puede salvarme de la más terrible necesidad. CARTA DE EDGAR A. POE A JOHN ALLAN. DICIEMBRE DE 1832[N17]

John Allan no respondió a su carta, pero en esta ocasión le hizo llegar veinte dólares a través de una remesa bancaria. A pesar de sus recurrentes penurias, Poe persistía en su objetivo de convertirse en un escritor profesional y, aunque había cosechado algunos pequeños éxitos, nada parecía impresionar a John Allan. Durante los años de 1831 y 1832, doce de sus primeras narraciones cortas vieron la luz en la buhardilla que él ocupaba solo desde la muerte de su hermano. A finales de 1832, el diario *Philadelphia Saturday Courier* organizó un concurso literario cuyo ganador fue una autora de una novela romántica, pero, como las condiciones del certamen establecían que también se publicarían los trabajos no premiados, Poe consiguió que salieran impresas nada menos que cinco de sus cuentos, aunque solo *Metzengerstein* era una obra narrativa en términos técnicos. Las demás historias tenían un tono sarcástico que Poe interpretaba más bien como humorístico: *El duque de l'Omelette* (que habla de las artimañas de un hombre que ha muerto para negociar con el diablo su retorno al mundo de los vivos); *Cuento de Jerusalén* (que relata un episodio ocurrido en Tierra Santa en el que unos hebreos habían conseguido que unos soldados romanos les entregaran, a cambio de una suma de dinero, un cordero para sus sacrificios rituales); *El aliento perdido* (que trata de un hombre que se percata de que ha perdido el aliento mientras arremete violentamente contra su esposa, lo que le hace creer que fue el acceso de violencia verbal lo que produjo su pérdida) y *Bon-Bon*, que cuenta la historia de Pierre Bon-Bon, un caballero de elevada autoestima que se considera un profundo filósofo y que un día se encuentra con el mismísimo diablo. Entre los dos se produce un diálogo en el que se ironiza sobre filósofos tan notables como Platón y Aristóteles, quienes, al parecer, son el plato preferido del Señor de los Infiernos.[N18]

Nota del Autor

Lo que hoy se conoce como relato corto no era un género literario bien explorado en el pasado, hasta que las revistas estadounidenses decidieron darle más protagonismo y difusión, lo que acabó consagrando el formato entre los lectores. Edgar Allan Poe, junto con Nathaniel Hawthorne, fue uno de los primeros escritores en desarrollar el género literario del relato corto, que acabaría convirtiéndose en uno de los más demandados por los lectores de diferentes generaciones. De hecho, se dice que fue el propio

Allan Poe quien acuñó el término «relato corto», el cual utilizó en el prefacio de *Cuentos de lo grotesco y lo arabesco* en 1840. De hecho, no hay constancia de la existencia de este término en ninguna otra obra literaria ni nota de prensa.

Este tipo de narrativa ayudó a los editores a resolver una antigua problemática que afectaba al mercado editorial de la época. Por aquel entonces, había una saturación de revistas semanales que publicaban básicamente dos tipos de historias: las extensas, que requerían de un largo periodo de tiempo para leerlas, y las entregas de historias muy escuetas y de rápido desenlace. Ambas tenían importantes debilidades: el problema de las historias extensas era que si el lector perdía una entrega, también perdía parte de la trama y probablemente dejaba de leer el resto; las historias breves, por su parte, dejaban al lector frustrado con la superficialidad de la trama, los pocos segmentos descriptivos y los diálogos poco elaborados. Para solucionar ambos problemas, Poe decidió que sus textos deberían tener una extensión que permitiera a los lectores finalizar la historia en veinte minutos o en un máximo de media hora. De esta forma, conseguiría mantener al lector totalmente atrapado. Además, para no perder la calidad literaria, trató de comprimir el poder dramático y narrativo de sus historias utilizando la prosa de forma poética. El resultado fue una manera de narrar las historias —más unificada, intensa y expresiva— que nunca antes se había conseguido, lo que resultó una fórmula perfecta para cautivar al público lector.[N19]

Gracias a su ingenio narrativo, Edgar Allan Poe creó cuentos de incuestionable calidad, como *El pozo y el péndulo, El barril de amontillado y El gato negro*. Estos relatos son ejemplos de su talento como cuentista, que lo convirtieron en una figura destacada de la historia literaria y lo impulsaron a cotas de fama impensables. Desafortunadamente, todo este reconocimiento solo se produciría muchos años después de la muerte del autor.

* * *

En la primavera de 1833, Edgar ganó un concurso patrocinado por el *Saturday Visitor*, un semanario literario que había aparecido en Baltimore el año anterior y que entonces estaba bajo la dirección de L. A. Wilmer. El premio consistía en cincuenta dólares al mejor cuento y veinticinco dólares al mejor poema. Al enterarse de esta oferta, Poe seleccionó un poema y seis cuentos bajo el título de *Cuentos del Club del Folio* y los envió a la comisión encargada de evaluar los textos, compuesta por tres figuras prominentes de la ciudad: el escritor John Pendleton Kennedy, el doctor James H. Miller y el periodista John H. B. Latrobe. Para seleccionar a los ganadores, el grupo se reunió alrededor de una gran mesa en la que se encontraban todos los manuscritos recibidos y, al lado, se instaló una gran papelera lista para recibir los textos rechazados. John Latrobe dejó la escena registrada en sus memorias:

> Los manuscritos eran abiertos a medida que se presentaban y en muchos casos las primeras frases ya los condenaban. Algunos lograban resistir varias páginas y unos pocos eran apartados para un examen posterior [...] En general, los textos eran de muy mala calidad, pero, cuando el comité estaba a punto de declarar que ninguno cumplía los requisitos para recibir el premio, me fijé en un pequeño manuscrito encuadernado que accidentalmente se nos había escapado. No fue necesario que siguiera mucho más adelante para llamar la atención de mis colegas. El texto fue leído en voz alta de la primera a la última línea y durante mi lectura fui interrumpido varias veces por exclamaciones como «¡Soberbio...!» o «¡Excelente...!». Aquel texto era, con diferencia, muy superior a todo lo que teníamos delante, por lo que no nos resultó difícil otorgar el premio a su autor.[N20]

Latrobe hacía mención de un cuento de Allan Poe titulado *Manuscrito hallado en una botella*, que relata la historia de un joven que aborda un buque de carga con destino a la isla de Java. El viaje es tortuoso y lleno de imprevistos, como una inesperada tempestad que embosca al barco, arrojando a casi toda la tripulación al mar, excepto al joven y a un viejo y astuto marino. Luego, la nave es embestida por un misterioso y gigantesco buque envuelto en una cerrada neblina. El joven logra abordar el buque, pero se encuentra con una tripulación tan asombrosa como el propio barco, que avanza por los mares a toda velocidad, sin rumbo, como un fantasma. Para muchos críticos, este relato, junto a *Las aventuras de Arthur Gordon Pym* y *Un descenso al Maelström* forman una de las mejores trilogías marítimas jamás escritas. En los primeros capítulos de este cuento, el más auténtico Poe se muestra mediante unas líneas con claros tintes autobiográficos:[N21]

> De mi país y mi familia poco tengo que contar. Malos hábitos y el correr de los años me arrancaron del uno y me alejaron de la otra. La fortuna de mi familia me permitió recibir una educación superior a lo común, y la inclinación contemplativa de mi carácter me facilitó la tarea de ordenar metódicamente todos los conocimientos que había llegado a acumular en mis tempranos estudios. Las obras de los moralistas alemanes, en especial, me proporcionaban un gran placer; y ello no por una equivocada admiración de su elocuente locura, sino por la facilidad con que mis rígidos hábitos mentales me permitían detectar sus falsedades. Con frecuencia se me ha reprochado la aridez de mi talento, y también, como si de un crimen se tratara, mi falta de imaginación; el pirronismo de mis opiniones me hizo siempre célebre. En realidad, temo que mi fuerte inclinación hacia la filosofía natural haya impregnado mi pensamiento de un concepto erróneo muy frecuente en nuestra época: estoy hablando de la costumbre de referir todo hecho, aun el menos indicado para ello, a los principios de dicha disciplina. EDGAR ALLAN POE, FRAGMENTO DE *MANUSCRITO HALLADO EN UNA BOTELLA* (1833)

Poe consiguió publicar *Manuscrito hallado en una botella* después de llegar a un acuerdo con el almanaque *Gift*, cuya editora, *Miss* Leslie, era una de sus admiradoras y además pagaba honorarios considerablemente más elevados que los habituales en el mercado. El *Gift*, así como otros almanaques contemporáneos, aparecían normalmente por Navidad y eran un vehículo de gran difusión que llevaba los nombres de los autores a todo el país, sobre todo de aquellos que escribían relatos cortos, a quienes de otro modo les resultaría difícil superar los reducidos límites de las revistas para las que escribían. A título de curiosidad, la primera aventura de Sherlock Holmes, titulada *Estudio en escarlata*, apareció por primera vez en la edición de noviembre de 1887 en el *Beeton's Christmas Annual*, un anuario navideño de gran circulación en Londres. Vendida al precio de un chelín, incluía abundante publicidad de productos de la época y se agotó antes de Navidad debido a la reputación del anuario, más que a la popularidad del personaje de Sherlock Holmes, del que nadie había oído hablar hasta entonces.

Una semana después, el nombre de Edgar Allan Poe apareció en grandes letras en la portada del *Saturday Visiter* lleno de elogios. El autor se reunió con John Latrobe, quien recordó su conversación, que duró más de dos horas: «El señor Poe llevaba un traje negro abotonado hasta el cuello. Y aunque su abrigo sombrero y zapatos habían conocido días mejores, todavía mantenía una apariencia bastante decente. Este hombre tenía alguna cosa que no sé explicar que me impide criticar su aspecto». Cuando se le preguntó sobre su próximo lanzamiento literario, Poe respondió que estaba escribiendo un relato de ficción sobre un viaje a la Luna y, de súbito, fue tomado por la emoción. Comenzó a hablar sobre la ley de la gravedad, la altura de la atmósfera, las capacidades de los globos, etc. «De repente, pasó a hablar en primera persona como si estuviera haciendo el viaje a la Luna —relató Latrobe sin disimular su sorpresa—; entonces, se puso a hablar con rapidez, gesticuló y llegó a girar sobre sí mismo para representar la atracción de la Tierra y Luna. Cuando terminó su extraordinaria narración, se disculpó por su inesperada excitación y comenzó a reírse de sí mismo».[N22]

Aunque el concurso patrocinado por el *Saturday Visiter* fue todo un éxito, no estuvo exento de controversia: Allan Poe también había presentado un poema titulado *El Coliseo* y corría el rumor entre los presentes de que él también había salido vencedor en esta categoría, pero el premio acabó siendo otorgado a otro concursante llamado Henry Wilton. Esta decisión no debía haber supuesto ningún problema, de no haber sido porque este nombre era, en realidad, el pseudónimo de John H. Hewitt, uno de los jueces del concurso. Indignado, Poe denunció el fraude y exigió la anulación del concurso. Sus demandas culminaron en un enfrentamiento a puño limpio con el mismísimo Hewitt, pero la rápida intervención de la policía local evitó que la situación empeorara. Meses más tarde, Latrobe admitió que el concurso había sido manipulado y que Poe había ganado en ambas categorías. A pesar de todas estas polémicas, el premio obtenido por Poe le supuso una pequeña fortuna que le permitió dedicarse a la escritura con mayor holgura, y también lo motivó a seguir escribiendo historias de aventuras en el mar durante muchos años, incluyendo su única novela: *Las aventuras de Arthur Gordon Pym*.

Durante esta época, también se publicó otro texto de gran relevancia titulado *La cita*. Publicado originalmente con el nombre *El visionario*, apareció en la edición de enero de 1834 de la revista *The Lady's Book*, y después fue reeditado con su título original en la edición del 7 de junio de 1845 del periódico *Broadway Journal*. Aunque esta breve obra narra un desencuentro amoroso que durante mucho tiempo se consideró autobiográfico, la

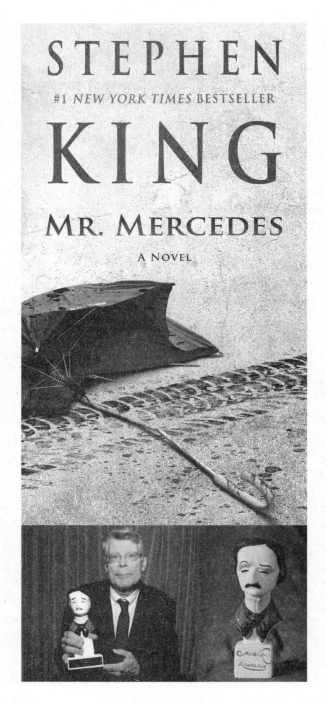

En 2015, el escritor estadounidense Stephen King recibió el Premio Edgar por *Mr. Mercedes*, su primera novela negra de género policial. La historia se centra en un agente de la policía retirado que se propone dar caza a un temido asesino apodado Mr. Mercedes, quien mata a sus víctimas atropellándolas con su coche Mercedes.

realidad es que la historia y sus personajes no se basan en ninguna experiencia personal del autor, sino en la tumultuosa relación amorosa entre el poeta Lord Byron y la condesa Teresa Gamba Guiccioli. En esencia, *La cita* es un cuento gótico, considerado por muchos críticos como una obra maestra, que crea una atmósfera macabra y opresiva que nos lleva a un desenlace devastador. Detrás del argumento principal, cuidadosamente tejido por Poe, se esconde toda una concepción artística del amor y sus implicaciones éticas.[N23]

Nota del Autor

La obra de Edgar Allan Poe recibió varios elogios a lo largo de los años, pero la inmensa mayoría de ellos solo llegaron después de su muerte, un hecho que contrasta con otros escritores de su generación, como James Russell Lowell, Henry Wadsworth Longfellow y Washington Irving, que recibieron títulos honoríficos de diferentes instituciones aún en vida. Como Poe había abandonado los estudios universitarios, no resulta sorprendente que pocas instituciones académicas lo reconocieran durante su vida; la única excepción importante fue la Franklin Literary Society, fundada en 1797, que le otorgó una membresía honorífica el 9 de septiembre de 1836, cuando el autor aún era un «ilustre desconocido», aunque algunas de sus historias, como *Metzengerstein* y *Manuscrito hallado en una botella,* ya habían recibido cierta atención de la crítica. De todos los homenajes póstumos concedidos al autor, ninguno es tan emblemático como el Edgar Award (Premio Edgar), creado en 1954 por la Asociación de Escritores de Misterio de Estados Unidos para premiar las mejores obras de misterio publicadas el año anterior a la gala. El premio sigue vigente y entre sus galardonados más ilustres se encuentran Michael Crichton (por *Un caso de Urgencia*, 1969), Ken Follet (por *El ojo de la aguja*, 1979) y Elmore Leonard (por *Joe LaBrava*, 1984). También han sido premiados en reconocimiento a la calidad de toda su obra los autores Agatha Christie, John Dickson Carr, Alfred Hitchcock, Ngaio Marsh y P. D. James.

Manuscrito encontrado en una botella. Ilustración de Harry Clarke
para la colección *Tales of Mystery & Imagination* (1919).

En julio de 1832, la salud de John Allan empezó a resentirse y su deterioro físico se fue haciendo evidente. Aquejado de hidropesía —una condición que se caracteriza por la acumulación de líquidos en los tejidos internos—, John ya había hecho testamento. Legalmente, no era el padre de Poe, incluso llamarle «padre adoptivo» —término que uso en esta obra en algunas ocasiones— llega a ser una actitud generosa. Lo más correcto sería considerarlo como un «tutor» o «padre de acogida». Si, por un lado, John se hizo cargo de la educación de Poe, por otro, lo veía más bien como un invitado que un hijo; alguien que vivía de prestado bajo su techo, y esta es la razón por la que nunca se sintió en la obligación de cumplir con el deber paternal de proveerlo más allá de sus necesidades básicas, algo que descuidó en numerosas ocasiones, por lo que era impensable que le dejara ninguna herencia en su testamento.

Cabe recordar que John Allan era un hombre increíblemente acaudalado y uno de los comerciantes más ricos de Richmond. Poseía patrimonio más que suficiente para proporcionar una vida cómoda a todos sus hijos, ya fuesen legítimos, ilegítimos o tutelados. Como quiera que sea, cuando John Allan se reunió el 17 de abril de 1832 con su abogado para redactar el primer borrador de su testamento, Edgar fue excluido de forma tajante e intencionada. Su posición se hizo aún más difícil cuando el empresario se casó en 1830, en segundas nupcias, con Louise Gabrielle Patterson, a la que nombró ejecutora de su testamento en un segundo borrador, y empeoró aún más cuando la pareja tuvo su primer hijo, al que pusieron el nombre de John Allan Jr.

Con un hijo biológico legítimo bajo su techo, el que fue padrastro, tutor o padre de acogida de Edgar Allan Poe ya no tenía ninguna razón para incluirlo en su testamento, aunque en su último borrador decidió asignar un importe considerable a sus tres descendientes ilegítimos. John Allan se sentía culpable por haberlos desasistido durante sus primeros años de vida, ya que Frances desconocía su existencia. Al final, tomó la decisión de hacer lo correcto —a su manera— y les ofreció una quinta parte de su patrimonio cuando cumpliesen los veintiún años. Tomada en común acuerdo con su actual esposa, esta decisión hacía justicia de alguna forma a dos partes de su vida, la más transparente y la más opaca, aunque podría llevarlo a un «suicidio social» tras hacerse pública, pero eso poco le importaba. Semejante escándalo saldría a la luz después de su muerte.

Al enterarse de que John Allan estaba en sus últimos días, Edgar pensó que sería un buen gesto visitarlo, pero una vez más se encontró con la resistencia de Louise, quien le hizo entender que, a todos los efectos, su esposo lo consideraba un intruso. No es difícil imaginar el impacto que un improperio de semejante calibre provocó sobre el ya quebrantado ánimo de Poe, que decidió marcharse de aquella casa sin siquiera haber tenido la oportunidad de hablar con su padrastro. Conmocionado e invadido por una aflicción profunda, Edgar le escribió una última carta:

> Han pasado más de dos años desde la última vez que usted me ayudó, y más de tres desde que habló conmigo por última vez. Por tanto, tengo pocas esperanzas de que responda a esta misiva, pero aun así no puedo reprimir mi deseo de intentar despertar su interés en mis asuntos. Si solamente considerara la situación en la que me encuentro, seguramente se apiadaría de mí. No tengo amigos, vivo sin medios y soy incapaz de conseguir un trabajo; en suma, me estoy muriendo por no conseguir ayuda de ningún lado. No soy una persona ociosa, no tengo adicción alguna y no he cometido ninguna ofensa contra la sociedad para que me hagan merecedor de un destino tan duro. Por el amor de Dios, apiádese de mí y sálveme de la destrucción. CARTA DE EDGAR A. POE A JOHN ALLAN 12 DE ABRIL DE 1833[N24]

Una vez más, Edgar no recibió respuesta alguna y tuvo que soportar un largo periodo de tiempo sufriendo las más penosas de las miserias, pese a que su nombre ya era conocido en los círculos cultivados de Baltimore y su *Manuscrito hallado en una botella* le habría valido no pocas admiraciones. A comienzos de 1834, le llegó la noticia de que John Allan estaba moribundo y, sin pensarlo, se lanzó a una segunda e insensata visita. Una criada recién contratada pasaba por el vestíbulo de la casa cuando oyó que llamaban a la puerta. Abrió por sí misma y se vio ante un hombre de un aspecto notable que, sin dar su nombre, solicitó ver al señor Allan. La criada respondió que los médicos le tenían prohibida cualquier visita, incluida la de las enfermeras. Allan Poe, que conocía la casa a la perfección, apartó a su interlocutora e, ignorando sus palabras, subió rápidamente a la habitación de su padrastro, donde lo encontró completamente distinto a la última vez que lo había visto. Con el rostro demacrado y el cuerpo enflaquecido por la hidropesía, John Allan se encontraba reposando en su sillón, pero, nada más verlo, sacó fuerzas para levantar su bastón y amenazarle con golpearlo si se acercaba. Al oír sus gritos, los sirvientes más cercanos acudieron de inmediato y, ante la ira de su señor, no tuvieron otra opción que echar a la calle al hombre que habían visto crecer y con quien habían convivido durante toda su infancia y juventud. En este sentido, es irónico pensar que cuando el pequeño Edgar fue acogido por los Allan, un juez de Richmond nombró al niño como «protegido» y su padre adoptivo como «protector».[N25]

John Allan falleció poco tiempo después, el 27 de marzo de 1834, a los cincuenta y cuatro años de edad. Según sus últimas voluntades, dejó una pensión anual para los dos hijos que había tenido con su segunda esposa y otra de menor importe a sus cuatro hijos ilegítimos. Sin embargo, a su «protegido» lo dejó con las manos vacías. Sin conocer los pormenores de los enredos familiares de John Allan, el diario *Richmond Inquirer* le dedicó un obituario en el que lo describió como «uno de los ciudadanos más dignos de Richmond, distinguido por su humanidad, su hospitalidad y la devoción que tenía hacia su familia». Algún tiempo después de su entierro en el cementerio de Shockoe Hill, se erigió una lápida con una elaborada inscripción que atestiguaba su corazón empático y humanitario: «Con la virtud de la benevolencia, cumplió con sus deberes de marido, padre, hermano y amigo».

Retrato de Edgar Allan Poe, por John Alexander McDougall (cerca de 1830). Las fotografías que conocemos de Poe son de la época cercana a su muerte, cuando el autor presentaba un aspecto demacrado y enfermizo. Sin embargo, su círculo más cercano solía referirse a él como un hombre atractivo y destacado por su apariencia física. De este modo lo describía Sarah Elmira Royster en una carta a un amigo después de que el escritor hubiera fallecido: «Edgar era un muchacho muy guapo, no muy hablador. De conversación agradable, pero de comportamiento más bien triste. Nunca hablaba de sus padres. Estaba muy ligado a la señora Allan, así como ella a él. Era entusiasta, impulsivo, no soportaba la menor grosería verbal». Y en cuanto a su icónico bigote, Poe solo pasó a usarlo a partir de 1845, cuatro años antes de su fallecimiento.

Hoy en día, los biógrafos de Edgar Allan Poe concuerdan en que si el autor hubiera seguido las pautas que su protector le propuso durante el tiempo en el que convivieron juntos, como estudiar una carrera y conseguir un trabajo que le proporcionara un sustento digno, es muy probable que John Allan lo hubiera ayudado hasta el fin e incluido su nombre en su testamento. Pero el poeta quiso seguir sus instintos y tenía todo el derecho a hacerlo, aunque tuvo que pagar un precio alto por su decisión. Sin embargo, con la muerte de su tutor, Poe ya no podría clamar que se estaba muriendo por falta de ayuda, porque ya no habría ningún John Allan que le reprochara su irresponsabilidad o le proporcionara dinero para libros o ropa. En realidad, John Allan había ignorado a Poe durante mucho tiempo, y su verdadera «culpa» no fue tanto no entender a su tutelado, sino ser deliberadamente mezquino y cruel con él, tratando de acorralarlo y controlarlo. Con esta postura, creó un rencor tan profundo en el corazón de su protegido que este decidió eliminar el apellido Allan de su nombre, pasando a firmar sus obras de forma invariable como Edgar Poe.[N26]

Lenore. Ilustración de Henry Sandham (1886).

VI

MORELLA

«Si deseas olvidar algo en el acto, toma
nota de que debe ser recordado».
EDGAR ALLAN POE

En 1831, la revista *Illinois* —conocida por su lenguaje más coloquial y el
desarrollo de nuevos géneros periodísticos— publicó en la portada de su
edición de agosto de 1831 el siguiente titular: «¡Ha comenzado la edad de
oro de las publicaciones periódicas!», mostrando un optimismo excepcionalmente alto y reflejando el comienzo de una prometedora etapa para el
periodismo en Estados Unidos. Esta nueva fase se caracterizó por una serie
de factores que se estaban produciendo de forma gradual pero constante en
los grandes periódicos que circulaban en aquella época, como, por ejemplo, un aumento significativo en el número de páginas, lo que resultó en
un incremento de suscripciones y, por tanto, más espacio dedicado a la
publicidad. El aspecto visual también se volvió más importante en detrimento del texto y la maquetación cambió de cinco columnas a un enfoque
más horizontal. En cuanto al lenguaje, comienza a utilizarse un estilo más
coloquial y cercano. Además, se desarrollaron nuevos géneros, como la
crónica, la entrevista o las encuestas.[N1] Dado que el mercado y el panorama
en general se mostraban favorables a los autores, Allan Poe decidió retomar sus proyectos literarios, pero esta vez con sus propios medios. Hasta
entonces, ya había publicado tres volúmenes de poesía, pero ninguno le
había proporcionado el retorno financiero que esperaba. Su primer intento
en esta nueva etapa vio la luz en abril con la publicación de un cuento de
terror titulado *Morella*, considerado hoy como una de sus mejores y más
espeluznantes historias.

El relato se centra en la extraña relación entre un hombre anónimo y una culta mujer llamada Morella, quien lo instruye en el estudio de la filosofía, el misticismo y el ocultismo. Aunque su erudición es inmensa, los sentimientos del hombre son confusos y contradictorios, lo que le lleva a dudar del verdadero amor que siente por esta misteriosa mujer, cuya presencia comienza a aterrorizarlo sin que pueda comprender exactamente los motivos. Con el tiempo, las lecturas de Morella la llevan a adquirir ciertos conocimientos antiguos que le permiten hacer que su alma se vuelva inmortal, aunque, para ello, su cuerpo se deteriora de forma incesante, lo que la obliga a permanecer en cama. Ya postrada y, además, embarazada, la joven insiste en seguir enseñándole a su marido las artes oscuras que había aprendido, pero el hombre, perturbado por su presencia y sus insinuaciones, comienza a desear la muerte.

> La erudición de Morella era profunda. Tan cierto como que estoy vivo, sé que sus aptitudes no eran de índole común; el poder de su espíritu era gigantesco. Yo lo sentía y en muchos puntos fui su discípulo. [...] En todo esto, si no me equivoco, mi razón poco participaba. Mis opiniones, a menos que me desconozca a mí mismo, en modo alguno estaban influidas por el ideal, ni era perceptible ningún matiz del misticismo de mis lecturas, a menos que me equivoque mucho, ni en mis actos, ni en mis pensamientos. Convencido de ello, me abandoné sin reservas a la dirección de mi esposa y penetré con ánimo resuelto en el laberinto de sus estudios. Y, entonces, cuando escudriñando páginas prohibidas sentía que un espíritu aborrecible se encendía dentro de mí, Morella posaba su fría mano sobre la mía y sacaba de las cenizas de una filosofía muerta algunas palabras hondas, singulares, cuyo extraño sentido se grababa en mi memoria. Y entonces, hora tras hora, me demoraba a su lado, sumido en la música de su voz, hasta que al fin su melodía se inficionaba de terror y una sombra caía sobre mi alma y yo palidecía y temblaba interiormente ante aquellas entonaciones sobrenaturales. EDGAR ALLAN POE, FRAGMENTO DE *MORELLA* (1835)

Finalmente, Morella muere durante el parto, pero su alma, atada a diabólicos ritos, se reencarna en el cuerpo de la hija de ambos para vengar el desamor de su marido. La niña crece más rápido de lo normal y se parece cada día más a su difunta madre, desarrollando un intelecto idéntico, expresándose como ella y manifestando la inteligencia propia de una mujer madura. Esto acaba perturbando a su padre de manera tan desmedida que este se resiste incluso a ponerle un nombre. Pasaron los años y padre e hija vivían recluidos de la vida social, hasta que la pequeña cumplió los diez años de edad y su padre decidió que era el momento de bautizarla con un nombre que la distinguiese de su madre para hacer de ella una persona diferente y, con ello, romper finalmente con la obsesión que lo aqueja. Pero en el momento de pronunciar el nombre elegido en la iglesia, no se le ocurrió ninguno de los que había pensado, sino el de Morella.[N2] Te invito a leer el cuento completo para conocer su terrorífico final, cuya temática es el amor que trasciende a la muerte, un amor que no siempre está ligado a la cordura y que, de hecho, puede llegar a convertirse en un impulso parasitario similar al de los vampiros emocionales, que son, a grandes rasgos, personas que juegan con la manipulación emocional para alcanzar sus propósitos. Es como si necesitaran nutrirse de la energía de la otra persona para sentirse mejor sin importarles sus sentimientos, demostrando, de esta forma, una falta total de empatía. Hablando de vampiros, resulta curioso constatar la ausencia de estas criaturas en la narrativa de Edgar Allan Poe. El vampiro, como personaje literario, apareció en Europa en el siglo XVIII y evolucionó de forma paulatina hasta llegar al tópico que conocemos hoy en día: una criatura que se alimenta de la esencia vital de otros seres vivos para mantenerse activo. El vampiro moderno comenzó a cobrar importancia en novela de Bram Stoker (*Drácula*, 1897) y en películas basadas en ella, pero en Poe no hay bebedores de sangre con afilados colmillos ni tampoco seres demoniacos o malignos. Sus relatos están poblados de reencarnados y fantasmas, pero sus espectros son mucho más sutiles, más poéticos, más «bellos», y casi siempre sus personajes son mujeres jóvenes, bellas y seductoras.[N3] Con este concepto, Morella se une a Ligeia y Eleonora para formar juntas una espeluznante trilogía cuya trama gira en torno al tópico de la inevitable muerte de una mujer hermosa y el terror consecuente que inspira la presencia o el retorno de su entidad fantasmal.

> Poe nos ha dejado la visión de un terror que nos rodea y que está dentro de nosotros, y del gusano que se retuerce y babea en un espantoso y cercano abismo. Al calar en cada uno de los supurantes horrores de la alegremente pintada broma que lleva el nombre de existencia y en la solemne mascarada que son el pensamiento y los sentimientos humanos, esa visión tiene el poder de proyectarse a sí misma en unas cristalizaciones y trasmutaciones tenebrosamente mágicas. H. P. LOVECRAFT

Morella. Ilustración de Harry Clarke para la colección *Tales of Mystery & Imagination* (1919).

Nota del Autor

Apenas hay información sobre las prácticas religiosas de Allan Poe, aunque se sabe que John Allan y su esposa eran episcopalianos —una denominación de la Iglesia anglicana estadounidense—. Sin embargo, puede que el autor nos haya dejado alguna pista sobre sus creencias en el ensayo *Eureka*, publicado en 1848, donde explica que la complejidad del universo y del mundo que nos rodea es tan asombrosa que no podría ser explicada únicamente por la ciencia sin requerir la intervención de un creador.

En 1835, Allan Poe sorprendió a sus lectores con un inesperado himno dedicado a la Virgen María, que apareció en las primeras versiones de su cuento *Morella*, cantado por el personaje principal —que después retiró, quizá porque concluyó que no era adecuado para esa historia tan inquietante—. Diez años más tarde, se publicó como un poema independiente con el título *Un himno católico*, que después fue renombrado como *Himno*. El hecho de que Poe no fuera católico despertó la curiosidad de la crítica, que investigó el origen del poema. Según algunos relatos de la época, el autor estaría paseando por una calle ruidosa a las doce de la mañana cuando oyó el repique de las campanas de una iglesia. Picado por la curiosidad de conocer la razón por la que sonaban a esa hora, Poe decidió entrar en la iglesia y fue recibido por una monja que le explicó que era la llamada al rezo del ángelus, una oración que hablaba sobre la fe de María al aceptar el plan de Dios como la elegida para concebir y dar a luz a su hijo Jesús. Poe tenía veinticuatro años y apenas había tenido acceso a la cultura católica, excepto por sus lecturas en italiano y español. Aquí está el texto completo de *Himno*:

En la aurora, a mediodía, y en el desvanecente crepúsculo
¡María, has escuchado mi himno!
En las alegrías y en las tristezas, en lo bueno y en lo malo,
¡Madre de Dios, quédate conmigo!
Cuando las horas volando transcurrieron,
y no oscurecía el cielo una nube,
quizá para que mi alma negligente no se extraviara,
tu gracia la guio hacia la tuya y hacia ti;
y hoy, cuando las tempestades del destino
cubren sombrías mi presente y mi pasado,
¡permite que mi futuro brille rutilante
con dulces esperanzas, tuyas y mías!

La creencia que Morella presenta en esta obra es la reencarnación, que es la convicción de que el alma de un individuo empieza una nueva vida en un cuerpo o forma física diferente después de su muerte biológica. Se trata de un concepto que ha estado presente en la humanidad desde la antigüedad, especialmente en religiones orientales como el hinduismo, el budismo, el jainismo y el taoísmo. Aunque no ha sido tan prominente en las religiones abrahámicas, ha sido un tema recurrente en la literatura occidental, siendo Allan Poe uno de los autores que mejor ha interpretado este tema, volcándolo con magnífica sutileza en muchos de sus cuentos. El primer ejemplo aparece en el relato de 1832, *Metzengerstein*, que narra un raro exponente de reencarnación en un orfanato saturado por ancestrales fantasmagorías que pugnan por retornar al mundo sensorial. Otro cuento de reencarnación es *Ligeia* (1838), donde Allan Poe ofrece al lector una visión opaca de la reencarnación, ya que no deja claro si la reencarnación es real o bien el producto alucinatorio del excesivo consumo de opio del protagonista. También entraría en esta categoría de relatos *El retrato oval*, de 1842, en que el espíritu de una hermosa mujer queda apresado en un lienzo del que intenta escapar de forma desesperada para encontrar un nuevo cuerpo en el que habitar. Aunque la creencia en la reencarnación es muy antigua, continúa siendo un tema relevante en la actualidad y ha inspirado a numerosos autores, entre ellos a H. P. Lovecraft, quien en su novela *El caso de Charles Dexter Ward* (1927) rinde homenaje a las macabras ideas de Poe sobre la reencarnación.[N4]

Allan Poe es considerado uno de los exponentes del movimiento artístico conocido como Romanticismo, al que también pertenecen autores como Goethe, Victor Hugo y su primer ídolo literario, Lord Byron. Los románticos tenían una tendencia a la búsqueda de la identidad personal, lo que los llevaba a recurrir a medios imaginativos, alejados de cualquier explicación realista, aplicando una filosofía idealista que cuestiona la realidad de las cosas.

Corría el mes de mayo de 1835 y Allan Poe se encontraba en plena fiebre creativa cuando recibió una invitación para asistir a una cena con John Pendelton Kennedy, un escritor aficionado y próspero empresario de Baltimore que tenía numerosas conexiones en el mundo editorial de Maryland. Edgar se dio cuenta después de que era la oportunidad que había estado esperando para conseguir un empleo fijo, pero se sintió incómodo ante la idea de encontrarse con una figura influyente de la sociedad del norte de Estados Unidos, por lo que amablemente rechazó la invitación. Aunque hasta ese momento había mantenido cierta discreción sobre su situación financiera, en esta ocasión se vio obligado a revelar la verdad para justificar su ausencia, lo cual resultó lo suficientemente claro como para abrir los ojos de su anfitrión:

> Me ha alagado profundamente su amable invitación para cenar hoy, pero lamentablemente no podré presentarme debido a la pobreza de mi atuendo. Le ruego que me disculpe por hacerle esta revelación tan incómoda, pero creo que es necesario. Si pudiera usted llevar su amistad hasta el extremo de prestarme veinte dólares, podré visitarlo mañana. De lo contrario, me veré obligado a aceptar mi destino. Le agradezco de antemano su amabilidad y espero su pronta respuesta. Atentamente, E. A. Poe.

Llevado por los sentimientos más nobles, Kennedy envió a uno de sus asistentes para buscar al joven infortunado y lo encontró tal como este lo había descrito: sin amigos y hambriento; parecía una figura sombría. Sus grandes ojos grises y su cabello castaño oscuro, casi negro, reflejaban una expresión que se recordaba como «pensativa, melancólica y bastante severa». A pesar de su aspecto, Poe se mostraba muy esbelto y tenía un porte elegante que revelaba su pasado militar y un cierto orgullo interior que le impedía aparentar indigencia. Incluso vestía con cierto estilo, casi siempre de negro y con un pañuelo del mismo color alrededor del cuello; parecía despreocupado con la moda, prefiriendo su propio estilo. Según se decía, cuando se encontraba con una dama, Poe llevaba la levita abrochada y un clavel puesto con cuidado en el ojal del bolsillo, pero, aun así, con todo, le resultaba difícil disimular su pobreza. «Su sombrero, botas y guantes ya habían visto sus mejores días —recordó Kennedy—, pero, en cuanto a la limpieza y el cepillado de sus prendas, debo decir que bordeaban la perfección».

Kennedy, sin embargo, no se limitó a lamentarse por la miserable condición de su invitado, sino que lo ayudó a establecerse en el mundo literario, enviando algunos de sus escritos a Thomas Willis White, uno de los hombres más influyentes del panorama editorial del país y propietario de la recién estrenada *Southern Literary Messenger* de Richmond, una revista literaria que, además de su papel como plataforma para la literatura, también se convirtió en una voz importante para la defensa de los intereses y los valores culturales del sur de los Estados Unidos. De hecho, en la portada de su edición inaugural de agosto de 1834, el editor estampó la siguiente frase: «Tenemos el objetivo de estimular el orgullo y el genio del sur, y despertar de su largo letargo al ímpetu literario de esta parte de nuestro país». Este comentario se refería al hecho de que en aquella época la mayor parte de las revistas se publicaban en ciudades del norte como Boston, Nueva York y Filadelfia.

Cada número del *Messenger* llevaba el subtítulo «Dedicado a todos los ámbitos de la literatura y las artes» o un texto muy similar. Salía cada catorce días y en poco tiempo se convirtió en una publicación mensual. Tenía un grosor aproximado de treinta páginas y su contenido era variado: incluía poemas, obras de ficción, ensayos, traducciones, reseñas críticas y artículos jurídicos. En su primer número, Thomas White decidió publicar algunas cartas de figuras literarias de renombre, como Washington Irving y James Fenimore Cooper, apostando en su intención de crear una especie de «renacimiento de las letras sureñas». Con el tiempo, el diario fue captando la atención de muchos lectores del sur del país a medida que estos se involucraban más como colaboradores, aunque sus contribuciones no eran lo suficientemente significativas como para darle al sur un estilo propio. Todo esto cambió con la publicación de los cuentos de Poe, que destacaban por su exotismo. Creyendo que el bostoniano podía ser de gran ayuda debido a sus conocimientos sobre los gustos del público, Thomas White le ofreció el puesto de editor con un salario considerado entonces un poco escaso, pero que le permitiría mantener con cierta dignidad a su tía Maria Clemm y a su prima Virginia, de quien, al parecer, se había enamorado.[N5] Era la primera vez en la vida de Poe que le ofrecían un trabajo fijo y, como no estaba dispuesto a perder la oportunidad, le escribió de inmediato para aceptar el puesto:

> Me pregunta usted si estaría dispuesto a ir a Richmond en caso de que el próximo invierno se presente la ocasión para ello. Yo respondo que lo haría con el mayor gusto. En el pasado había tenido muchas veces el deseo de visitar Richmond y sería feliz si encontrara un motivo razonable para hacerlo. En realidad, incluso me agradaría mucho establecerme en esa ciudad y si usted ve una posibilidad de ofrecerme un puesto adecuado lo aceptaría gustoso, aunque el sueldo fuera pequeño. Le estaré muy agradecido si alcanzo esa meta mediante su empleo.

Poco después de escribir esta carta, en el verano de 1835, Poe obtuvo el consentimiento formal del editor, pero, cuando todo estaba listo para trasladarse a Richmond, su abuela paterna, Elizabeth Cairnes, falleció a los 79 años de edad. Durante sus últimos ocho años de vida, Elizabeth permaneció en la cama en todo momento debido a que había quedado paralítica y sufría de otras muchas afecciones. Su hija, Maria Clemm, la cuidó durante su larga y tediosa enfermedad, con una fortaleza cristiana digna de una mártir, brindándole constantes atenciones y un cariño inalterable, lo cual debería ser suficiente para exaltar su carácter a los ojos de quienes la conocieron. Con la muerte de la «abuela», la modestia pensión de doscientos cuarenta dólares que recibía también desapareció, lo que llevó a la familia a caer en la más negra de las miserias. Aunque en ese momento Edgar contaba por primera vez con un empleo estable, su nómina no superaba los diez dólares semanales, cantidad que derrochaba casi al completo en interminables rondas por los bares de Baltimore, una diversión muy poco recomendada para el escritor, como ya se ha comentado. Cuando tomaba la primera copa, el resto de la noche podría convertirse rápidamente en una cadena inevitable de consecuencias funestas.

Por fortuna y para alivio de Maria Clemm, a primeros de agosto, su sobrino ya se encontraba en Richmond, alejado de las malas compañías y de las tentaciones alcohólicas. Su dedicación al trabajo lo tranquilizó en la medida en que era capaz de ello. Se demostró también que, bajo condiciones medianamente soportables, era un aplicado y fructífero trabajador, con habilidades en diferentes ámbitos. Sintiéndose capacitado para competir con los de su gremio, Poe escribió la mayor parte de las colaboraciones del *Messenger*, dirigió la redacción y mantuvo una extensa correspondencia, sobre todo con colaboradores y anunciantes. El impacto de su trabajo ensayístico generó una gran expectativa en la redacción, logrando que el número de suscriptores se disparara de setecientos a más de cinco mil en tan solo dos años.[N6]

Edgar se sentía a gusto en su nuevo empleo y enviaba cartas de forma regular a su tía Maria Clemm junto con algunos dólares ahorrados, siempre interesado por la suerte y educación de su prima Virginia —cuyo nombre provenía de una tragedia, ya que se la bautizó con el nombre de una hermana que había muerto diez días antes de su nacimiento—. Todo transcurría en la más absoluta normalidad cuando un día el autor recibió una carta de su tía en la que le informaba de que su primo, el abogado y editor

Neilson Poe, se ofrecía para hacerse cargo de la educación de Virginia, criarla como una dama y proveerle un futuro mejor. La joven, al parecer, era muy cautivadora y todos los que la habían conocido coincidían en que tenía un gran potencial en varios aspectos. Al parecer, sus encantos surtieron el mismo efecto en Edgar, que sufrió un ataque de pánico al darse cuenta de que podía perderla. Poe había perdido a sus padres a una edad temprana, fue acogido por un padrastro que se negó a tratarlo como un hijo y, por ello, creía que nunca había tenido una familia, al menos en el auténtico sentido de la palabra, por lo que haber formado un hogar con personas que lo cuidaban y lo amaban era muy importante para él. Es por esto por lo que, ante la amenaza de perderlo todo, Poe escribió a su tía suplicándole que le permitiera casarse con Virginia, un controvertido episodio que ha hecho correr ríos de tinta en muchas biografías. En esa carta, Poe expresó por primera vez y de manera explícita todo el afecto que sentía por su prima.[N7]

> Mi querida tía, lo único que puedo decirle es que no tengo ningún deseo de vivir una hora más. Usted sabe muy bien lo poco que soy capaz de soportar bajo presión y también es consciente del amor que tengo por Virginia, mi querida prima. Desde que recibí su carta, no he dejado de dar vueltas a la hipótesis de verla partir hacia la casa de su tío Neilson Poe, y eso es más de lo que yo puedo soportar. Le ruego tenga compasión, querida tía, es lo único que le pido, porque el futuro de su hija y el mío están en sus manos, ya que no hay nada que? pueda hacer para cambiar esta situación. ¿Qué podría hacer yo? ¿Podría decir: «Virginia, no te vayas. No vayas allí donde puedes tener lo necesario e incluso ser feliz»? Cada día y cada noche, desde que me fui a Richmond, sueño con volver a verlas: vosotras sois lo único que quiero en este mundo, y me hubiera enorgullecido acomodarlas aquí y llamar a Virginia mi esposa. Aquí ella tendría muchas más oportunidades de entrar en sociedad que en casa de Neilson, pues aquí todos me reciben con los brazos abiertos. Pero, por lo que veo, mi sueño ha terminado. ¡Que Dios se apiade de mí! ¿Qué me queda por vivir? Entre extraños, no tengo quien me ame. CARTA DE EDGAR ALLAN POE PARA MARIA CLEMM, 29 DE AGOSTO DE 1835[N8]

Impactada por esa carta de tintes tan dramáticos, Maria Clemm decidió rechazar la oferta de su primo mientras permitía el noviazgo de su hija con su Allan Poe, aunque tuvo que mantenerlo en secreto para evitar un posible rechazo por parte de la familia. Poco a poco, a medida que fue asimilando la idea, Maria fue soltando a sus familiares pequeñas insinuaciones acerca de la creciente afinidad entre los primos y, finalmente, la pareja contrajo matrimonio el 22 de septiembre de 1835. En el momento de la boda, Edgar tenía veintiséis años y Virginia aún no había cumplido los trece, aunque en el certificado de matrimonio se indicó que tenía veintiuno. La sencilla ceremonia fue presidida por un ministro presbiteriano y los entre asistentes se encontraba el jefe de Allan Poe y propietario del *Southern Literary Messenger*, Thomas White, acompañado por su esposa, así como los familiares más cercanos de la rama de los Poe de Baltimore.[N9] Después de la ceremonia, la pareja se fue de luna de miel a la casa de un amigo de Edgar llamado Hiram Haines, propietario de la revista *Constellation*, ubicada al sur de Richmond. Era la primera vez que la dulce e inocente Virginia se alejaba de su madre y se quedaba a solas con su esposo, del que se decía que estaba profundamente enamorada.[N10]

> Crecimos juntos; sin embargo, crecimos de modo distinto. Yo mal de salud, envuelto en tristeza; ella, ágil, graciosa y rebosante de energía. Suyos eran los paseos en la montaña, los míos los estudios del claustro. Yo, viviendo encerrado en mí mismo, entregado de cuerpo y alma a la más intensa y dolorosa meditación. Ella, vagando sin preocuparse por la vida, sin pensar en las sombras en su camino, ni en la huida silenciosa de las horas de alas negras. EDGAR ALLAN POE

Aunque desde una perspectiva moderna resultaría difícil juzgar a un matrimonio de estas características, en la década de 1830 la unión entre primos era perfectamente legal. Además, como la esperanza de vida de las mujeres rondaba los cuarenta años, se consideraba que los trece era una edad viable para comenzar a formar una familia. La madre de Edgar Allan Poe tampoco había cumplido los quince cuando se casó por primera vez. Sin embargo, hay que seguir preguntándose por qué Poe deseaba tanto casarse con esta joven muchacha que, aparentemente, no parecía ser la mujer que él necesitaba ni la más indicada para convertirse en su compañera física y espiritual. Según parece, la relación de la pareja no tenía ningún matiz romántico, sino más bien fraternal, como si fueran dos hermanos. De hecho, Poe nunca abandonó la costumbre de llamarla Sissy, diminutivo de *sister* (hermana), y hubo quien llegó a insinuar que Virginia habría muerto virgen, una afirmación que se basaba en el hecho de que la pareja no compartía el mismo lecho, lo que efectivamente ocurrió, pero solo durante los

primeros años de matrimonio. Más tarde, cuando Virginia cumplió los dieciséis años, el poeta la incorporó a su alcoba con total naturalidad.

Algunos biógrafos creen que Allan Poe se casó con su prima para protegerse de las relaciones tóxicas que tenía con otras mujeres y mantenerlas
en el plano de la amistad. Otros apuestan por que su intención era impedir
que su prima se casara con otro hombre, manteniéndola virgen y pura, tal
como la había conocido. El biógrafo Joseph W. Krutch va aún más lejos y
sugiere que Poe pudo haber elegido a una niña de trece años como esposa
porque, tal vez de forma inconsciente, no se sentía cómodo manteniendo
relaciones maritales con una mujer madura debido a una posible falta de
virilidad.[N11] Al margen de estas especulaciones, todas las fuentes coinciden
en que el poeta y su prima Virginia fueron una pareja feliz. Poe la amaba
con ternura y ella lo adoraba como a un dios.

Nota del Autor

A lo largo de su vida, Edgar Allan Poe se enamoró de varias mujeres con
las que acabó desarrollando una relación platónica, aunque en algunas
ocasiones sus sentimientos no fueron verdaderamente correspondidos. En
este sentido, Poe siempre buscó relacionarse con un tipo de mujer que,
según su parecer, incorporara todos los atributos que le convenían, como
el amor por las artes y, si era posible, una buena posición social. Curiosamente, cuando la relación comenzaba a ser estable, surgía algún hecho
inesperado, normalmente provocado por el autor, que rompía con la relación como si quisiera escapar de una eventual unión matrimonial. Si este

La caja oblonga. Ilustración de William Sharp (1941).

comportamiento escondía algún trastorno de orden psicológico, es algo que sigue siendo objeto de suposiciones interminables y contradictorias. De hecho, después de casarse con su prima, todos sus complejos y temores parecieron esfumarse de forma definitiva.

Las únicas mujeres de Poe que no son objeto de controversia son los personajes femeninos que habitan en sus obras de ficción, muchas de las cuales estuvieron inspiradas en amores reales. Es curioso observar que en las historias en las que estas mujeres aparecen, el erotismo no tiene la más mínima relevancia y está ausente en una medida que trasciende todos los tabúes implantados por los convencionalismos de entonces. Las mujeres de las historias de Poe son casi etéreas, seres de belleza enigmática y casi siempre asociados con la enfermedad y la muerte.[N12]

Amonestaciones previas al matrimonio de Edgar Allan Poe y de su prima Virginia, las cuales tuvieron lugar el 16 de mayo de 1836. En ese momento, el autor tenía veintiséis años y su novia aún no tenía los trece. Para evitar posibles escándalos, el certificado de matrimonio fue alterado, indicando que ella tenía veintiún años de edad.

* * *

Después de casarse con Virginia, la relación de Poe con el director del *Messenger* comenzó a deteriorarse, aunque no está claro si fue por coincidencia o no. «Poe me ha fallado —escribió White en una carta dirigida a su amigo Kennedy—. Tenía malos hábitos y estaba presa de la melancolía. Si se suicidara, no me sorprendería». Aunque las razones de este primer desacuerdo siguen siendo objeto de debate, se cree que podrían estar relacionadas con el alcohol. Con todo, después del compromiso, Poe escribió una carta a White pidiéndole disculpas. Al parecer, sus palabras le conmovieron de tal manera que este no tardó en responder.

> Creo firmemente en la sinceridad de sus promesas, pero temo que cuando vuelva a poner los pies en la calle, sus promesas se evaporen y vuelva a beber. Confíe en sus propias fuerzas y estará perdido. Nadie sabe cuánto lamento separarme de usted, eso nadie lo sabe en este mundo, excepto yo. He estado muy unido a usted, sigo estándolo y, de buen grado, le diría que regrese si no temiera que la hora de la separación llegara de nuevo rápidamente. Si está dispuesto a vivir con mi familia o con cualquier familia en la que se prohíba el consumo de alcohol, entonces albergaré alguna esperanza. Pero si se aloja en un hotel o a cualquier otro establecimiento donde se sirva alcohol, no estará a salvo. Hablo por experiencia. Tenga consideración por usted mismo y verá cómo pronto se le valorará de nuevo. Aléjese de la botella y de sus compañeros de bebida para siempre. Dígame si podrá y querrá hacerlo, y hágamelo saber si se ha comprometido a no caer nunca más en la tentación. Si regresa a Richmond y trabaja para mí de nuevo, es necesario que quede bien claro que cualquier compromiso por mi parte terminará en el momento en que esté usted ebrio. Soy su amigo sincero. T. W. WHITE

Aunque en un principio sus intenciones parecían loables, hoy sabemos que Thomas White no era una persona precisamente empática, sino más bien de carácter pragmático y calculador. Como sus dificultades presupuestarias no le permitían pagar los mil quinientos dólares anuales que correspondían al puesto de un redactor jefe profesional, el nombre de Allan Poe le resultaba bastante conveniente, ya que sabía que el poeta bostoniano cumpliría con creces las mismas obligaciones cobrando la mitad de este salario. El bostoniano, además, escribía cuentos de incuestionable calidad literaria y era capaz de llenar todos los huecos de las sesenta y cuatro páginas del *Southern Literary Messenger* con lo que fuera preciso. Con tantos puntos a favor, White no dudó en conceder una segunda oportunidad a su controvertido colaborador.[N13]

El sábado 3 de octubre, Poe regresó a Richmond acompañado de Maria Clemm y de su esposa Virginia y, a la semana siguiente, se reincorporó a la redacción del *Messenger*. Su ausencia, aunque breve, supuso graves problemas para Thomas White, quien no logró terminar a tiempo las ediciones de octubre y noviembre del periódico, que nunca vieron la luz. Durante esta segunda etapa en el *Messenger*, Poe demostró ser muy profesional y cumplió sus labores de forma eficiente, ayudando a elegir los artículos que se publicarían y realizando un exhaustivo seguimiento de cada etapa de producción de las tiradas. Además, convenció a White de que era necesario renovar la maquetación y la tipografía del periódico por si quisiera hacer realidad su ambición de convertirla en una publicación de gran alcance. Con estas medidas, Allan Poe cumplió su misión de sacar al periódico de su condición de revista provincial, y tal fue su empeño en este sentido que sus escritos acabaron relegados a un segundo plano. «No tengo tiempo disponible —le decía a Virginia al ser preguntado sobre sus nuevos trabajos literarios—, así que ahora mismo no puedo escribir nada que valga la pena leer». [N14]

La mayor parte de la ficción de Edgar Allan Poe que se publicó en el *Messenger* apareció antes de que asumiera su puesto en la revista, cuando se limitaba a asesorar a Thomas White desde Baltimore. Entre marzo y noviembre de 1835, Poe escribió cuatro poemas, las escenas de un drama que no llegó a concluir (titulado *Poliziano*) y nueve cuentos inéditos, entre los que destaca un cuento gótico de terror que narra la obsesión de dos primos, Egaeus y Berenice, que da nombre al relato. Ella era una joven ágil, graciosa y desbordante de energía, mientras que él era un tipo enfermizo y sumido en su melancolía. Los dos primos estaban con los preparativos para contraer matrimonio cuando Berenice empezó a comportarse de manera extraña, aislándose de todo el mundo que la rodeaba. Nadie era capaz de identificar la naturaleza de su enfermedad, que fue deteriorando su salud hasta tal punto que la única parte de su cuerpo que parecía mantenerse sana eran sus bonitos dientes, con los que Egaeus empezó a obsesionarse. Como no es mi intención contar el final de esta historia, prefiero parar aquí, pero puedo anticipar que Allan Poe comienza el relato con una frase en latín: «Dicebant mihi sodales, si sepulchrum amicae visitarem, curas meas aliquantulum fore levatas» (que se traduce como: «Me decían los amigos que encontraría algún alivio a mi dolor visitando la tumba de la amada»). Esta frase guarda relación con el sorprendente giro que la historia tomará para llegar a su desenlace final, uno de los más aterradores de toda la bibliografía del autor bostoniano.

> La frente era alta, muy pálida, singularmente plácida; y el que en un tiempo fuera cabello de azabache caía parcialmente sobre ella sombreando las hundidas sienes con innumerables rizos, ahora de un rubio reluciente, que por su matiz fantástico discordaban por completo con la melancolía dominante de su rostro. Sus ojos no tenían vida ni brillo y parecían sin pupilas, y esquivé involuntariamente su mirada vidriosa para contemplar los labios, finos y contraídos. Se entreabrieron, y en una sonrisa de expresión peculiar, los dientes de la cambiada Berenice se revelaron lentamente a mis ojos. ¡Ojalá nunca los hubiera visto o, después de verlos, hubiese muerto! EDGAR ALLAN POE, FRAGMENTO DE *BERENICE* (1835)

La cruda violencia plasmada por Allan Poe en *Berenice* escandalizó a los lectores del *Messenger*, tanto que muchos de ellos escribieron a Thomas White solicitando la dimisión sumaria del autor. La polémica que se desató fue tan contundente que Poe se vio obligado a reescribir una versión más moderada, lo que supuso la supresión de cuatro párrafos completos del original, una actitud que desagradó a muchos de sus colegas escritores por considerar que un autor jamás debería autocensurarse, ya que sus textos son el resultado de un momento de inspiración que no debe ser borrado o manipulado. En eso también creía uno de los más grandes defensores de la memoria y el legado de Edgar Allan Poe, el poeta francés Charles Baudelaire, que tradujo la obra al francés en su versión completa. Otro escritor, el escocés Robert Louis Stevenson (autor de la célebre novela *El extraño caso del doctor Jekyll y el señor Hyde*) declaró que Berenice era «uno de esos relatos que transitan por el resbaladizo terreno entre la cordura y la demencia, rozando en el pecho del lector una cuerda que acaso fuera mejor no tocar».

Fuese o no una decisión moral o estética, la verdad es que Allan Poe no aceptó de buen grado las quejas de sus lectores, y menos todavía la versión censurada de *Berenice*, pero como no estaba en posición de objetar la decisión de su editor, tuvo que acatar sus órdenes. Un mes después de la aparición de *Berenice*, el autor escribió a Thomas White para aclarar que el problema no se remitía a un asunto sobre el buen gusto, sino a los valores propios de una obra.[N15]

La opinión que a usted le merece es muy acertada. El tema es, sin lugar a dudas, demasiado horrible, y le confieso que sentí no pocas vacilaciones a la hora de enviárselo, especialmente porque pensé que afectaría negativamente mi reputación. El relato tiene su origen en una apuesta, es decir, que yo no sería capaz de escribir nada realmente eficaz acerca de un tema tan singular como ese, siempre y cuando le diese un tratamiento serio. [...] ¿Me pregunta usted en qué consiste un tratamiento serio? Elevar el ridículo a la magnitud de lo grotesco; hacer que lo aterrador sea aún más espeluznante; lo ingenioso, exagerarlo hasta lo burlesco; y lo singular forjado de manera que adquiera la forma de lo extraño y de lo místico. Es posible que usted piense que todo esto no es sino mal gusto. Poco importa que los relatos de los que hablo sean o no de mal gusto. Para que a uno se le aprecie en su justa medida es preciso que sea leído, y esto es lo que siempre se busca con gran interés. CARTA DE EDGAR ALLAN POE A THOMAS WHITE

Los cuatro párrafos retirados de la primera versión de *Berenice* son los siguientes:

[...] Tenía el corazón oprimido y lleno de pesar y, aunque reticente, me dirigí al dormitorio de la muerta. La cámara era amplia y oscura, y a cada paso en el interior de su sombrío recinto tropezaba con los ornatos funerarios. El ataúd, por lo que un criado me indicó, se encontraba rodeado por los cortinajes de la cama y, en ese ataúd, me susurró, se hallaba todo lo que quedaba de Berenice. ¿Quién fue el que me sugirió entonces que me acercase a mirar el cadáver? No había visto moverse los labios de nadie, sin embargo, la petición había sido formulada, y el eco de las sílabas todavía vibraba en el aire. Era imposible negarlo, y con una sensación de sofoco me arrastré junto a la cama. Suavemente retiré a un lado los sombríos cortinajes.

[...] Al dejarlos caer, rodearon mis hombros, alejándome del mundo de los vivos y dejándome en estrecha comunión con el cadáver.

173

[...] La atmósfera misma estaba impregnada de muerte. El olor peculiar del ataúd me puso enfermo; y me imaginé que el cuerpo ya exhalaba una emanación nefasta. Habría dado un mundo por escapar, por huir de la influencia perniciosa de la muerte, por respirar otra vez el aire puro de los cielos eternos. Pero carecía del poder de moverme, mis rodillas se tambaleaban, y permanecí petrificado allí mismo, mirando en toda su espantosa longitud el cuerpo rígido, atrapado en el negro sarcófago destapado.

[...] ¡Dios del cielo! ¿Es posible? ¿Es mi cerebro que flaquea o era de verdad un dedo del cadáver amortajado retorciéndose bajo la venda encerada que lo envolvía? Helado de indecible pavor, levanté poco a poco los ojos, fijándolos en el semblante del cadáver. Una cinta le sujetaba las mandíbulas, pero, no sé cómo, se había desprendido. Los labios lívidos se retorcían en una especie de sonrisa y, a través de la agobiante penumbra, otra vez fulminó mi mirada, irresistiblemente, el brillo blanco y espantoso de los dientes de Berenice. Salté convulsivamente de la cama y, sin pronunciar palabra, hui como un maníaco de aquel reducto de horror, misterio y muerte.

Nota del Autor

Para escribir *Berenice*, Poe se inspiró en la tradición de la ficción gótica, un género literario que surgió en 1764 en Europa, cuando el popular gusto romántico empezó a inclinarse hacia ambientes más lúgubres y decadentes, lo que dio inicio a una nueva corriente literaria que se caracterizó por el protagonismo de lo misterioso, fantástico y lo irracional. Su origen exacto se atribuye al autor inglés Horace Walpole, con su novela de 1764 titulada *El castillo de Otranto*, que narra la historia del tirano Manfred y su familia, cuya estirpe está maldita desde que su abuelo usurpó el poder del castillo de sus legítimos poseedores. La trama se desarrolla en la Italia medieval y está repleta de misterios y fenómenos sobrenaturales. Cuando concluyó que había llegado el momento de perpetuar su herencia, Manfred decidió casar su hijo Conrad con la princesa Isabela, pero poco tiempo antes de la boda ocurre un incidente de tintes aparentemente mágicos que frustra sus ambiciones. A partir de este suceso, se desencadenan una serie de misteriosos fenómenos sobrenaturales que tienen lugar en el asfixiante ambiente del castillo, el cual se convierte en un elemento fundamental de la trama.

Aunque en aquella época los romances solían ser despreciados por los eruditos al ser considerados un tipo de escritura vulgar, la narrativa gótica emergió como un género literario muy popular hasta alcanzar su cenit en 1820 con *Melmoth, el errabundo,* de Charles Robert Maturin. Estas seis décadas son consideradas por los historiadores literarios como la época gótica en la que una multitud de autores satisfizo la demanda de historias de terror por parte del público. El género acabaría consolidándose de forma definitiva gracias a los trabajos de Mary Shelley (*Frankenstein*, 1818), Charles Dickens (*Cuento de Navidad*, 1843) y Bram Stoker (*Drácula*, 1897).

Los autores románticos que surgieron años después trataron de enriquecer y añadir nuevos elementos al género. En este sentido, Allan Poe logró cautivar a su audiencia con historias sin la necesidad de incluir vampiros, fantasmas u otros seres sobrenaturales, produciendo un cuerpo de narraciones tan brillante que rápidamente se tradujo en una popularidad imperecedera dentro y fuera de los Estados Unidos. Poe también fue capaz de identificar los nuevos miedos de una sociedad en constante evolución, que distaban mucho de las viejas historias de terror. *El entierro prematuro*, que reflejaba el miedo al enterramiento en vida, fue el mejor ejemplo de ello, muy común en su época.[N16]

Como curiosidad añadida, existe un subgénero de la narrativa gótica que se desarrolló en Estados Unidos que recibió el nombre de «gótico sureño», un estilo en el que también aparecen elementos sobrenaturales o extraños para crear el argumento, pero con la particularidad de que sus autores no usan dichos elementos para crear suspense, sino para describir cuestiones sociales y explorar la cultura del sur de Estados Unidos. Una característica única de la literatura gótica sureña es que está arraigada en las tensiones y rasgos distintivos propios de la región. Por ejemplo, en los escenarios literarios no hay castillos góticos, sino plantaciones abandonadas, mansiones en ruinas y tierras quemadas por la guerra civil. Por haber vivido en su infancia y adolescencia en Richmond, Edgar Allan Poe también podría haber formado parte del «club» de autores del gótico sureño, pero como no existen elementos socioculturales del sur en su obra —al menos, de forma explícita—, no podemos clasificarlo como tal. Algunos de los escritores más conocidos que han cultivado este género son: William Faulkner, que pertenecía a una familia tradicional sudista marcada por los recuerdos de la guerra de Secesión; Carson McCullers, que escribió acerca del aislamiento espiritual de los inadaptados y marginados del sur de los Estados Unidos; Tennessee Williams, un dramaturgo destacado que recibió de sus compañeros de colegio el mote de Tennessee, debido a su pronunciado acento sureño, o Eudora Welty, escritora estadounidense que escribió novelas y cuentos sobre el sur de Estados Unidos.

Con el dominio de varios idiomas y su vasta cultura general, Allan Poe prefirió no encasillar *Berenice* en ningún concepto y se inspiró en los mitos griegos para nombrar a los personajes. Berenice (que significa «portadora de la victoria», en griego) proviene de un poema de Calímaco en el que la figura histórica de Berenice promete ofrecer sus hermosos cabellos a Afrodita si su esposo regresa a salvo de la guerra. Por otro lado, Egaeus proviene de Aegeus, un legendario rey de Atenas que se suicidó cuando le informaron de que su hijo Teseo había muerto cuando intentaba acabar con la vida del Minotauro.

> Antes de Poe, la mayoría de los escritores fantásticos trabajaban casi a ciegas, sin la debida comprensión de los fundamentos psicológicos del horror, limitados por un sentimiento de conformismo ante ciertas convenciones literarias que incluían un final feliz, recompensas a las virtudes y un falso moralismo popular. Poe, en cambio, entendió la importancia de la impersonalidad del artista y supo que la función de la literatura creativa era la de expresar e interpretar la realidad tal y como es, sin importar si es buena o mala, atractiva o repulsiva, estimulante o deprimente. […] Los espectros de Poe destacaron por su convincente malignidad, que no existía en ninguno de sus antecesores, y estableció un nuevo grado de realismo en el género del horror literario. […] Además, consagró un nuevo estilo de perfección técnica; y aunque hoy en día algunos de sus textos nos parezcan ligeramente melodramáticos y poco sofisticados, podemos rastrear su indudable impronta en cosas tales como la constante presencia de una atmósfera única, la búsqueda de un solo efecto y la selección de incidentes relacionados con el argumento o con el clímax. Con toda justicia puede decirse que Poe inventó el cuento moderno.
> H. P. LOVECRAFT, FRAGMENTO DE *EL HORROR SOBRENATURAL EN LA LITERATURA* (1927)

* * *

Berenice. Ilustración de Harry Clarke para la colección *Tales of Mystery & Imagination* (1919).

En la edición de septiembre del *Messenger* apareció *El rey Peste*, una de las primeras piezas burlescas de Edgar Allan Poe, quien, desde el principio de su carrera literaria, ya manifestaba cierta preferencia por los relatos con tintes humorísticos y grotescos. La historia tiene lugar en Londres, donde dos marineros veteranos huyen de una taberna para no pagar la cuenta y, perseguidos por el propietario del local, acaban cruzando unas barreras que prohíben la entrada a una región de la ciudad aislada por la enfermedad de la peste. A pesar de ver cadáveres en las calles, los dos hombres avanzan hasta las puertas de lo que debería ser el inframundo y acaban entrando en una empresa de pompas fúnebres, donde tiene lugar un banquete con la presencia de una espeluznante corte espectral encabezada por el rey Peste I. Los demás integrantes de esta siniestra corte tienen nombres tan originales como la reina consorte, que también se llama Peste: el archiduque Pest-Ifemero, el duque Pest-Ilencia, el duque Tem-Pestuoso y la archiduquesa Ana Peste.

> De no haber estado borrachos, sus tambaleantes pasos se hubieran visto muy pronto paralizados por el horror de su situación. El aire era helado y brumoso. Las piedras del pavimento, arrancadas de sus alvéolos, aparecían en montones entre los pastos crecidos, que llegaban más arriba de los tobillos. Casas demolidas ocupaban las calles. Los hedores más fétidos y ponzoñosos lo invadían todo; y con ayuda de esa luz espectral que, aun a medianoche, no deja nunca de emanar de toda atmósfera pestilencial, era posible columbrar en los atajos y callejones, o pudriéndose en las habitaciones sin ventanas, los cadáveres de muchos ladrones nocturnos a quienes la mano de la peste había detenido en el momento mismo en que cometían sus fechorías. EDGAR ALLAN POE, FRAGMENTO DE *EL REY PESTE* (1835)

La peste fue también la protagonista de otro cuento que salió publicado en enero de 1846 en la revista *Arthur's Lady's Magazine*. El cuento se tituló *La esfinge*, y su protagonista es un hombre que se refugia durante unos días en la casa de un amigo para protegerse de una epidemia de cólera que asolaba la ciudad de Nueva York. Como sucede con la mayoría de los personajes de Poe, este hombre sufre una crisis de melancolía y pánico que se agudiza a medida que pasa el tiempo encerrado en la biblioteca de la casa, hasta que un día ve por la ventana a una criatura de terrible aspecto y enormes proporciones:

Pero la principal peculiaridad de aquella horrible criatura era la representación de una calavera, que cubría casi toda la superficie de su pecho, y que estaba trazada en un blanco deslumbrante sobre el oscuro campo del cuerpo, como si hubiese sido dibujado cuidadosamente por un artista. Mientras examinaba aquel animal terrorífico, y más especialmente el aspecto de su pecho con una sensación de horror y espanto, con un sentimiento de desgracia próxima que no era capaz de reprimir con ningún esfuerzo de la razón, advertí que los enormes maxilares del extremo de la trompa se ensanchaban de repente. De ellos brotó un sonido tan fuerte y tan expresivo de dolor que sobrecogió mis nervios como un toque de difuntos y, mientras el monstruo desaparecía al pie de la colina, caí al suelo desvanecido. EDGAR ALLAN POE, FRAGMENTO DE *LA ESFINGE* (1846)

La descripción hecha por el narrador de esta obra literaria hace referencia a la esfinge calavera o esfinge de la muerte, una especie de lepidóptero perteneciente a la familia *Sphinfigae*. El nombre común «esfinge» hace alusión al parecido que tiene la oruga cuando se encuentra en reposo y adopta una posición erguida. Pero la principal singularidad de la especie, y por lo que son reconocidas, es por el espeluznante dibujo que poseen en el dorso del tórax, muy similar a una calavera humana, una peculiar característica que la ha asociado con la muerte y otros malos augurios. Se dice que en Hungría la entrada de una esfinge calavera en una vivienda se considera presagio de una muerte inminente; en Francia, se consideraba que una sola escama del ala en contacto con el ojo causaba ceguera, y en Rumanía, influenciados por la leyenda del conde Drácula, se cree que las almas de los vampiros se encarnan en mariposas esfinge calavera, de modo que deben ser atravesadas por un alfiler contra una pared para evitar que sigan volando.[N17]

Ilustración del relato *La esfinge*, de Poe (1846). Existen varias mariposas de este tipo, aunque las especies más conocidas son la *atropos*, la *lachesis* y la *styx*, nombres que provienen de mitos griegos relacionados con la muerte. Láquesis era la diosa que decidía el número de años que una persona viviría y su hermana Atropo era la responsable de cortar el hilo de la vida cuando llegaba el momento de la muerte. *Styx* (Estigia) es el río que separa el mundo de los vivos del reino de los muertos.

El rey Peste. Ilustración de Harry Clarke para la colección
Tales of Mystery & Imagination (1919).

Pocos meses después, Allan Poe volvió a deleitar a sus lectores con una narración de ciencia ficción. Titulada *La incomparable aventura de un tal Hans Pfaall*, la historia cuenta la saga de un humilde holandés fabricante de fuelles quien, llevado por cierto espíritu quijotesco, decide construir un globo aerostático para escapar de sus acreedores y refugiarse en la Luna, donde se queda a vivir. Allí, aislado de la humanidad, comienza a escribir un relato sobre sus experiencias y, cuando lo termina, le pide a uno de los habitantes lunares que le ayude a bajar su globo de vuelta a la Tierra para entregárselo a la raza humana.[N18] Con una narrativa muy bien elaborada, Poe intentó hacer creer a sus lectores que el texto estaba inspirado en una nota que había caído accidentalmente desde un globo en Róterdam, en el que aparecen detalladas descripciones sobre el viaje de Hans Pfaall, la atmósfera y la Luna. Algunas de las teorías astronómicas y físicas que maneja el autor son en su mayoría incorrectas e incluso descabelladas según los conocimientos científicos actuales, pero no resta mérito de un cuento que llegó a ser premonitorio en el momento en el que autor narra cómo la falta de oxígeno durante el ascenso provoca el sangrado de la nariz y la boca del protagonista.

Cuarenta años después de la publicación de este relato, tres aeronautas franceses se subieron a un globo aerostático con el fin de estudiar los límites del cielo. La experiencia transcurrió en la más absoluta normalidad y el globo alcanzó los 7000 metros de altitud, como se había previsto. Sin embargo, al regresar, el equipo de tierra quedó horrorizado al constatar que solo uno de los tripulantes seguía con vida. Los otros dos presentaban sangre en la nariz y en la boca debido a la falta de oxígeno, tal y como ocurría en el relato de Allan Poe. Aunque su pronóstico fue acertado en lo que respecta a la relación entre altitud y oxígeno, Poe se equivocó al afirmar que las capas de nuestra atmósfera llegaban hasta la Luna o en imaginar vida inteligente en nuestro satélite. No podemos olvidar que se trata de un relato de ficción, sin compromiso alguno con la realidad. Además, en la época de Poe, aún no existía tecnología capaz de comprobar ninguna de sus afirmaciones.[N19]

Por casualidad, *La incomparable aventura de un tal Hans Pfaall* coincidió con una controvertida serie de artículos publicados en el *New York Sun* que afirmaban que el astrónomo John Herschel había descubierto una civilización en la Luna. Esta serie de artículos mantuvo en vilo a sus lectores y narraba los supuestos hallazgos en la Luna, incluyendo la sorprendente comprobación de que estaba habitada por una tribu primitiva de seres humanoides peludos y alados. Casi todos los medios dieron crédito a la historia, con excepción del *New York Commercial Advertiser*, que cuestionó en su editorial cómo era posible que se formara una expedición sin que los diarios británicos lo reportaran. A pesar del intenso debate público que generó la historia, el *New York Sun* nunca admitió públicamente que todo había sido un engaño. De hecho, en septiembre del mismo año, publicó una columna que analizaba la posibilidad de que el relato fuese falso, pero sin llegar a ninguna conclusión.[N20] Por su parte, Allan Poe desistió de seguir escribiendo una nueva entrega de *La incomparable aventura de un tal Hans Pfaall*, que ya contaba con seis anteriores publicadas por el *New York Sun*, debido a la polémica creada por los artículos de Herschel. Poe compartía con Herschel la temática de la exploración lunar y el uso de la ficción para crear historias de supuestos descubrimientos científicos, pero mientras Herschel utilizó la mentira para dar credibilidad a sus artículos, Poe abrazó la ficción y la excentricidad en sus relatos, incluyendo elementos como la ciencia ficción y el terror.

Charles Baudelaire reconoce que *Hans Pfaall* es una de las excentricidades que caracterizan las obras de Allan Poe, que compartían la misma temática, tratándose todas ellas de *fake news,* usando un término actual. La intención de Poe con estos trabajos era poner de manifiesto que no existía ningún autor que pudiera superarlo en su narración, ya que todos carecían de un elemento esencial: «un esfuerzo hacia la verosimilitud».[N21]

Nota del Autor

Uno no puede acercarse a la obra de Edgar Allan Poe sin percatarse de que él no solo sentía un profundo interés por los conocimientos científicos, sino que, además, gran parte de su producción literaria se basaba en explicar una serie de acontecimientos a través de la ciencia, incluso algunos que ni siquiera habían tenido lugar. Este el caso de Phineas Gage, un joven de veinticinco años que trabajaba como capataz en la construcción del futuro ferrocarril que conectaría las ciudades de Burlington y Vermont. En este proyecto —de gran envergadura para la época—, Phineas era uno de los encargados de colocar cargas explosivas en agujeros taladrados en las rocas. Un día, más concretamente el 13 de septiembre de 1848, Phineas removía algunas rocas para preparar la ruta ferroviaria cuando una de las explosiones hizo que una barra de seis kilos y un metro de largo saliera disparada y le atravesara el cráneo por la mejilla izquierda, pasando por detrás de su ojo hasta perforar el cerebro y salir por la parte superior de la cabeza a gran velocidad.

El capataz cayó tres metros hacia atrás debido a la fuerza de la inercia del golpe y, ante la sorpresa de todos sus compañeros, no perdió la conciencia, sino que empezó a hablar de inmediato. Lo llevaron al centro médico del pueblo, donde fue atendido por el doctor Harlow, quien detuvo la hemorragia, extrajo los fragmentos de hueso del cráneo y cosió la herida. Contra todo pronóstico, Phineas Gage sobrevivió, aunque sus nervios ópticos y oculomotores quedaron muy afectados, pero, dadas las circunstancias, esto podría ser considerado una consecuencia menor, teniendo en cuenta la gravedad del accidente.[N22]

Dos meses después del suceso, Phineas se reincorporó a su puesto de trabajo, pero sus compañeros notaron rápidamente que ya no era la misma persona. Había perdido su cordialidad y mostraba un comportamiento irascible y grosero. Incapaz de concentrarse, el capataz fue finalmente despedido y pasó de empleo en empleo hasta que no le quedó otra opción que convertirse en una atracción de circo, pues su caso se había hecho famoso y las personas tenían curiosidad por ver las secuelas que había dejado el accidente en su cabeza. Para entonces, la salud de Phineas ya estaba deteriorada y sufría fuertes ataques epilépticos que finalmente lo llevaron a la muerte el 21 de mayo de 1860, doce años después del desafortunado incidente.

Al tratarse de un caso único, el accidente de Phineas Gage fue objeto de estudio durante décadas y tuvo una influencia en el debate sobre la localización cerebral de las funciones superiores, en especial en lo que se refiere a la personalidad y el comportamiento social. En la actualidad, se considera que Phineas Gage sufrió el síndrome prefrontal, que afecta las funciones cognitivas más complejas y evolucionadas del ser humano tras una lesión en los lóbulos frontales. La sintomatología es muy variada y tiene relación directa con la localización, el tamaño, la profundidad y la lateralidad de la lesión. Los trastornos que pueden tener lugar pueden afectar al razonamiento, la capacidad de generar estrategias que permitan solucionar problemas, el lenguaje, el control motor, la motivación, la afectividad, la personalidad, la atención, la memoria y la percepción.[N23]

En 1848, ocho años antes de que sucediera este terrible evento, Edgar Allan Poe escribió una historia sorprendentemente similar, a pesar de no tener conocimiento alguno sobre la existencia del lóbulo frontal y las secuelas de una lesión en esta región del cerebro. La historia, titulada *El hombre de negocios*, trata de un personaje que sufre un grave traumatismo craneal cuando era niño que le acarrea profundos cambios en la personalidad, convirtiéndole en una persona extremadamente meticulosa, que es incapaz de mantenerse de forma regular en un trabajo o en su propio negocio, pues siempre está en búsqueda del mejor sueldo posible.

Una bondadosa y anciana niñera irlandesa me agarró un día por los pies, en momentos en que yo alborotaba más de lo necesario, y luego de hacerme revolar dos o tres veces, me maldijo empecinadamente por ser «un mocoso gritón», y me convirtió la cabeza en una especie de tricornio, golpeándola contra un poste de la cama. Debo reconocer que esto decidió mi destino e hizo mi fortuna. No tardó en salirme un gran chichón en la coronilla, el cual se convirtió para mí en el órgano del orden. De ahí proviene ese marcado gusto por el sistema y la regularidad que me han convertido en el distinguido hombre de negocios que soy. EDGAR ALLAN POE, FRAGMENTO DE *EL HOMBRE DE NEGOCIOS* (1840)

La comprensión de Poe sobre el síndrome del lóbulo frontal fue tan precisa que llamó la atención del neurólogo estadounidense Eric M. Altschuler, quien dedicó una pequeña nota al autor en la revista *U. S. News* en la que relató: «Existen al menos doce síntomas provocados por este disturbio, y Allan Poe describió todos y cada uno de ellos. Y lo más sorprendente es que en su época no existía ningún estudio al respecto. Es como si hubiera tenido una máquina del tiempo».

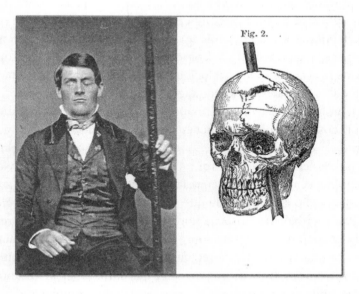

El caso de Phineas Gage ha servido como referencia para innumerables estudios y ha tenido una influencia en el debate sobre la localización cerebral de las funciones superiores, en particular, la personalidad y el comportamiento social. La barra de hierro que golpeó el cráneo de Gage se conserva en la Facultad de Medicina de Harvard. Ocho años antes de este trágico incidente, Allan Poe escribió una historia similar con las mismas secuelas neurológicas, sin tener el menor conocimiento sobre esta materia.

* * *

En esta época, Allan Poe también comenzó a trabajar en lo que sería su único drama, titulado *Politian*, que nunca llegó a terminar y que ofrecía una versión ficticia acerca de un suceso real ocurrido en la ciudad de Kentucky en 1825: el asesinato del legislador Solomon P. Sharp a manos de Jereboam O. Beauchamp, un joven abogado que había sido un gran admirador de Sharp hasta que este último, supuestamente, engendró un hijo ilegítimo con una mujer llamada Anna Cooke. El bebé nació muerto y Sharp jamás reconoció su paternidad.

Años después, Beauchamp comenzó un noviazgo con Anna Cooke, quien aceptó casarse con la condición de que matara a Sharp. Los novios se casaron en junio de 1824, y en la madrugada del 7 de noviembre de 1825, Beauchamp cumplió con su promesa asesinando a Sharp en su casa de Frankfort (Kentucky). La investigación que se llevó a cabo descubrió rápidamente la autoría del crimen, y Beauchamp fue detenido cuatro días después del asesinato. Fue declarado culpable y condenado a muerte por ahorcamiento, pero se le concedió una suspensión de la ejecución, que le permitió justificar sus actos por escrito. Con ello, se reveló la participación de Anna Cooke, pero la joven fue absuelta por falta de pruebas más contundentes.

En el día programado para la ejecución de Beauchamp, la pareja intentó suicidarse, apuñalándose con un cuchillo que Anna había introducido clandestinamente en la celda, pero los guardias lograron detenerlos, aunque ambos presentaban ya algunas lesiones. Beauchamp fue llevado a la horca y se convirtió en la primera persona legalmente ejecutada en el estado de Kentucky. Anna murió a causa de sus heridas poco antes de que su marido fuera ahorcado. Según las crónicas de la época, el cuerpo de la joven se colocó abrazando a su marido y ambos fueron enterrados en el mismo ataúd.

Por alguna razón que se desconoce, Edgar Allan Poe decidió ambientar la historia ficticia de Anna y Beauchamp en la Roma del siglo XVI. La primera entrega de *Politian* fue publicada en el *Messenger* en diciembre de 1835, bajo el título *Escenas de un drama inédito* y la segunda entrega vio a la luz al mes siguiente, pero la obra nunca llegó a ser concluida debido a las duras críticas recibidas por parte de la prensa especializada. Este fracaso parece haber sido una de las razones que motivaron a Poe a dejar de escribir obras largas y a centrarse en los relatos breves.[N24]

Con un estilo cruel y despiadado, Poe acabó popularizando un nuevo tipo de reseña literaria que se basaba en la «sinceridad del crítico», sorprendiendo a muchos lectores que estaban acostumbrados a un sistema de «admiración mutua» que se había creado de forma amistosa entre críticos y autores. También era su intención romper la antigua práctica de la «camaradería» llevada a cabo por algunos editores que pagaban propinas a los críticos para que escribieran reseñas positivas sobre de sus publicaciones. Este sistema estaba ya tan arraigado que algunos críticos ni se molestaban en cobrar propina alguna, porque ya contaban con ella de antemano.

En este sentido, Poe fue demoledor y, con su estilo ácido y mordaz, pasó a escribir reseñas furibundas, muchas de ellas escritas en estado de ebriedad. El autor disparaba a diestro y siniestro, sin importarle si la víctima era amigo o enemigo, lo que producía una perplejidad espantosa en sus lectores. Su crítica, sin lugar a duda, era imparcial e independiente, aunque también imprudente en ocasiones, teniendo en cuenta que este era su único trabajo remunerado, su único *modus vivendi*, lo que no le impidió «apalear» sin piedad desde su púlpito a auténticos superventas de la época.[N26]

El ejemplo que ilustra las implacables reseñas de Poe es la novela de Norman Leslie *A Tale of the Present Times*, escrita por Theodore Sedgwick Fay, un autor neoyorquino cuyo lanzamiento fue anunciado con gran entusiasmo por el periódico *New York Mirror*. Allan Poe comenzó desacreditando a Fay argumentando que el apoyo del *New York Mirror* a su obra era sospechoso y cuestionable, ya que el autor era uno de los editores del rotativo. A continuación, inició su reseña con la siguiente frase: «En el prólogo, el señor Fay afirma, con una petulancia que bordea lo absurdo, que su talento para escribir novelas puede compararse con el de un Canova, Mozart o Rafael. Esta afirmación sugiere que el señor Fay se compara a sí mismo con estos brillantes artistas. Me alegro de que ya estén muertos, pues de lo contrario se sentirían profundamente ofendidos».

Tanto el autor como el *New York Mirror* no respondieron a las insolentes críticas de Poe, pero otros periódicos de la ciudad no pudieron disimular su sorpresa ante el hecho de que un joven y desconocido crítico se atreviera a arremeter de esa forma contra un libro tan aclamado. White tampoco estaba de acuerdo con los comentarios de su empleado, pero como la revista obtenía el éxito deseado y el número de suscriptores aumentaba cada semana, el editor optó por no reprenderlo. Sin embargo, pronto se desató otro escándalo cuando en la edición de enero de 1836, Allan Poe enderezó sus cañones contra la novela *El partisano,* de William Gilmore Simms; en la edición de febrero, la víctima fue la obra *Paul Urich* de Morris Mattson, un escritor que había sido aclamado en Nueva York como un gran descubrimiento. Poe atacaba a los favoritos de la escena literaria de Nueva York y los hacía saltar por los aires, aunque, en términos cuantitativos, la mayoría de las reseñas que escribió tenían un tono moderado y hubo muchas que fueron bastante elogiosas.[N27]

Pero uno no se abre un camino tan espinoso sin hacer enemigos, y en la edición del 15 de julio de 1836, el diario *Newbern Spectator* manifestó en su editorial su indignación por el estilo cruel que Poe había adoptado en sus reseñas. Lo consideraron «una severidad innecesaria» y exigieron a la dirección del *Messenger* que despidiera a su «critico temerario» por su postura poco profesional: «Creemos que el señor Poe pronto verá la necesidad de renunciar a su cargo; de lo contrario, tendrá que ajustarse a las reglas de la crítica moderna. Su jefe debería considerar nuestras demandas». Por otra parte, la postura inquebrantable de Poe recibió el apoyo de algunos de sus compañeros, quienes incluso llegaron a emular su estilo. Fue como crítico que Poe se convirtió por primera vez en una figura conocida en el mundo editorial estadounidense; y su fama fue tal que pronto le pusieron el apodo de Tomahawk (guerrero comanche) debido a sus críticas lapidarias. Poe no escribía estas reseñas con el objetivo de hacer daño o embestir contra una persona en concreto; su única intención era cuestionar las malas historias para motivar a sus autores a mejorar su estilo narrativo. Actuaba así porque no era capaz de soportar falsos cumplidos Eran tantas las reseñas positivas que circulaban por los diarios de todo el país, que llegó un momento en el que Poe consideró que «si seguimos así, acabaremos convencidos de que todos nuestros poetas son como Walter Scott».

> El crítico debe tener valor para censurar atrevidamente, magnanimidad para evitar la envidia, genio para apreciar, saber para comparar, gusto por la belleza y un corazón para sentir, un talento para el análisis y una solemne indiferencia por la injuria.
> EDGAR ALLAN POE

En enero de 1849, la revista *Dollar* publicó una silueta de F. O. C. Darley que caricaturizaba a Edgar Allan Poe como un indio blandiendo un hacha y un cuchillo listos para arrancar el cuero cabelludo de los autores mediocres. «Con un *tomahawk* alzado para dar el golpe mortal, ¡he aquí nuestro mowhawk literario, Poe!».

Ligeia. Ilustración de Hermann (1884).

VII

VIRGINIA

«El terror de mis relatos proviene de la
densa oscuridad de mi corazón».
EDGAR ALLAN POE

Cuando Edgar Allan Poe tenía catorce años, el Colegio de Médicos de
Boston anunció la exhibición de una momia procedente de Tebas, lo que
causó sensación en una ciudad ansiosa de entretenimiento. La exhibición
estaba originalmente programada para durar tres meses, pero debido al
gran interés que despertó entre el público local, especialmente entre los
niños, se extendió un mes más, con largas filas de visitantes todos los días.
Esta «egiptomanía», que se apoderó de los museos y las casas de espectáculos durante décadas, tuvo su inicio en 1798, cuando Napoleón Bonaparte
inició una campaña militar en Egipto para la cual desplegó alrededor de
cuarenta mil hombres y trescientos navíos con el objetivo de ganar territorio a uno de los enemigos históricos de los galos: los británicos. Para ambos
bandos, la tierra de antiguas pirámides representaba un lugar estratégico
en las rutas hacia la India, uno de sus territorios coloniales más importantes. Desde entonces, la fascinación por el pasado egipcio comenzó manifestarse en Europa y en los Estados Unidos, donde aparecieron tiendas y
restaurantes que parecían trasladados de Guiza a las ciudades emergentes
de la época, como Nueva York, Filadelfia y Boston.

En 1836, los periódicos anunciaron la llegada a los Estados Unidos de un
autómata que era capaz de jugar al ajedrez con una maestría extraordinaria, lo que hizo reavivar la experiencia por lo insólito, lo extraño y lo misterioso en todo el país. Construido en 1769 por el barón Wolfgang von Kem-

pelen, había sido exhibido desde mediados del siglo XVIII en París, San Petersburgo y Londres, donde despertó mucha expectación. En su llegada a América, fue exhibido por un tiempo en Nueva York y Boston, donde generó numerosos artículos, panfletos y noticias en las publicaciones más importantes de la época, como el *Franklin Journal and American Mechanics Magazine*, el *North American* y el *Edinburgh Philosophical Journal*.[N1]

La exhibición comenzaba con el inventor, Von Kempelen, abriendo las puertas del mueble para que la asistencia pudiera ver que en su interior solo estaban los mecanismos y las palancas que movían la figura, así como el cuerpo del autómata, que también se abría para demostrar que este no era más que una máquina hueca. Después de hacer las presentaciones necesarias, Von Kempelen cerraba las puertas de la cómoda y colocaba las piezas de ajedrez en el tablero. Luego, pedía la presencia de un voluntario de la audiencia para enfrentarse al autómata en una partida en la que se debía apostar una determinada cantidad de dinero que le era devuelta junto con un premio si ganaba, pero nadie era capaz de derrotarlo, ya que el Turco jugaba extraordinariamente bien. Además, era una sensación espeluznante ver al autómata moviendo mecánicamente su mano izquierda mientras se oían chirriar las ruedas y traquetear las bisagras.[N2] Esta fantástica exhibición ocultaba dos misterios que gran parte de la opinión pública y de la prensa trató de descubrir… sin éxito. Uno era si había un humano en el interior de la máquina y, de ser así, cómo y dónde se escondía para no ser visto cuando se abrían los cajones y las puertas. El otro misterio era cómo advertía esta persona los movimientos de su adversario para poder actuar en consecuencia.

El ingenioso invento creado por Von Kempelen tenía dimensiones humanas y el aspecto de un jugador de ajedrez con un atuendo turco de expresión lánguida, fastuosamente vestido y con una larga pipa. El Turco, como se hizo popularmente conocido, aparecía sentado detrás de una gran cómoda de madera en la que reposaba un tablero de ajedrez.

Dispuesto a desacreditar el invento de Von Kempelen y demostrar que todo no era más que un fraude, Poe decidió escribir un ensayo en el que explicaba cada paso realizado por el inventor húngaro para lograr construir un autómata perfecto, capaz de engañar al más experimentado de los hombres.

Además, el motivo por el cual Poe decidió escribir sobre ese asunto, que había conmocionado a una parte importante de la opinión pública, estaba relacionado con el hecho de que el autómata fue exhibido en la ciudad de Baltimore, donde el autor tuvo la oportunidad de observarlo con detenimiento en el museo de Richmond, ya que estuvo expuesto durante un año, para luego intentar resolver el enigma.[N3]

En efecto, como se demostró más tarde, no era la máquina la que jugaba al ajedrez, sino un ajedrecista profesional llamado Jacques Mouret, que la controlaba en su interior, mientras una serie de efectos ópticos y mecánicos lo hacían invisible a los ojos del público.[N4] Este tipo de artilugio era común entre la utilería de muchos magos victorianos especializados en montajes similares que hoy en día se presentan como números clásicos de un espectáculo de magia: mostrar un armario vacío, cerrar sus puertas y luego abrirlas con una atractiva mujer en su interior. En realidad, la intención real de Von Kempelen con sus engranajes, ruedas y muelles con capacidad de raciocinio era la de acercarse a la ciencia ficción, demasiado seductora en aquellos tiempos de profundas transformaciones tecnológicas. La promesa de un autómata capaz de razonar como un ser humano era tan sobrecogedora y fascinante que alejaba cualquier atisbo de duda sobre su veracidad.[N5]

El autómata jugador de ajedrez, que parecía más bien un robot mecánico, era en realidad un ingenioso ardid para engañar la audiencia, pues en su interior había un asistente escondido que accionaba la figura. La ilusión, sin embargo, era tan convincente que el autómata viajó por varios países de Europa y América hasta su destrucción en 1854, cuando fue víctima de un incendio.

A diferencia de otros artículos que se centraban únicamente en exponer el fraude del autómata, Allan Poe, en su ensayo *El jugador de ajedrez de Maelzel,* buscó realizar una ingeniería reversa del autómata de Von Kempelen, que es el proceso de descubrir los principios tecnológicos de un objeto, dispositivo o sistema a través del razonamiento deductivo y la elaboración de conjeturas sobre su estructura, su función y su operación. En otras palabras, Poe intentó recrear el autómata para analizar su funcionamiento en detalle; al menos sobre el papel, ya que no contaba con los medios y los recursos para construir una copia fidedigna del Turco de Kempelen. En última instancia, *El jugador de ajedrez de Maelzel* es de suma importancia, porque se trata de una obra precursora de las novelas modernas de ciencia ficción. Además, Poe la utilizó como un modelo para crear un ingenioso sistema analítico de investigación que después aplicaría con éxito en sus cuentos detectivescos, conocidos en la época como «cuentos de raciocinio».

Nota del Autor

Son pocos quienes asocian la figura de Edgar Allan Poe con el género literario de la ciencia ficción, ya que es más conocido por su faceta de terror. Además, es importante recordar que la expresión «ciencia ficción» no surgió hasta 1926 de la mano del escritor Hugo Gernsback, quien lo utilizó en la portada de la que sería una de las más famosas revistas del género: *Amazing Stories,* la primera publicación dedicada exclusivamente a este género, y se editó casi ininterrumpidamente durante ochenta años. Antes de su aparición, las historias de ciencia ficción se publicaban como obras secundarias en otras revistas.

En ocasiones, las historias de ciencia ficción se han conocido también como «literatura de anticipación», debido a que algunos autores, como el propio Allan Poe, llegaron a anticipar el surgimiento de logros científicos y tecnológicos. A pesar de no ser un hombre de ciencias, Poe deseaba obtener el prestigio y la fama que también perseguían a los científicos, por lo que se le ocurrió incorporar conceptos e ideas tecnológicas y científicas en su obra. Además, al hacer referencia a estos temas otorgaba a sus historias un cierto rigor y verosimilitud ante los lectores. El resultado es una obra que destaca por una serie de aciertos brillantes que en ocasiones son fruto de su condición de visionario y en otras de su faceta de periodista y observador de una época en la que Revolución Industrial llegó a Estados Unidos como un eco de la Revolución Industrial ocurrida en Gran Bretaña y Europa a finales del siglo XVIII y que revolucionó la economía, la sociedad y el estilo de vida de toda una sociedad.

Entre los cuentos de ciencia ficción más apreciados por lectores de Allan Poe debemos destacar *La incomparable aventura de un tal Hans Pfaall* (1835), ya citada anteriormente, que describe el viaje en globo de un hombre a la luna con una combinación asombrosa de precisión científica y fantasía —para muchos especialistas, podría considerarse el primer cuento de ciencia ficción de la historia—; *La verdad sobre el caso del señor Valdemar* (1845), en el que un hipnotizador induce un estado de trance a un hombre en el momento de su muerte, y *Un descenso al Maelström* (1841), que cuenta la historia de un hombre que sobrevivió a un naufragio y un remolino. En otras obras, Allan Poe nos sorprende con especulaciones sorprendentes, como en *La isla del hada* (1841), donde describe nuestro planeta como «un sistema sensible», anticipándose, aunque de manera superficial, a la hipótesis Gaia, concebida por el químico James Lovelock en 1969, que defendía que la Tierra es una unidad compleja que implica a la biosfera, los mares, la tierra, etc., como parte de un todo, lo que conlleva una idea del planeta como un sistema autorregulado.

Sin embargo, de todas estas obras, ninguna se acerca en importancia a *Eureka* (1848), un largo y elaborado ensayo que representa casi el canto de cisne de Edgar Allan Poe. Enraizado directamente con algunas de las tesis estético-filosóficas que Poe utilizó en sus relatos llamados «metafísicos», *Eureka* supone un paso adelante con respecto a estos conceptos tan opacos

Las obras de ciencia ficción de Edgar Allan Poe ejercieron una fuerte influencia en la literatura en todo el mundo, así como en campos muy especializados como la cosmología y la criptografía. En total, Allan Poe ha dejado para la posteridad tres poemas, diez ensayos y setenta y tres relatos que guardan relación de una u otra manera con diversos aspectos de la ciencia y la tecnología de su época.[N7]

y difíciles de asimilar. El propósito de este ensayo, tal como Poe explicó en varias conferencias, era el hallazgo de la verdad última de todas las cosas. Según sus palabras: «Me propongo hablar del universo físico, metafísico y matemático; material y espiritual; de su esencia, origen, creación; de su condición presente y de su destino». *Eureka* está dedicada al gran científico alemán de la época Alexander von Humboldt, considerado como cofundador de la geografía como ciencia empírica.[N6]

✳ ✳ ✳

Entre 1835 y 1836, Allan Poe pasó dieciséis meses en Richmond acompañado de su tía Maria Clemm y su esposa Virginia. Fue su estancia más larga en la ciudad desde que la había dejado para ir a la universidad a los diecisiete años. En muchos sentidos, el lugar apenas había cambiado; muchos de sus edificios permanecían de pie. La población, sin embargo, se había duplicado, acercándose a los veinte mil habitantes, cuyas familias vivían de sus trabajos en las diferentes industrias que se encontraban esparcidas por toda su área metropolitana. Antes de 1800, los dueños de las fábricas tenían que construir sus propias herramientas y su maquinaria, cada fábrica tenía su propia tienda. Con el crecimiento del mercado y la creación de máquinas más complejas, se establecieron nuevas empresas especializadas en la producción de estos bienes, que resultaban muy rentables. Gracias a estas compañías que se dispusieron a innovar y mejorar las maquinarias que fabricaban, el crecimiento de la industrialización norteamericana dio un gran salto en un espacio bastante corto de tiempo.

Durante su estancia en Richmond, Poe pudo retomar su vínculo con su hermana Rosalie y con muchos de sus amigos de infancia. Sin embargo, a menudo se sentía abrumado por los recuerdos dolorosos que tenía de la ciudad. Los hijos y herederos legítimos de John Allan seguían viviendo en Moldavia con su madre, Louise, y las oficinas del *Messenger* estaban ubicadas a pocos metros, en la calle Main con Fifteenth, donde antes estaba la sede de la que un día fue la empresa de su padrastro, la Ellis & Allan. Pero ninguno de estos lugares de Richmond le trajo tantos recuerdos desgarradores como el cementerio de Shockoe Hill, donde acudía casi a diario para «conversar» con las únicas personas que lo habían amado en el pasado: su madre adoptiva y su pasión platónica de adolescencia, Jane Stannard.

Con independencia de lo que Richmond había llegado a significar para Poe, ahora también figuraba como el lugar donde había comenzado a demostrar que era un editor de primer nivel, y en gran parte responsable del *Messenger*. De hecho, Poe solía jactarse con sus amigos diciendo que, gracias a sus gestiones comerciales, las suscripciones al diario se habían quintuplicado en pocos meses. Thomas White, sin embargo, no se hacía tantas ilusiones e incluso tenía la sensación de que su revista se había convertido en algo casi más romántico que económicamente viable, que apenas le proporcionaba sustento y podría llegar a generar grandes pérdidas, gracias a la política financiera de Andrew Jackson, que había desencadenado una violenta crisis económica que afectaba a los bancos, al crédito y al mercado de trabajo.

Andrew Jackson fue el séptimo presidente de los Estados Unidos, sirvió en el cargo desde 1829 hasta 1837 y se hizo conocido por su liderazgo durante la batalla de Nueva Orleans en la guerra de 1812 y por su papel en la expansión de los Estados Unidos hacia el oeste. La crisis financiera asociada a su presidencia se conoce como la Crisis Financiera de 1837 y fue provocada por una combinación de factores, incluyendo las políticas económicas y bancarias implementadas durante su mandato, como su oposición al Banco de los Estados Unidos, una institución financiera central que tenía un papel importante en la economía. Jackson creía que el banco era una fuente de corrupción y privilegios injustos para los ricos, y buscó su eliminación. En 1832, vetó la renovación de la carta del banco, lo que llevó a la creación de un nuevo banco estatal en su lugar. Estas acciones generaron una expansión crediticia descontrolada y especulación excesiva, provocando una burbuja especulativa en la compra de tierras y a un aumento en los préstamos sin garantías sólidas.

En 1836, Jackson emitió la Orden Ejecutiva de la Circular N.º 34, que exigía que todas las compras de tierras públicas se pagaran en especie (plata u oro) en lugar de papel moneda. Esta medida buscaba frenar la especulación y controlar la inflación. Sin embargo, tuvo el efecto contrario al esperado, ya que provocó una contracción brusca del crédito y una escasez de dinero en circulación. La combinación de la burbuja especulativa, el aumento de la deuda, la contracción crediticia y la escasez de dinero llevó a una crisis financiera en 1837. Muchos bancos estatales y muchas empresas comerciales se declararon en bancarrota, provocando un pánico generalizado en el sistema financiero. El mercado de valores colapsó, los precios de la tierra se desplomaron y hubo un aumento del desempleo y la pobreza.

A fines del otoño de 1836, las preocupaciones de White comenzaron a hacerse realidad: el número de septiembre salió con un retraso poco usual y con un contenido de una calidad muy inferior al esperado por sus suscriptores; de hecho, fue el primer número bajo la dirección de Poe que salió sin una historia o poema de su autoría. En octubre, el autor se ausentó por motivos de salud, lo que provocó que el número de noviembre saliera solo con una reseña. Y por si fuera poco, White aún tenía que lidiar con una creciente escasez de crédito en el mercado y la enfermedad de su esposa, que padecía de cáncer de útero. En diciembre, una huelga de impresores exasperó a White, ya cansado de su redactor, como confesó a finales de año a su amigo Beverley Tucker: «Por muy alto que sitúe el talento del señor Poe, me veo obligado a despedirlo. Estuve a punto de hacerlo, pero al final lo retuve, pese a que no deja de entrometerse en la gestión de mi revista. Soy consciente de que no tengo su sagacidad ni su cultura, pero creo que sé diferenciar un clavo de una sierra». Allan Poe, por su parte, expresaría una amargura casi simétrica: «Mi trabajo no me permite mejorar mi situación pecuniaria y, además, mis mejores energías están siendo derrochadas en servir a un hombre que no demuestra la menor capacidad para apreciar mi trabajo ni la voluntad de recompensarlo».[N8]

Finalmente, en la edición de enero de 1837 del *Messenger*, Thomas White tomó la drástica decisión de anunciar que Allan Poe había dejado de colaborar con su revista. Apenas se sabe sobre las condiciones en las que se dio esa ruptura, aunque los registros de la época indican que Poe no se fue de buenas maneras y, además, guardó cierto rencor contra su jefe, a quien calificó como «un hombre vulgar, aunque bien intencionado». Para detener los rumores que se extendían en el medio editorial sobre la salida de su controvertido editor, White le dedicó una nota de agradecimiento en la última edición en la que el poeta colaboró:

> Sintiéndose en la necesidad de buscar nuevos desafíos, el señor Poe ha decidido cesar su colaboración como editor en el presente número del *Messenger*, cuyo éxito se debe a su incansable dedicación durante el tiempo en el que estuvo al frente de nuestro rotativo. Asimismo, esperemos contar con sus valiosas contribuciones en nuestras columnas, siempre y cuando su vigorosa pluma esté dispuesta a ello.

Aunque la nota de Thomas White dedicada a Allan Poe fue protocolaria, reflejaba la realidad: en menos de año y medio, Poe había logrado convertir el *Messenger* en un periódico de gran prestigio. Pero ahora, con veintiocho años de edad, una esposa y una suegra a su cargo, el controvertido autor quedaba, una vez más, sin trabajo.[N9] White y Poe podrían haber seguido trabajando juntos si no hubiera sido por la terquedad del primero y la temeridad del segundo. De todas formas, a Thomas White le convenía tenerlo como colaborador y, como demostración de buena voluntad, trató de rebajar la tensión enviándole una pequeña suma de dinero en efectivo y, además, accedió a publicar su primera novela —y única—, titulada *Las aventuras de Arthur Gordon Pym*.

El protagonista, cuyo nombre da título a la obra, es un joven que entabla amistad con August Barnard, hijo de un marino mercante. Impresionado por sus relatos y sintiéndose atraído por la vida marina llena de episodios espeluznantes, Arthur Gordon Pym decide embarcarse clandestinamente en el buque ballenero Grampus, capitaneado por el padre de su amigo, para vivir una experiencia inolvidable. Sin embargo, la experiencia se vuelve dolorosa para Pym, que sufre de claustrofobia y de delirios por la falta de agua y alimentos. Eventualmente, Pym se interna en parajes prodigiosos de los mares antárticos y sufre una sobrecogedora revelación con la que culmina la historia.[N10] Con largas digresiones científicas y un exhaustivo vocabulario marinero para darle un tono verosímil a la narración, Poe alterna escenas de horror (donde, por ejemplo, encierra al protagonista bajo cubierta, solo, a oscuras y famélico) con descripciones de singular belleza, como la de la isla de Tsalal y sus negruras infernales, en contraste con la fulgurante blancura de las nieves antárticas.[N11] Se cree que Poe se basó en textos sobre las aguas australes publicados en periódicos y revistas científicas de la época para desarrollar la obra y darle un aura de verosimilitud al relato.[N12]

Sea como fuere, los esfuerzos de Poe tuvieron el efecto esperado y su novela fue interpretada por muchos de sus lectores como un informe sobre hechos auténticos. La extraordinaria dedicación que el autor puso en ciertos detalles marítimos, así como las numerosas notas a pie de página que añadió en varios capítulos, consiguieron desorientar a lectores y críticos. Además, los testimonios del protagonista de la novela, cuyos fragmentos se exponen a continuación, contribuyeron a difuminar aún más la línea entre ficción y realidad.

Entre estos caballeros de Virginia que se habían mostrado tan interesados en mi relato, y muy especialmente en la parte referente al océano Antártico, se encontraba Mr. Poe, por aquel entonces director de la *Southern Literary Messenger*, revista mensual de Richmond editada por Mr. Thomas W. White. Fue él quien, con otros amigos, me insistió en que preparara una crónica completa de lo que había visto y sufrido, y la confiara a la sagacidad y al buen sentido del público, añadiendo, muy convencido, que las imperfecciones formales de mi libro, si las hubiera, no harían sino reforzar la impresión de veracidad del relato.

Pese a todas estas observaciones, no me decidía yo a llevar a cabo la empresa. Ante mi indecisión, Mr. Poe me propuso entonces que le permitiese escribir un relato de la primera parte de mis aventuras, basado en los hechos que le había referido, y le autorizara a publicarlo en el *Southern Messenger* como si se tratara de una ficción. Acepté, con la única condición de que no se hiciera público mi verdadero nombre. Fue así como se publicó en dos números del *Messenger* —los de enero y febrero de 1837— esta pretendida ficción, y para que nadie dudara de que se tratara de un relato imaginario, el nombre de Mr. Poe apareció en el índice de la revista como autor de las dos partes.

La acogida que tuvo este trabajo me indujo, al fin, a emprender una compilación y publicación regular de las aventuras en cuestión, pues, a pesar del ingenioso tono empleado para imprimir un carácter de ficción a las partes publicadas por el *Messenger* —sin por ello alterar o deformar ni un solo hecho—, el público no pareció inclinado a aceptarlas como una obra de ficción, como lo prueba el hecho de que Mr. Poe recibiera numerosas cartas que expresaban una clara convicción de lo contrario. Esta experiencia demostró que los hechos contenidos en mi narración eran de tal naturaleza que tenían en sí mismos la prueba suficiente de su autenticidad y que, por tanto, poco debía temer por lo que se refiere a la incredulidad del público. EDGAR ALLAN POE, FRAGMENTO DE *LAS AVENTURAS DE ARTHUR GORDON PYM* (1838)

Para esta novela, Poe también se inspiró en los relatos de Jeremiah N. Reynolds, un explorador estadounidense que se convirtió en un influyente defensor de las expediciones científicas. Autor de numerosos artículos, Reynolds ofreció una conferencia sobre la exploración del Pacífico y los Mares del Sur en la Cámara de Representantes, la cual fue publicada posteriormente en la edición de enero de 1837 del *Southern Literary Messenger*. Poe recibió la tarea de revisar el texto y quedó tan fascinado con lo relatado por Reynolds que acabó utilizando alrededor de setecientas palabras de su discurso en el capítulo XVI de *Las aventuras de Arthur Gordon Pym*, lo equivalente a casi la mitad de la extensión de dicho capítulo.

Todas mis visiones eran el naufragio y el hambre, la muerte o la esclavitud entre las tribus bárbaras, una vida de dolores y de lágrimas arrastrada en una roca árida y desierta, en un mar inaccesible y desconocido. Estos delirios son muy comunes entre la clase harto numerosa de hombres melancólicos; pero en la época de que hablo, yo los consideraba como nuncios proféticos de una suerte a la que me sentía destinado. EDGAR ALLAN POE, FRAGMENTO DE *LAS AVENTURAS DE ARTHUR GORDON PYM* (1838)

Este trabajo, al igual que muchos otros elaborados por Poe, sirvió para poner a prueba la credulidad del ciudadano medio americano. En aquel entonces, la gente se dejaba engañar fácilmente por cualquier noticia, por muy absurda que pareciera, solo porque estaba impresa ya parecía verosímil. Ya sea por la alusión a alguna fuente de información inventada o mediante la referencia a alguna autoridad, los lectores tendían a aceptar como verdaderas las historias que leían. Como resultado, las utopías científicas que Poe plasmó en sus historias casi siempre están enfocadas desde un punto de vista irónico y sarcástico, lo que refleja su propia perspectiva pesimista hacia los tiempos venideros. Sin embargo, y a pesar de su empeño, fueron pocos los medios de prensa que se dejaron engañar, y sus colegas críticos fueron demoledores con la novela, muy posiblemente por venganza. El *New York Mirror* calificó a Poe de «mentiroso de primera magnitud», mientras que la *Burton Gentleman's Magazine* describió la obra como un «imprudente intento de embaucar al público ignorante». Por otro lado, el editor Lewis Gaylord Clark, en su revista *The Knickerbocker*, reconoció el interés de la obra, a pesar de sus defectos, señalando que estaba «demasiado repleta de circunstancias horribles, de sangre y batalla». En general, la novela no tuvo éxito comercial en su época, aunque con el tiempo ha sido reconocida como una obra importante en la carrera literaria de Poe.[N13]

Algunos críticos modernos clasifican *Las aventuras de Arthur Gordon Pym* como el primer volumen de una supuesta trilogía que incluiría obras de Jules Verne y H. P. Lovecraft, ya que ambos autores habrían manifestado el interés de continuar la trama escrita por Poe. En *La esfinge de los hielos* (1897), Julio Verne habla de un barco que viaja hacia Connecticut, cerca de donde vive Pym, y encuentra a algunos supervivientes de la goleta británica Jane Guy, entre ellos su capitán, que decide retomar viaje hacia el Polo Sur siguiendo la ruta navegada por Pym. Lovecraft, por su parte, escribió *En las montañas de la locura* (1931), cuya trama ya lleva el lector a concluir que no se trata de una continuación del libro de Poe, sino una ampliación de su universo. En esta obra, Lovecraft habla de una expedición científica que llega a la Antártida y descubre lo que se oculta entre las altísimas montañas del lugar. Aunque se pueden identificar conexiones temáticas entre estas obras, no hay evidencia sólida que respalde la idea de que formen parte de una trilogía coherente. En general, estas obras amplían el universo de Pym y exploran temas similares de exploración y descubrimiento en lugares inhóspitos.

El mar siempre ha sido escenario de grandes historias: batallas, naufragios, piratas y bestias marinas. Autores de todos los tiempos han puesto su mirada en el continuo vaivén de las olas para dar forma a obras maestras de la literatura. Uno de los grandes clásicos dedicados al mar salió de la pluma de Herman Melville con la publicación de *Moby Dick* (1851), que narra la travesía del ballenero Pequod, comandado por el capitán Ahab, junto con su arponero Queequeg en la obsesiva persecución de un gran cachalote blanco alrededor del globo. Melville nació en 1819 en Nueva York, siendo, por tanto, diez años más joven que Allan Poe y, aunque jamás se vieron

Desde tiempos inmemoriales, el mar ha sido una fuente inagotable para poetas y escritores de todas las épocas, quienes han llenado de sal marina las páginas de la literatura universal. Desde la *Odisea* de Homero (escrita alrededor del siglo VIII a. C.) hasta obras más recientes, como *Veinte mil leguas de viaje submarino*, de Julio Verne (1869), *La isla del tesoro*, de Robert Stevenson (1883), o *El viejo y el mar*, de Ernest Hemingway (1952). En el caso de Allan Poe, su fascinación por las aventuras marítimas se remonta a su infancia, cuando viajó en barco a través del océano Atlántico con sus padres adoptivos cuando estos decidieron vivir una temporada en Escocia. Además, las historias de su hermano mayor, que había servido como marinero en la fragata USS Macedonian, también influyeron en su obra. Poe escribió varios relatos náuticos destacados, entre ellos *Manuscrito hallado en una botella* (1833), *Las aventuras de Arthur Gordon Pym* (1838) y *Un descenso al Maelström* (1841). Estas obras, junto con las de otros grandes escritores como Herman Melville, han contribuido a hacer del mar un tema recurrente y fascinante en la literatura universal.

en persona, los dos autores tenían profundas conexiones. Ambos fueron subestimados durante su vida, en especial, por las obras de las que estaban particularmente orgullosos. También se hicieron enemigos sustanciales, tanto literarios como personales, y murieron en la pobreza. Curiosamente, tanto Melville como Poe tenían un gran interés en el mar, aunque la conexión de Melville en este sentido es más profunda que la de Poe. El autor de *Moby Dick* sirvió como marinero y llegó incluso a vivir durante un tiempo con una tribu de caníbales de los Mares del Sur, los taipi, lo que posteriormente le serviría de inspiración para escribir *Taipi: un edén caníbal*, considerado hoy un clásico de la literatura de viajes.

El Pequod zarpó de New Bedford (Massachusetts) con destino a los Mares del Sur en 1841, tres años después de que Poe publicara su novela con el personaje Arthur Gordon Pym, quien también se encuentra entre una tribu caníbal. Sin embargo, las conexiones literarias entre Melville y Poe no terminan ahí. Aunque entramos en un terreno especulativo, es posible que la ballena blanca de Melville estuviera inspirada en gran medida en el simbolismo del color blanco descrito por Poe en *Las aventuras de Arthur Gordon Pym*. Además, Poe y Melville fueron dos incuestionables referentes del «Romanticismo oscuro», un subgénero de la literatura que se caracteriza por la presencia de individuos macabros y autodestructivos, sujetos proclives a la locura y la enajenación. Tal vez eso se deba a que su objetivo central es trascender las barreras de lo cotidiano y presentar la problemática del hombre que se enfrenta a lo inevitable. El tercer escritor importante de este movimiento literario fue Nathaniel Hawthorne (autor de *La letra escarlata*, 1850), que se conecta fácilmente tanto con Poe como con Melville.

Nota del Autor

La intención de Allan Poe de escribir una obra como si fuera una historia basada en hechos reales forma parte de una larga tradición de autores que escriben novelas de ficción con la intención de presentarlas como si estuviesen basadas en hechos reales, como *Los viajes de Gulliver* o *Robinson Crusoe*. Sin embargo, *Las aventuras de Arthur Gordon Pym* se convirtió en una obra peculiar no solo porque no se basó en un acontecimiento real, sino porque el suceso al que hace referencia solo sucedió cuarenta seis años después del lanzamiento de la obra, más precisamente en julio de 1884, cuando la prensa se hizo eco del naufragio del Mignotte, un velero de bandera británica que había salido de Southampton con destino a Australia. La embarcación había acabado de cruzar la línea del Ecuador cuando fue sacudida por una serie de tormentas y en pocos días quedó inservible.[N15] Sus cuatro tripulantes lograron sobrevivir al desastre gracias a un bote salvavidas, pero, después de varios días a la deriva, se quedaron sin comida ni agua, lo que los llevó a tomar la desesperada de decisión sacrificar al joven grumete, Richard Parker, quien se hallaba deshidratado y en estado de coma profundo por haber bebido agua de mar. El capitán apuñaló a Parker y los tres supervivientes bebieron de su sangre y comieron varios trozos de su cuerpo, echando los restos al mar. (Cabe recordar que el personaje de Poe que corrió una suerte muy parecida también se llamaba Richard Parker).

Este espeluznante suceso terminó a mediados de julio, cuando la tripulación fue rescatada por el navío alemán Moctezuma. Al ser interrogados por las autoridades marítimas, los tres hombres informaron del crimen y dieron todos los detalles.[N16] Los tres marineros fueron sentenciados a la pena de muerte, pero finalmente se les concedió el indulto al entender que su conducta estaba amparada por lo que se conoce como la «ley del mar», que está conformada por un conjunto de normas por las que los marinos de

Esta pintura a óleo de Théodore Géricault titulada *La balsa de la Medusa* (1819) representa uno de los momentos más dramáticos del naufragio de la fragata francesa La Méduse, encallada frente a la costa de Mauritania el 2 de julio de 1816. Al menos, ciento cincuenta personas quedaron a la deriva en una balsa construida apresuradamente, y todas ellas, salvo quince, murieron durante los trece días que se tardó en rescatarlos. En este ínterin, los supervivientes se vieron obligados a practicar canibalismo siguiendo la tradición de la ley del mar.

todo el mundo se han regido desde los principios de la navegación, siendo tan antigua como la propia historia de la humanidad. Algunas de las tradiciones son muy conocidas por el imaginario popular, como, por ejemplo, que el capitán sea el último en abandonar el navío o que sean las mujeres y los niños los primeros en ocupar las plazas de los botes salvavidas en caso de naufragio, actitudes que ni siquiera necesitarían de un libro de reglas, dada su obviedad. La ley del mar, sin embargo, se hizo conocida justamente por tratar de cuestiones más controvertidas, como el canibalismo como medio de supervivencia, una práctica que se llevaba a cabo en situaciones de extrema necesidad en la que se solía echar a suertes el nombre del tripulante que sería sacrificado para servir de alimento a los demás. Este proceso se repetiría tantas veces como fuese necesario hasta que los supervivientes fuesen rescatados o hasta que quedase un único superviviente en la balsa. Entre los marineros era habitual usar el método del cordel, que consistía en cortar tantos pedazos de cabo como supervivientes quedasen y aquel que escogiese el cordel más corto era el elegido para el sacrificio.

Edgar Allan Poe se esforzó por labrarse una carrera como escritor, pero tuvo grandes dificultades debido, en gran medida, a la situación en que se hallaba el periodismo en su país en aquel momento. En el caso de *Las aventuras de Arthur Gordon Pym*, se desconoce cuáles fueron sus honorarios, aunque se supone que fueron bastante escasos, debido a la inexistencia en su tiempo de una ley internacional de *copyright*. Los editores europeos preferían piratear las obras de los autores estadounidenses para no tener que pagar los derechos de autor, lo que también sucedía en Estados Unidos a falta de regulación en este ámbito (la distancia que separaba ambos continentes también favorecía esta práctica). A pesar del auge de las publicaciones periódicas en Estados Unidos en ese período, la mayoría se centraba en temas específicos, lo que dificultaba que los periodistas y autores encontraran trabajos bien remunerados. Poe, por su parte, se veía continuamente obligado a pedir dinero y a enfrentarse a situaciones humillantes relacionadas con la cuestión económica mientras intentaba abrirse camino en este mundo.[N17]

A pesar de su precaria condición financiera, Poe tomó la decisión de mudarse junto con su tía y su esposa a Nueva York con la esperanza de que mejorase su suerte haciendo valer su talento literario, una meta complicada —que siempre perseguiría—, especialmente en aquel momento en el que el país estaba atravesando una gran depresión económica. Es probable que Poe presintiera el fin de su relación profesional con el *Messenger*, ya que fue en ese momento cuando comenzó a trabajar en un nuevo proyecto literario que era diferente a todo lo que había escrito antes.

Silencio, una fábula. Ilustración de Harry Clarke para la
colección *Tales of Mystery & Imagination* (1919).

Anteriormente, Poe había tratado de vender un volumen de cuentos a varias editoriales, pero sus textos fueron rechazados por ser considerados demasiado cultos. La obra en cuestión tenía como título *Cuentos del Club del Folio* y era un conjunto de relatos que formaban parte de sus cuentos tempranos. Estos textos estaban precedidos por un relato homónimo en el que Poe describe a un club de intelectuales compuesto por diecisiete miembros que se reúnen una vez al mes para presentar sus trabajos y elegir el mejor. El autor del peor cuento del mes tendría que pagar la cena y los vinos de la siguiente reunión. Poe intentó vender los derechos de publicación con desesperación, pero esta obra tampoco parecía destinada al público en general y los tiempos que corrían eran demasiado difíciles como para invertir dinero en empresas arriesgadas. Cuando fue consultado, el editor de la *Harper and Brothers* le dio un sabio consejo: escribir una sola historia conexa que apelara mejor al gusto del público norteamericano. «Los lectores de este país tienen una clara preferencia por obras de ficción en las que una sola historia ocupe todo el volumen o volúmenes, según el caso», le escribió este editor, en una misiva fechada el 19 de junio de 1836.

Tratando de establecer contacto con el mundo editorial neoyorquino, Allan Poe acudió a una cena de libreros que tuvo lugar el 30 de marzo en un céntrico hotel de la ciudad. El encuentro, que se organizaba dos veces al año, tenía como objetivo promover la escritura e impulsar la venta de libros de autores estadounidenses, y ya había contado con la ilustre presencia de varias celebridades literarias, como Washington Irving y William Cullen Bryant. En esta nueva reunión, Poe esperaba despertar el interés de alguna editorial por sus obras, pero su imagen como implacable crítico del *Southern Literary Messenger* todavía seguía grabada en la retina del mundo literario, de modo que sus ataques contra sus colegas no incitaban a las grandes revistas a tenerlo como colaborador. Nadie, ni siquiera la fugaz *New York Review*, le hizo ofertas de trabajo, y durante toda su estancia en la ciudad solo publicó dos cuentos. Uno de ellos se titulaba *Silencio*, un relato filosófico considerado hoy uno de los más extraños y misteriosos de su producción. La historia es narrada por un demonio que observa las acciones de un hombre en una tierra desolada. A través del cuento, la criatura de las tinieblas intenta provocar una reacción en el hombre, haciéndole ver las manipulaciones a las que ha sido sometido.

Mientras Allan Poe buscaba una editorial que publicara sus relatos, su tía trató de alquilar una pequeña casa de madera con algo de dinero prestado para convertirla en una pensión. El negocio prosperó y al menos durante los siguientes meses consiguieron asegurar su sustento. Uno de sus primeros huéspedes, un librero escocés llamado William Gowans, dejó por escrito el único testimonio existente de la corta estancia de Allan Poe en Nueva York. El texto fue escrito después de la muerte de Poe en respuesta a un artículo del *Frasers Magazine* que había retratado al poeta con gran desdén.

> Mi opinión sobre este genio desafortunado quizá sea de poco valor, pero tiene su importancia, pues procede de un testigo ocular que durante ocho meses convivió bajo el mismo techo y compartió la misma mesa. Durante todo ese periodo de tiempo tuve la oportunidad de hablar con él y escucharle mucho, y debo decir que jamás le vi afectado por el abuso de la bebida ni por vicio alguno. Por el contrario, me pareció el más cortés de los caballeros y el más inteligente de los interlocutores que he encontrado en el curso de mis peregrinaciones por este mundo. Tenía, además, otro motivo para ser un hombre excelente y un buen marido: su mujer tenía un encanto y una belleza sin igual; su amabilidad era exquisita; además, parecía tener por su marido y por los intereses de este la devoción de una joven madre por su primogénito.

Incentivado por un colega llamado James Pedder, por quien tenía muchísimo aprecio, Poe decidió abandonar Nueva York para intentar salir adelante en la ciudad que era considerada el centro literario norteamericano de la época: Filadelfia. El colono inglés William Penn fundó la ciudad en 1682 con el deseo de crear un refugio de tolerancia. La llamó «la ciudad del amor fraternal» y acabó siendo un enclave decisivo en la creación de los Estados Unidos. Nacida a orillas del río Delaware durante el siglo XVIII, fue la ciudad más poblada de las trece colonias y la tercera del imperio colonial británico, solo por detrás de Londres y Dublín. La importancia y el potencial económico de su industria y de su puerto la convirtieron durante unos años en la capital de los Estados Unidos. Cuando Allan Poe llegó con su familia en la primavera de 1938, la ciudad contaba con siete diarios matutinos, dos vespertinos y algunos semanarios, además de varias revistas con un considerable número de lectores.

Durante los siguientes seis años, la vida de Poe y de su familia se caracterizó por una lucha constante por mantenerse a flote en medio de la dura realidad de la vida literaria. Y eso porque su llegada a Filadelfia coincidió con una ola de pánico económico que nació a raíz de una fiebre especulativa en mayo de 1837, cuando los bancos dejaron de realizar sus pagos en especie. Esto provocó una caída inmediata del valor del papel moneda, se rechazó el crédito y se exigió el pago en oro o plata. El pánico resultante fue inmediato, cientos de empresas tuvieron que declarar suspensión de pagos y miles de ahorradores y pequeños comerciantes quedaron arruinados. Toda la vida comercial del norte se vio afectada, así como la de muchos periódicos y revistas; incluso *The New York Review*, que parecía estar dispuesto a aceptar a Poe en la redacción, tuvo que parar sus rotativas. Por si fuera poco, un incendio de grandes proporciones destruyó muchos almacenes, maquinaria de impresión y empresas enteras en el distrito editorial de Nueva York. Esta grave crisis financiera bloqueó la producción literaria de Poe, cuyo único trabajo importante ese año fue un oscuro cuento publicado en *American Monthly Magazine* titulado *Von Jung, The Mystific*, ahora conocido como *Mistificación*.[N18]

Mediante pequeños préstamos que conseguía obtener a duras penas, Poe trató de cumplir con el pago del alquiler en la pensión familiar en la que vivían mientras Maria Clemm y Virginia intentaban complementar los escasos ingresos con labores manuales. El nuevo hogar de los Poe se vio sometido, una vez más, a las más duras penurias, y hay registros de la época que relatan que la dieta diaria familiar se limitó en varias ocasiones a tan solo pan y melaza, una sustancia viscosa que se genera como residuo durante la producción de azúcar. Es un alimento que no aportaba ningún nutriente y solo servía para saciar la sensación de hambre.

Edgar intentó obtener un préstamo de Neilson Poe, pero este lo denegó, lo que resulta llamativo, ya que era su primo y se había propuesto anteriormente hacerse cargo de Virginia. Además, ocupaba el puesto de redactor jefe del *Baltimore Chronicle*, lo que le permitía ayudar a su familia de dos maneras: con una pequeña cantidad en efectivo, lo suficiente para ayudarlos a salir de la situación de penuria en la que se encontraban, y con un empleo para Edgar, quien ya era conocido por su talento literario. Después de ser rechazado por su primo, Poe se dirigió a James Kirke Paulding, un escritor que ya se había declarado admirador de sus obras y le conocía suficientemente bien como para hacerle reproches por sus excesos con la bebida. Antes de solicitar su ayuda, Edgar tuvo que convencerlo de que sus vicios con el alcohol habían quedado atrás.[N19]

> Durante todos estos años, nunca permití que mi intemperancia se convirtiera en un hábito y, en el peor de los casos, podría haberla eliminado sin el menor esfuerzo y de manera definitiva. Hace mucho tiempo que abrí mis ojos ante la degradación causada por un vicio que abandoné por completo. Antes de hacer referencia a mi solicitud, que es el motivo de esta carta, quisiera destacar lo siguiente: necesito un puesto en su departamento,

cualquier puesto que esté disponible, para tener un sueldo fijo que me permita vivir sin la miseria de tener que depender de los altibajos de la vida literaria. Creo que entonces podría elevarme al rango social al que estaba destinado. CARTA DE EDGAR A. POE A JAMES KIRKE PAULDING. AGOSTO DE 1837

La crisis financiera de 1837 y su salida del *Messenger* representaron un momento de reflexión para Allan Poe. Finalmente, el autor se convenció de que no podría tener éxito en su profesión mientras estuviera sometido a las órdenes del propietario de una revista. A partir de entonces, se obsesionó con la idea de tener su propia revista para llevar a cabo y de forma libre sus trabajos en materia de crítica y creación, pero como no disponía de medios para financiar su creación, tuvo que postergar el proyecto. Poe sabía que tenía que enfocar sus esfuerzos en llevar comida a casa, y como en la América de entonces era prácticamente imposible ganarse la vida como escritor independiente, Poe tendría que ser un redactor contratado o tener otra ocupación profesional fuera del ámbito literario. El poeta Walt Whitman, considerado uno de los más influyentes escritores del canon estadounidense, era funcionario de aduanas; Herman Melville era profesor de universidad, al igual que Henry Wadsworth Longfellow.

La otra opción era pertenecer a una familia acomodada, como habría sido el caso de Poe si hubiera podido heredar parte de los activos de John Allan. Desafortunadamente, Poe no cumplía con ninguno de esos requisitos: no tenía un empleo fijo y su nombre había sido borrado del testamento de su padre adoptivo de manera fulminante, lo que le obligaría a prestarse a trabajos que no estaban a la altura de su talento. Una de las obras más icónicas en este aspecto fue un libro sobre conchas y moluscos que acabó rindiéndole algunos quebraderos de cabeza. La obra en cuestión se titula *El primer libro del conquiólogo* y se imprimió originalmente con el nombre de Edgar Allan Poe como autor, aunque su contenido se basó en el *Manual of Conchologia* de Thomas Wyatt. Esta obra, publicada originalmente por Harper & Brothers a todo color, se vendía muy poco debido a su alto precio (ocho dólares en la época), lo que la hacía inaccesible para la inmensa mayoría de los estudiantes de secundaria. Consciente de la importancia de difundir su trabajo, Wyatt propuso a Harper & Brothers que se distribuyera una edición más económica en blanco y negro, pero sus editores lo rechazaron, alegando que la venta de una edición de bajo coste haría que la de lujo fuera invendible.

Con la determinación de llevar su idea a las últimas consecuencias, Wyatt se reunió con Allan Poe y juntos llegaron a un acuerdo comercial para la publicación de una edición independiente y más económica que la original. Poe, que estaba siempre buscando una alternativa viable para solventar sus problemas económicos, realizó una serie de cambios relevantes en la obra de Wyatt, empezando por la maquetación, que tuvo un nuevo diseño. Poe también redactó el prefacio y la introducción, y tradujo las descripciones de los moluscos del naturalista francés George Cuvier (el primer científico en proponer que la extinción de los dinosaurios se debió a una catástrofe natural) y de Edmund Ravenel (un eminente malacólogo que había residido en la isla de Sullivan durante el servicio militar de Poe). [N20] Luego, suprimió buena parte del texto de la obra original de Wyatt y mezcló lo restante con el contenido de otro libro de divulgación de moluscos, *The Conchologist's Text Book*, del inglés Thomas Brown.

Debido a la naturaleza de la obra, las contribuciones realizadas por Poe fueron limitadas, aunque aportaron considerables mejoras respecto a la edición original, tanto por su habilidad lingüística como por su enfoque, basado en los criterios de los mejores naturalistas franceses. Poe, que no era un provinciano, sino que estaba familiarizado con las principales corrientes del conocimiento europeo, logró dar prestigio a su edición económica, que se agotó en dos meses y se difundió rápidamente entre las

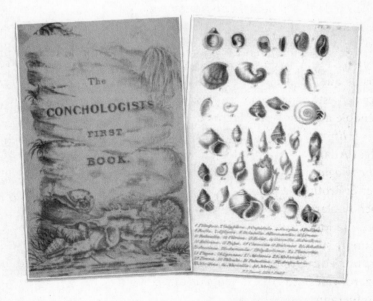

El primer libro del conquiólogo fue la obra más atípica de la bibliografía de Edgar Allan Poe e, irónicamente, también su mayor éxito comercial, ya que fue la única que se reimprimió en la vida del autor. Actualmente, es una de las obras más cotizadas por los coleccionistas.

escuelas de enseñanza secundaria del este de Estados Unidos. Indignados por esta acción oportunista, los editores de Harper & Brothers no tardaron en acusarlo de plagio, pero el poeta se defendió afirmando que se trataba de una obra original, con un prefacio y un capítulo de introducción de su autoría, además de una recopilación inédita de textos de otros científicos que no aparecían en la versión anterior. Para concluir su defensa, también argumentó que «todos los libros escolares comparten, por defecto, un contenido muy similar». La disputa no se resolvió y Poe llegó a lanzar una segunda edición en 1840, también con su nombre en la cubierta, y otra en 1845, sin hacer mención de ningún autor.[N21]

Lo que destaca en esta obra es el grado de calidad que Poe aportó, teniendo en cuenta que se trataba de un asunto que apenas conocía. Además, no era habitual en las guías de moluscos profundizar más allá de la descripción de las conchas, que son más fáciles de recoger, estudiar y conservar en colecciones. Poe también incluyó en la obra una serie de datos referentes a las partes blandas de los moluscos, como complemento a las descripciones de las conchas. Asimismo, fue él mismo quien tradujo del francés los estudios realizados por George Cuvier.[N22]

Nota del Autor

Además de ser una referencia fundamental del cuento de terror y uno de los grandes poetas románticos americanos, Edgar Allan Poe también fue el primero en describir en sus narraciones la fisonomía de los lugares, además de la de sus personajes. Como bien escribió el filósofo alemán Walter Benjamin: «Poe fue el primer fisonomista de los espacios domésticos». Por eso, otra de sus obras «exóticas» tiene un valor singular, se titula *Filosofía del mueble*, un breve ensayo que publicó en mayo de 1840 en la *Burton's Gentleman's Magazine* de Filadelfia, de la que era colaborador habitual. El argumento de la obra se centra en el mobiliario y la decoración en los Estados Unidos de la época, y el título se convierte en un recurso irónico que establece el tono del texto y plantea una crítica al mal gusto que Poe atribuía a la forma en que sus compatriotas decoraban sus hogares.

En uno de sus capítulos, el autor hace la siguiente reflexión: «No teniendo aristocracia de sangre, nos hemos fabricado, en consecuencia, como cosa natural y acaso inevitable, una aristocracia del dólar, donde se confunde la mera ostentación con el buen gusto, el brillo con la utilidad, y el precio con la calidad». Bajo esta perspectiva, Poe expone que las casas de los plutócratas neoyorquinos y bostonianos están repletas de antigüedades y muebles de estilo, pero distribuidas y combinadas sin criterio coherente. Con este razonamiento, Poe rechaza lo que llama «amueblamiento disonante», donde «la falta de armonía suele notarse en la disparidad de estilo entre los distintos muebles, y más aún entre sus colores y los diferentes usos a que son destinados». Poe no llega a recomendar o mencionar ninguna clase de mueble, sino que se centra en abogar por una idea de unidad, por el control de formas y colores afines entre sí, de forma que una habitación o una casa sean percibidas como el fruto de una voluntad unitaria, aunque no necesariamente homogénea. En esta obra, resulta admirable ver la extraordinaria habilidad de Allan Poe en dar uso a los adjetivos y los verbos, situando en ellos toda su crítica a la vez que utiliza una prosa de gran calidad literaria.

Los relatos y las novelas de ficción casi siempre centraron sus atenciones en las personas y durante siglos apenas se han ocupado de describir objetos o el entorno que rodeaba sus personajes. En el *Quijote*, por ejemplo, Cervantes describe con pormenorizado detalle la fisonomía del hidalgo Quijano y de tantos otros personajes, mientras que otras obras de la época

Este salón de dibujo italiano del XIX se acerca al ideal de Poe de una estancia que proporciona un brillo y un destello mínimos. El único objeto ofensivo parece ser el espejo de dimensiones desproporcionadas que se encuentra ubicado encima de la chimenea. Con *Filosofía del mueble*, Allan Poe cumple con la doble tarea de acercarnos a la realidad del mueble y los estilos de decoración vigentes en los hogares aristocráticos estadounidenses de su época.

se explayaban sobre su indumentaria y sus objetos personales. Con la llegada del siglo XIX, los lugares habitados por sus personajes pasaron cobrar cierta relevancia en muchas obras literarias y llegaron incluso a ocupar un papel de protagonismo. Estos inmuebles eran descritos con toda riqueza de detalles, como escritorios con cajones secretos, elegantes divanes, butacas tapizadas y habitaciones donde, muchas veces, se cometía un crimen de difícil resolución. La novela más famosa de Agatha Christie, *Diez negritos,* con más de cien millones de ejemplares vendidos, y sumando, tiene como protagonista una magnífica mansión en una isla de Devon, en Gran Bretaña; y otro ejemplo emblemático es *La casa de los espíritus*, la primera novela de la escritora peruana Isabel Allende, publicada en 1982 y que en muy poco tiempo se convirtió en un *boom* editorial. La historia tiene lugar en Las Tres Marías, la finca colonial de madera decorada con muebles de madera envejecidos, viejos almanaques traídos de Europa y sillones franceses.[N23] Otras novelas que ejemplifican lo comentado son *La cabaña del tío Tom*, de Harriet Beecher Stowe, *La casa de Bernarda Alba*, de Federico García Lorca o *La casa de los siete tejados*, de Nathaniel Hawthorne.

En el caso de Edgar Allan Poe, las casas siempre representaron un papel importante en el desarrollo de sus historias, siendo el caso más evidente y reconocible el relato *La caída de la Casa Usher*. (Esta casa fue, en el pasado, un castillo lleno de múltiples colores, sueños y aspiraciones, pero con el paso de los años solo quedaron paredes llenas de grietas y recuerdos tristes y amargos). También podemos incluir en esta categoría *La máscara de la muerte roja* —que se ambienta entre las paredes de un castillo— y *El gato negro* —donde un gato es emparedado en la casa del protagonista—.

* * *

En el verano de 1839, Poe consiguió hacerse con el puesto de redactor jefe de una floreciente revista llamada *Burton's Gentleman's Magazine,* propiedad de William Evans Burton, un inglés que adquirió cierta fama como cómico y luego intentó consolidarla como literato, empresa en la que no consiguió triunfar. Poe y Burton probablemente se conocieron en el Falstaff Hotel, que era en ese momento el punto de encuentro de escritores, artistas y actores. Tras una breve conversación en la que hablaron de literatura y de la situación del mercado editorial, Burton contrató a Poe para ocupar el puesto de redactor en su revista, que ofrecía entonces una mezcolanza de noticias y artículos. Como conocía las circunstancias que habían provocado el despido de Poe del *Messenger*, Burton le pidió que «no imprimiera un tono de exagerada severidad en sus reseñas literarias».

Poe tuvo que adaptarse a la orientación de la revista, que no encajaba exactamente con sus gustos, pero, al no tener una mejor opción, aceptó la propuesta, aunque el sueldo era mezquino por un trabajo que, en principio, solo le ocuparía dos horas al día. Sin embargo, la realidad resultó ser bastante distinta de lo esperado. Burton se ausentaba a menudo, a veces durante semanas enteras, transfiriendo a Poe la responsabilidad de encargarse de la redacción; una labor que requería mucho más que las dos horas acordadas —seis o incluso ocho—, sin que recibiera por ello sueldo suplementario alguno. Poe solo cobraba una paga extra cuando se hacía cargo de grandes trabajos. Por lo demás, el resto de trabajos que realizaba de forma esporádica, como las reseñas de libros o la redacción de artículos cortos, eran, para Burton, actividades rutinarias de su puesto y no debían ser pagadas como servicios extras. Pese al sueldo mediocre que recibía, Poe pudo trasladarse con Virginia y su madre a una vivienda más agradable, la primera casa digna desde sus días de Richmond, situada en los aledaños de la ciudad, casi en el campo. Edgar recorría diariamente varios kilómetros a pie para acudir al trabajo y, cuando volvía a casa, era recibido por Virginia con sus delicados modales de siempre y con un ramo de flores que había cogido ella misma en los jardines lindantes.[N24]

En su etapa en la *Burton's Gentleman's Magazine* —que se extendió seis largos años—, Allan Poe demostró una profesionalidad muy por encima de lo esperado y se hizo cargo de una amplia gama de tareas multidisciplinares: revisaba pruebas de impresión y escribía sobre asuntos variados, como disertaciones sobre botánica, especificaciones técnicas de equipos de gimnasia o reportajes sobre las ruinas de Stonehenge. Además, firmó alrededor de ochenta reseñas y un incontable número de editoriales. Con la llegada de Allan Poe a la redacción de la *Burton's*, la revista dejó de ser una publicación irrelevante para situarse entre las más populares de su tiempo, con numerosos artículos, relatos y críticas literarias de alta calidad, lo que contribuyó también a mejorar la reputación profesional de Poe, quien, de alguna forma, ya gozaba de cierto prestigio en el *Southern Literary Messenger*.

Allan Poe quiso aprovechar su privilegiada posición en la *Burton's* para volver a dirigir sus ácidas críticas a los autores cuyas obras consideraba «indignas de leer», y en este sentido volvió aún más combativo que antes, pues ni Washington Irving, considerado el fundador de la literatura estadounidense y el primer escritor nativo en lograr un gran éxito en el extranjero, logró escapar de sus fauces. Poe lo consideraba sobrevalorado y lo calificó en una breve nota como un autor «de mucha calidad, pero poco original».

Poe también dirigió sus críticas contra Henry Wadsworth Longfellow, otro autor consagrado. Es verdad que sus mejores versos aún estaban por venir, pero cuando en 1839 Longfellow publicó su primer libro, *Voices of the Night*, en el que se incluía su famoso poema *A Psalm of Life*, Poe lo acusó rotundamente de plagio y escribió una dura reseña en la que clasificó la obra como «la clase más bárbara de robo literario; esa clase en la que, mientras se evitan las palabras del autor agraviado, se roba su propiedad más intangible y, por lo tanto, menos defendible y menos recuperable». (Lo que Poe intentaba decir, de forma implícita, es que Longfellow no había robado simplemente algunas palabras o frases enteras de forma textual, sino las ideas y los conceptos creados por otros autores). Luego, para sorpresa general de los lectores de la *Burton's*, Poe publicó otra nota en la siguiente edición diciendo que Longfellow era «sin duda el mejor poeta de América» y lo invitó a enviar sus textos a la revista que estaba editando. Longfellow rechazó amablemente la invitación y, en un intento de mantenerse al margen de cualquier controversia, terminó su misiva reconociendo el talento de Poe prediciendo: «Usted está destinado a estar entre los primeros escritores románticos del país».

Al parecer, Poe prefirió ignorar la parte amable de la carta de Longfellow y centrarse en su negativa a colaborar en su revista, ya que continuó con sus ataques, llamándolo «imitador decidido y hábil adaptador de las ideas de otras personas». Nunca se supo exactamente cuál era el sentimiento de amor y odio que Poe sentía por Longfellow, quien, al parecer, estaba haciendo todo lo que un buen escritor no debería hacer. La creciente popularidad de Longfellow lo convirtió en un blanco fácil, y no ayudó que estuviera viviendo una vida cómoda en Boston, la ciudad natal de Poe, quien la despreciaba, pero en la que anhelaba ser reconocido. Algunos biógrafos creen que Poe se sintió frustrado por los poemas largos de Longfellow y se habría burlado en especial de uno titulado *Evangeline*. El rápido ascenso de Longfellow le valió admiradores en todo el país, quienes le dedicaron elogios de todo tipo. Y Poe, que se ganó la reputación de un crítico que escribía con ácido prúsico en lugar de tinta, no estaba dispuesto a tolerar un elogio tan efusivo para cualquier escritor que no lo mereciera.

Wadsworth Longfellow, por su parte, nunca respondió públicamente y les decía a sus amigos que «la vida era demasiado preciosa como para desperdiciarla en peleas callejeras». Cuando Edgar Allan Poe falleció, Longfellow registró en su diario su gran aprecio por su ficción y su poesía, y justificó las duras críticas que recibió como el resultado de una «irritación de naturaleza sensible, potencializada por una indefinida sensación de malestar». Longfellow fue más allá del discurso y pasó a la acción, ofreciendo apoyo financiero a la empobrecida tía de Poe, Maria Clemm.[N25]

El tiempo invertido (o perdido) en el intercambio de críticas y ofensas con otros autores refleja la extraña temática de sus textos de esta etapa, casi todos poco expresivos e incluso ajenos a su «canon clásico», como *El hombre de la multitud*, un cuento breve cuyo narrador persigue por simple curiosidad a otro hombre durante dos días seguidos por las calles de Londres. Otro texto, también «exótico», aunque muy interesante, es *El hombre que se gastó*, que cuenta la visita del narrador a un viejo general con el cuerpo hecho trizas tras una vida pródiga en luchas. Precisamente, cuando el narrador lo visita, el viejo general se está arreglando y su sirviente le va colocando, uno tras otro, su brazo y su pierna ortopédicos, los huesos del pecho y la espalda —también artificiales—, la peluca, los ojos postizos, la dentadura e incluso una lengua falsa. Aunque Poe omite el nombre del general en el cuento, se cree que para este personaje se inspiró en Winfield Scott, uno de los generales con más años de servicio en la historia de Estados Unidos, que había comandado fuerzas en la guerra de 1812, la guerra méxico-estadounidense y la guerra civil estadounidense. Scott era un pariente cercano de la segunda esposa del padre adoptivo de Poe, John Allan, y había sufrido múltiples heridas durante la campaña contra las tribus seminole y creek, un conflicto que obligó a estos pueblos nativos a abandonar sus tierras ancestrales y emigrar a territorios desconocidos. Este episodio es conocido como *The Trail of Tears* (El sendero de lágrimas) y es considerado como uno de los capítulos más trágicos en la relación entre los nativos americanos y los colonos blancos. Además, tuvo un impacto devastador en las comunidades nativas. Miles de indios murieron durante la marcha forzada hacia las reservas demarcadas por colonos y aquellos que lograron sobrevivir acabaron viviendo en condiciones precarias y despojados de su cultura y sus tradiciones.

Por otra parte, si hay un cuento de esta época que sobresale muy por encima de todos los referidos es *La caída de la Casa Usher* —considerada por muchos como la historia gótica más perfecta jamás escrita, con elementos tales como lo morboso, la necrofilia y los impulsos incestuosos, que hacen de este cuento una joya del género—.[N26] El relato narra la visita de un joven caballero al viejo caserón de su amigo de la infancia, Roderick Usher, un artista enfermizo que vive completamente recluido en compañía de su hermana, *lady* Madeline, también delicada de salud. Roderick Usher vive presa de una enfermedad indefinible, lo que hace que todos teman por su vida, pero la que acaba muriendo es su hermana, cuyos restos mortales son depositados en una antigua cripta, atendiendo los deseos de la difunta.

La caída de la casa de Usher. Ilustración de Harry Clarke para
la colección *Tales of Mystery & Imagination* (1919).

Al cabo de poco tiempo, comienzan a producirse terribles acontecimientos que desembocarán en un estado de aparente locura del señor Usher, que pasa a creer que su hermana ha sido enterrada con vida.

Estos relatos representan la quintaesencia del cuento gótico: paisajes lúgubres, mujeres enigmáticas y enfermedades misteriosas, características del género que son fácilmente identificables. No solo eso, sino que también representan la omnipresencia de la muerte como personaje invitado por excelencia, a la espera de hacer su entrada triunfal.

> A ruegos de Usher, le ayudé personalmente en los preparativos de aquel entierro temporal. Pusimos el cuerpo en el féretro, y entre los dos lo transportamos a su lugar de reposo. [...] Depositamos nuestro lúgubre fardo sobre unos soportes en aquella región de horror, apartamos un poco la tapa del féretro, que no estaba aún atornillada, y miramos la cara del cadáver. Un parecido chocante entre el hermano y la hermana atrajo enseguida mi atención, y Usher, adivinando tal vez mis pensamientos, murmuró unas palabras, por las cuales supe que la difunta y él eran gemelos, y que habían existido siempre entre ellos unas simpatías de naturaleza casi inexplicables. Nuestras miradas, entre tanto, no permanecieron fijas mucho tiempo sobre la muerta, pues no podíamos contemplarla sin espanto. El mal que había llevado a la tumba a *lady* Madeline en la plenitud de su juventud había dejado, como suele suceder en las enfermedades de carácter estrictamente cataléptico, la burla de una débil coloración sobre el seno y el rostro, y en los labios, esa sonrisa equívoca y morosa que es tan terrible en la muerte. EDGAR ALLAN POE, EXTRACTO DE *LA CAÍDA DE LA CASA DE USHER*

De esta época también destaca *William Wilson,* considerado uno de los mejores cuentos de terror de Allan Poe. Esto se debe en parte a la inclusión de un recurso literario que pocos autores se atreven a usar debido a su complejidad narrativa: el *doppelgänger.* El término proviene de la unión de dos palabras alemanas que lo definen literalmente como un «doble andante» (*dopple-gänger*), y suele ser representado en las historias de ficción por la imagen «desdoblada» de un individuo que se ve a sí mismo en alguien que se presenta como un doble (que puede ser un gemelo malvado, una sombra, un ser fantasmagórico o incluso el reflejo de un espejo). No se debe confundir con la bifocalia, fenómeno en el cual una misma persona está en dos o más lugares simultáneamente. El *doppelgänger* es otro ser exactamente igual a nosotros, pero dotado de una entidad independiente y una voluntad propia.

Este recurso literario, propio de las obras de ciencia ficción y literatura fantástica, ya estaba presente en los mitos griegos, ya que los dioses del Olimpo solían cambiar su forma para engañar a los humanos. En la *Ilíada* de Homero, que describe los acontecimientos del último año de la guerra de Troya, la diosa Atenea asume la forma del príncipe Deífobo, hermano de Héctor, para animarlo a luchar contra Aquiles. Sobre el mismo tema, el poeta lírico Estesícoro explica que Paris no secuestró a Helena de Troya, sino a un espectro suyo creado por Zeus, ya que Hermes habría trasladado a la auténtica Helena a Egipto.

Con el Romanticismo, el término tomó variantes más oscuras, y se convirtió en una especie de materialización del lado oscuro del protagonista, el ser que refleja los deseos más profundos del personaje y las limitaciones a las que se enfrenta para alcanzarlos. De este periodo destacan algunas novelas que hoy son consideradas clásicos, como *El extraño caso del doctor Jekyll y el señor Hyde,* de Robert Louis Stevenson (que nos muestra un *doppelgänger* que se libera a través del uso de un brebaje misterioso), *El retrato de Dorian Gray,* de Oscar Wilde (cuyo protagonista oculta su verdadero rostro por medio de una pintura), *El Horla,* de Guy de Maupassant (que narra los miedos del protagonista cuando empieza a sentir la presencia de un hombre invisible que lo rodea y lo controla) o *Frankenstein*, de Mary Shelley (que narra la historia de Víctor Frankenstein, un joven ávido de conocimientos científicos que se obsesiona por lograr el mayor reto posible en el mundo de la ciencia moderna: dar vida a un ser compuesto por partes de diferentes cadáveres). Como Shelley no le puso ningún nombre al monstruo, los lectores pasaron a llamarlo de Frankenstein, al igual que el científico, una decisión acertada, ya que, de algún modo, la terrible criatura era un desdoblamiento de su creador, condición que lo caracteriza como un *doppelgänger* en toda regla.[N27]

Según algunos críticos, *William Wilson* es el *doppelgänger* del propio Allan Poe, ya que muchos de los hechos circunstanciales narrados en el cuento pertenecen a la vida del autor. Y aunque muchas de sus obras poseen tintes autobiográficos, en ninguna otra se insinúa con tanta claridad las huellas de su vida personal como en esta. En el relato, el protagonista y su doble se convierten en compañeros inseparables y las similitudes entre ambos se hacen cada vez más evidentes: el doble copia no solo la forma de vestir y caminar del protagonista, sino también sus hábitos, como su amor por los excesos y el alcohol. Con el tiempo, el doble se convierte en una auténtica pesadilla para el protagonista, ya que le echa en cara en todo momento sus debilidades, defectos y conflictos personales. Este desdoblamiento desembocará en una situación agobiante para el protagonista, quien conducirá la trama a un desenlace sorprendente.

En aquel tiempo no había descubierto el curioso hecho de que éramos de la misma edad, pero comprobé que teníamos la misma estatura, y que incluso nos parecíamos mucho en las facciones y el aspecto físico. También me amargaba que los alumnos de los cursos superiores estuvieran convencidos de que existía un parentesco entre ambos. En una palabra, nada podía perturbarme más que cualquier alusión a una semejanza intelectual, personal o familiar entre Wilson y yo. [...] Su réplica, que consistía en perfeccionar una imitación de mi persona, se cumplía tanto en palabras como en acciones, y Wilson desempeñaba admirablemente su papel. Copiar mi modo de vestir no le era difícil; mis actitudes y mi modo de moverme pasaron a ser suyos sin esfuerzo, y a pesar de su defecto constitucional, ni siquiera mi voz escapó a su imitación. Nunca trataba, claro está, de imitar mis acentos más fuertes, pero la tonalidad general de mi voz se repetía exactamente en la suya, y su extraño susurro llegó a convertirse en el eco mismo de la mía. EDGAR ALLAN POE, FRAGMENTO DE *WILLIAM WILSON* (1839)

Nota del Autor

El doble es, sin lugar a dudas, una presencia inquietante y la posibilidad de encontrarnos con nosotros mismos no puede causar otra sensación que no sea de desasosiego y pavor. De hecho, en casi todas las épocas y culturas se consideró el doble como una señal de mala suerte o incluso un heraldo de la propia muerte. El escritor argentino Jorge Luis Borges, que estaba obsesionado con la idea del doble, recoge una entrada sobre este mito en su *Libro de los seres imaginarios*, publicado en 1957:

Encontrarse consigo mismo es, por consiguiente, ominoso; la trágica balada *Ticonderoga* de Robert Louis Stevenson refiere una leyenda sobre este tema. Recordemos también el extraño cuadro *How they met themselves* de Rossetti; dos amantes se encuentran consigo mismos, en el crepúsculo de un bosque. Cabría citar ejemplos análogos de Hawthorne, de Dostoievski y de Alfred de Musset. Para los judíos, en cambio, la aparición del Doble no era presagio de una próxima muerte. Era la certidumbre de haber logrado el estado profético. Así lo explica Gershom Scholem. Una tradición recogida por el Talmud narra el caso de un hombre en busca de Dios que se encontró consigo mismo. En la poesía de Yeats, el Doble es nuestro anverso, nuestro contrario, el que nos complementa, el que no somos ni seremos. Plutarco escribe que los griegos dieron el nombre de «otro yo» al representante de un rey.[N28] JORGE LUIS BORGES, FRAGMENTO DE *EL LIBRO DE LOS SERES IMAGINARIOS* (1957)

Son muchos los escritores que han utilizado el mito del doble en sus novelas, ya que se trata de un recurso narrativo extraordinario que ha inspirado el desarrollo de muchas obras literarias de suspense y misterio. Según Pierre Jourde y Paolo Tortonese, autores de *Visages du doublé: un thème littéraire* (Rostros de un doble: un tema literario), el *doppelgänger* se diferencia en dos categorías básicas: el subjetivo, que se manifiesta cuando el protagonista se enfrenta a su propio doble, que puede ser externo, como un gemelo físico; o interno, como personalidad múltiple. La otra categoría es la del doble objetivo, cuando el protagonista es testigo de una duplicidad ajena, como en el caso de un doble que asume la forma de un fantasma.[N29] En su artículo «El efecto *doppelgänger* o el fenómeno del doble», el profesor de psicología y escritor Antonio Romero presenta una clasificación más amplia de los tipos o categorías de dobles, aunque es posible que se puedan producir algunas combinaciones entre ellos.

Tipo I (negativo e interno): se refiere a la representación del doble como una proyección malvada de nosotros mismos. Ejemplos de este enfoque incluyen la novela de Robert Stevenson *El extraño caso del Dr. Jekyll y Mr. Hyde* (1886) —que trata sobre la extraña relación entre el Dr. Henry Jekyll y el misántropo Edward Hyde—; *El vizconde demediado* de Italo Calvino (1952) —que narra la historia de un noble que es partido en dos por una bala de cañón durante una batalla. Como resultado de la lesión, el vizconde Medardo se convierte en dos personas—; y la película *El cisne negro* (2010), que cuenta la rivalidad entre dos bailarinas que interpretan, respectivamente, al cisne blanco y el cisne negro. «Estas historias exploran la paranoia, la doble personalidad y el enfrentamiento entre el bien y el mal que a menudo se ocultan en lo más profundo de la mente».

Tipo II (positivo e interno): se refiere a la representación del doble como una proyección de la conciencia moral del personaje. En este enfoque, el doble funciona como una especie de guía o consejero que ayuda al personaje a tomar decisiones éticas y morales. Un ejemplo destacado de este tipo de doble es el cuento de Edgar Allan Poe, *William Wilson*. En esta historia, el personaje principal, William Wilson, se encuentra con un doble que comparte su nombre y apariencia, pero que tiene una personalidad opuesta a la suya. A lo largo de la trama, el doble de William actúa como su conciencia y lo confronta con sus errores y actitudes inmorales. Esta representación del doble no solo sirve como un elemento simbólico, sino que también es fundamental para el desarrollo del personaje y el mensaje moral del cuento.

Tipo III (externo): se refiere a la representación del doble como una persona ajena e independiente del personaje principal. En este enfoque, el doble puede tener una relación de similitud o de oposición con el personaje, lo que puede generar conflictos o tensiones en la trama. La moral del doble puede variar y tener una influencia diferente en el personaje principal. En algunos casos, el doble puede tener una moral negativa y ser una fuente de corrupción o tentación para el personaje. En otros casos, el doble puede tener una moral positiva y servir como un modelo a seguir para el personaje, o como un aliado en su lucha contra el antagonista. En otros casos, la moral del doble puede ser neutra y no tener una influencia significativa en el personaje.

Tipo IIIA (negativo y externo): el doble es una persona independiente a nosotros y malvada. Ejemplos: *Los elixires del diablo*, de E. T. A Hoffmann (1816), una novela que narra la historia del Medardo, un monje que era conocido por sus virtudes hasta que un día decide probar los elixires que dan título al libro, una reliquia que, según la devoción popular, se remonta a san Antonio. A partir de ese momento, la vanidad y la lujuria corrompen su alma, haciéndole abandonar el convento y deambular por el mundo hasta que un día se encuentra con un hombre sorprendentemente parecido a él: el conde Victorino.

Tipo IIIB (positivo y externo): se refiere al doble como una figura independiente y buena, que a menudo actúa como un benefactor o protector para el personaje principal. En este enfoque, el doble a veces representa un ideal o una versión idealizada del propio personaje. En la película *Sommersby*, de 1992, el personaje principal es un campesino llamado Jack Sommersby, que regresa a su pueblo después de la guerra civil estadounidense y es acusado de suplantar la identidad de otro hombre. A medida que la trama se desarrolla, se revela que el hombre que había sido dado por muerto en realidad había sido el doble de Sommersby, que había regresado a Europa. En este caso, el doble actúa como un benefactor para el personaje principal, ya que permite a Sommersby recuperar su vida y sus propiedades. También representa una versión idealizada del propio Sommersby, que se presenta como un hombre más compasivo y justo que su doble. En última instancia, el doble positivo de Sommersby ayuda a llevar la trama a un final satisfactorio y emocionalmente resonante.

Tipo IIIC (neutro, externo): el doble es una persona independiente a nosotros y con una moral propia. Uno de los ejemplos más insólitos de este tipo de doble se produjo el 28 de julio de 1900, cuando el rey Humberto de Saboya estaba cenando en un restaurante de la localidad de Monza. El dueño del establecimiento quiso darle la bienvenida y, cuando salió a saludarlo, se sorprendió al ver que el rey y él eran absolutamente idénticos y las coincidencias iban más allá del parecido físico: los dos se llamaban Humberto, habían nacido el mismo día en la misma ciudad (Turín), se habían casado el mismo día con una mujer que

El extraño caso del doctor Jekyll y Mr. Hyde, *El Horla*, *El retrato de Dorian Gray* y *Frankenstein* son algunos ejemplos de obras que pusieron de relieve el interés que el Romanticismo hizo surgir en la literatura por la figura mítica del *doppelgänger*, un término que aparece por primera vez en la novela de Jean-Paul Richter, *Siebenkäs* (1796). En esta obra se nos presenta la historia de un personaje que, para cambiar su vida, se hace pasar por muerto y adopta la identidad de otro llevando una existencia errante por el mundo.[N31]

tenía el mismo nombre (Margherita), y el hombre había abierto su restaurante el mismo día que Humberto I había sido coronado rey. Hasta este punto, la historia ya es sorprendente, pero termina de manera aún más paradójica: al día siguiente de este encuentro, Humberto —el dueño del restaurante— fue asesinado a tiros y, pocas horas después del suceso, el rey Humberto de Saboya murió en un atentado a bordo de su carruaje, al ser tiroteado por un anarquista italoamericano llamado Gaetano Bresci.[N30]

Tipo IV (duplicado): el doble es exactamente igual que nosotros, repitiendo y realizando las mismas cosas que decimos y hacemos. Se dice que el poeta alemán Johann Wolfgang von Goethe estaba viajando a caballo por una carretera cuando se cruzó con un hombre que no solo era exactamente igual que él, sino que además llevaba el mismo traje gris con adornos dorados. Ocho años más tarde, Mozart pasó por ese mismo camino, pero en dirección opuesta, cuando volvió a cruzarse con el mismo hombre y con las mismas ropas que él llevaba en ese preciso instante.

Tipo V (metafísico): el doble es una deidad, un ángel o un ser de otro mundo, dimensión o realidad paralela, o somos nosotros mismos provenientes del futuro o del pasado, o es un augur de la muerte, o una manifestación corpórea del alma. Atacado por problemas neurológicos agravados por síntomas de demencia, el autor francés Guy de Maupassant decía que un doble solía visitarlo por la noche en su habitación para dictarle cuentos que el propio Maupassant plasmaba en papel. Poco tiempo antes de morir, Maupassant escribió: «Tengo miedo de mí mismo, tengo miedo del miedo, pero, ante todo, tengo miedo de la espantosa confusión de mi espíritu, de mi razón, sobre la cual pierdo el dominio y a la cual enturbia un miedo opaco y misterioso».

Durante su etapa profesional en la revista *Burton's*, Edgar Allan Poe escribió cerca de noventa y cinco páginas de reseñas y artículos, cobrando siempre los mismos honorarios (diez dólares semanales), aunque también recibió tres dólares extra por cada página de los cuentos publicados en

William Wilson. Ilustración de Harry Clarke para la colección
Tales of Mystery & Imagination (1919).

esta misma revista, y otros cinco dólares por cada uno de sus siete poemas reimpresos. A pesar de la extensión y la calidad de sus escritos, Poe tuvo que pedir dinero prestado a Burton y también trató de escribir para otras revistas, como la *Alexander's Weekly Messenger*, un periódico conservador que se publicó en Filadelfia desde 1832 hasta 1843. Su fundador, William Alexander, era un defensor de la moralidad y la religión y, por lo tanto, el periódico se centraba en temas como la política, la religión y la literatura. Allí, Poe escribió artículos sobre temas amenos como el azúcar de la cerveza, donde afirmó: «La mejor cerveza está donde van a beber los monjes». No obstante, su mayor contribución para esta revista fue un desafío criptográfico lanzado en una breve nota publicada en la edición de septiembre de 1839, en la que desafió a sus lectores a enviarle textos cifrados que fueran imposibles de resolver, ofreciendo como premio una suscripción gratuita a la revista a todo aquel que le enviase un mensaje que no fuese capaz de descifrar. Los lectores de la *Alexander's Weekly Messenger* respondieron de inmediato enviando cientos de mensajes enigmáticos que Poe resolvió uno tras otro con relativa facilidad durante seis meses. Finalmente, decidió terminar el concurso alegando que había resuelto todos los sistemas de cifrado que le habían enviado; además, explicó que la resolución de los cifrados le consumía un tiempo que debería haber dedicado a escribir ficción —un lujo que el autor no podía permitirse—.

De todos los mensajes recibidos, Allan Poe dejó uno sin descifrar. Se trataba de un mensaje que tenía una serie de letras sin sentido y dispuestas en un orden que no obedecía a patrón alguno. Después de estudiarlo con detenimiento durante días, Poe decidió descartarlo, convencido de que se trataba de una broma de un lector. Sin embargo, estaba equivocado, ya que un siglo más tarde el misterioso mensaje fue descifrado por dos expertos criptográficos que descubrieron que el texto se le había resistido al autor porque tenía un buen número de faltas de ortografía (nada más y nada menos que dieciséis), lo que hizo imposible el estudio del texto cifrado.[N32]

Como entusiasta de la criptografía, Edgar Allan Poe ofreció a sus lectores una suscripción gratuita a cualquiera que le enviara un mensaje encriptado que no pudiera resolver. Pasados seis meses, Poe decidió terminar el concurso, afirmando haber resuelto todos los criptogramas que le enviaron, excepto uno. A la izquierda, podemos apreciar un criptograma enviado por lector llamado «JUNIUS1» en abril de 1840. Poe lo descifró en pocas horas y publicó al día siguiente el resultado en la edición del periódico en el que trabajaba.

Israfel. Ilustración de Peter Paul Duggan (1858).

VIII

LIGEIA

«El hombre no se doblega a los ángeles, ni cede por entero a
la muerte, como no sea por la flaqueza de su débil voluntad».
EDGAR ALLAN POE

Quizá fuera medianoche, tal vez más temprano o más tarde,
pues no tenía conciencia del tiempo, cuando un sollozo sofocado,
suave, pero muy claro, me sacó bruscamente de mi ensueño.
Sentí que venía del lecho de ébano, del lecho de muerte. Presté
atención en una agonía de terror supersticioso, pero el sonido no
se repitió. Esforcé la vista para descubrir algún movimiento del
cadáver, mas no advertí nada. Sin embargo, no podía haberme
equivocado. Había oído el ruido, aunque débil, y mi espíritu
estaba despierto. Mantuve con decisión, con perseverancia, la
atención clavada en el cuerpo. Transcurrieron algunos minutos
sin que ninguna circunstancia arrojara luz sobre el misterio. Por
fin, fue evidente que un color ligero, muy débil y apenas perceptible se difundía bajo las mejillas y a lo largo de las hundidas
venas de los párpados. Con una especie de horror, de espantos
indecibles, que no tiene en el lenguaje humano expresión suficientemente enérgica, sentí que mi corazón dejaba de latir, que
mis miembros se ponían rígidos.

Este fragmento procede de *Ligeia*, un relato corto publicado por primera vez el 18 de septiembre de 1838 en una edición de la revista *American
Museum*, la cual remuneró a Poe con diez dólares —una modesta suma
que en aquellos tiempos le permitiría comprar un par de zapatos y dos
buenas comidas—. *Ligeia* es considerada por muchos críticos como una de

las mejores obras de Edgar Allan Poe, donde no solo los elementos autobiográficos abundan y son fácilmente reconocibles, sino que también incluye los tres tópicos fundamentales que se presentan en sus obras más emblemáticas: la muerte de una mujer hermosa, la reencarnación y el abuso de sustancias químicas. En esta obra, Allan Poe narra el amor y la admiración que el protagonista siente por su esposa, cuyo nombre da título al relato, una mujer inteligente, hermosa, apasionada y erudita. La pareja vive feliz por algún tiempo hasta que Ligeia cae fatalmente enferma y fallece, lo que deja al narrador sumido en un profundo desconsuelo. Atormentado por la tristeza, el hombre decide abandonar la ciudad y se dirige a una despoblada región de Inglaterra, donde conoce a otra mujer que lo alivia de sus pesares: Lady Rowena Trevanion de Treimane, tan hermosa como Ligeia, pero de cabellos rubios y ojos azules.

A medida que el tiempo avanza, los dos se enamoran y deciden casarse. Sin embargo, Lady Rowena se da cuenta de que su esposo es un hombre profundamente melancólico que se muestra incapaz de borrar de su memoria el recuerdo de su fallecida esposa. Angustiada por la situación, Lady Rowena cae en un estado letárgico, probablemente vampirizada por la atmósfera de su nuevo hogar y, quizás, por el propio espíritu de Ligeia, mientras que su marido intentar sobrellevar su vida bajo la influencia de las fantasías producidas por el opio. Finalmente, Lady Rowena muere en su lecho y su cadáver comienza a sufrir una metamorfosis espeluznante: sus cabellos rubios se vuelven negros como las alas de un cuervo y sus facciones empiezan a parecerse con el rostro vago y fantasmal de Ligeia.

> Ninguna mujer igualó la belleza de su rostro. Era el esplendor de un sueño de opio, una visión aérea y arrebatadora, más extrañamente divina que las fantasías que revoloteaban en las almas adormecidas de las hijas de Delos. [...] Examiné el contorno de su frente alta, pálida: era impecable —¡qué fría en verdad esta palabra aplicada a una majestad tan divina!— por la piel, que rivalizaba con el marfil más puro, por la imponente amplitud y la calma, la noble prominencia de las regiones superciliares; y luego los cabellos, como ala de cuervo, lustrosos, exuberantes y naturalmente rizados, que demostraban toda la fuerza del epíteto homérico: «cabellera de jacinto» [...] Miraba el delicado diseño de la nariz y solo en los graciosos medallones de los hebreos he visto una perfección semejante. Tenía la misma superficie plena y suave, la misma tendencia casi imperceptible a ser aguileña, las mismas aletas armoniosamente curvas, que revelaban un espíritu libre. EDGAR ALLAN POE, EXTRACTO DE *LIGEIA* (1938)

Con esta espeluznante narración, Poe pone de manifiesto una vez más que el amor eterno no es un sentimiento noble, sino una condena de consecuencias imprevisibles. Son muchos los personajes de Poe atormentados por el recuerdo de la esposa muerta; en el caso de este relato, hay lectores que creen que Ligeia «renace» en el cuerpo de Rowena, cuando en realidad ocurre un proceso inverso; es Rowena quien se transforma paulatinamente en Ligeia, quizás para satisfacer el deseo secreto de su marido de reencontrarse con su antiguo amor. En realidad, lo que relata el narrador no importa tanto, ya que Poe hizo que fuera adicto al opio para que su testimonio no fuera fiable a los ojos del lector. De hecho, esto queda sintetizado en un pasaje del relato en el que el protagonista describe a Ligeia «radiante como un sueño de opio», sugiriendo que la supuesta reencarnación de su amada se produce durante un episodio alucinatorio inducido por la droga.
[N1] El opio, tan frecuente en sus obras, acaba convirtiéndose en una prueba documentada de la adicción que el autor tenía por esa mezcla de sustancias. En algunas de estas narraciones, Poe describe sus efectos con una exactitud clínica, en especial, los sueños que produce. Y si tenemos en cuenta que entonces no había investigaciones científicas sobre este asunto, lo único que podemos afirmar es que fue la propia experiencia de Poe la que le permitió describir tales vivencias con tanta precisión.

> La percepción gradual de que Ligeia vuelve a vivir en la persona de Rowena es una idea más elevada y más apasionante que la que yo he incorporado en mi obra. En mi opinión, esta idea ofrece una amplia gama de posibilidades a la imaginación, hasta el punto de rozar lo sublime. Aunque nunca antes la haya expresado, es una idea propia que ya se encuentra implícita en *Ligeia*. CARTA DE EDGAR ALLAN POE A PHILIP P. COOKE, 21 DE SEPTIEMBRE DE 1839

Ligeia volvió a ser publicada en 1840 por la editorial Lea & Blanchard de Filadelfia, como parte de una colección de dos tomos titulada *Cuentos de lo grotesco y arabesco*, que reunía algunas de las obras de Edgar Allan Poe dispersas en distintos periodos de su vida. La edición comprendía una tirada inicial de 1750 ejemplares; los dos tomos contaban en total con cuatrocientas páginas e incluían veinticinco historias y un prólogo. Sin embargo, debido a que el mercado editorial todavía se estaba recuperando del Pánico de 1837, solo se produjeron 750 copias, todas a cargo de la propia editorial, lo cual era inusual para Allan Poe, ya que la mayoría de las veces se encargaba de pagar la impresión de su propio bolsillo. Poe normalmente tenía pocos fondos, y esa fue la razón por la que sus obras anteriores tuvieron tiradas extremadamente limitadas, como fue el caso de *Tamerlán y otros poemas*, que solo contó con cincuenta ejemplares. En aquella época, las editoriales querían minimizar al máximo el riesgo de sus apuestas literarias y solían obligar al autor a comprar todas las copias que no se vendían después de un cierto periodo de tiempo. Sin embargo, en este caso, la editorial tuvo la amabilidad de eximir a Poe de estos costes y él, por su parte, accedió a firmar un contrato que aseguraba la difusión de sus historias con la condición de no exigir ningún porcentaje sobre las ventas. En su lugar, recibiría unos cuantos ejemplares gratuitos. Los términos «grotesco» y «arabesco» en la obra de Poe pueden ser interpretados de diversas formas, aunque en el prólogo el autor califica como «grotescas» las piezas que tienen un carácter burlesco o satírico y «arabesco» a aquellas que son producto de una invención fantástica. Se cree, sin embargo, que Poe podría haber elegido estos nombres como un homenaje a su colega Walter Scott, quien los usó en su ensayo *De lo sobrenatural en la composición ficticia*.[N2] En realidad, ambos términos provienen de la arquitectura, siendo el grotesco un motivo decorativo popular en la Roma antigua, compuesto de seres fantásticos, vegetales y animales combinados en complejas formas. También es un tema muy asociado al Renacimiento y suele estar formado, en su parte superior, por una cabeza o torso humano o animal que se enlaza con plantas o elementos vegetales por abajo. Por su parte, el arabesco se refiere al adorno de figuras geométricas vegetales y patrones extravagantes que imita formas de hojas, flores, frutos, cintas y animales, y aparecen en las paredes de ciertas construcciones árabes, sobre todo en las mezquitas. Poe podría haber utilizado estos términos como subdivisiones del arte gótico o la arquitectura gótica en un intento de establecer subdivisiones similares en la novela gótica. Por ejemplo, las historias grotescas se referirían a aquellas en las que el personaje se convierte en una caricatura o sátira, como en *El hombre que se gastó*, mientras que las arabescas se centrarían más en un solo atributo del personaje, a menudo en el aspecto psicológico, como es el caso de *La caída de la Casa Usher*.

Algunos expertos en literatura gótica sostienen que el término «grotesco» en la obra de Allan Poe está directamente relacionado con la violencia y lo visceral, mientas que «arabesco» estaría más vinculado con el terror de origen metafísico. De cualquier manera, es difícil precisar las intenciones de Poe en cuanto a estos términos, y aún más difícil dividir sus cuentos en una categoría u otra. En total, la antología *Cuentos de lo grotesco y arabesco* está compuesta por catorce relatos, todos de terror: *Morella, Los leones, William Wilson, El hombre que se gastó, La caída de la Casa Usher, El duque de l'Omelette, Manuscrito hallado en una botella,*

Bon-Bon, La sombra, una parábola, El diablo en el campanario, El rey peste, La señora Zenobia, Una malaventura y la ya mencionada *Ligeia*. Es un trabajo brillante en el que Poe logró reunir algunas de sus mejores obras en prosa, aunque él mismo reconocía que su poesía estaba descuidada. «Razones ajenas a mi voluntad me han impedido en todo momento esforzarme seriamente por algo que, en circunstancias más felices, hubiera sido mi terreno predilecto», escribió el autor en una carta dirigida a un amigo.

Sin embargo, la indudable calidad literaria de esta colección de cuentos no causó la menor impresión a William Burton, cuya relación con Poe, hasta entonces fría y distante, se volvió tensa debido a las quejas que recibía de otros autores sobre la ferocidad que Poe transmitía en las reseñas literarias que escribía. Para presionarlo, Burton dejó de pagar los anticipos que le concedía, alegando la falta de interés de Poe por el trabajo y sus recurrentes problemas con el alcohol. Estas circunstancias salieron a la luz cuando se publicaron testimonios de personas del entorno más cercano de Poe, como Thomas Dunn English, que fue su amigo antes de convertirse en uno de sus más duros detractores. En sus recuerdos, coincide con la mayoría de los testimonios sobre el porte de Edgar y el cuidado que tenía con su persona, aunque no se preocupó por omitir el más mínimo detalle de su faceta más oscura:[N3]

> Cierta noche, mientas caminaba de regreso a casa, vi en un arroyo a un hombre que hacía vanos esfuerzos por ponerse de pie. Al pensar que se había resbalado, me incliné para ayudarle a levantarse cuando me di cuenta de que se trataba de Edgar Poe, quien también me reconoció a su vez. Me propuse acompañarle a su casa y, aunque con dificultades para sostenerlo, conseguí llevarlo hasta allí. Cuando llamé a la puerta, nos abrió su suegra, la señora Clemm, quien levantó la voz exclamando: «¡Has emborrachado a Eddy y ahora lo traes a casa!». Pocos días después de lo sucedido, volví a verlo y lo encontré muy avergonzado por el asunto. Al final, me aclaró que aquello no era algo habitual en él y que no volvería a pasar.[N4]

Este testimonio, cuya fecha exacta se desconoce, surgió en 1850, el mismo año en el que se estaba llevando a cabo una campaña organizada de difamación contra Edgar Allan Poe, quien había fallecido casi dos años antes. Estas acciones, que pretendían ultrajar la memoria de Poe, indignaron a muchos de sus seguidores, quienes se propusieron recopilar testimonios para desacreditar las acusaciones dirigidas al escritor.

Es cierto que el señor Poe tenía algunas faltas que perjudicaban sus propios intereses, algo que nadie puede negar, especialmente en los círculos literarios de Filadelfia, donde era muy conocido. Sin embargo, es importante destacar que estas faltas solo afectaban al señor Poe, y no a aquellos que se beneficiaban de su extraordinario talento como escritor. A pesar de la irregularidad de su vida y la falta de puntualidad en sus colaboraciones, a sus editores y patrocinadores esto no parecía importarles demasiado. Personalmente, tuve la suerte de conocer al señor Poe y tratarlo durante mucho tiempo. Me complace tener la oportunidad de dar testimonio sobre la nobleza de su carácter y el buen corazón que poseía. A pesar de sus faltas, siempre fue un caballero, algo que no se puede decir de aquellos que se dedicaron a difamar su figura.

Este testimonio es incluso más importante que las propias afirmaciones de Poe acerca de su sobriedad. Si realmente hubiera sido el borracho que Burton insistía en insinuar, no habría podido llevar a cabo el trabajo del que se sentía tan orgulloso durante ese periodo de su vida. Muchos de sus seguidores consideraron innecesario que Poe tuviera que defenderse de la acusación de alcoholismo en un país donde este vicio solo era superado por la hipocresía de los integrantes de la clase alta, que se consideraban cristianos fervorosos, pero tenían esclavos a su servicio que vivían en condiciones precarias e insalubres. Respecto a su jefe, Thomas Burton, Poe nunca se hizo grandes ilusiones; siempre había sabido que no podría considerarlo un amigo, porque a los amigos no se los explota como lo estaba haciendo Burton, quien dejó claro desde el principio que no le pagaría por sus cuentos, pues entendía que formaban parte de su trabajo diario, por el que ya cobraba sus doce dólares semanales.

La situación de Poe ya no era cómoda y empeoró aún más con la llegada del año 1840, cuando Burton decidió centrar sus atenciones en la construcción de un teatro en la calle de los Castaños, por lo que dejó de invertir en su revista. A pesar de ello, creó un concurso en el que ofrecía un premio de mil dólares al lector que escribiera el mejor relato, sin dejar claro quién juzgaría los textos y cuáles serían los criterios de selección. No resulta difícil imaginar el sentimiento de indignación que se apoderó de Allan Poe, un redactor que vivía sobrecargado de trabajo y que, además, se esforzaba en escribir los mejores textos para una revista que le pagaba tan solo seiscientos dólares anuales. Pasados cuatro meses, Burton volvió a sorprender a sus lectores al anunciar que el concurso había sido cancelado por no haber recibido un número suficiente de originales. Furioso,

Poe escribió una misiva indignada a J. E. Snodgrass, un médico y editor que había publicado *Ligeia* y que representaría un papel importante en la vida posterior de Allan Poe. En su carta, el autor se quejaba de la postura nada ética de su detestable jefe. «Toda esa infame historia del premio inventado por Burton merece ser denunciada y lo será. Estoy convencido de que nunca albergó la menor intención de pagar ni un solo dólar de las sumas prometidas. Todo eso no fue más que una jugada publicitaria para promocionar su decadente revista». Poe también negó enérgicamente las insinuaciones de Burton sobre sus borracheras, aunque admitió que, en contadas ocasiones, habría cedido a la tentación del alcohol, influenciado por el ambiente bohemio que se hacía presente en cada una de las esquinas de Filadelfia. «Mi organismo es tan sensible al alcohol que un solo trago es capaz de hacerme perder el control de mis razonamientos —escribió el autor—. Soy consciente de mi condición y le puedo asegurar que el único líquido que mi cuerpo consume actualmente es el agua».

En mayo, sin haber dicho una palabra a Poe, quien se enteró por la prensa, Burton puso su revista a la venta, lo que provocó una ruptura inevitable entre los dos hombres, reflejada de forma contundente en una carta del autor a su jefe fechada el 1 de junio. Sintiéndose ultrajado, Burton ordenó a su secretario retener tres dólares semanales del salario de Poe hasta que este le devolviera los cien dólares en concepto de anticipos que este había solicitado en varias ocasiones, cosa que su colaborador negaba con vehemencia.[N5]

> No llego a comprender por qué me califica de egoísta. Como no sea porque yo le he aceptado dinero —sabe bien que fue usted quien me lo ofreció a sabiendas de que soy pobre […]—. Me gustaría que se pusiera al menos una vez en mi lugar y que se preguntara cómo hubiera reaccionado […]. En primer lugar, se cree autorizado a hacer una retención de mi salario y, acto seguido, anuncia que pone a la venta su revista sin decirme ni una palabra. Estos no son actos de un hombre que se considera honorable.[N6]

Este intercambio de cartas, cargadas de resentimiento y rencor, hizo que la relación entre Burton y Poe se volviera insostenible. A finales de junio de 1840, Allan Poe decidió dimitir en lugar de ceder ante un hombre que, en su opinión, se había convertido en un tirano.

Desempleado y necesitado de ganarse para vivir, Poe compró un espacio publicitario en la edición del 6 de junio de 1840 del *Philadelphia Saturday Post* para anunciar la creación de su propia revista, que se llamaría *The*

Ligeia. Ilustración de Harry Clarke para la colección *Tales of Mystery & Imagination* (1919).

Penn Magazine, cuyo lanzamiento tendría lugar al año siguiente. Con este proyecto, Poe esperaba no solo poner fin a su miserable condición financiera, sino también lograr una libertad plena para escribir, ya que, trabajando para terceros, su capacidad creativa estaba limitada y sometida a los juicios y deseos de hombres a quienes consideraba incultos.

Algunos profesionales del mundo editorial esperaban con ansias la publicación de la revista, entre ellos el periodista y editor de la revista *Index*, Jesse Erskine Dow, quien escribió: «Confiamos en que su proyecto pronto verá la luz. Si este se lleva a cabo como lo ha propuesto, se deshará del monopolio de la pomposidad y romperá los grilletes de un mercado cruel que ha apretado durante tanto tiempo las frentes de jóvenes intelectos por una reseña a cambio de un sueldo miserable». Preocupado en proporcionar una buena reputación a su revista, Poe decidió que mantendría su postura de crítico independiente, pero con un tono más moderado, pues creía que ya tenía enemigos suficientes en el sector y lo último que necesitaba era de nuevos detractores dispuestos a hundir su anhelado proyecto. Según sus propias palabras: «Las críticas publicadas en su nueva revista no harían distinción de autor o de estilo, rigiéndose únicamente por las reglas del arte literario». Su alcance tampoco se limitaría a una región en particular, como hacia el *Southern Literary Messenger*, que había sido concebido para complacer a los lectores de Nueva York, Boston y Filadelfia. En este sentido, Poe veía al país como una «república de las letras» cuyos habitantes pronto se convertirían en potenciales lectores de su nueva publicación.

Aunque parecía tenerlo todo muy bien planificado, Poe cometió el error de no evaluar correctamente el interés del público por una revista tan erudita. Además, no consideró que su mantenimiento no podría sostenerse solo con suscripciones. Para ello, sería necesario contar con crédito bancario, algo imposible de obtener en aquella época debido a las consecuencias del Pánico de 1837; y como no podía sufragar la fundación de la revista con fondos propios, tuvo que buscar inversores. El 17 de enero de 1840 escribió una carta a su amigo y compañero escritor John Pendleton Kennedy pidiéndole su ayuda en la financiación de su proyecto: «Ya que me diste el primer empujón en el mundo literario... no te sorprenderá que recurra ansiosamente a ti por aliento en esta nueva empresa». Kennedy, sin embargo, se excusó en ayudarlo alegando no disponer de fondos suficientes. Lejos de resignarse, Poe cogió su libreta de contactos y se puso a enviar cartas a todos los escritores, editores y periodistas que conocía presentándoles su proyecto y solicitando ayuda para conseguir suscriptores, con la esperanza de obtener al menos quinientos nombres antes de diciembre. Mientras esperaba una respuesta, trató de buscar ayuda en su propio seno familiar, más precisamente una rama de la familia Poe que vivía en Baltimore que gozaba de una mejor situación financiera. La esperada ayuda llegó muy con cuentagotas, de modo que se vio obligado a posponer la fecha prevista para el lanzamiento de su revista. Por si no fuera suficiente, el 4 de febrero, el Primer Banco de los Estados Unidos anunció la congelación de los depósitos y la suspensión de todos los pagos, lo que desencadenó una avalancha de retiradas de efectivo por parte de los clientes en los principales bancos del país. Sin opciones, el 20 de febrero, Poe escribió una nota en el *Saturday Evening Post* donde informaba de que el proyecto de lanzamiento de la *Penn Magazine* se suspendía debido a la coyuntura económica desfavorable.

Consternado por el fracaso de un proyecto que ni siquiera salió del papel, Poe se encontró en medio de una difícil situación financiera que lo hizo depender otra vez de su tía. Cuando parecía que la desgracia volvería a caer sobre sus espaldas, apareció una inesperada oferta de empleo de la revista *Graham's Magazine*, que en diciembre del año anterior había publicado uno de sus cuentos, *El hombre de negocios*. Su propietario, George Graham, conocía la audacia periodística de Poe y su capacidad para atraer nuevos suscriptores, por lo que le propuso trabajar en su publicación a tiempo completo a cambio de un salario anual de 800 dólares. Al princi-

George R. Graham (izquierda) contrató a Edgar Allan Poe como crítico y editor de su revista en febrero de 1841, con un salario anual de 800 dólares. Con ello, Poe canceló temporalmente sus planes de fundar su propia revista. Graham se comprometió a subsidiar la iniciativa empresarial del autor en el plazo de un año, aunque nunca lo hizo. Nada más llegar a la redacción, Poe se quejó del contenido de la *Graham's Magazine*, ya que no le gustaban algunas de sus secciones, como los figurines de moda (figura de la derecha), que eran muy populares para el público femenino. Allan Poe quería que la publicación se convirtiera en un referente del gremio literario y, para ello, consideraba que era necesario que estuviera enfocada exclusivamente en esta materia.

pio, Poe consideró la oferta «generosa», pero más tarde la calificaría como «insípida» en comparación con las ganancias de Graham, que se jactaba de cobrar 25 000 dólares anuales.[N7]

George Rex Graham nació en de 1813 en Filadelfia y fue criado por su tío materno, un agricultor del condado de Montgomery County, en Pensilvania. A los diecinueve años, Graham se convirtió en aprendiz de ebanista antes de tomar la decisión de estudiar leyes. Meses más tarde, después de ser admitido en el Colegio de Abogados en 1839, se interesó por el negocio editorial y buscó trabajo en este sector. Comenzó su carrera como editor de *The Saturday Evening Post* y poco después se convirtió en su propietario. Más tarde, adquirió la revista *Atkinson's Casket* y, finalmente, la *Burton's Gentleman's Magazine* poco tiempo después de que Poe abandonara su puesto de editor. La revista pasó a llamarse *Graham's Magazine*. Cuando Allan Poe decidió dejar de trabajar en la *Burton's*, esta contaba con 3500 suscriptores, a los que se sumaban los 1500 de la *Casket*, alcanzando un total de 5000. En su primer año, el número de suscriptores se incrementó de forma exponencial, en parte debido a la decisión de Graham de incluir nuevos grabados e ilustraciones en una época en que la mayoría de las publicaciones mensuales aprovechaban las placas usadas de otras revistas.

La incorporación de Edgar Allan Poe a la revista *Graham's* representó una nueva etapa en su vida, ya que le proporcionó total libertad para escribir críticas y poemas, algo que nunca antes había tenido. Además, su salario era el más alto que había recibido hasta entonces, lo que significaba que tanto él como su familia podrían vivir con menos preocupaciones financieras. El entusiasmo de Poe floreció junto con la revista, y las ventas de la publicación crecieron de manera vertiginosa, pasando de los cinco mil suscriptores iniciales a diecisiete mil en junio y a veinticinco mil en diciembre. Con una situación económica más desahogada, Poe se trasladó con Virginia y Maria Clemm a una casa más agradable, la primera vivienda digna desde los tiempos de Richmond. El inmueble estaba ubicado a las afueras de la ciudad, y aunque Poe tenía que caminar varios kilómetros al día para ir al trabajo, estaba contento, porque sabía que estaba comenzando una etapa profesional prometedora. Tal era su entusiasmo que en este período decidió escribir un nuevo género de ficción que nunca antes había probado, al que llamó «cuentos analíticos». Este cambio de estilo no fue tanto para desvirtuar las críticas de quienes lo acusaban de dedicarse solamente a lo mórbido, sino más bien para demostrar la amplitud y la gama de su talento y la perfecta coherencia intelectual que siempre poseyó.[N8]

Estos nuevos cuentos, conocidos hoy como «narrativa detectivesca» o «novela policial», son un producto híbrido en la evolución de la novela

Los crímenes de la calle Morgue. Ilustración de Harry Clarke para
la colección Tales of Mystery & Imagination (1919).

gótica, que buscaba agregar un elemento racional que anteponer al simple misterio y hacerlo así más verosímil, efecto que también se trasladó al moderno cuento fantástico y de ciencia ficción. Entre 1840 y 1845, el agudo genio de Edgar Allan Poe creó tres relatos en los que quedaron postulados para siempre los principios generales de la narración policíaca. Este trabajo es conocido como trilogía Dupin, que es el apellido del protagonista de las historias, el detective Auguste Dupin.

La primera historia recibió el título de *Los crímenes de la calle Morgue*, y en ella el narrador (cuya identidad nunca fue revelada) describe brevemente cómo conoció a Auguste Dupin y algunas de las características del personaje. Luego, relata los asesinatos de dos mujeres, acaecidos en la calle Morgue. La noticia viene detallada en un periódico local como si fuera un informe policial, y lo sorprendente del caso es que tanto las puertas como las ventanas del inmueble donde se produce el crimen estaban cerradas desde dentro. Se trata de un recurso narrativo muy interesante que más tarde daría origen a uno de los esquemas más clásicos del relato policiaco, el llamado «misterio del cuarto cerrado», que se refiere a un crimen que ocurre en una habitación cerrada por dentro, con lo que parece imposible que alguien pueda entrar o salir del lugar. El misterio puede incluir la muerte de una persona, la desaparición de un objeto valioso o cualquier otro tipo de suceso que tenga lugar en una habitación cerrada y aparentemente inexpugnable.

En *Los crímenes de la calle Morgue*, Allan Poe introduce el personaje de Auguste Dupin, un detective parisino que se caracteriza por su habilidad para el análisis y el razonamiento deductivo para resolver diversos casos misteriosos. Para Dupin es más importante resolver el enigma lógico que asegurar la justicia de las víctimas, aunque en una de las tres historias Dupin trabaja por una considerable suma de dinero. Dupin está considerado como el primer detective de la novela criminal moderna y ha servido como modelo para otros personajes que aparecerían muchos años después, como Sherlock Holmes o Hércules Poirot, quienes comparten características bastante similares con las del detective creado por Allan Poe.[N9]

Un año después de la primera aparición de Dupin, Poe publicó el relato *El misterio de Marie Rogêt*, cuya trama estaba inspirada en un famoso suceso de la crónica policial neoyorquina que nunca se llegó a resolver: el asesinato de Marie Cecilia Rogers, una joven vendedora de cigarrillos cuya belleza llegó a ser tan legendaria que incluso la prensa local se hizo eco de ella. Eran innumerables los clientes que frecuentaban el local bajo cualquier excusa con tal de pasar un rato coqueteando con la hermosa muchacha. Un día de julio de 1841, Marie desapareció sin dejar rastro y

El misterio de Marie Rogêt. Ilustración de Harry Clarke para la
colección Tales of Mystery & Imagination (1919).

tres días después su cadáver apareció flotando en el río Hudson, en Nueva Jersey. Según el forense encargado del caso, sus ropas estaban destrozadas y su cuerpo presentaba signos de haber sido forzado, lo que indicaba que se trataba de un asesinato. Un año después del terrible sucedido, Allan Poe aprovechó el tirón mediático que tenía el caso para convertirlo en un relato literario, repitiendo la fórmula de su historia anterior, en la cual el elegido para resolver el misterio es el detective Dupin. Si bien la trama transcurre en París, remite al asesinato de Marie Rogers, quien, afrancesada, se convierte en Marie Rogêt.[N10]

Después de la publicación de *El misterio de Marie Rogêt*, surgieron rumores en Nueva York sobre una posible conexión entre el caso real del asesinato de Marie Cecilia Rogers y la historia escrita por Allan Poe. Se llegó a especular con que el propietario de la tienda de cigarrillos donde trabajaba la víctima, John Anderson, habría pagado a Poe una suma de cinco mil dólares para escribir la historia y así desviar la atención de las sospechas hacia él. Sin embargo, no hay pruebas concluyentes de que esto sea cierto, y la cifra mencionada parece poco probable, ya que se trata de un importe tan astronómico que ni todas las ganancias acumuladas de Poe durante su carrera podrían acercarse.[N11]

El método de resolución adoptado por Dupin para *El misterio de Marie Rogêt* es algo distinto y no deja de sorprender. Dado que ha pasado más de un mes desde el asesinato y Dupin no tiene acceso directo a las pruebas, decide recopilar todas las noticias aparecidas en los periódicos y realiza un estudio exhaustivo de cada circunstancia que rodea al asesinato, confirmando o rechazando las hipótesis que expone cada uno de los diarios analizados. Se trata de un cuento que puede ser muy complicado de leer debido a la manera en que está desarrollado, y requiere de mucha paciencia y atención del lector, ya que la investigación de Dupin parece más un ensayo sobre criminología que un cuento policial.

> No he descuidado ningún aspecto cuando me puse a escribir esta obra. Comprobé uno tras otro los puntos de vista y los argumentos de nuestra prensa sobre ese acontecimiento y constaté que hasta entonces no se había aproximado a la verdad. Toda la prensa iba tras una pista falsa. Estoy totalmente convencido no solo de haber descubierto la inexactitud de la sospecha de que la joven había sido víctima de una banda de asesinos, sino de haber descrito al verdadero criminal. Mi principal objetivo es, como siempre, señalar los postulados que hay que seguir en una investigación semejante, es decir, la metodología propuesta por Dupin.

Este testimonio escrito por Allan Poe deja claro que él creía haber resuelto el caso, pero dos años después se supo que Mary Rogers no había sido víctima de un asesinato, sino que había muerto durante un aborto. [N12] Poe quería presentar al lector los hechos reales de manera lo más fiel y detallada posible, y estaba incluso orgulloso de sus averiguaciones. Sin embargo, fue más difícil encontrar una editorial dispuesta a publicar su voluminosa historia que resolver el caso en sí. Finalmente, *El misterio de Marie Rogêt* fue publicada en la revista *Ladie's Companion* en tres entregas: en noviembre de 1842, diciembre de ese mismo año y febrero de 1843. En la última entrega, el nivel de expectativa generado entre los lectores era bastante alto, ya que todo parecía indicar que el autor resolvería el asesinato a través de la literatura, pero el desenlace ideado por Poe resultó decepcionante y fue clasificado por la crítica como «nada brillante».

En 1844, se publicó la tercera y última historia de Dupin en *The Gift*, titulada *La carta robada*. En esta ocasión, la policía contacta con Dupin para investigar la desaparición de una carta en los aposentos reales, cuyo contenido está siendo utilizado para extorsionar al ministro D, uno de los protagonistas de la historia. Este relato es el más corto de los tres, aunque no por ello menos interesante; no solo por el suspense de intentar encontrar el objeto desaparecido, sino también por los mensajes ocultos que pueden encontrarse al interpretar la historia. El hecho de que Poe solo utilizara a su brillante detective en tres ocasiones y luego, aparentemente distraído, abandonara un género que sigue en auge hasta hoy y ha brindado éxito mundial a muchos autores que se han inspirado en Poe, es una muestra conmovedora de que para él se trataba más de una aventura intelectual que de un intento de obtener beneficios económicos. Poe descubrió un filón de oro, pero, a diferencia de los descubridores californianos, no lo explotó, sino que, absorto en sus propios sueños, siguió su camino, sin saber que, sin querer, había encontrado la solución de sus acuciantes problemas financieros. [N13]

Nota del Autor

Aunque hay quienes defienden que las historias de detectives tienen orígenes más antiguos, existe un consenso generalizado en atribuir a Edgar Allan Poe la paternidad del género de la novela negra, que surge como una derivación del género gótico. Por lo tanto, se puede decir que la primera obra de ficción detectivesca reconocida como tal es *Los crímenes de la calle Morgue* (1841), protagonizada por el investigador aficionado C. Auguste Dupin, que se encarga de resolver un caso sin precedentes y de manera racional. En esta obra, se introduce la premisa de resolver el crimen mediante el uso de la deducción lógica, una característica que sentaría las bases para este género literario y que influiría en las obras de muchos autores de generaciones posteriores.[N14]

Dupin da una gran importancia al raciocinio y el poder de la mente para resolver problemas, al igual que el personaje de Agatha Christie, Hércules Poirot, con sus «células grises». Esto se debe a que estos personajes surgieron en un contexto en que la ciencia, la observación y la corriente del positivismo tenían gran presencia en la sociedad de sus épocas. Se puede afirmar sin miedo a equivocación que si Auguste Dupin no hubiera existido, es muy probable que Sherlock Holmes y Hércules Poirot tampoco. El creador de Holmes, Arthur Conan Doyle, nunca ocultó que el auténtico propietario de la patente del cuento detectivesco se llamaba Edgar A. Poe y solía decir que «si cada pupilo de Poe que recibe un cheque por escribir una historia corta tuviera que pagar un diezmo para un monumento dedicado a su maestro, este tendría una pirámide tan alta como la de Keops». Casi todos los detectives privados que aparecieron después de Dupin se crearon siguiendo su modelo, y casi todos estos autores se consagraron al género creado por Poe y amasaron auténticas fortunas.

En las tres historias de Dupin tenemos la fórmula del detective escéptico y brillante cuyas hazañas son narradas por un amigo de mente menos privilegiada, un anónimo cronista que sirvió de referencia para una larga y distinguida línea de detectives y sus *sidekicks* (como Sherlock Holmes y Watson; Martin Hewitt y Brett; el inspector Hanaud y Richard; Hércules Poirot y el capitán Hastings; Philo Vance y Van Dine). En el caso de Dupin, la identidad de su compañero nunca se dio a conocer, una característica que aparece en varios relatos de Poe, cuyo narrador suele ser un personaje anónimo. También resulta curioso constatar que tanto Dupin como Holmes y Poirot parecen disfrutar despreciando el intelecto de los policías, quienes son representados como antítesis de la figura del detective; hombres de ley, pero con poco conocimiento en el arte de la deducción, lo que hace que siempre deban pedirles ayuda.

A diferencia de Dupin, Holmes no siente la necesidad de vivir al margen de la sociedad, sino que, al contrario, busca la admiración pública, y es especialmente sensible a cualquier tipo de reconocimiento hacia su labor. En su tiempo libre, suele frecuentar tanto los barrios más bajos de Londres, en busca de alcohol, apuestas y luchas, como los lugares más distinguidos para asistir a la ópera, conciertos de música clásica y restaurantes selectos. [N15] Por otra parte, Holmes se autodefine como detective asesor (al igual que Hércules Poirot), mientras que Dupin jamás se describe así, ya que el término «detective» no existía como tal cuando Poe escribió *Los crímenes de la calle Morgue*. De hecho, el Dupin de Poe surge en una época en que la policía aún no estaba institucionalizada del todo en Europa, y era más bien un esbozo. En Inglaterra, por ejemplo, la seguridad y custodia de los bienes de los ciudadanos londinenses se encomendaba a profesionales privados conocidos como *charlies*, debido a que su existencia data del antiguo tiempo del rey Carlos. Estos profesionales suplían la falta de policías, pero ejercían su oficio en condiciones precarias. Los puestos de trabajo de *charlies* no solían atraer la atención del ciudadano medio, por lo que eran ocupados por personas que estaban desempleadas, sin ninguna preparación o cualificación o por ancianos cuyos ingresos no les alcanzaba para sobrevivir.

Estas son diferencias meramente conceptuales, pero con la aparición de estos personajes se dejaron atrás las brumas de fantasmas y terrores diabólicos que daban lugar a la investigación técnica y a una explicación coherente que ponía orden donde antes reinaba el caos. Gracias al trabajo de Edgar Allan Poe, las historias modernas comenzaron a presentar un crimen —en general, un asesinato— en torno al cual se centra toda la trama, un círculo definido de sospechosos —todos con motivos, medios y oportunidades para haberlo cometido— y un detective brillante —que

Tan solo tres cuentos necesitó Auguste Dupin para convertirse en el arquetipo de todos los detectives que surgirían en la literatura de los siglos XIX y XX, como Sherlock Holmes y Hércules Poirot.

normalmente era convocado a la escena del crimen cuando la policía se veía desbordada—. Todos estos elementos reunidos conducían a la solución del misterio, a la que el escritor debía permitir que su lector llegara mediante la deducción lógica a partir de las pistas proporcionadas.

Toda esta línea sucesoria de herederos literarios nos lleva a una cuestión interesante: si Poe es el referente, ¿cuáles fueron sus influencias? La crítica literaria se inclina a pensar en el *Barnaby Rudge,* de Charles Dickens, cuya lectura permitió a Poe deducir la solución del enigma desde las primeras páginas y reflexionar sobre el «método analítico». En realidad, Dupin procede con «la habilidad del paleontólogo para reconstruir el dinosaurio a partir de uno de sus huesos», especialmente en *El misterio de Marie Rogêt.*[N16]

Paralelamente a la trilogía Dupin, existen otras historias de Allan Poe en las que se puede observar un componente detectivesco similar. Por ejemplo, *Tú eres el hombre, El hombre de la multitud, La caja oblonga* o su celebrado *El escarabajo de oro* no pueden quedar fuera de este grupo debido a los intentos de los personajes de resolver ciertos enigmas. En definitiva, ya fuera que sus historias contaran con la investigación de C. Auguste Dupin o que los hechos giraran en torno a un investigador menos profesional, no podemos dejar de elogiar la mente privilegiada que demostró tener Poe para inventar tramas tan complejas como las de estas narraciones.[N17]

Como última curiosidad, Conan Doyle y Agatha Christie hicieron que sus personajes mencionaran a sus homólogos en sus aventuras: en la primera aventura de Sherlock Holmes, *Estudio en escarlata*, se menciona a Auguste Dupin, mientras que en la primera novela de Hércules Poirot, *El misterioso caso de Styles*, se menciona a Sherlock Holmes:

> [Watson]: —Me recuerda usted al Dupin de Allan Poe. Nunca imaginé que tales individuos pudieran existir en realidad.
> [Holmes]: —Sin duda cree usted halagarme estableciendo un paralelo con Dupin. Ahora bien, en mi opinión, Dupin era un tipo de poca monta. Ese expediente suyo de irrumpir en los pensamientos de un amigo con una frase oportuna, tras un cuarto de hora de silencio, tiene mucho de histriónico y superficial. No le niego, desde luego, talento analítico, pero dista infinitamente de ser el fenómeno que Poe parece haber supuesto. ARTHUR CONAN DOYLE, FRAGMENTO DE *ESTUDIO EN ESCARLATA* (1887)

Un descenso al Maelström. Ilustración de Harry Clarke para la
colección Tales of Mystery & Imagination (1919).

[Mary]: —¿No tiene usted una afición secreta? ¿No se siente atraído por nada? Casi todos lo estamos; generalmente por algo absurdo.

[Hastings]: —Se reiría usted de mí si se lo dijera.

[Mary]: —Quizá.

[Hastings]: —Siempre he tenido la secreta ambición de ser detective.

[Mary]: —¿Un auténtico detective de Scotland Yard o un Sherlock Holmes?

[Hastings]: —Un Sherlock Holmes, por supuesto. Pero, hablando en serio, en Bélgica conocí a un detective muy famoso [Hércules Poirot] que me entusiasmó. Es maravilloso. Siempre dice que el trabajo de un buen detective solo es cuestión de método. AGATHA CHRISTIE, FRAGMENTO DE *EL MISTERIOSO CASO DE STYLES* (1920)

* * *

La historia que Allan Poe publicó al mes siguiente de *Los crímenes de la calle Morgue* no está tan alejada de su ruta intelectual, en cuanto a género, medio y acción, como puede parecer en un principio. Titulada *Un descenso al Maelström*, está basado en un extraño fenómeno marítimo que consiste en una especie de remolino descomunal que se forma en las costas de Noruega. La historia es narrada por un anciano, quien recuerda cómo cierta vez un huracán hizo zozobrar su embarcación, atrayéndola inexorablemente hacia su vórtice. Dos de sus hermanos murieron en el acto, mientras que el narrador cayó en el núcleo del remolino, completamente absorto y maravillado por las cosas que veía en su interior.

Aunque *Un descenso al Maelström* es uno de los mejores relatos náuticos de Edgar Allan Poe, también es cierto que el propio autor nunca se mostró conforme con la obra, pues consideraba que su final era mejorable. Ciertos aspectos de la historia se asemejan al clásico de Samuel Taylor Coleridge, *La balada del viejo marinero*, ya que ambas son protagonizadas por un anciano que relata la historia de su naufragio y cómo sobrevivió. No obstante, el relato de Poe se centra en exclusiva en el horror del protagonista al ser arrastrado hacia el Maelström, y cómo este emplea sus habilidades y raciocinio para sobrevivir. Charles Baudelaire se mostró fascinado por la descripción de la situación límite en la que el hombre tiene que trascenderse a sí mismo, y el filósofo alemán Ernst Jünger la calificó como «una de las más grandes visiones anticipatorias de nuestra catástrofe».

Para muchos biógrafos, el bienio 1840-41 representa uno de los periodos más creativos de Edgar Allan Poe, y prueba de ello fue la publicación de *La semana de los tres domingos* en el *Saturday Evening Post*, un relato inédito que tenía una estructura muy distinta a la habitualmente utilizada por Poe. La historia comienza con la narración en primera persona de Robert, un joven enamorado de su prima Kate, pero cuyo deseo de casarse con ella se ve obstaculizado por la imposible exigencia del tío abuelo de Kate, Rumgudgeon, quien alega que solo dará su bendición a la pareja el día en que caigan tres domingos en una misma semana. Ante este desafío, Robert y Kate deciden invitar a su casa a dos capitanes recién llegados a Inglaterra, Smitherton y Pratt, quienes habían dado la vuelta al mundo, cada uno en dirección contraria y en diferentes franjas horarias. Durante la conversación, que tuvo lugar precisamente en una tarde de domingo, se habla del día de la semana en el que se encontraban, y ambos capitanes, todavía confundidos con sus franjas horarias, respondieron a la pregunta basándose en sus respectivas bitácoras. Smitherton estaba seguro de que era sábado y Pratt de que era un lunes. Satisfecho con las respuestas recibidas, Robert consiguió demostrar que había tres domingos en aquella semana, resolviendo de esta forma el desafío propuesto por Rumgudgeon mediante una agudeza intelectual muy notable.

La semana de los tres domingos es una historia sencilla, pero muy ingeniosa, que influyó de manera manifiesta en Julio Verne en la resolución de su novela *La vuelta al mundo en 80 días*, escrita más de treinta años después de este texto de Poe, que consiguió plantear cómo sería posible ganar o perder un día en función de si la vuelta al mundo se realiza en dirección este u oeste. Aunque no se trata de uno de sus grandes trabajos es, sin duda, una historia emblemática no solo por su tono bien humorado, poco común en la narrativa de Poe, sino también porque encaja en su brillante serie de «cuentos analíticos» en los que destacan las aventuras detectivescas de su personaje Auguste Dupin.[N18]

Otro de los grandes relatos que Poe publicó en esta floreciente etapa profesional fue el famosísimo *Eleonora*. A diferencia de otros de sus relatos de esa época, *Eleonora* no apareció en el *Graham's Magazine*, sino en el almanaque *Gift*, y luego fue reeditado con algunas correcciones en 1845 para el *Broadway Journal*. Esta narración contiene claves especialmente profundas sobre la vida interior de Poe y posee un sentido romántico-poético muy apreciable. La historia es narrada por un joven sin nombre que vive con su tía y su amada prima Eleonora en el Valle de las Hierbas Multicolores, un idílico paraíso alejado de la civilización, lleno de fragantes flores y árboles fantásticos. Después de vivir juntos durante quince años, el amor penetró en los corazones de los primos y todo el valle se transformó en una belleza indescriptible, inspirada por la pureza del sentimiento que crecía entre los dos jóvenes.[N19]

> Ocurrió una tarde, al terminar el tercer lustro de su vida y el cuarto de la mía, abrazados junto a los árboles serpentinos, mirando nuestras imágenes en las aguas del Río de Silencio. No dijimos una palabra durante el resto de aquel dulce día, y aun al siguiente nuestras palabras fueron temblorosas, escasas. Habíamos arrancado al dios Eros de aquellas ondas y ahora sentíamos que había encendido dentro de nosotros las ígneas almas de nuestros antepasados [...] Un cambio sobrevino en todas las cosas. Extrañas, brillantes flores estrelladas brotaron en los árboles donde nunca se vieran flores. Los matices de la alfombra verde se ahondaron, y mientras una por una desaparecían las blancas margaritas, brotaban, en su lugar, de a diez, los asfódelos rojo rubí. Y la vida surgía en nuestros senderos, pues altos flamencos hasta entonces nunca vistos, y todos los pájaros gayos, resplandecientes, desplegaron su plumaje escarlata ante nosotros. Peces de oro y plata frecuentaron el río, de cuyo seno brotaba, poco a poco, un murmullo que culminó al fin en una arrulladora melodía más divina que la del arpa eólica, y no había nada más dulce, salvo la voz de Eleonora. EDGAR ALLAN POE, FRAGMENTO DE *ELEONORA* (1842)

La vida de ambos transcurría en la más plena felicidad, hasta que un día Eleonora enfermó gravemente —un tema clásico en las historias de Poe—. La joven no temía a la muerte, pero temía que su amado abandonara el valle después de su fallecimiento y se enamorara de otra mujer, pero él le juró que nunca se uniría en matrimonio con «ninguna hija de la Tierra». Eleonora finalmente muere y, tras su desaparición, el valle, símbolo de la relación entre ambos, empezó a deslucirse y a perder todo su esplendor. Desconsolado y harto de vivir en aquel lúgubre lugar, el narrador decide romper su promesa y emprender un viaje hacia una «extraña ciudad», donde conoce y se enamora de Ermengarda. La pareja se une en matrimonio y el narrador comienza a sentir por Ermengarda un amor que jamás había sentido con la fallecida.

Con el tiempo, Eleonora fue desvaneciéndose de la mente del narrador, aunque su recuerdo seguía latiendo en su corazón enfermo de alcohol y melancolía. A diferencia de otros relatos de mayor trascendencia, este culmina de forma optimista con la inesperada aparición fantasmal de Eleonora, quien bendice la unión de su amado con Ermengarda, haciendo desaparecer cualquier sentimiento de culpa de su amado.[N20] «Estás libre de tu compromiso conmigo —dice ella— por razones que solo conocerás en el cielo».

Muchos biógrafos consideran que *Eleonora* es un relato autobiográfico y puede ser una clara muestra de que Poe ya temía por la salud de Virginia en esa época y buscaba aliviar sus propios sentimientos de culpa por flirtear, aunque platónicamente, con otras mujeres mientas su esposa se encontraba postrada en la cama. Quizá el autor quisiera dejar el mensaje de que un hombre tiene permitido casarse otra vez después de la muerte de su primer amor, sin que eso constituya un motivo de infracción o pecado.[N21]

En las novelas cortas de Poe no hay nunca amor. Al menos, *Ligeia o Eleonora* no son, hablando con propiedad, historias de amor, ya que la idea principal sobre la que gira la obra es otra por completo. Acaso él creía que la prosa no es lengua a la altura de ese singular y casi intraducible sentimiento; porque sus poesías, en cambio, están fuertemente saturadas de él. La divina pasión aparece en ellas, magnífica, estrellada, velada siempre por una irremediable melancolía. CHARLES BAUDELAIRE.[N22]

El caminante sobre el mar de nubes, del pintor alemán Caspar Friedrich (1818).

Nota del Autor

El optimismo y la esperanza que transmite el cuento *Eleonora* probablemente están inspirados en el trascendentalismo, un movimiento filosófico y literario que surgió en Estados Unidos a mediados del siglo XIX. Este movimiento estaba en contra tanto de la Iglesia como de algunas teorías racionalistas y tenía como dogma principal la idea de que el alma del hombre es el centro del universo. La meta que siempre perseguirá el transcendentalismo es alcanzar la libertad para la realización de uno mismo. Edgar Allan Poe es un autor que se vio muy influido por el trascendentalismo, aunque lo rechazaba en parte por considerarlo un movimiento demasiado optimista. Y es precisamente eso lo que hace de *Eleonora* un cuento tan especial comparado con otros de temática similar. En *Morella*, por ejemplo, la esposa muerta se reencarna como su propia hija solo para morir; y en *Ligeia*, la primera esposa regresa de la tumba y destruye a la nueva amante del narrador, dos desenlaces que tienen como único objetivo hacer daño al hombre que ambas mujeres amaron en vida.

$$* \quad * \quad *$$

El año 1841 terminó como una de las etapas más brillantes y prósperas no solo para Allan Poe, sino también para la *Graham's Magazine*, que publicó el siguiente editorial en su edición de diciembre:

> En este momento, no habrá ningún editor, sea de Europa o Estados Unidos, que esté comprobando los resultados de este año con tanta satisfacción como nosotros. Nuestro éxito ha sido, sin lugar a dudas, extraordinario y podemos afirmar, sin temor a equivocarnos, que nunca un periódico ha experimentado un crecimiento tan rápido en tan poco tiempo. Hace un año, nadie nos conocía y, por lo tanto, nuestras ventas eran muy inferiores a las de nuestra competencia, pero gracias a la excelente labor de nuestros colaboradores, hemos cerrado el año con más de veinticinco mil suscriptores. Si esto es solo comienzo para nosotros, ¿cómo será entonces nuestro mediodía?

El trabajo de Poe en la *Graham's Magazine* le brindó la posibilidad de conocer a muchos escritores, periodistas y grabadores, con quienes tuvo tanto buenas como malas experiencias. Sin embargo, ninguna relación fue tan complicada como la que tuvo con Rufus Griswold, un profesional del mercado literario que gozaba de cierto prestigio en Filadelfia, donde adquirió reputación como editor, poeta y crítico. Los dos se conocieron en mayo de 1841 y, según un relato posterior de Griswold, Poe se habría acercado al hotel donde se hospedaba y dejó en la recepción dos cartas de presentación con su nombre en un sobre. Movido por la curiosidad, Griswold decidió visitarlo al día siguiente en la redacción de la *Graham's*, donde mantuvieron una larga conversación sobre la escena literaria. En ese momento, Griswold estaba terminando de recopilar textos de diferentes poetas estadounidenses para una gran antología que se publicaría a bombo y platillo bajo el título *The Poets and Poetry of America*. Al darse cuenta de que se trataba de una oportunidad única de difundir y promocionar su trabajo, Poe le ofreció algunos de sus mejores poemas para su antología, admitiendo, además, que se sentiría extremadamente honrado de ver al menos uno de ellos incluido en la obra. Y Griswold, que no podía ignorar los deseos del redactor jefe de una revista en pleno florecimiento, atendió su solicitud con la condición de que Poe escribiera una reseña favorable a la obra, ofreciéndole, para este fin, una suma de dinero en concepto de «honorarios», aunque Poe sabía que lo que le estaba pagando era un soborno en toda regla a cambio de recibir una crítica positiva. Griswold se mostró aún más generoso de lo esperado y seleccionó no solo uno, sino tres poemas de Allan Poe, que acabarían ubicados casi al final del volumen de 476 páginas, intercalados entre los versos de Anna Peyre Dinnies y un tal Isaac McLellan. Las obras elegidas fueron *Coliseum*, *El palacio encantado* y *La durmiente*. Esta última, que también enfoca el tema de la muerte de una joven mujer, era considerado por Allan Poe como su mejor poema; de hecho, el propio autor solía decir que era incluso superior a su aclamado *El cuervo*: «En las más altas cualidades poéticas, es mejor que *El cuervo*, aunque no haya un hombre entre un millón que esté de acuerdo conmigo en esta opinión».

La antología de Griswold fue la más completa de su tiempo, tuvo tres reimpresiones en solo seis meses y granjeó a su autor una gran reputación. Griswold tuvo el detalle de enviarle a Poe un ejemplar de la obra, pero, en lugar de sentirse complacido, Poe escribió una crítica tibia, ni negativa ni positiva, aunque trató de elogiar el ambicioso esfuerzo de Griswold mientras criticaba algunas de las selecciones específicas. (Poe creía que se les había otorgado un espacio excesivo a poetas poco relevantes y lamentó la

Escrito en 1829 y publicado en 1831, *Al Aaraaf* es un poema que está basado en la leyenda islámica del mismo nombre, la cual describe un lugar entre el cielo y el infierno donde se encuentran las almas de aquellos que han sido buenos y malos en la vida. En esta obra, Poe describe un mundo celestial poblado por seres sobrenaturales y espíritus perdidos, presentándolo como un lugar de belleza y gran misterio. El poema también explora temas como la inmortalidad, la muerte y la soledad, y se considera uno de los primeros trabajos importantes de Edgar Allan Poe.

Al río es un breve poema lírico que describe la belleza del río y su capacidad para reflejar el mundo natural que lo rodea. A través de una serie de imágenes poéticas, Allan Poe retrata la serenidad y la magnificencia del río mientras reflexiona sobre la fugacidad de la vida y la inevitabilidad de la muerte.

La durmiente (1831) es un poema lírico que destaca por su belleza poética y por el uso evocador del lenguaje, que crea una imagen vívida de la mujer durmiente. Además, se ha interpretado como una reflexión sobre la muerte, la belleza y la naturaleza efímera de la vida. El poema está estructurado en estrofas de seis versos cada una y utiliza diversas técnicas poéticas, tales como aliteraciones, asonancias y un ritmo suave para crear un ambiente onírico y misterioso.

Israfel (1831) es un poema inspirado en una leyenda islámica acerca de un ser celestial dotado de un talento musical excepcional, capaz de tocar una música tan hermosa que hace vibrar los cielos y la tierra. En esta obra, Poe emplea una variedad de técnicas literarias, incluyendo la repetición de palabras y sonidos para crear un efecto musical y rítmico. El poema también utiliza una estructura métrica compleja, con versos de diferente longitud, para enfatizar el tema de la música.

El palacio encantado (1839) es un poema que trata sobre un palacio que alguna vez fue hermoso y próspero, pero que ha sido invadido por la maldad y la oscuridad. En esta obra, Allan Poe utiliza una serie de técnicas literarias, como la repetición de sonidos y palabras para crear una atmósfera oscura y siniestra. Además, se ha interpretado como una alegoría sobre la corrupción y la decadencia en la sociedad y la naturaleza humana.

Soneto - Silencio (1839) es un poema que describe al silencio como una entidad de doble vida que se manifiesta en la materia y la luz, y que tiene una presencia tanto en el cuerpo como en el alma. Poe sugiere que hay dos tipos de silencio: el de la naturaleza, representado por el mar y la costa, y el de la muerte, personificado por un ser llamado «No más»; el cual no tiene poder en sí mismo, pero que se convierte en una figura terrorífica cuando se asocia con el destino y la muerte.

Eleonora (1842) es un cuento que está ambientado en un lugar no identificado en el que el narrador rememora a su amada Eleonora, que ha fallecido. La historia presenta una idea romántica en la que el amor verdadero es considerado sagrado e inmortal, incluso después de la muerte; y también sugiere la idea de que el amor verdadero puede trascender el tiempo y el espacio, ya que el espíritu de una persona puede ser reencarnado en otra.

Balada nupcial (1837) cuenta la desgarradora historia de una joven que, tras casarse con el hombre que ama, descubre en la noche de bodas que él ha sido asesinado en un duelo. Sumida en la angustia, la joven fallece poco después, uniéndose en la muerte con su amado. En este poema, Allan Poe emplea una serie de imágenes y símbolos para crear un ambiente oscuro y melancólico que refleja de manera conmovedora el tono trágico de la historia.

El cuervo (1845) cuenta la historia de un narrador que está desconsolado por la muerte de su amada Leonora y es visitado por un cuervo parlante que repite una única palabra, nevermore (nunca más), en respuesta a todas las preguntas del narrador. Se trata de uno de los poemas más conocidos y celebrados de Edgar Allan Poe, y se ha convertido en una obra emblemática de la literatura estadounidense y objeto de numerosas interpretaciones y análisis críticos.

Ulalume es un poema que cuenta la historia de un narrador que pasea por un paisaje sombrío con su amada Ulalume hasta que llegan a una encrucijada en el bosque. Allí, ven una luz brillante en la distancia, a la que se acercan y descubren que es la tumba de Ulalume. Horrorizados, se dan cuenta de que aquella noche es la misma en que el narrador la enterró un año atrás. Se trata de una obra compleja y muy elaborada, en la que Poe hace uso de muchas imágenes simbólicas y metafóricas.

Para... es un poema escrito por Edgar Allan Poe dedicado a una mujer llamada Marie-Louise Shew y en memoria de la esposa del autor, Virginia Clemm, quien falleció en 1847. En el poema, Poe expresa su dolor y su tristeza por la muerte de Virginia, y se dirige a Louise como si fuera su confidente. El poema comienza con los versos: «¡No todo el mundo amará como amé yo!», refiriéndose a su amor por Virginia y la profundidad de su dolor por su pérdida.

Para Helena (1839) es una oda a una mujer llamada Helena, quien se cree que fue una mujer real que Poe conoció en su vida. La obra consta de cuatro estrofas y utiliza un lenguaje florido y poético, lleno de metáforas y símbolos para describir a Helena. En el primer verso del poema, Poe escribe: «¿En qué tierra del edén brilla una dama como esta?», destacando la belleza y el encanto excepcionales de la protagonista.

Las campanas (1849) es un poema que describe el sonido y la experiencia de las campanas en diferentes etapas de la vida, desde la alegría y la esperanza de las campanas de plata hasta la tristeza y la melancolía de las campanas de hierro. Está estructurado en cuatro partes, cada una representando diferentes campanas: de plata, de oro, de bronce y de hierro. A medida que el poema avanza, las campanas se vuelven cada vez más pesadas y sombrías, lo que refleja el paso del tiempo y la transición de la vida a la muerte.

Annabel Lee (1849) es un poema romántico escrito por Allan Poe poco antes de su muerte y describe el amor que el narrador siente por Annabel Lee y cómo estaban destinados a estar juntos, pero su historia se interrumpe trágicamente por la muerte de ella. Este poema es uno de los más populares de Poe y se distingue por su estilo lírico y su habilidad para evocar emociones fuertes en los lectores.

Solo es un poema que fue publicado por primera vez en 1875, después de la muerte de Allan Poe, y retrata la soledad y la sensación de aislamiento que el autor experimentó a lo largo de su vida. Esta obra también ha sido interpretada como una reflexión sobre la naturaleza de la creatividad y el papel de la soledad en la vida de un artista.

Las imágenes que ilustran este cuadernillo son de autoría de Edmund Dulac (Toulouse, 1882-Londres, 1953), uno de los grandes ilustradores de la primera mitad del siglo XX. A los dieciséis años, Dulac ya era capaz de realizar trabajos casi profesionales imitando a los grandes artistas de su época, decantándose por la acuarela, medio artístico que no abandonaría durante toda su carrera. Aunque comenzó a estudiar Derecho en la universidad de su ciudad natal, decidió compaginar la vida académica con las clases en la Escuela de Bellas Artes, pero después de dos años de aburrimiento legislativo, concluyó que su futuro no estaba en las leyes, sino en el arte, por lo que decidió abandonar la universidad para dedicarse a tiempo completo a su labor como artista. En 1904, una beca le permitió viajar a París para asistir a la Académie Julien durante tres semanas, tras las cuales decidió abandonar su Francia natal y trasladarse a Londres, donde comenzó su carrera meteórica a los veintidós años. Al poco tiempo de su llegada, recibió el encargo de ilustrar las obras de las hermanas Brontë y pronto estableció un contrato con la editorial Hodder & Stroughton para realizar las ilustraciones de sus ediciones de lujo de *Las mil y una noches* (1907); *La tempestad*, de William Shakespeare (1908) y Rubáiyat, de Omar Khayyam (1909). Uno de los mejores trabajos de Edmund Dulac es el conjunto de diseños en color para *Las campanas y otros poemas*, de Edgar Allan Poe (que ilustran este cuadernillo), un trabajo extraordinario y de un exquisito color que rezuma fantasía e imaginación en todas sus dimensiones.

exclusión de James Russell Lowell, un referente del movimiento romántico). «Con dos o tres excepciones, no hay un poeta importante en toda la Unión», escribió Allan Poe, aunque concluyó su reseña diciendo que el libro era «la aportación más importante que nuestra literatura ha recibido durante muchos años». Se trataba de un elogio bastante razonable, sobre todo, porque partía de la ácida pluma de Allan Poe, que no vacilaba en escribir implacables críticas, pero no fue lo suficiente para Griswold, que esperaba que los «honorarios» pagados debieran haber garantizado una reseña con elogios más contundentes, y no una crítica equilibrada, casi neutral. Sus protestas, sin embargo, le parecieron muy injustas a Poe, que llegaría a admitir que no estaba particularmente impresionado por el libro. Pese a su indignación, Griswold cumplió su parte del acuerdo y publicó la reseña de Poe, pero lo hizo de forma cínica, enviándola a un periódico relativamente desconocido y de poca circulación, el *Boston Miscellany*. Como represalia, Poe dio inicio a una gira de conferencias con el título *The Poets and Poetry of America*, la primera de las cuales fue ofrecida en Filadelfia el 25 de noviembre de 1843. En ella atacó abiertamente a Griswold ante una gran audiencia, y siguió haciéndolo en ocasiones posteriores. Graham diría que en estas conferencias Poe «dio a Griswold un repaso que nadie olvidaría durante décadas».[N23]

Las acciones y reacciones posteriores de ambos fomentaron una rivalidad que se volvió irreconciliable y, en muchas ocasiones, acabó en enfrentamientos públicos para deleite de los diarios, que veían cómo sus ventas aumentaban en la misma proporción en la que los reproches que ambos intercambiaban.[N24] Los primeros biógrafos de Poe creen que el autor se sintió ofendido cuando constató que sus tres poemas ocupaban un espacio de poca relevancia y al final del volumen publicado por Griswold, pero lo que realmente molestó a Poe fue ver el súbito éxito que su rival había conseguido, quien llegó a ser clasificado por un importante diario de Filadelfia como un «creador de tendencias».

Muchos años después, en 1845, cuando las rencillas entre ambos parecían haberse apaciguado, Griswold comenzó a trabajar en una nueva antología, esta vez en prosa, llamada *The Prose Writers of America*, y se puso en contacto con Poe para pedirle que le enviara algunos cuentos y un breve texto autobiográfico que incluiría en la publicación. Griswold sabía que la exclusión de Poe de esta nueva antología sería un escándalo, no solo porque ya era un autor popular y respetado, sino también porque su entorno pensaría que él no era lo suficientemente profesional como para mantener sus sentimientos personales fuera de su trabajo como editor. Sorprendido con la propuesta recibida, Poe le respondió con una carta reconciliadora:

Carta de Allan Poe a Rufus Griswold en la que intenta calmar las hostilidades entre ambos.

«Tu carta me causó dolor y luego alegría. Dolor porque me hizo ver que, por mi propia imprudencia, terminé perdiendo a un amigo honorable. Y alegría, porque veo en ello la posibilidad de una reconciliación».[N25]

En esta misiva, Poe también intenta explicar sus críticas al trabajo de Griswold e insiste en que su postura era puramente profesional. Al parecer, Griswold aceptó sus alegaciones y el conflicto entre los dos pareció calmarse. Poe incluso llegó a escribir otra reseña para Griswold, esta vez para la antología *The Female Poets of America*, con un tono mucho más favorable, aunque muchos creen que su actitud tuvo más que ver con su deseo de dar más visibilidad a las autoras que con cualquier intención de complacer a su antiguo rival.[N26]

Nota del Autor

En una sociedad que no valoraba la actividad intelectual de las mujeres por no considerarlas aptas para semejante oficio, resultaba muy difícil que los escritos de una poeta pudieran ser tomados en serio. Para superar este obstáculo, algunas mujeres optaban por publicar sus obras bajo un seudónimo masculino, como lo hizo Amantine Aurore Lucile Dupin, quien utilizó el nombre de George Sand; Matilde Cherner se inició en la literatura como Rafael Luna; Mary Anne Evans se presentó al mundo literario como George Eliot y Emily Brontë decidió publicar su novela más famosa, *Cumbres borrascosas*, de manera anónima. Otras autoras más extravagantes preferían decir que los poemas que escribían no eran suyos, sino que eran dictados por espíritus. Este fue el caso de Elizabeth Doten, una popular poeta estadounidense que afirmaba que muchos de sus poemas habían sido escritos bajo la influencia directa del espíritu de Allan Poe.

Doten era una gran improvisadora y, a menudo, recibía poemas del más allá, los recibía en público, para luego declamarlos al instante. Su libro más famoso fue *Poemas de la vida interior* (1863), en el que recopiló los mejores textos «inspirados» por los espíritus, no solo de Allan Poe, sino de otros autores ya fallecidos, como Robert Burns y Felicia Hemans. Elizabeth Doten escribió su último libro en el año 1871 y dejó de dar conferencias en 1880, aduciendo problemas de salud, pero una fuente cercana a ella expresó que el retiro de la escritora se debió a que ya no podía diferenciar su personalidad de la influencia espiritual en la que estaba inmersa.

Uno de los más trabajos literarios más singulares que surgieron en el siglo XIX fue el de la poetisa Elizabeth Doten, quien publicó *Poemas de la vida interior*, un libro que contenía presuntos poemas recibidos del espíritu de Edgar Allan Poe, pero en realidad eran refritos de poemas como *Las campanas* (escritor por Poe en 1848), pero reflejando una nueva y positiva significación.

* * *

Se sabe poco de la vida de Griswold antes de que lograra un lugar importante en el competitivo mundo literario de la época. Nacido en Vermont en el seno de una familia calvinista, a los quince años decidió dejar su hogar para vagar sin rumbo fijo hasta que llegó a Albany, donde fue acogido por un periodista llamado George C. Foster, conocido por su libro *New York by Gas-Light*. (Se decía entonces que ambos pudieron haber mantenido una relación homosexual, rumor que cobró cierta fuerza con el posterior hallazgo de una nota escrita por Foster que terminaba con la siguiente frase: «Ven conmigo si aún me quieres»). Tras trabajar un breve periodo de tiempo como aprendiz de impresor, Griswold se trasladó a Siracusa, donde fundó un pequeño periódico dedicado a noticias del corazón llamado *The Porcupine*, publicación que dejó malos recuerdos entre la población por su maledicencia.

En 1836, Griswold se trasladó a Nueva York, donde conoció a una joven de diecinueve años llamada Caroline Searles, que se convirtió en su esposa y con quien tuvo dos hijas. Sin embargo, tras el nacimiento de su segunda hija, Griswold abandonó a su familia y se trasladó a Filadelfia, dejando atrás su trabajo en el *New York Tribune* y una imponente biblioteca personal con varios miles de libros. En esta nueva etapa, pasó a colaborar con el *Philadelfia Daily Standard;* allí empezó a forjar su reputación como crítico literario, conocido por su mordacidad y carácter vengativo, un perfil que se parecía mucho al de Poe, quien había recibido el apodo de Tomahawk por sus críticas mordaces y sus reseñas lapidarias. Esta palabra deriva del término algonquino *tamahak*, que significa «hacha de guerra». Los *tomahawks* se utilizaron para la caza, la guerra y también como herramientas en la vida cotidiana. En la cultura popular, la imagen del *tomahawk* se ha asociado a menudo con la imagen estereotipada del «indio salvaje».

Finalmente, en 1842, Griswold decidió regresar a Nueva York para visitar a su esposa después de que ella hubiera dado a luz a su tercer hijo, un niño. Tres días más tarde, ya de vuelta en Filadelfia, le informaron de que tanto su esposa como el bebé habían fallecido. Profundamente afligido, Griswold viajó con el féretro en tren y no se separó de él durante muchas horas, a pesar de los consejos de los demás pasajeros, que le instaban a descansar, ya que aún tendría que afrontar un duro funeral. Reza un rumor de la época que, cuarenta días después del entierro de Caroline, Griswold exhumó su cadáver, cortó un mechón de su pelo, la besó en la frente y lloró durante largo tiempo, permaneciendo junto a ella durante más de treinta horas, hasta que un pariente lo sacó de allí. Cabe resaltar que no hay evidencia histórica concluyente que respalde estos hechos, por lo que es importante considerarlos como rumores sin confirmación.[N27]

260

Tales of Mistery and Imagination, Ilustración de Harry Clarke (1933).

TERCERA PARTE

EL POETA MALDITO
(1842-1849)

IX

ELEONORA

«Me volví loco,
con largos intervalos de horrible cordura».
EDGAR ALLAN POE

El año nuevo de 1842 llegó sin que la angustia que sentía Allan Poe por un futuro —que no podía ni quería predecir— se fuera pasando. Conforme con lo que el destino le tenía guardado, el escritor trató de dedicar más tiempo a su amada Virginia, con quien ya llevaba casado seis años, y cuya compañía le proporcionaba el refugio que necesitaba para escapar de las tormentas de su vida literaria. En sus ratos libres, Poe tocaba el piano con Virginia y jugaba con ella; también solían pasear casi a diario por el jardín contiguo a su casa, conversaban y se reían mucho para luego preparar la cena. Sus vidas parecían fluir como un arroyo tranquilo discurriendo entre los prados hasta que una tarde de enero se produjo un acontecimiento decisivo que cambiaría drásticamente el rumbo de la pareja.

El escritor tomaba el té en su casa en compañía de algunos amigos mientras Virginia amenizaba la tarde con una delicada aria de soprano cuando, súbitamente, su voz se cortó en una nota aguda y un pequeño filón de sangre comenzó a manar de su boca. La joven se limpió la sangre con una servilleta y se repuso de inmediato, pero Poe, que hasta entonces disfrutaba de una tarde placentera junto a sus amigos más cercanos, terminó la velada con un semblante sombrío. Al parecer, fue el único entre los presentes que se dio cuenta de que Virginia acababa de recibir una sentencia de muerte que la llevaría al mismo trágico destino que a su madre, su madrastra y su hermano Henry: la tuberculosis, una enfermedad que se convertiría otra vez en una horrible tragedia en la vida de Allan Poe. En una fracción de segundo, Poe la sintió morir, la sintió perdida y se sintió perdido también, una angustia que posteriormente acabaría llevándole a recurrir al consumo de láudano, una preparación compuesta por opio y otras sustancias como vino blanco, azafrán, clavo y canela. En aquella época, se vendía en las boticas como remedio para calmar el dolor y tratar la diarrea, pero Poe la consumía como sedante para sobrellevar una depresión que comenzaba a hacerse ingobernable en su mente y en su espíritu.

La señora Poe se encontraba reunida con los suyos, cantando al piano, como solía hacer casi todas las tardes, cuando sufrió una rotura de un vaso sanguíneo y partir de entonces comenzó a padecer el equivalente a cien muertes. No podía soportar la más mínima exposición al aire libre y pasó a necesitar de cuidados especiales, a pesar de que vivía recluida en una angosta habitación en la que apenas podía respirar. Nadie en aquella casa se atrevía a hablar sobre el sufrimiento de la señora Poe, sobre todo su esposo, que se volvía extremadamente irritable ante cualquier mención de su esposa. El pobre hombre solía escaparse de la casa por la noche y caminaba durante horas sin rumbo y sin saber qué hacer de su vida, mientras su esposa sufría sola en casa, desesperada por su ausencia. De este modo vivían sus oscuros días; Poe intentando desesperadamente ganar dinero con sus escritos; su señora, luchando contra la muerte, y la madre de esta, luchando para mantener aquel inestable hogar de pie. CARTA DE A. B. HARRIS[N1]

He sido testigo de cómo el señor cuidaba a su esposa cuando esta se puso enferma. El más mínimo ataque de tos le exaltaba y, una vez que pasaba la crisis, él quedaba visiblemente aturdido. En un atardecer de verano, di un paseo con ellos y todavía recuerdo, como si fuera un poema melancólico, el gesto de sus ojos vigilantes, el rostro de su amada, atentos a cualquier leve cambio. Era la anticipación, minuto a minuto, de la pérdida de su esposa, lo que le convertiría en un hombre ensimismado y triste y proporcionaría a su obra inmortal un tono de aflicción. CARTA DE GEORGE GRAHAM[N2]

Así comenzó una larga agonía para la joven pareja, que llevó a Poe a beber con más frecuencia que nunca. Virginia, por su parte, nunca se recuperó y desde entonces su salud sufriría continuos altibajos. A medida que la enfermedad avanzaba, Poe pasó a vivir una doble vida: durante el día, ocupaba el puesto de editor de una pequeña revista local, y por la noche se convertía en el enfermero de su esposa. El láudano y la escritura se convirtieron en sus únicas vías de escape, y el autor comenzó a escribir compulsivamente, canalizando su agitación emocional en su trabajo. Irónicamente, estos fueron los años más productivos y creativos de su carrera, en los que creó obras que serían alabadas como las más importantes de su polifacética bibliografía.

Durante las dos primeras semanas desde que Virginia sangró por primera vez, permaneció postrada en la cama, sin apenas fuerzas para levantarse. La enfermedad aún comenzaba a manifestarse, pero su delicado organismo no parecía preparado para enfrentarse a semejante enemigo. Un vecino recordó más tarde que la pequeña casa de la familia Poe no era la adecuada para cuidar a una persona enferma, ya que Virginia yacía en una habitación de tamaño reducido, con poca ventilación y con un techo tan bajo que su cabeza casi podía tocarlo. Graham, probablemente hablando de esta época, recordó más tarde que había visitado a la familia y notó cómo Poe se inclinaba atentamente sobre su esposa, acudiendo a ella con celeridad cada vez que tosía o suspiraba de manera distinta. El escritor aparentaba una resiliencia fuera de lo común, pero todos sabían que internamente estaba devastado. Según recordó el mismo Graham, nadie en aquella habitación se atrevía a hablar y Poe no permitía que se hiciera la mínima mención sobre la suerte que había deparado el destino a su amada Virginia. Cualquier palabra fuera de lugar podía volverle loco.

La enfermedad de Virginia causó altibajos en la vida de Allan Poe, quien, al igual que miles de familias estadounidenses, tuvo que enfrentarse al drama de tener de cuidar de un ser querido afectado por la «peste blanca», como a veces se llamaba a la tuberculosis en el siglo XIX. Esta terrible enfermedad, que entonces no tenía cura, afectaba a menudo a los más jóvenes y mantenía a padres y madres en vilo constante mientras monitoreaban los síntomas de sus hijos: tos recurrente, pérdida repentina de peso y una palidez extrema que resaltaba el color azul de las venas de los párpados y hacía que las mejillas se volviesen terriblemente coloradas. Aunque se trataba de una dolencia debilitante y temida, la tuberculosis era «piadosa», ya que mataba sin desfigurar el cuerpo ni destruir la mente, e incluso imprimía a sus víctimas un rubor en los ojos que podría confundirse con jovialidad.

A sus diecinueve años, Virginia conservaba su belleza natural; tenía la tez pálida y unos profundos ojos oscuros, aunque los sudores nocturnos la asaltaban cada mañana y la debilitaban progresivamente. Su único alivio era la compañía de su inseparable marido, que le contaba historias, en ocasiones cantaba alguna melodía y también le proporcionaba lo que Poe llamaba «cerveza de los judíos», nombre dado a un brebaje local que se tomaba como remedio casero. Se dice que en Mesopotamia se lavaban las heridas con cerveza para prevenir infecciones. Los egipcios, por su parte, descubrieron que los residuos alcohólicos de la fermentación de esta bebida ayudaban en la esterilización de los recipientes, un hallazgo que los ayudó a esterilizar el agua de los pozos, que no siempre gozaban de las mejores condiciones higiénicas. Y dada la importancia que para los egipcios tenía la otra vida, inevitablemente, la cerveza jugaba también un papel muy destacado en las ofrendas para los muertos, que servían para alimentar su espíritu en su viaje al más allá.

A mediados de junio de 1842, Allan Poe encontró algo de alivio al comprobar que el estado de salud de Virginia había mejorado, aunque de forma discreta: «Mi querida esposa está mucho mejor —escribió a un amigo— y tengo grandes esperanzas de que finalmente se recupere». Pero solo unas pocas semanas después, su estado de salud empeoró sensiblemente, hasta el punto de que un médico tuvo que ser llamado a toda prisa para evitar que colapsara.

Si hay una pintura que puede ilustrar perfectamente el drama de Allan Poe y Virginia es *La miseria* (1886), del pintor venezolano Cristóbal Rojas, que retrata el aspecto social de la enfermedad y su relación con las condiciones de vida durante los últimos años del siglo XIX. En ella podemos hacernos una idea de cómo habrá sido la angosta y precaria habitación donde Virginia pasaba sus días, viendo cómo su vida se desvanecía sin que su amado esposo pudiera hacer nada más que acompañarla en su sufrimiento.

Nota del Autor

El primer escritor en describir y registrar los efectos del opio fue el autor británico del Romanticismo Thomas de Quincey, quien publicó en 1822 *Confesiones de un comedor de opio inglés*. Esta obra tenía el propósito de contar su relación con el opio y sus asociaciones con el placer. Según su testimonio, De Quincey tomó opio en forma de láudano por primera vez en 1804 para tratar una neuralgia dental, y en 1812 ya lo consumía de manera regular hasta que, finalmente, se convirtió en adicto. Según relata De Quincey en esta obra, las razones que lo llevaron a consumir el opio fueron la influencia que esta sustancia ejercía sobre su creatividad: «Los sueños opiáceos concretaban en mí ciertos aspectos de mis experiencias pasadas; impresiones sensoriales, emociones y un sinfín de elucubraciones que me llevaban a tener nuevas ideas y expresiones». En 1846, el poeta Théophile Gautier publicó *La pipa de opio*, que dio inicio a una verdadera «moda de la droga» en Francia. Los miembros de los círculos artísticos estaban intrigados por el opio y sus efectos sobre la creatividad, por lo que pasaron a usarlo como un estimulante creativo, aunque algunos lo hacían bajo la supervisión de sus médicos, quienes estaban familiarizados con sus efectos y contraindicaciones.

En el siglo XIX, el opio cobró tal importancia que llegó incluso a provocar el estallido de una serie de conflictos bélicos entre el Imperio británico y China, que se hicieron conocidos como las guerras del Opio. Sus causas fueron los intereses comerciales que crearon el contrabando británico de opio y los esfuerzos del Gobierno chino por imponer sus leyes a ese comercio.

La cultura del opio y la fascinación por lo exótico también se manifestaron en las obras de renombrados autores ingleses como Charles Dickens, Oscar Wilde o Arthur Conan Doyle, evidenciando la profundidad con la que el opio había penetrado en la sociedad victoriana. Muchos poetas románticos, incluidos Percy Bysshe Shelly, Lord Byron y John Keats, experimentaron los efectos visionarios del opio, aunque hubo casos extremos como el de John Keats, que intentó suicidarse con esa sustancia. El poeta holandés Willem Bilderdijk era tan dependiente del opio que su escritura se volvió incontrolable y desprovista por completo de cualquier rastro de juicio crítico. Su locura opiácea llegó a tal punto que el poeta acabó matando por accidente a su hijo debido a una sobredosis que le administró para calmar sus llantos y ayudarlo a dormir.

En el caso de Allan Poe, se sabe que el opio desempeñó un papel de cierta relevancia en su obra, sobre todo porque le interesaba todo aquello que tocaba las múltiples facetas de la conciencia: los sueños, las visiones, el miedo o los deseos extremos, las obsesiones y el letargo. Poe también se interesaba por conocer los estados de conciencia exacerbada, de la lucidez y de la perspicacia estimuladas por el consumo del opio. Estas sensaciones están brillantemente plasmadas en *Un cuento de las montañas escabrosas*, publicado en la edición de abril de 1844 de la revista *Godey's Lady's Book*:

> Entre tanto, la morfina obró su efecto acostumbrado: el de dotar a todo el mundo exterior de intenso interés. En el temblor de una hoja, en el matiz de una brizna de hierba, en la forma de un trébol, en el zumbido de una abeja, en el brillo de una gota de rocío, en el soplo del viento, en los suaves olores que salían del bosque había todo un universo de sugestión, una alegre y abigarrada serie de ideas fragmentarias desordenadas. EDGAR ALLAN POE, FRAGMENTO DE *UN CUENTO DE LAS MONTAÑAS ESCABROSAS* (1844)

La Primera Guerra Mundial marcó el fin de una era en la que el opio era utilizado sin restricciones y su uso pasó a estar restringido únicamente a fines médicos. La prohibición de ciertas drogas llevó a la desaparición de consumidores aristócratas y estetas, siendo reemplazados por usuarios callejeros y desheredados. Sin embargo, esto no significa que no haya artistas que hayan creado obras maestras en un estado mental algo trastocado. Por ejemplo, Philip K. Dick declaró en una entrevista que todas sus novelas, sin excepción, las había escrito bajo los efectos del *speed*, una droga sintética que actúa como estimulante del sistema nervioso central. El término *speed* se refiere a menudo a la metanfetamina en forma de polvo, que puede ser fumada, inhalada o inyectada. William S. Burroughs se inyectó heroína durante décadas; y Tennessee Williams fue encontrado muerto rodeado de papeles, pastillas y dos botellas de vino abiertas sobre la mesilla de una *suite* de un pequeño hotel de Nueva York. Irónicamente, su muerte no se debió a una sobredosis, sino a un patético incidente: el autor se había atragantado con el tapón de plástico de una botella de colirio que solía colocarse bajo la lengua cuando se aplicaba el líquido en los ojos. No es que los escritores se droguen más que personas de otros sectores de la sociedad, sino que el mito del autor atormentado sigue siendo popular entre quienes viven de la escritura.[N3]

* * *

En esta etapa de enfrentamiento a la muerte, Allan Poe publicó *El retrato oval*, un cuento de terror que puede enmarcarse dentro del tópico de «las musas muertas», tema que siempre le obsesionó. De hecho, el retrato oval que aparece en el cuento tal vez sea un retrato de la propia madre de Poe, que el poeta siempre llevó consigo. El relato narra la historia de un hombre que entra en un castillo abandonado en busca de refugio. El lugar todavía conserva la fastuosidad en los detalles de su decoración y en cada una de las estancias donde se encuentra. Al entrar en una de las alcobas para descansar, el protagonista encuentra un libro pequeño donde han escrito una breve descripción de los retratos que engrandecen la propiedad. Al tratar de iluminar una de las paredes, su atención se centra en el retrato oval de una bella joven que ha sido pintada de medio cuerpo. Su curiosidad lo lleva a leer la historia de esa pintura, que le revela que la joven estaba casada con un pintor obsesionado por retratarla en un lienzo de la forma más realista posible. La joven, tratando de complacer los deseos de su esposo, acude a su taller cada día, posando ante él durante horas. Embebido en su trabajo, el pintor no se da cuenta de que su mujer enferma y languidece y mientras el retrato va ganando fuerza expresiva, la vitalidad de su modelo se va consumiendo. Al finalizarlo, advierte que la imagen está más viva que su propia esposa, y cuando gira el lienzo para enseñarle el resultado, nota que su esposa está muerta. Enseguida se da cuenta, horrorizado, de que su pincelada final se dio en el exacto momento en el que ella exhaló su último aliento.

El retrato oval es uno de los mejores relatos de Edgar Allan Poe y, ciertamente, ha servido de inspiración para otros clásicos del género cuya trama es muy similar. Un ejemplo de ello es *El retrato de Dorian Gray* (1891), de

Oscar Wilde, aunque en esta obra el mal no procede del artista en sí mismo, sino del objeto de su composición. Casi al mismo tiempo, Nathaniel Hawthorne se inspiró en las mismas fuentes que Poe con su relato *La marca de nacimiento*, el cual es similar, en muchos sentidos, a la obra de Poe.[N4]

Aunque *El retrato oval* sea una obra que contenga los elementos más característicos de un texto salido de la pluma de Edgar Allan Poe, ninguna otra historia llegó tan profundamente a su corazón como *La máscara de la muerte roja*, que trata de la epidemia de cólera que asoló Baltimore en 1832. Ante la imparable diseminación de la enfermedad, las familias acomodadas de la ciudad huían al campo para refugiarse en casas aisladas y esperaban allí hasta que el riesgo de contagio hubiese pasado. De esa manera se sentían más seguros, y esta es la reflexión que Poe trata de transmitir con su relato, destacando que una enfermedad no conoce lugares, personas ni horarios.

En el relato narrado por Poe, el protagonista, conocido como el príncipe Próspero, decide someterse a una cuarentena junto a su corte en su castillo, una antigua construcción rodeada de altos muros que, supuestamente, blindarían al príncipe y sus amigos de la epidemia que comenzaba a despoblar el país. Convencidos de que la peste no traspasaría sus murallas y sus puertas de hierro, y confiados en que las vituallas les durarían largo tiempo, sus súbditos se entregan al placer en un baile de máscaras que debería durar toda la noche. «Había bufones, había improvisadores, había bailarines, había músicos, había belleza, había vino», escribió Poe, todos ellos esparcidos por las siete salas del castillo, cada una decorada con un color diferente. Entre los invitados había uno que osó disfrazarse de la Muerte Roja. El príncipe consideró la elección de aquel disfraz como una afrenta y ordenó la retirada del individuo del recinto, pero nadie le hizo caso; atenazados por una aprensión inexplicable, los cortesanos no atinaron a echarle el guante. Una vez reunieron el valor necesario, se percataron de que el disfrazado no era más que una figura vacía, una mera personificación de la muerte. Acto seguido, empezaron a sucumbir uno tras otro, convertidos en víctimas de la peste.

Al trasladar esta obra a los tiempos actuales, nos daremos cuenta de que Poe anticipa, con un profundo simbolismo, los tiempos de la COVID-19. La incorporación de un baile de máscaras y disfraces a la narrativa serían hoy lo equivalente a los EPI y las mascarillas quirúrgicas, que son un recurso que refleja la necesidad de sentirse seguro, aunque la sensación de miedo continúa presente. En la historia de Poe, el miedo es reconocido como la máscara entre las máscaras, simbolizando lo que un ser humano más teme en la vida: la muerte. Esta historia, que en su momento tenía cierto trasfondo satírico, se hace muy actual por la transparencia que ofrece de una realidad muy frecuente: la ilusión universal de la seguridad y la falsa sensación de que llevar mascarillas es suficiente para estar a salvo. Próspero cometió un error que hoy conocemos a la perfección: aglomerar a personas en un ambiente sin ventilación durante una epidemia.[N5]

> Durante mucho tiempo, la Muerte Roja había devastado la comarca. Jamás peste alguna fue tan fatal, tan horrible. Su encarnación era la sangre: el rojo y el horror de la sangre. Se producían dolores agudos, un repentino vértigo, luego los poros rezumaban abundante sangre, y la disolución del ser. Manchas púrpuras en el cuerpo y particularmente en el rostro de la víctima segregaban a esta de la humanidad y la cerraban a todo socorro y a toda compasión. La invasión, el progreso y el resultado de la enfermedad eran cuestión de media hora. [...] Y entonces reconocieron la presencia de la Muerte Roja. Había venido como un ladrón en la noche. Y uno por uno cayeron los convidados en las salas de orgía, manchadas de sangre, y cada uno murió en la desesperada actitud de su caída. Y la vida del reloj de ébano se apagó con la del último de aquellos alegres seres. Y las llamas de los trípodes expiraron. Y las tinieblas y la corrupción, y la Muerte Roja lo dominó todo. EDGAR ALLAN POE. *LA MÁSCARA DE LA MUERTE ROJA* (1842)

Dispuesto a encontrar un ambiente más saludable para Virginia, Poe se mudó con su familia a una casa a las afueras de la ciudad, aunque después se trasladarían de nuevo a un vecindario en el distrito suburbano de Spring Garden. La casa elegida era modesta, construida con tablones pintados, pero Maria Clemm logró darle la dignidad que tantas veces había echado de menos en otros hogares. Un vecino recordó haberla visto en innumerables ocasiones limpiando el patio delantero, las ventanas y el pórtico, e incluso el tejado.[N6]

La vitalidad demostrada por Maria Clemm contrastaba con la apatía melancólica que se apoderó de Allan Poe de tal manera que, en un momento dado, incluso la pobre Virginia parecía irradiar una apariencia más saludable. Su tía, que lo conocía mejor que nadie, se dio cuenta de inmediato de que había vuelto a beber después de un largo periodo de abstinencia. Nadie sabía cuánto o con qué frecuencia bebía; algunos vecinos decían que bebía en exceso, mientras que otros pensaban que un solo trago bastaba para llevar al poeta a un estado de total embriaguez. Su propia tía admitiría, años más tarde, que, después de una o dos copas, su sobrino ya

La máscara de la muerte roja, ilustración de Harry Clarke para
la colección Tales of Mystery & Imagination (1919).

no era responsable ni de sus palabras ni de sus acciones. De hecho, hacia julio de 1842, Allan Poe perdió por completo el dominio de sí mismo y realizó un viaje sin sentido ni razón a Nueva York, obsesionado por un repentino recuerdo de Mary Devereaux, una joven rubia del vecindario de quien se había enamorado cuando vivía en la casa de su tía Maria Clemm. (Irónicamente, era Virginia quien llevaba las cartas de amor del joven Poe a su novia). Ahora, Mary estaba casada, y Edgar parecía obsesivamente deseoso de averiguar si ella amaba o no a su marido. Preguntando por el domicilio de Mary, llegó a su casa y montó allí una terrible escena. Luego, como si nada hubiera ocurrido, decidió quedarse para tomar té y, antes de marcharse, exigió que Mary cantara su melodía favorita. Según algunos de los primeros biógrafos de Poe, este episodio novelesco no fue más que el resultado de la imaginación de una mujer de setenta y un años que, sin duda, conocía a Poe, pero que esperó a que se muriera para atribuirle una pasión falsa y vender sus memorias a una revista a cambio de un generoso pago. La única verdad en esta historia es que Maria Clemm tardó varios días en encontrar a Poe hasta que algunos vecinos le informaron de que lo habían visto vagando por unos bosques cercanos, perdido y ausente de sí mismo. En una carta, Poe se defendió del bochornoso episodio, señalando que las personas solo le prestaban atención en los momentos de locura, ignorando por completo sus largos periodos de vida sana y laboriosa.[N7]

No era lo que pensaba uno de sus ayudantes en la redacción de la *Graham's Magazine*, que se quejaba constantemente de que el autor ya no se ocupaba de la correspondencia y apenas revisaba las galeradas. Los responsables de la imprenta también se lamentaban por la irregularidad en el envío de los manuscritos. Un día, probablemente después de una larga ausencia, Poe se dirigió al despacho de Graham y le entregó una carta en la que comunicaba su dimisión. A pesar de la inesperada y traumática ruptura, Poe siguió manteniendo una relación amistosa con Graham y continuó colaborando ocasionalmente con la revista, pero se arriesgó a perder una seguridad relativa junto con su salario mensual. Es posible que la inestable salud de su esposa lo alejara una vez más de una revista en la que, habiendo entrado sin entusiasmo, había acabado por volverle aún más rebelde lo que era. En una famosa carta que escribió a su amigo James Herron, Allan Poe admitió que sus irregularidades se desencadenaron a consecuencia de la enfermedad de Virginia. Reconoció que «se estaba volviendo loco» y que bebía hasta llegar a un estado de inconsciencia. «Mis enemigos atribuyeron la locura a la bebida en vez de atribuir la bebida a la locura».

Tal vez haya tenido conocimiento de que ya no estoy en la redacción de *Graham's Magazine*. Mi estado anímico, a decir verdad,
me ha llevado a renunciar por el momento a todo agotamiento
intelectual. El renovado brote de la enfermedad que padece mi
esposa, sobre la cual no tengo esperanzas, así como ciertos acha-
ques de salud por mi parte, por no mencionar mi vergonzosa
situación pecuniaria, a punto han estado de ponerme al borde de
la locura. Mi única esperanza de alivio reside en la «ley de bancarrota», a la cual pienso acogerme tan pronto me sea posible.
De haberme resuelto sobre este particular algún tiempo atrás,
ahora podrían irme mejor las cosas; no obstante, mis esfuerzos
por mantenerme como fuera a la altura de las circunstancias han
terminado a la larga por arruinarme del todo. CARTA DE EDGAR
ALLAN POE A JAMES HERRON, JUNIO DE 1842

La ley de bancarrota a la que Allan Poe hace referencia en su misiva
consistía en un conjunto de regulaciones que proporcionaban un marco
legal para la liquidación de deudas y la reorganización financiera de personas o empresas en situación de bancarrota. El objetivo principal era pro-
teger tanto a los acreedores como a los deudores, buscando un equilibrio
entre el alivio de la deuda y la preservación de los activos.

La incorporación de Allan Poe a la *Graham's Magazine* supuso un gran
salto cuantitativo para la publicación, que alcanzó una tirada de 40 000
copias mensuales un año después de que Poe asumiera el puesto de editor
jefe. Este aumento reflejaba el crecimiento exponencial de un nuevo mercado que estaba remodelando las revistas y periódicos estadounidenses.
La publicación de obras tan ingeniosas como la serie de criptografía de
Allan Poe y sus cuentos detectivescos también le valieron la reputación de
maestro literario. A pesar de ello, Poe creía que su popularidad no se traducía en poder literario y, cuando trató de persuadir a los editores de Lea &
Blanchard para que publicaran una colección actualizada de sus cuentos,
que incluía *Los crímenes de la calle Morgue* y otras siete obras recientes,
recibió la bochornosa respuesta de que el clima económico seguía siendo
desalentador y que la editorial aún trataba de recuperar la inversión que
había hecho al publicar su obra *Cuentos de lo grotesco y lo arabesco*.

Lo único que le restó a Allan Poe fue la esperanza de lanzar su propia
revista en enero de 1842, pero, debido a los acontecimientos ocurridos en
las últimas semanas, Graham perdió interés en el proyecto, aunque dejó
abierta la posibilidad de retomarlo al verano siguiente. Al principio, Poe
se mostró indignado con la decisión tomada por Graham, pero luego se

culpó a sí mismo por no haber logrado persuadir a su exjefe de que su proyecto literario era viable: «Al final, me di cuenta de que era yo quien estaba jugando en contra de mi propio proyecto, ya que mis esfuerzos por convertir la *Graham's* en un referente hizo que su propietario se mostrara cada vez menos dispuesto a apostar por una segunda publicación». La valoración de Poe era acertada: el número de abonados de la revista subía de mes en mes, pero Graham, por muy encantador que se mostrara, no hizo el mínimo gesto de subirle el sueldo al hombre a quien debía semejante prosperidad. Gracias a las gestiones llevadas a cabo por Allan Poe, la *Graham's Magazine* se convirtió no solo en la mayor, sino también en la más influyente revista de Estados Unidos. Casi todo el mundo sabía cuánto habían contribuido la brillante pluma de Poe y sus eficaces esfuerzos por conseguir la colaboración de los mejores escritores de América a ese éxito. Solo Graham parecía pasar por alto este hecho o darlo por sentado.

Quiso la ironía del destino que fuera Griswold quien asumiera la edición de la revista después de la salida de Poe en abril de 1842. La sustitución fue tan rápida que persistió durante años el rumor de que Poe acudió un día a trabajar y se encontró a Griswold ocupando su silla, pero esta historia no es real, aunque el hecho de la contratación de Griswold y la consiguiente salida de Poe siguieron siendo motivo de controversia. Lo que sí es cierto es que el sueldo percibido por Griswold era de 1000 dólares al año, 200 más que de Poe.

En esta imagen se ven los dos primeros jefes para quienes Edgar Allan Poe trabajó como crítico y redactor. A la izquierda está Thomas White, fundador del *Southern Literary Messenger* de Richmond, donde también se publicaron varios de los primeros cuentos de Poe. En el centro se encuentra William Evans Burton, actor cómico y propietario de la *Burton's Gentleman's Magazine* de Filadelfia. Allan Poe tuvo más libertad para escribir en la *Graham's Magazine*, fundada también en Filadelfia por George Rex Graham (a la derecha), quien se convirtió en uno de los primeros grandes propietarios de una revista de gran tirada en Estados Unidos. Tras la muerte del poeta, Graham escribió una contundente defensa a favor del poeta cuando varios de sus detractores comenzaron a calumniarlo en público.

En 1848, después de algunas dificultades financieras causadas por las malas inversiones en cobre, Graham tuvo que vender la revista a Samuel Dewee Patterson, aunque conservó el título de editor. En 1950, Graham consiguió recomprar su parte gracias al soporte económico proporcionado por algunos amigos, pero la competencia con la revista *Harper's New Monthly Magazine* (inaugurada ese mismo año) provocó caídas significativas en las suscripciones, a lo que se añadió otro problema: la falta de una ley internacional de derechos de autor. En 1853, Graham vendió la revista por segunda vez, esta vez a Charles Godfrey Leland, quien la mantuvo con dificultades hasta 1858, cuando dejó de aparecer definitivamente.

Con la lucidez recobrada, Poe consiguió publicar en el *Dollar Newspaper* una de sus obras más destacadas gracias a un concurso de relatos cortos organizado por el propio periódico, el cual ofrecía un premio de cien dólares, siendo la suma más alta que el autor había recibido hasta ese momento por un trabajo literario.

Titulada *El escarabajo de oro*, es una historia de aventuras que se aleja un poco de los ambientes góticos y macabros del resto de su obra. En ella, el autor nos lleva a una isla exótica donde un explorador descubre una nueva especie de escarabajo y un trozo de pergamino antiguo. Al acercarlo por accidente al fuego de una chimenea, aparece la firma de un tal capitán Kidd, acompañado de un criptograma que supuestamente indica el lugar donde un famoso pirata habría escondido su tesoro, lo que permitiría a Legrand, en caso de hallarlo, recuperar su posición y su fortuna perdidas.

Esta aventura se hizo tan popular en los hogares estadounidenses que tuvo una adaptación teatral con el mismo nombre, y se estrenó el 8 de agosto de 1843 en el Walnut Street Theatre de Filadelfia, convirtiéndose en la primera obra de Allan Poe que se llevó a las tablas.[N8] En un contexto literario diferente, este elaborado relato habría asegurado el éxito financiero para su autor, pero, al parecer, Poe decidió cederlo a Graham por cincuenta dólares y luego se enteró de que el premio ofrecido por el *Dollar Newspaper* alcanzaba el doble de esta suma. Según Graham, Edgar recuperó su texto a cambio de artículos futuros, lo envió al concurso y obtuvo el premio. Estos cien dólares, más o menos el equivalente a dos meses de su salario, aliviaron la economía familiar durante un breve periodo de tiempo y le permitieron retomar su escritura.

En enero de 1843, Allan Poe publicó en el periódico literario *The Pioneer* un cuento de narrativa gótica titulado *El corazón delator*. La historia está narrada en primera persona por un protagonista sin nombre que se dirige al lector y le cuenta con sumo detalle el asesinato que cometió. En su confesión, insiste en todo momento en que resulta imposible que fuese obra de un loco, debido a su rigurosidad y planificación. Son pocos los detalles contextuales que entrega; y solo nos indica que vivía con un viejo cuyo ojo «semejante al de un buitre; un ojo celeste, y velado por una tela» lo perturbaba a tal nivel que decidió matarlo. Así, cuenta cómo en los ocho días previos al asesinato se dedicó a observar al anciano mientras dormía, hasta que un sonido accidental lo despertó y con su linterna logró ver nuevamente el temido ojo, por lo que llevó a cabo su plan. Después de asesinarlo, lo cortó en pedazos y lo escondió bajo el piso de la habitación, borrando todo rastro de lo sucedido. Sin embargo, llegó la policía alertada por un vecino que escuchó un alarido. El hombre aseguró a los oficiales que el viejo estaba fuera del país y que el grito fue emitido por él durante una pesadilla. Decidió hacerlos pasar y, tan satisfecho con su trabajo, los instaló en la habitación del crimen, donde se sentaron a conversar. En este momento, la historia gira hacia lo fantástico, pues, en medio de la agradable reunión, el protagonista comenzó a sentir el sonido acompasado de los latidos del viejo que yacía muerto bajo sus pies. El sonido se hacía cada vez más fuerte y ensordecedor, hasta el momento en que no logró soportarlo y confesó su crimen.

Esta historia presenta claras influencias del relato gótico del siglo XVIII, en el cual la narración utiliza metáforas para representar los estados mentales de sus personajes. Lo que usualmente desconcierta en la trama es el motivo del asesinato, y aunque es fácil pensar que el protagonista está loco y mató al viejo por su delirio, el ojo es en realidad un elemento simbólico dentro de la narración. No es el ojo en sí mismo, sino la mirada del viejo la que hace sentir al protagonista acosado y que despierta sus propias inseguridades.

El corazón delator es uno de los cuentos más cortos del Allan Poe, lo que permite apreciar la meticulosa forma en que fue escrito. En él no hay partes innecesarias, y desde el comienzo se percibe que el autor ya tiene el final en mente, y que cada parte del cuento contribuye a generar el efecto al que apunta el inesperado desenlace.[N9] Con esta obra, Allan Poe cierra una trilogía de relatos alucinatorios compuesta además por *El demonio de lo perverso*, donde una exaltada percepción se torna insoportable, y *William Wilson*, relato de alucinación visual.

A pesar de que *El corazón delator* ayudó a impulsar las ventas de la revista *Pioneer*, su propietario anunció estar en bancarrota y con una deuda de mil ochocientos dólares, por lo que no pudo pagar a Allan Poe los diez dólares acordados por la publicación de su cuento. En respuesta, Poe le escribió enseguida:

El corazón delator, ilustración de Harry Clarke para la
colección Tales of Mystery & Imagination (1919).

Acabo de recibir su carta en la que me informa, en primer lugar, de su infortunio. Me ha parecido muy amable que haya considerado disculparse por las molestias. En cuanto a los dólares que me debe, le ruego que no dedique ni un minuto de preocupación al respecto. Soy pobre, pero ciertamente tendría que ser mucho más pobre para que se me ocurriera reclamarle ese dinero.

Probablemente, el único respiro que Allan Poe tuvo durante todo el año de 1842 fue su transcendental encuentro con el escritor británico Charles Dickens, que se encontraba de gira por los Estados Unidos dando conferencias y haciendo lecturas. Aunque tenía menos de treinta años en ese momento, Dickens ya había publicado varias novelas exitosas como *Oliver Twist* (1838), *La vida y las aventuras de Nicholas Nickleby* (1839) y *Barnaby Rudge* (1841), y era celebrado como una gran estrella. Su obra más famosa, *Un cuento de Navidad*, se publicaría, un poco más tarde, en 1843. Aunque eran autores de diferentes estilos, Poe conocía bien la obra de Dickens, porque había escrito reseñas o comentarios de prácticamente todas las novelas que el autor inglés había publicado en Estados Unidos hasta la fecha. Poe incluso consiguió adivinar el final de la trama de *Barnaby Rudge* antes de que fuera publicado y lo reveló en un periódico, un detalle que, sin duda, llamó la atención de Dickens. Al saber que el autor británico estaba de gira por el país, Poe aprovechó su paso por Filadelfia para escribirle una carta solicitando una entrevista, petición que Dickens aceptó gustoso con otra misiva, fechada el 6 de marzo de 1842:

Será un placer reunirme con usted, aunque le ruego que me avise con antelación la fecha en la que acudirá a verme. He echado un vistazo a los libros (aparentemente una copia de *Cuentos de lo grotesco y lo arabesco*) que usted me ha enviado y quedé gratamente sorprendido.

Los dos escritores se reunieron el 7 de marzo de 1842, posiblemente en el hotel donde se alojaba Dickens en Nueva York, y se sabe poco de lo que hablaron durante ese encuentro, aunque es muy probable que abordasen la espinosa cuestión de los derechos de autor, una antigua demanda del gremio literario británico. Dickens se quejaba con frecuencia del desvergonzado pirateo de sus obras y de los miles de dólares que perdía en América. Según un periodista de la época, la reunión entre los dos escritores resultó «estéril y se cerró con frialdad. No parecen haberse caído en gracia», aunque, antes de despedirse, Dickens le habría prometido buscar un editor inglés para ayudarlo a publicar *Cuentos de lo grotesco y arabesco* en Reino Unido. Sin embargo, nueve meses después de la entrevista, Dickens envió desde Londres la siguiente nota a Poe:

> He hecho todo lo que estaba a mi alcance para cumplir con mi promesa, pero lamento decir que todos mis esfuerzos fueron en vano. [...] He hablado con todos los editores con los que tengo contacto e influencia, pero ninguno quiso arriesgarse. El único consuelo que puedo darle es que, al parecer, el mercado editorial británico no se encuentra dispuesto a apostar por la obra de ningún autor desconocido, sea americano o británico. Con ello, quiero decir que los rechazos no son por motivos personales hacia usted, sino por la precaria situación en la que se encuentra nuestro sector en este momento.

A pesar de todo, Poe terminó el año con la publicación de uno de sus cuentos más populares e importantes de su carrera, *El pozo y el péndulo*, una historia en la que el terror no proviene de las fuerzas de la naturaleza, sino del miedo a la Inquisición española. Se considera uno de los trabajos más espeluznantes dentro de la literatura de terror, puesto que transmite la sensación de abandono, desorientación, desconcierto y desesperanza que siente un hombre encerrado en un oscuro calabozo y sujeto a una camilla por todas sus extremidades, excepto por el brazo izquierdo, con el que consigue coger del suelo los alimentos que las ratas le permiten. Los segundos pasan y el condenado no puede hacer nada más que observar el lento y oscilante descenso de un péndulo con varias hachas afiladas, cada vez más cerca de su cuerpo. Comprueba que, por su posición, la cuchilla fue dispuesta de modo tal que pueda atravesarle el corazón.

Pese a su penosa condición, el personaje intenta de todas las formas posibles liberarse de los dos elementos que lo están torturando y que podrían llevarlo a la muerte. En esta obra, Allan Poe demuestra su dominio sobre el lenguaje y las técnicas narrativas más efectivas para involucrar y hacer sentir al lector como un testigo directo de los agobiantes pensamientos y experiencias de narrador. El relato está ambientado en Toledo con la invisible Inquisición llevando a cabo un auto de fe en el que las ratas son los testigos de una inminente ejecución en la más absoluta soledad.

> Puede imaginarse con qué espanto observé entonces que su extremo inferior estaba formado por media luna de brillante acero, que, aproximadamente, tendría un pie de largo de un cuerno a otro. Parecía una navaja barbera, pesada y maciza, y ensanchábase desde el filo en una forma ancha y sólida. [...] La oscilación del péndulo se efectuaba en un plano que formaba ángulo recto con mi cuerpo. Vi que la cuchilla había sido dispuesta de modo que atravesara la región del corazón. Rasgaría la tela de mi traje, volvería luego y repetiría la operación una y otra vez. A pesar de la gran dimensión de la curva recorrida —unos treinta pies, más o menos— y la silbante energía de su descenso, que incluso hubiera podido cortar aquellas murallas de hierro, todo cuanto podía hacer, en resumen, y durante algunos minutos, era rasgar mi traje. [...] Más bajo, más bajo aún. Deslizábase cada vez más bajo. Yo hallaba un placer frenético en comparar su velocidad de arriba abajo con su velocidad lateral. Ahora, hacia la derecha; ahora, hacia la izquierda. Después se iba lejos, lejos, y volvía luego, con el chillido de un alma condenada, hasta mi corazón con el andar furtivo del tigre. Yo aullaba y reía alternativamente, según me dominase una u otra idea. EDGAR ALLAN POE, FRAGMENTO DE *EL POZO Y EL PÉNDULO* (1842)

Según algunos críticos, Edgar Allan Poe pudo haberse apoyado en varios modelos para escribir *El pozo y el péndulo*. Una de sus fuentes de inspiración debió ser la novela epistolar *Edgar Huntly* (1799), de Charles Brockden Brown, que presenta el motivo del encerramiento en un pozo, que se convierte en lugar de martirio. También pudo influirle *El sudario de hierro* (1830), de William Mudford, un relato gótico en el que su protagonista es encerrado en una celda cuyas paredes se estrechan.

A principios de 1843, Allan Poe se puso en contacto con Thomas C. Clarke, editor del *Saturday Museum* de Filadelfia, a quien consideraba la persona adecuada para financiar el proyecto de su anhelada revista. En realidad, Clark resultaba ser un socio conveniente para Poe, ya que era un empresario rico, pero que no tenía la suficiente autoestima como para hacerse con el control total de la revista. Después de algunas conversaciones, firmaron un contrato comercial en el que se establecían las cláusulas que regirían la sociedad. En este contrato, la revista cambió de nombre y

El pozo y el péndulo, ilustración de Harry Clarke para la
colección Tales of Mystery & Imagination (1919).

dejó de llamarse *Penn* para recibir el nombre de *The Stylus*, ya que Poe consideraba que la palabra *Penn* estaba muy asociada a Pensilvania y deseaba que la revista tuviera un alcance más amplio. Con la sociedad formalmente establecida, Poe y Clarke llegaron a un acuerdo a finales de enero con el famoso ilustrador F. O. C. Darley, quien se encargaría de proporcionarles al menos tres grabados originales al mes en madera o en papel, de acuerdo con las especificaciones indicadas por Allan Poe, quien asumiría el papel de editor.

El 25 de febrero, Thomas C. Clarke publicó en la primera página de la edición de febrero del *Saturday Museum* una biografía resumida de Poe, acompañada de un peculiar dibujo del autor en el que aparece sin bigote y con patillas largas hasta la barbilla, apoyando el codo derecho sobre dos libros, en una postura considerada natural en cualquier hombre de letras importante. «Dios sabe que soy feo —escribió Allan Poe de forma irónica a Frederick Thomas—, pero no hasta ese punto». Cabe destacar que fue Poe quien escribió su biografía, que seguía siendo realzada por su viaje a Grecia y a Rusia, así como los elogios que lo calificaban como el escritor «más erudito de estos tiempos». Nadie lo sabía entonces, pero este destacado reportaje publicado en el *Saturday Museum* no era más que un reclamo publicitario en torno a la revista que Allan Poe pretendía lanzar en un futuro no muy lejano, aunque era consciente de que le faltaba el capital necesario para ello.[N10]

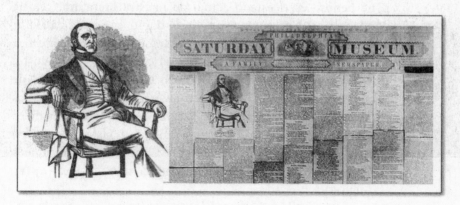

Este retrato de Allan Poe sin bigote y con patillas largas hasta la barbilla fue publicado en la primera página del *Saturday Museum* en su edición del 25 de febrero de 1843. En cuanto lo vio, Poe reaccionó de forma sarcástica: «Dios sabe que soy feo, pero no hasta ese punto».

Los planes que tenía Allan Poe para el formato y el contenido de su revista eran ambiciosos: el estándar debía ser muy alto, o al menos superior al de otras revistas del género, con una crítica afilada, ficciones atrevidas, papel de alta calidad y grabados inéditos, algo poco común en la mayoría de las publicaciones mensuales, que preferían volver a usar grabados usados en textos anteriores o comprados de otras revistas. En una reunión con sus patrocinadores, Poe admitió que mantener una revista de tal categoría exigiría una suscripción más elevada de lo habitual, de unos cinco dólares anuales, pero estaba confiado en conseguir quinientos suscriptores en los primeros seis meses y al menos cinco mil antes del final del segundo año. «No hay razón alguna para que la revista no pueda llegar a una circulación tan grande como la que tiene la *Graham's* actualmente, que ronda los cincuenta mil suscriptores», aseguró el autor con confianza. Además, reveló que ya contaba con corresponsales en París y Berlín, y que en el primer número se publicarían dos textos inéditos enviados por James Russell Lowell y por el mismísimo Nathaniel Hawthorne, quien años más tarde publicaría su mayor éxito literario, *La letra escarlata*. Ambientada, en el siglo XVII, en la colonia de Massachusetts Bay, tiene como protagonista a Hester Prynne, una mujer condenada por adulterio y obligada a llevar una letra «A» de color escarlata cosida en su vestido como símbolo de su pecado. A través de la novela, se exploran temas como la culpa, la redención, el pecado y la hipocresía religiosa. En una carta enviada a Lowell con fecha del 30 de marzo de 1844, Poe describía el tipo de publicación que creía ser la mejor para los lectores estadounidenses:

¡Qué penoso es el estado actual de nuestra literatura! ¿Hacia dónde vamos? Necesitamos un diario digno, con habilidad suficiente, una amplia circulación y el carácter suficiente para dar tono a nuestras letras. Debería ser un ejemplo de buen gusto, pero no demasiado refinado: impreso en negrita, en papel de excelente calidad, a una sola columna, e ilustrado con grabados enérgicos al estilo de Grandville. Sus metas deberían ser la independencia, la verdad y la originalidad. Una revista de este tipo tendría una prodigiosa influencia y sería una fuente de riqueza para sus propietarios. CARTA DE EDGAR ALLAN POE A NATHANIEL HAWTHORNE[N11]

Para promocionar su proyecto, Allan Poe decidió viajar a Washington con un ejemplar del *Saturday Museum* en el que aparecía su biografía y una nota anunciando el lanzamiento de su revista para el mes de junio.

Preocupado por su precaria situación laboral, su socio, Thomas C. Clarke, le sugirió que aprovechara el viaje a la capital federal para intentar conseguir un puesto del Estado estable y bien remunerado, como los que otros escritores tenían, y que les proporcionaban la base material necesaria para llevar a cabo sus proyectos literarios de forma paralela. Motivado por la sugerencia de Clarke, Poe pensó que podría contar con la ayuda de un viejo amigo de Baltimore, el escritor Frederick William Thomas, quien ya tenía una dilatada experiencia en política cuando se involucró en la campaña de William Henry Harrison, muerto víctima de neumonía treinta y un días después de haber asumido su cargo. Su sucesor, John Tyler, compensó a Thomas por su apoyo durante la campaña otorgándole un puesto en el Departamento del Tesoro en Washington, y este pensó que podría utilizar su influencia para conseguir un empleo para Allan Poe en la aduana con la ayuda del hijo del presidente, Robert Tyler, quien, además, era aficionado a la poesía. De esta forma, el plan de Thomas era inmejorable: Allan Poe sería recibido en la mismísima Casa Blanca, si no por el presidente Tyler, al menos por su hijo Robert. Acto seguido, volvería a Filadelfia con las suscripciones de los nombres más importantes de Washington y, en el mejor de los casos, también con un nombramiento de inspector de aduanas. Cabe imaginar la tensión que sentiría cuando se dirigió a la estación para tomar el tren, llevándose consigo el objetivo de lograr con éxito la misión más importante de su vida.[N12]

El viaje de Poe a la ciudad del Capitolio comenzó con dificultades y terminó en un desastre. Nada más llegar a su destino —el 8 o el 9 de marzo—, ya apareció la primera señal que indicaba que el plan no iba a salir según lo esperado: Frederick Thomas estaba muy enfermo por un severo resfriado y no podía siquiera de salir de su cama, así que pidió ayuda a su amigo y periodista Jesse Dow para guiar a Allan Poe por la ciudad. Thomas también envió una carta para el presidente Robert Tyler en que le explicaba que lamentaba estar enfermo y no poder presentarle personalmente a su amigo Edgar Poe, «que deseaba con fervor conocer al autor de *Ahasuerus*», el título del poema escrito por el Tyler publicado en la *Graham's* por mediación de propio Allan Poe.

No fueron pocas las personas que hicieron sinceros esfuerzos para ayudar a Allan Poe a darle un nuevo sentido a su carrera, pero cuando estaba en camino hacia el éxito, él mismo se saboteaba. Después de despedirse de Thomas, Poe buscó alojamiento en la casa de un antiguo amigo de Richmond, J. E. Dow, quien, complacido en recibirlo en su residencia, le sirvió demasiado oporto sin saber de las nefastas consecuencias que una sola copa podría causar en su querido amigo. Por fortuna, Poe supo manejar bien la situación y a la mañana siguiente se hizo peinar y afeitar. Durante los dos días que siguieron, tuvo muchos encuentros, algunos de ellos importantes, aunque le faltaba la anhelada reunión con el presidente. Llegado el 11 de marzo, ya no disponía de dinero, lo que lo obligó a escribir a su socio Clarke para pedirle más fondos:

> Le escribo sencillamente para informarle de que me encuentro bien, aunque hasta el momento no he hecho nada relevante, ya que nuestro amigo Thomas, con quien contaba, está enfermo. Mientras tanto, haré todo lo que pueda, pero como aún no he tenido la oportunidad de reunirme con presidente, mis gastos han superado mis previsiones, aunque he economizado en todos los aspectos. De todos modos, he conseguido muchas suscripciones y tengo la impresión de que estoy causando sensación. Le pido que me envíe diez dólares a vuelta de correo. Me molesta pedirle dinero de este modo, pero a cambio obtendrá usted el doble a título de beneficios. Suyo, Edgar A. Poe[N13]

Allan Poe causó sensación, pero no precisamente en beneficio de la revista, ni mucho menos para su propia reputación. En su carta, Poe no explicó a Thomas Clarke que había estado con Robert Tyler, pero no vio al presidente ni dio ninguna conferencia: la verdad es que el autor se presentó completamente embriagado, con su abrigo puesto al revés y el pelo desaliñado. Afortunadamente, el hijo del presidente lo encontró primero y le aconsejó regresar otro día cuando estuviera en mejores condiciones. Alarmado por lo ocurrido, J. E. Dow escribió una carta a Clarke contándole toda la verdad:

> Muy señor mío: Es mi deber escribirle esta carta urgente para relatar los acontecimientos que han sucedido a nuestro amigo durante su instancia en la capital. La primera noche daba la impresión de estar muy exaltado debido a que había bebido más de lo oportuno. El segundo día parecía más tranquilo; pero con el paso del tiempo su estado se fue volviendo cada vez más lamentable. Su comportamiento errático nos hace imposible interceder por él como desearíamos, por lo que sería más adecuado que regresara cuanto antes a Filadelfia. El problema es que el señor Thomas se encuentra indispuesto y no puede acompañar al señor Poe, y a mí me lo impide mi puesto. En tales circunstancias, sería aconsejable que usted viniera aquí y cuidara de que el señor Poe

pueda regresar sano y salvo. En el caso de que usted no pudiera venir, veríamos entonces cómo podríamos hacer para llevarlo a Filadelfia. Su propia capacidad de juicio le dirá qué conviene hacer. Yo considero innecesario comunicarle a él que le he escrito esta carta.

La desesperación de Frederick Thomas, que había estado postrado en cama durante todo este tiempo, es difícil de imaginar: no solo su gran amigo había hecho una entrada fallida, sino que también esperaba lograr para Poe un puesto como inspector de aduanas (mil doscientos candidatos se disputaban las pocas plazas disponibles). Desorientado a causa de un vaso de oporto, el escritor más erudito de su tiempo había perdido la compostura en la antesala de la presidencia, pero, a diferencia de lo que todos pensaban, como el ave fénix, que renace de sus cenizas, Allan Poe se recuperó lo suficientemente rápido como para conseguir una segunda audiencia con el presidente. Llegó a la Casa Blanca en plenas condiciones y se comportó de manera adecuada al principio, pero luego, por algún capricho extraño, decidió aprovechar la oportunidad para vender al hijo del presidente una suscripción de su revista (que ni siquiera existía), una petición que rompía con todos los protocolos institucionales. Viéndose frente a una persona que parecía estar fuera de sus cabales, Tyler decidió dispensarlo sin muchas explicaciones; aun así, le prometió una nueva entrevista, pero todos los puestos disponibles en aduanas acabaron siendo cubiertos por otros candidatos. Poe había perdido la oportunidad de conseguir un empleo estable que le hubiera supuesto la suma de mil quinientos dólares anuales, mucho más de lo que cobraba en la *Graham's Magazine*.[N14]

Si no hubiese desperdiciado semejante oportunidad, habría conseguido solventar sus problemas económicos y, además, habría tenido más tiempo libre para dedicarse a proyectos literarios más elaborados, en lugar de malgastar su genio en trabajos precipitados y de escaso valor artístico. También tuvo que enfrentarse al doble peso del remordimiento y la miseria, lo que obligó a su tía Maria Clemm a recurrir una vez más a los más humillantes recursos para mantener a la familia. Y como la desgracia nunca llega sola, a finales de mayo, Frederick Thomas retiró su apoyo al proyecto de su revista alegando dificultades financieras. Esta fue la segunda vez que su empresa personal quedó en suspenso y sin previsiones de reanudación. Al verse en una situación tan crítica, Poe trató de vender sin éxito un terreno que aún era propiedad de su tía en Baltimore; más adelante, consideró volver a trabajar para la *Graham's*, pero, al creer que ya había sufrido demasiadas humillaciones, cambió de opinión y sugirió a su tía alquilar una de las tres habitaciones de la casa donde vivían. La verdad es que Poe apenas podía contar con su trabajo como escritor, a pesar de la sustancial cantidad de textos de incuestionable calidad que había logrado producir en un corto espacio de tiempo. En los veinte meses posteriores a su salida de la *Graham's*, Allan Poe solo ganó unos cuatrocientos dólares, lo que lo llevó a tomar decisiones desesperadas, como ofrecer un cuento a cualquier revista por menos de la mitad de precio o entregar el mismo texto a dos editores al mismo tiempo, una práctica que estaba mal vista.[N15]

Consternado por la penosa situación que estaba atravesando su amigo, Thomas C. Clarke propuso a Allan Poe intentar obtener un puesto en el Estado, esta vez en la aduana de Filadelfia, donde la competencia era menos feroz que en la capital federal. Poe aceptó complacido la propuesta y acordó encontrarse con Clarke en el hotel Congress Hall el siguiente domingo a las nueve, pero el autor se emborrachó la noche anterior y no se presentó a la cita. Más tarde, alegó que se había despertado con un fuerte malestar que le impidió salir de casa, aunque admitió que habría ido si Maria Clemm y su esposa Virginia se lo hubiesen permitido. Thomas sabía la verdadera razón de su ausencia, pero, aun así, intentó conseguirle el tan ansiado puesto en aduanas, aunque sus esfuerzos fueron en vano. El nombre de Edgar Allan Poe ya se había hecho conocido en la zona, pero no precisamente por buenos motivos.[N16] En un último intento por enderezar su situación y salvar su proyecto literario, Poe buscó ayuda financiera al poeta Thomas Holley Chivers. El primer contacto entre los dos tuvo lugar en 1840 en la ciudad de Nueva York; los dos se hicieron buenos amigos y Chivers se mostró dispuesto a ayudarlo económicamente si Poe accedía a trasladarse al sur del país, aunque le preocupaba su tendencia a ser excesivamente crítico en sus reseñas literarias. Allan Poe esperó un tiempo para que Chivers tomara una decisión, incluso le propuso que actuara como coeditor en las primeras etapas de su publicación, pero finalmente Chivers rechazó la oferta debido a la muerte de su hija de tres años de edad.

El único respiro financiero que tuvo Allan Poe en 1843 fue el inesperado cobro de unos honorarios por la publicación de *El gato negro* en la edición de septiembre de ese año en el periódico *Saturday Evening Post* de Filadelfia. Narrado en primera persona, el protagonista nos cuenta cómo, siendo un niño, era cariñoso y adoraba a los animales. Se casó joven y en la casa que compartía con su esposa abundaban las mascotas, a las que cuidaba, en especial a un gato negro llamado Plutón, que era su favorito y con quien pasaba mucho tiempo. Con los años, el carácter del protagonista sin nombre empeoró debido al consumo de alcohol, convirtiéndose en un ser mezquino y agresivo. Un día, de regreso de una de sus salidas de excesos, se encontró con Plutón, lo atacó sin razón aparente y le arrancó un ojo. El animal se recuperó, pero el injustificado ataque perpetrado por su dueño provocó que se alejara de él. Esta actitud enfureció aún más al hombre, que, llevado por su perversidad, lo colgó de un árbol. Esa misma noche, su casa se incendió y solo sobrevivió una pared en la que se podía ver marcada la figura de Plutón colgado. Tras este incidente, el protagonista se sintió muy arrepentido, hasta que una noche se encontró con un gato igual al que había perdido. Decidió llevarlo a casa, pero cuando llegó la mañana del día siguiente, notó que el felino era tuerto y, además, tenía una mancha blanca en el pecho, que con los días reconoció como la imagen de un patíbulo. No adelantaré el final del cuento, pero sí puedo decir que forma parte de las historias de obsesión de Edgar Allan Poe, en cuya producción destacaron las narraciones breves en las que presentaba un protagonista sin nombre que terminaba siendo consumidos por la locura.

Una noche, con ocasión de regresar a casa completamente ebrio, de vuelta de uno de mis frecuentes escondrijos del barrio, me pareció que el gato evitaba mi presencia. Lo cogí, pero él, horrorizado por mi violenta actitud, me hizo en la mano, con los dientes, una leve herida. De mí se apoderó repentinamente un furor demoníaco. En aquel instante dejé de conocerme. Pareció como si, de pronto, mi alma original hubiese abandonado mi cuerpo, y una ruindad superdemoníaca, saturada de ginebra, se filtró en cada una de las fibras de mi ser. Del bolsillo de mi chaleco saqué un cortaplumas, lo abrí, cogí al pobre animal por la garganta y, deliberadamente, le vacié un ojo… Me cubre el rubor, me abrasa, me estremezco al escribir esta abominable atrocidad. EDGAR ALLAN POE, FRAGMENTO DE *EL GATO NEGRO* (1843)

El gato negro, ilustración de Harry Clarke para la colección
Tales of Mystery & Imagination (1919)

Nota del Autor

La obra literaria de Allan Poe aborda la muerte desde diversas perspectivas, y no solo se limita a la imagen idealizada de la muerte de una joven hermosa. En realidad, muchos de los personajes de Poe experimentan la muerte de manera cruel y aterradora. De hecho, estos finales violentos son una parte fundamental de su estilo literario, que explora temas oscuros y perturbadores como la locura, la muerte y la venganza. Por lo general, estos finales inesperados y sorprendentes dejan una impresión duradera en la mente del lector. A continuación, se presentan algunas obras en las que las vidas de los personajes llegaron a un fin lento y doloroso.

Aventuras de Arthur Gordon Pym (1838). Después de sobrevivir a varios peligros y calamidades en su viaje a través del océano Atlántico, Gordon Pym desembarca en la negra isla de Tsalal, habitada por una tribu de diabólicos salvajes. Allí, se topan con una extraña ceremonia donde una criatura es sacrificada, y la descripción de la muerte es detallada y gráfica: «El cuchillo se deslizó sobre la garganta de la víctima, y la sangre brotó en un torrente. Pero mientras la multitud se arremolinaba, un terror invadió a Gordon Pym y sintió que su corazón se detenía. Cayó al suelo, inconsciente». Luego, el relato toma un giro aún más escalofriante cuando Gordon Pym despierta para encontrar a sus compañeros de tripulación asesinados por los salvajes y se ve obligado a escapar del lugar. La muerte del personaje, aunque breve en la narración, es intensamente impactante debido a la atmósfera de terror y surrealismo que Poe crea en su relato.

La caída de la Casa Usher (1839). Al inicio de la historia, se revela que una de las protagonistas, Madeline Usher, ha fallecido y ha sido enterrada en una cripta debajo de la casa. Sin embargo, más adelante, su hermano Roderick confiesa que ha enterrado viva a Madeleine por accidente. Durante varios días, Roderick percibe sonidos que provienen de la cripta y, en un momento de locura, el hombre grita y las puertas de la habitación se abren de golpe, revelando la presencia de Madeline, aún con su sudario y con signos de lucha y agotamiento. Se acerca a su hermano y, en un último y agónico esfuerzo, cae sobre él.

Los crímenes de la calle Morgue (1841). En este cuento, considerado el primer relato detectivesco de la historia, el personaje que muere es *madame* L'Espanaye, una anciana que vive con su hija en un apartamento en París. Según la descripción del narrador, la policía encuentra el cuerpo de *madame* L'Espanaye terriblemente mutilado, con la garganta cortada de oreja a oreja y los brazos arrancados del cuerpo. La habitación está en completo desorden y hay signos de lucha por todas partes. Su hija, *mademoiselle* Camille, también es encontrada en la habitación; su cuerpo está cubierto de cortes y contusiones y sus cabellos están arrancados. A pesar de los esfuerzos de los médicos para salvarla, *mademoiselle* Camille muere poco después sin poder explicar lo sucedido.

El gato negro (1843). Un narrador sin nombre describe cómo su amor por los animales se transforma en una obsesión enfermiza y lo lleva a matar a su gato, Plutón, colgándolo de un árbol. Más tarde, el narrador es visitado por un gato negro casi idéntico a Plutón y, aunque inicialmente lo acepta como una especie de redención por sus acciones pasadas, su obsesión con el animal vuelve a crecer y finalmente lo asesina a golpes con un hacha en un arranque de ira.

La verdad sobre el caso del señor Valdemar, Los crímenes de la calle Morgue y *Hop-Frog* son algunos ejemplos de historias escritas por Edgar Allan Poe en las cuales los personajes mueren de forma aterradora. En la literatura de terror, se utilizan escenarios y personajes que provocan miedo, ansiedad y tensión en el lector, y muchas veces esto se consigue a través de situaciones en las que los personajes se enfrentan a la muerte y a la violencia de manera explícita.

El corazón delator (1843). El narrador decide matar a un anciano con quien vive debido a la obsesión que siente por su ojo enfermizo y perturbador. Después de varios días detrás de la puerta espiando al anciano mientras duerme, el narrador entra en su habitación y lo mata, aunque no se especifica cómo. Después, descuartiza el cadáver, esconde los restos debajo de la tarima del suelo con cuidado sin dejar una sola gota de sangre, de modo que nadie podrá encontrar pruebas.

La verdad sobre el caso del señor Valdemar (1845). El narrador describe con detallada la muerte del protagonista, el señor Valdemar, quien había sido hipnotizado en su lecho de muerte para retrasar su fallecimiento y estudiar el proceso de la muerte. Durante la hipnosis, el narrador describe cómo la piel de Valdemar se vuelve gris y húmeda, y cómo su voz se vuelve ronca y sus ojos se hunden en sus cuencas. A medida que el proceso avanza, Valdemar se desintegra físicamente y exhala un olor putrefacto; finalmente, muere en medio de convulsiones violentas y gritos de angustia. La descripción de la muerte de Valdemar es grotesca y extremadamente detallada, lo que hace que sea aún más impactante para el lector.

El demonio de la perversidad (1845). El personaje, que ha cometido un asesinato y ha evitado ser capturado, se siente invencible y se burla de la idea de ser descubierto. Sin embargo, comienza a sentir una fuerza inexplicable que lo empuja a confesar su crimen a pesar de las consecuencias. En el momento de la confesión, el personaje se siente aliviado, pero al mismo tiempo se da cuenta de que su confesión es un acto de «perversidad» que lo llevará a su propia muerte. Al final, muere envenenado al inhalar el humo de una vela tóxica en una alcoba sin ventilación.

Barril de amontillado (1846). El protagonista y narrador de esta historia, Montresor, relata cómo se venga de su enemigo, Fortunato, invitándolo a probar un barril de amontillado que supuestamente ha encontrado en su bodega, pero, en lugar de llevarlo allí, lo conduce a una bóveda en el fondo de su catacumba, donde lo acorrala y lo encadena a una pared. Montresor entonces procede a construir un muro alrededor de Fortunato, dejándolo allí para morir. A medida que Fortunato comienza a darse cuenta de lo que está sucediendo, empieza a gritar y a luchar, pero Montresor continúa colocando ladrillos en la pared hasta que queda completamente sellado. La muerte de Fortunato no se describe explícitamente, pero se deja claro que está destinado a morir de hambre y sed en su encierro.

Hop-Frog (1849). Esta historia habla de un bufón enano que trabaja para el rey y sus ministros en la corte. El rey y los ministros a menudo se burlan y humillan a Hop-Frog, quien finalmente decide vengarse de ellos. Durante una de las muchas fiestas de la corte, Hop-Frog empapa la vestimenta de los ministros y el rey con alcohol y luego los empuja hacia una pila de brasas ardientes, quemándolos vivos.

* * *

Si consideramos en conjunto los escritos de Allan Poe del año 1843 y el siguiente, podemos notar que su producción literaria fue bastante irregular, con una calidad literaria inferior en comparación con sus obras anteriores. Además, este período estuvo marcado por una disminución en sus ingresos, lo que sugiere que la falta de inspiración del escritor podría estar relacionada directamente con su difícil situación financiera. También fue un tiempo en el que Poe vio a su amada Virginia deteriorándose debido a una enfermedad incurable, lo que lo llevó a recurrir cada vez más al láudano y al alcohol. Sintiéndose incapaz de producir textos originales, Poe se limitó a publicar traducciones del francés durante un largo periodo de tiempo. Este trabajo, que apenas exigía esfuerzo creativo, debió haber sido un terrible castigo para su mente inquieta y sensible, pero era su única fuente de ingresos, por lo que durante un largo periodo de tiempo la necesidad de sobrevivir se impuso a su deseo de crear textos brillantes. Poe también continuó escribiendo reseñas para la *Graham's Magazine*, lo que demuestra que su relación con su empleador seguía presente, aunque Graham trató de mantener una cierta distancia más allá de lo profesional, no porque le guardaba rencor, sino porque las habladurías de la moralizante sociedad de Filadelfia lo obligaban a tomar ciertas precauciones. Su situación era tan lamentable que en ocasiones Maria Clemm tenía que ocuparse más de él que de su propia hija, quien perdía cada día su guerra particular contra la tuberculosis. En esta época, un viejo amigo de Poe, Lambert Wilmer, escribió una carta a un conocido suyo de Tennessee en la que, entre otras cosas, decía:

Edgar A. Poe se ha convertido en uno de nuestros más notables literatos, pero me produce un dolor inexplicable ver lo penoso que es su modo de vida. Lamentablemente, es todo lo contrario a un abstemio y temo que camina a grandes pasos hacia su hundimiento moral, físico y psíquico.

Durante los cinco años que vivió en Filadelfia, Allan Poe no logró hacer de aquella ciudad, conocida como «la cuna de la libertad», la cuna de su gloria. Sus ambiciones lo dejaron con una reputación execrable, una colección de enemigos resentidos y muchos compañeros envidiosos, como Rufus Griswold. La prudencia le aconsejaba abandonar la ciudad lo antes posible y, al parecer, se trató de una decisión rápida, ya que no había nada ni nadie allí que pudiera retenerlo. Ya no tenía su deseado puesto de aduanas, el proyecto de su revista *Penn* había sido cancelado, así como la nueva revista *Stylus*, por lo que no tenía horizontes en ese lugar. En ese momento, la única ciudad que parecía mantener las puertas abiertas a las letras americanas era Nueva York. Dicha mudanza, sin embargo, dependía ante todo de la salud de Virginia, quien solía encontrarse mejor en primavera.[N17] Con esa idea en mente, se fijó la fecha de partida para finales de marzo de 1844. Sin embargo, la situación económica de los Poe era tan precaria que Edgar decidió partir solo con Virginia, dejando a Maria Clemm en una modesta pensión, a la espera de reunir las condiciones financieras necesarias para brindarles a los tres un lugar mínimamente digno para vivir. Así terminó, de manera melancólica y frustrante, su etapa en Filadelfia después de haber estado a punto de alcanzar el reconocimiento que tanto esperaba. Dejó atrás a muchos amigos leales, pero también a numerosos enemigos y detractores, casi todos autores que habían sido vapuleados en sus reseñas y profesionales envidiosos de su mente brillante, aunque también había algunos que tenían razones legítimas para estar resentidos con él.[N18]

En la mañana del 6 de abril de 1844, Edgar y Virginia abordaron un transbordador de vapor que cruzaba el río Delaware para llegar a Candem Station, donde tomarían el tren que los llevaría a Perth Amboy (Nueva Jersey). Desde allí, tomaron otro vapor hacia Nueva York, donde llegaron a las tres de la tarde bajo una fuerte lluvia. El matrimonio desembarcó en la metrópolis de trescientos mil habitantes con solo diez dólares en el bolsillo, lo suficiente para vivir de forma más o menos digna durante dos semanas. Para evitar que Virginia se cansara, Poe decidió dejarla en el barco mientras buscaba un lugar donde pudieran pernoctar. Lo encontró en una pensión en el número 130 de Greenwich Street, en el bajo Manhattan, que hoy en día es una de las zonas más activas e importantes de Nueva York, ya que se encuentra cerca de Wall Street, Little Italy, Chinatown y la Zona Cero, donde se produjo el atentado del 11 de septiembre que culminó con el derrumbe del World Trade Center. Al día siguiente de su llegada, Poe escribió a su suegra, quien había terminado de vender los últimos enseres de la casa que consideraba innecesarios para su nuevo hogar.

> Virginia está muy contenta. Los dos estamos de buen ánimo. Ella apenas tose y no tiene fiebre por la noche. Mañana intentaré pedir prestados tres dólares para poder alimentarla mejor. De hecho, ayer tomamos el mejor té que usted puede imaginar: pan de trigo y pan de centeno, queso, pasteles de té y un gran y elegante plato con jamón y ternera amontonados en una montaña de grandes filetes. Aquí nadie pasa hambre. Me encuentro más dispuesto y, además, no he bebido ni una gota. Tan pronto como reúna un poco de dinero, te lo mandaré. Te puedes imaginar lo mucho que te echamos de menos los dos. Sissy lloró anoche porque no estabais ni tú ni Catterina. CARTA DE EDGAR ALLAN POE A MARIA CLEMM. 7 DE ABRIL DE 1844

Catterina era el nombre de una gata atigrada que Poe había regalado a Virginia para hacerle compañía durante su ausencia, sobre todo cuando comenzaron a manifestarse los primeros síntomas de su terrible enfermedad. En este sentido, la mascota cumplió su función de compañera con creces. Rara vez se separaba de su dueña, y el vínculo que se forjó entre las dos se hizo más fuerte a medida que la enfermedad avanzaba, debilitán-

A pesar de su oscuro cuento sobre un gato negro, Edgar Allan Poe tenía un especial aprecio por los felinos. Entre sus mascotas favoritas tenía una gata llamada Catterina, que siempre le hacía compañía. La criatura le cogió tanto cariño a Poe que se deprimía cada vez que él emprendía un viaje, e incluso se dice que cuando el autor murió, la gata estuvo aullando toda la noche.

dola hasta tal punto que, en ocasiones, no le permitía salir de la cama. Era en estos momentos cuando Catterina demostraba el amor que sentía por su dueña, ya que permanecía acostada tenazmente sobre sus piernas como si quisiera amenizar la sensación de frío que entraba en su cuerpo.[N19]

Allan Poe tuvo grandes dificultades para mantenerse a flote los primeros meses en Nueva York; tuvo empleos esporádicos y también escribió reseñas. Además, la densa población de la ciudad le causó molestias, especialmente a Virginia, quien se vio muy afectada por el abrasador calor del verano. Al darse cuenta de que necesitaban un lugar más apacible para reanudar sus vidas, decidieron buscar una casa a las afueras de la ciudad hasta que encontraron una pequeña granja en Bloomingdale, ubicada a orillas del río Hudson, que habría de convertirse en un pequeño y efímero paraíso para los Poe.[N20] Haciendo acopio de valor, el autor llamó a la puerta y preguntó si podría alquilar tres habitaciones en la casa. El propietario inicialmente no tenía la intención de subarrendar habitaciones, pero Poe logró persuadirlo e incluso consiguió acordar un precio asequible. El matrimonio se mudó de inmediato y casi enseguida llegó Maria Clemm con la gata Catterina. Finalmente, todos estaban juntos para un nuevo comienzo en un entorno campestre, donde disponían de aire fresco, extensas praderas, alimentos saludables e incluso momentos de alegría plena, elementos que le sentaron bien a Virginia, cuya salud al menos no empeoró.

De esta esperanzadora etapa de su vida surgió un cuento muy creativo y tan innovador que muchos lectores creyeron que se trataba de un reportaje real. Publicado en el *New York Sun* bajo el título *El camelo del globo*, el artículo proporcionaba un relato detallado y altamente verosímil de la primera travesía oceánica a bordo de un globo de aire caliente completada por el aeronauta Monck Mason. Supuestamente, Mason debía viajar de Londres a París, pero el globo se desvió de su trayectoria y acabó sobrevolando el océano Atlántico hasta que, después de 75 horas, acabó en una isla cerca de Carolina del Sur. El artículo generó una conmoción inmediata, lo que llevó a que una multitud se congregara frente al periódico en busca de más información. (No resulta difícil imaginar a Poe, no muy lejos de allí, observando la escena con una sonrisa irónica)[N21]. Con el objetivo de reforzar el tono realista de su texto, Poe impregnó el relato de abundantes datos técnicos, creando personajes basados en personas reales. Fue el caso del protagonista, Monck Mason, inspirado en un conocido aeronauta de la época llamado Thomas Monck:

El gran problema ha sido, ¡por fin, resuelto! ¡Al igual que la tierra y el océano, el aire ha sido sometido por la ciencia y habrá de convertirse en un camino tan cómodo como transitado para la humanidad! ¡El Atlántico ha sido cruzado en globo! ¡Sin dificultad, sin peligro aparente, con un perfecto dominio de la máquina, y en el periodo inconcebiblemente breve de 75 horas de costa a costa! Gracias a la decisión de uno de nuestros representantes en Charleston, Carolina del Sur, somos los primeros en proporcionar al público una crónica detallada de este viaje extraordinario. [...] Los detalles que siguen pueden considerarse auténticos y exactos en todo sentido, pues, con una sola excepción, fueron copiados *verbatim* de los diarios de navegación de los señores Monck Mason y Harrison Ainsworth, a cuya gentileza debe nuestro corresponsal muchas informaciones verbales sobre el globo, su construcción y otras cuestiones no menos interesantes. EDGAR ALLAN POE, FRAGMENTO DE *EL CAMELO DEL GLOBO* (1843)

Edgar Allan Poe retratado por A. C. Smith en 1844, a la edad de treinta y cinco años. Recién llegado a Nueva York, el autor provocó una gran conmoción al publicar su relato ficticio El camelo del globo, logrando así cumplir su objetivo de anunciar su llegada a la ciudad a través de una intrigante ficción en un periódico de gran circulación, una innovadora estrategia le valió el título de «inventor del periodismo sensacionalista».

Historias como *El camelo del globo* demuestran lo inspirador que era para Edgar Allan Poe vivir en una época de grandes cambios tecnológicos en muchos campos. Aunque por aquel entonces la medicina no tenía los recursos ni el conocimiento suficiente para tratar ciertas enfermedades que hoy en día son tratables, como la tuberculosis o el tifus, por ejemplo, algunas condiciones médicas, como alteraciones en el ritmo cardiaco o respiratorio, podrían confundir a un médico menos experimentado y llevarlo a certificar incorrectamente la muerte de una persona. Durante siglos, se dieron situaciones como esta: errores, confusiones e ignorancia que terminaron con muertos que, en realidad, no lo eran, y con sepulturas innecesarias.

Expresando los temores más comunes de su época más precaria, los relatos de Poe encontraron una audiencia receptiva para una situación aterradora: la posibilidad de ser enterrado vivo, la situación más terrorífica a la que un ser humano podía enfrentarse. Con esta premisa, publicó en el *Philadelphia Dollar Newspaper* en julio de 1844 *El entierro prematuro*, en el cual presentó varios casos de personas que padecían catalepsia, un estado biológico en el que la persona afectada permanece inmóvil y sin signos vitales aparentes, lo que podría llevar a creer que está muerta cuando, en realidad, está viva. Esta condición puede durar desde minutos hasta horas o incluso días en casos extremos. Además de la ausencia de movimiento, los signos vitales se ralentizan y la piel se torna pálida. Sin embargo, lo más inquietante de esta enfermedad es que puede llevar a alguien a creer que el afectado está de verdad muerto y a que decida enterrarlo vivo, lo cual era una situación bastante común en aquel entonces debido a la falta de conocimiento médico y a la imposibilidad de determinar con exactitud la muerte de una persona.

En 1891, la ciudad de Pikeville, en Kentucky, sufrió el brote de un desconocido virus que hacía que algunos contagiados entraran en un estado de coma, aunque después de un tiempo volvían a despertar. Una de las habitantes del lugar, Octavia Smith Hatcher, fue una de las primeras afectadas por la enfermedad. Se declaró que había fallecido el 2 de mayo de aquel año, y debido a que era una primavera extremadamente calurosa, fue enterrada rápidamente en el cementerio local. Una semana después del fallecimiento, muchas personas enfermaron de la misma manera que la mujer, pero, después de unos días, despertaban. Alarmado ante la idea de haberla enterrado demasiado pronto, el esposo de Octavia decidió desenterrar el cadáver y lo que encontró al abrir el féretro fue como sacado de uno de los más escalofriantes cuentos de Allan Poe: sus uñas estaban quebradas y el ataúd por dentro estaba totalmente arañado. Las pruebas eran evidentes:

la mujer, que todavía tenía una expresión de terror estampado en el rostro, seguía con vida en el momento en el que la enterraron.[N22]

Mejor suerte tuvo Anne Hill Carter Lee, más conocida por ser la madre del general Robert E. Lee, comandante de las fuerzas confederadas en la guerra civil americana. Según se cuenta, sufría narcolepsia y un día cayó en un profundo sueño que llevó a creer que había muerto. Fue enterrada en la cripta familiar, pero un visitante que había acudido a dejarle flores oyó gritos y golpes provenientes de su tumba. El ataúd fue abierto de inmediato y la encontraron con vida y, como es lógico, muy confundida.[N23] Estos casos, aunque excepcionales, inquietaban sobremanera a Allan Poe, quien los trató en varios cuentos, incluyendo *Berenice, La caída de la Casa Usher* y *El barril de amontillado,* así que no sería extraño que el autor tuviera estos temores porque en esta época era una preocupación real, no solo en Estados Unidos, sino en toda Europa, donde abundaba la oferta de ataúdes con dispositivos de emergencia como respiraderos e incluso campanas —hoy en día, en Estados Unidos, ya existe una amplia oferta de ataúdes dotados de wifi para que el individuo pueda comunicarse con el exterior mediante un teléfono móvil colocado previamente en uno de sus bolsillos—.[N24]

La dama fue depositada en la cripta familiar, que permaneció cerrada durante los tres años siguientes. Al expirar ese plazo se abrió para recibir un sarcófago, pero, ¡ay, qué terrible choque esperaba al marido cuando abrió personalmente la puerta! Al empujar los portones, un objeto vestido de blanco cayó rechinando en sus brazos. Era el esqueleto de su mujer con la mortaja puesta. Una cuidadosa investigación mostró la evidencia de que había revivido a los dos días de ser sepultada, que sus luchas dentro del ataúd habían provocado la caída de este desde una repisa o nicho al suelo, y al romperse el féretro pudo salir de él. Apareció vacía una lámpara que accidentalmente se había dejado llena de aceite, dentro de la tumba; puede, no obstante, haberse consumido por evaporación. En los peldaños superiores de la escalera que descendía a la espantosa cripta había un trozo del ataúd, con el cual, al parecer, la mujer había intentado llamar la atención golpeando la puerta de hierro. Mientras hacía esto, probablemente se desmayó o quizás murió de puro terror, y al caer, la mortaja se enredó en alguna pieza de hierro que sobresalía hacia dentro. Allí quedó y así se pudrió, erguida. EDGAR ALLAN POE, FRAGMENTO DE *EL ENTIERRO PREMATURO* (1844)

El pastor Robert Robinson temía tanto que lo enterraran vivo que hizo instalar un panel de cristal en su ataúd, dejando, además, órdenes expresas para que su mausoleo fuera visitado con regularidad para que comprobaran que no había señales de respiración en el cristal. Ya el poeta danés Hans Christian Andersen tenía una nota escrita a mano en su mesa de noche que decía: «Solo parezco muerto, pero no lo estoy». Tal era el temor de ser enterrado con vida que muchas personas incluyeron en sus testamentos salvaguardas para prevenir un entierro precipitado; otros pedían que se retrasara el sepelio. El famoso payaso victoriano Joseph Grimaldi especificó que antes de enterrarlo le tenían que cortar la cabeza, y su familia le concedió el deseo; la viuda de un marqués exigió no ser sepultada antes de que hubieran pasado veinticuatro horas desde su fallecimiento, y solo después de que le abrieran el pecho hasta verle el corazón. Otra mujer ordenaba que le hicieran cortes en las plantas de los pies como paso previo a su visita al cementerio.

Sin embargo, ningún otro caso fue tan dramático con el experimentado por Washington Irving Bishop, un famoso mentalista estadounidense que padecía de catalepsia y solía sufrir desvanecimientos con cierta frecuencia. Por esta razón, siempre llevaba consigo una nota en el bolsillo de su chaqueta que advertía sobre su condición y alertaba de que bajo ninguna circunstancia debería ser enterrado hasta transcurridas 48 horas después de un ataque. La noche del 12 de mayo de 1889, el mentalista sufrió uno de estos episodios mientras presentaba un espectáculo en un club de Nueva York, y a nadie entre los presentes se le ocurrió buscar entre sus pertenencias. Después de ser examinado por un médico, este certificó su fallecimiento y ordenó que su cuerpo fuera llevado a la morgue, donde le practicaron de inmediato la autopsia. Cuando sus familiares llegaron, su cadáver estaba abierto y su cerebro había desaparecido. Luego se supo que uno de los médicos que intervino en la autopsia llevaba años intentando averiguar cómo podía adivinar el mentalista y tener poderes sobrenaturales, así que no dudó en llevarse su cerebro para proseguir con sus investigaciones. El cerebro sustraído nunca fue recuperado.[N25]

A principios del siglo XX, un estudio estimó que alrededor del 10 % de los estadounidenses eran enterrados vivos, basándose en el número de cuerpos que fueron encontrados en posturas y expresiones poco naturales al ser exhumados. Aunque todavía existen casos documentados de catalepsia, los avances tecnológicos actuales hacen casi imposible que alguien sea enterrado en estado cataléptico, puesto que en la actualidad basta con un electrocardiograma o un electroencefalograma para confirmar con facilidad la muerte de alguien.

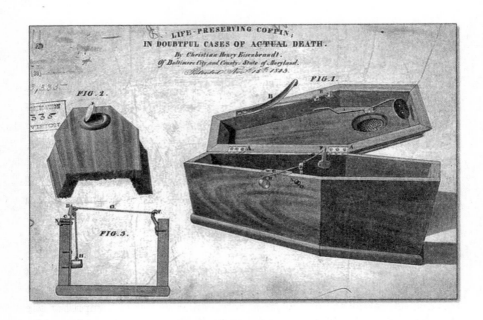

El temor a ser enterrado vivo llegó a convertirse en una obsesión a mediados del siglo XIX, lo que llevó a muchos fabricantes a equipar a los ataúdes con campanas que podían ser tocadas desde el interior, en caso de que la persona enterrada no estuviera realmente muerta. Tanta era la preocupación por este tema que en la Inglaterra victoriana se fundó la Society for the Prevention of People Being Buried Alive (Sociedad para la Prevención del Enterramiento Prematuro).

La muerte del rey Dasharatha. Autor desconocido (1605).

Nota del Autor

El miedo a ser enterrado vivo se conoce como tafofobia, y fue precisamente este temor el que propició el comienzo de una tradición en la antigüedad que todavía se mantiene hoy, que es el velatorio, que consiste en una reunión de los allegados y amigos de un difunto en las horas que siguen a su muerte y antes de la inhumación o cremación del cadáver. Velar un cadáver durante un buen número de horas no empezó a hacerse para llorar al difunto o acompañar a sus familiares, sino que el objetivo principal era comprobar que el finado había fallecido realmente. De hecho, la etimología de *velatorio* proviene de *velar,* y esta palabra, a su vez, del latín *vigilare,* cuyo significado literal es *vigilar,* que era lo que realmente se hacía. Una idea parecida es la que explica el origen de los velatorios en los entierros judíos. En sus orígenes, los seguidores de esta religión dejaban el sepulcro tres días sin cerrar e iban a visitarlo con regularidad para comprobar que el muerto no revivía. Pasado este periodo de tiempo prudencial, se daba por hecho que el fallecido lo era realmente, y se cerraba el sepulcro. Esta acción se basaba en la creencia de que una persona puede caer en un trance o sueño sin tener que morir necesariamente.

$$* \quad * \quad *$$

En 1844, Allan Poe publicó en el *Godey's Lady's Book* el cuento *La caja oblonga,* que narra una travesía marina desde Charleston a Nueva York a bordo del buque Independence. El narrador del cuento, que está a bordo de la embarcación, se encuentra con su antiguo compañero de universidad, Cornelius Wyatt, quien está acompañado por su esposa y sus dos hermanas, aunque han reservado tres cabinas. El narrador se da cuenta de que algo extraño está sucediendo, ya que la tercera cabina no es para los sirvientes ni para el equipaje extra, sino para una misteriosa caja oblonga de madera de pino. El narrador investiga y descubre que la caja ha sido llevada al camarote del matrimonio, lo que le hace sospechar aún más. A medida que avanza el viaje, el narrador trata de averiguar el contenido de la caja y qué secreto oculta su amigo Wyatt. Finalmente, se revela el oscuro secreto detrás de la caja oblonga, pero no sin antes mantener al lector en vilo a través de la tensión y el misterio que rodea al objeto y a los personajes involucrados. Aunque algunos críticos lo clasifican como una obra detectivesca de Edgar Allan Poe, debido a sus características, en realidad, *La caja*

Entierro prematuro, ilustración de Harry Clarke para la
colección Tales of Mystery & Imagination (1919).

oblonga está más relacionada con las experiencias personales del autor en el fuerte Moultrie y en altamar.[N26] Otro relato de Allan Poe de la misma época es *El demonio de la perversidad,* publicado en la *Graham's Magazine*. Esta historia narra la vida de un hombre y sus impulsos destructivos, personificados en un demonio perverso que lo tienta constantemente para que actúe en contra de sus propios intereses. A diferencia de los cuentos de terror tradicionales de Poe, esta obra se centra más en el terror psicológico, ya que el núcleo del argumento gira en torno a la tensión que experimenta el narrador entre sus impulsos básicos, primordiales y elementales en contra de la razón.[N27]

La vida en el campo y la buena disposición de Virginia ejercieron una influencia positiva sobre el genio creativo de Poe, quien finalmente encontró la tranquilidad necesaria para trabajar. Para ganarse la vida, comenzó a escribir sobre un buen número de materias para algunos periódicos de Nueva York, convirtiéndose por primera vez en un periodista más que en un escritor de ficción. También consiguió un puesto de corresponsal de un pequeño periódico de Pensilvania llamado *Columbia Spy*, y escribió para el *Philadelphia Public Ledger* algunos artículos de la vida cotidiana, como uno sobre los taxis de Nueva York en el que incluso se arriesgó a incluir un chiste de su propia autoría («No cuesta nada entrar en dificultades, pero subirse en un taxi le costará al menos veinticinco céntimos»). A pesar de su aversión por los grabados sentimentales, preparó para la revista *Columbian* un artículo titulado *Byron y la señorita Chaworth,* que incluía el grabado de un niño y una niña paseando en un jardín, que representan a Byron y su primer amor. Entre noviembre y diciembre de 1844, Poe escribió una curiosa serie para la revista *Democracy* titulada *Marginalia* en la que explicaba su inclinación por hacer anotaciones en los libros que leía, rellenando los márgenes con correcciones, divagaciones, apuntes o pullas graciosas para regocijo propio. Lo cierto es que la literatura es el único medio que permite llevar a cabo este tipo de «vandalismo» en una obra original, ya que no se nos ocurriría escribir sobre una pintura para expresar nuestro desagrado hacia la paleta de colores, o interrumpir una película para decir obviedades. Poe compartió su experiencia al respecto en las siguientes líneas:

Al adquirir libros he procurado siempre que tuvieran amplios márgenes, no tanto por amor a los bellos volúmenes como por la facilidad que ofrecen para anotar allí los pensamientos que sugieren, coincidencias y desacuerdos de opinión o breves comentarios críticos en general. Si lo que debo anotar excede de los estrechos límites de un margen, lo escribo en una tira de papel que coloco entre las páginas, cuidando de fijarla con ayuda de una mínima cantidad de goma. EDGAR ALLAN POE, FRAGMENTO DE *MARGINALIA* (1846)

Esta actitud transgresora de «ensuciar» la obra ajena no era exclusiva de Allan Poe. El también escritor Mark Twain (autor de obras tan conocidas como *Las aventuras de Tom Sawyer*) era un conocido garabateador de libros y siempre leía con un lápiz al lado por su costumbre de rellenar los márgenes con todo tipo de notas. Vladimir Nabokov (autor de *Ada o el ardor*, *Pálido fuego* o *Lolita*) salpicó su ejemplar de *La metamorfosis* de Franz Kafka de correcciones, apuntes personales e incluso dibujitos de insectos. El escritor y guionista suizo Graham Greene aprovechaba los márgenes de sus libros para apuntar ideas para sus novelas. De todos estos ejemplos, ninguno es tan emblemático como el que se encuentra en una antología de las obras de William Shakespeare que el activista sudafricano Sonny Venkatrathnam introdujo de manera encubierta en la prisión, asegurando a los guardas que se trataba de una Biblia. El libro pasó de mano

Marginalia es un término que se usa para designar las notas, glosas y comentarios editoriales hechos en el margen de un libro, y fue acuñado por Samuel Taylor Coleridge, quien tenía la costumbre de realizar extensas notas al margen en todos los libros que leía. Esta foto muestra las páginas del ejemplar de *El resplandor* de Stephen King, que perteneció al director de la película homónima, Stanley Kubrick, quien solía escribir partes de sus adaptaciones para el cine en las páginas de la obra original.

en mano entre los encarcelados y acabó formando parte de la historia cuando llegó a la celda de Nelson Mandela, que destacó con un bolígrafo el pasaje que contenía esta frase: «Los cobardes mueren muchas veces antes de morir». El expresidente sudafricano también anotó la fecha en la que escribió en la hoja (16-12-77) y la firmó con su nombre.[N28]

> Al adquirir libros he procurado siempre que tuvieran amplios márgenes, no tanto por amor a los bellos volúmenes como por la facilidad que ofrecen para anotar allí los pensamientos que sugieren, coincidencias y desacuerdos de opinión o breves comentarios críticos en general. Si lo que debo anotar excede de los estrechos límites de un margen, lo escribo en una tira de papel que coloco entre las páginas, cuidando de fijarla con ayuda de una mínima cantidad de goma. [...] Las anotaciones puramente marginales, que no apuntan a la libreta de memorándums, tienen carácter propio, y su claro propósito consiste en no tener propósito alguno; es esto lo que les da valor. Su puesto se encuentra algo más arriba de los comentarios casuales y desordenados de las charlas literarias, pues estas no pasan con frecuencia de «charlas por la charla misma», que brotan irreflexivamente de la boca. La *marginalia*, en cambio, nace de apuntaciones deliberadas, porque la mente del lector desea descargarse de un pensamiento, por más petulante, tonto o trivial que sea; de un pensamiento, sí, y no meramente de algo que hubiera podido llegar a ser un pensamiento con el tiempo y bajo circunstancias más favorables. En la *marginalia*, además, nos hablamos a nosotros mismos, y, por tanto, lo hacemos con soltura, con audacia, con originalidad, con *abandonnément*, sin afectación. EDGAR ALLAN POE, FRAGMENTO DE *MARGINALIA* (1846).[N29]

Los cuentos y artículos de Allan Poe ya eran muy populares por aquel entonces y a menudo se publicaban rápidamente, ya que la simple aparición de su nombre como autor era suficiente para llamar la atención de los lectores. Sin embargo, al igual que su príncipe Próspero, Poe no podía aislarse del mundo, puesto que sus artículos no eran suficientes para mantener a su familia. Era necesario encontrar un empleo que le asegurara un ingreso estable cada mes, y la persona que tomó esa iniciativa fue su incansable tía, quien llevaba a las redacciones los textos que Poe escribía. Además, no le apenaba alabar a su sobrino-yerno ni exponer la miseria del hogar en que su hija corría el riesgo de quedarse sin pan. Maria Clemm no se resignaba ante las negativas y siguió, incansable, su periplo hasta que en octubre de 1844, durante una visita a la redacción del *New-York Mirror*, tuvo la satisfacción de escuchar una respuesta positiva por parte de su director, Nathaniel Parker Willis, que conocía muy bien la fama del poeta. Willis era una figura conocida entre los *literati*, un selecto grupo de escritores neoyorquinos, y llevaba una vida acomodada en su elegante residencia de Astor House, donde solía recibir a sus allegados en un escenario impresionante. La llegada de un nombre tan controvertido como Edgar Allan Poe hizo saltar las alarmas en la redacción del *New-York Mirror* y fue muy cuestionado por algunos periodistas que temían que el autor reaccionara de forma violenta ante una crítica o un reproche. Pero, para sorpresa general, lo que ocurrió fue exactamente lo contrario: «El señor Allan Poe demostró una cordialidad tan noble que para nosotros resultó imposible no tratarlo siempre con una deferencia cortés —escribió uno de sus colegas—, cuando teníamos que pedirle que no llevara demasiado lejos una crítica, enseguida daba su acuerdo con benevolencia; en esto era mucho más manejable, pensábamos todos, que la mayoría de las personas en un terreno tan delicado».

Al contrario de sus empleos anteriores, en el *New-York Mirror*, Allan Poe dejó a un lado su perfil agresivo y pasó a comportarse como un empleado común, realizando tareas menores, como corregir textos, comprobar la calidad de los grabados y responder a las cartas que llegaban de los corresponsales. El autor sabía que debía aceptar un puesto inferior en su carrera profesional, ya que este era el precio para asegurarse el sueldo que tanto necesitaba para mantener a su familia. Sin embargo, su sentimiento de resignación no se sostuvo durante mucho tiempo y, al darse cuenta de que sus posibilidades de cambio a corto plazo eran pocas, el autor comenzó a deprimirse de nuevo, lo que hizo saltar todas las alarmas en su seno familiar, ya que era harto conocido que, en los momentos críticos, Allan Poe recurría al alcohol como forma de evadirse de la realidad y superar los malos momentos.

Su infelicidad tenía varios orígenes, todos ellos muy difíciles de solventar, como la delicada salud de Virginia y los recurrentes problemas financieros, pero nada parecía dolerle tanto como el rumbo que había tomado su carrera literaria. Allan Poe cobraba por cuarenta artículos lo mismo que otros percibían por tan solo un texto, y aunque el arte no se valora por la cantidad, sino por la calidad, el autor había llegado a la triste conclusión de que sus letras jamás alcanzarían una cotización que le permitiera vivir con dignidad. Según sus reflexiones, la culpa residía en el hecho de que sus relatos y poesías habían sido publicados en innumerables periódicos en diferentes ciudades, y muchos de estos diarios tenían poca visibilidad y casi ninguna relevancia. Con textos tan dispersos, nadie conocía el alcance real de su obra, por lo que Poe era visto como «uno más del montón» y si continuaba con esta estrategia, nunca destacaría. Lo que nadie entendía es que Allan Poe escribía básicamente para mantener a su familia, y un hombre que escribe para sobrevivir no se puede dar el lujo de dedicar tiempo en diseñar una estrategia profesional a largo plazo.

Cansado de tantas frustraciones y retrocesos, Allan Poe envió una carta a Charles Anthon, un profesor de Lenguas Clásicas en el Columbia College que tenía una excelente relación con los directivos de Harper, la misma editorial que había publicado su única novela, *Las aventuras de Arthur Gordon Pym*. La Harper fue fundada en 1817 por los hermanos James y John Harper, impresores de profesión, y en 1820 se unieron sus otros dos hermanos, Joseph W. y Fletcher, cambiando el nombre de la compañía a Harper & Brothers. En aquel entonces, su sede estaba en el número 331 de Pearl Street, frente a Franklin Square, en el Bajo Manhattan, cerca del actual emplazamiento del puente de Brooklyn. Se trataba de una firma de reconocido éxito, con más de cien títulos nuevos publicados cada año. Sus almacenes estaban abastecidos con miles de títulos de diferentes autores y la cuenta bancaria de los hermanos rozaba el millón de dólares.

El objetivo inmediato de Allan Poe no era financiero, sino obtener una mayor difusión de su nombre y sus trabajos. Sin embargo, cuando se entrevistó con Charles Anthon, Poe destacó que el bienestar de su familia dependía de la prosperidad de sus planes. Anthon se mostró dispuesto a ayudarlo y concertó una reunión con los hermanos Harper, pero estos no se mostraron muy receptivos, debido a la mala fama de Allan Poe como alcohólico y persona de difícil trato, lo que aún eclipsaba la genialidad de su escritura. Para comenzar a cambiar esta imagen, el autor tendría que volver a vivir en el nido de cobras que había evitado hasta entonces: la ciudad de Nueva York.[N30]

El gato negro, ilustración de Frederick Simpson Coburn (1902).

X

LEONORE

«Los límites que dividen la vida de la muerte son, en el
mejor de los casos, sombríos y vagos. ¿Quién puede decir
dónde termina uno y dónde comienza el otro?».
EDGAR ALLAN POE

A finales de enero o en algún momento de febrero, la familia Poe regresó
a Nueva York, una ciudad que en ese momento experimentaba una época
de expansión y crecimiento económico, factores que también la convirtieron en la puerta de entrada de miles de inmigrantes, muchos de los cuales
se quedaban a vivir en condiciones muy precarias. A mediados del siglo
XIX, más de la mitad de los habitantes de Nueva York eran inmigrantes
que huían de las crisis económicas de sus países de origen y de las perse-
cuciones que tenían lugar en Europa. Los más numerosos eran alemanes
—que se concentraron en el Lower East Side— e irlandeses —que crearon
parroquias católicas e incluso su propia archidiócesis en 1850—. Con el
auge demográfico, la oferta de alojamiento se vio desbordada y los neoyorquinos más pobres vivían hacinados en viejos bloques de viviendas compuestos por minúsculos apartamentos que apenas contaban con las condiciones necesarias para soportar las temperaturas que solían desplomarse
en invierno y se volvían extremadamente bochornosas en verano. Este era
exactamente el ambiente que Allan Poe quería evitar por el delicado estado
de salud de su amada Virginia.

Durante el periodo en que vivieron en Nueva York, los Poe residie-
ron en tres lugares diferentes, aunque no se sabe mucho más acerca de
sus viviendas que los nombres de las calles y los números de las casas. La

primera dirección que ocuparon fue el número 154 de Greenwich Street, donde permanecieron alrededor de cuatro meses. A principios de mayo, se trasladaron a una pensión ubicada en el número 195 de East Broadway que había sido pensaba para albergar a hombres solteros, pero las condiciones económicas de la época obligaron a que recibieran a familias enteras, que compartían con el resto de huéspedes un comedor común. Probablemente al final del verano, los Poe se mudaron de nuevo, esta vez a una casa de tres pisos en el número 85 de Amity Street, a solo dos calles del parque Washington Square, muy cerca de la Universidad de Nueva York, fundada en 1831 por el secretario del Tesoro de Estados Unidos Albert Gallatin. En la esquina noroeste del parque se encuentra un gran árbol centenario de treinta y tres metros de altura que se hizo conocido entre la población local como el «olmo de los ahorcados», aunque no existen registros públicos de ahorcamientos en este lugar.

La frenética búsqueda de un hogar permanente terminó cuando Allan Poe recibió una propuesta para incorporarse a nueva publicación semanal que estaba a punto de salir al mercado. La revista estaba dirigida por John Bisco y Charles Frederick Briggs —este último se había hecho conocido como escritor de novelas satíricas, en particular, *Las aventuras de Harry Franco*, cuyo personaje principal acabó convirtiéndose en su apodo—. En esta nueva revista, Bisco asumiría las acciones y campañas comerciales, mientas que Briggs usaría su reputación literaria para atraer tanto a patrocinadores como a lectores. El nuevo rotativo recibió el nombre de *Broadway Journal*, siguiendo la tendencia de los periódicos de la época, que buscaban enfatizar su identidad regional. Desde el primer momento, los dos socios sabían que sería necesario buscar a un profesional cualificado para ayudarlos en el aspecto literario, por lo que se pusieron en contacto con James Russell Lowell, quien les recomendó a Allan Poe, que formalizó su incorporación el 21 de febrero de 1845 al firmar un contrato de un año renovable como editor asociado y con el compromiso de escribir al menos un texto original por semana. Aunque estos términos eran prácticamente los mismos contemplados en el contrato que había firmado anteriormente con la Graham's, la oferta hecha por Briggs y Bisco incluía el pago de un tercio de las ganancias obtenidas por el diario con sus textos. Para evitar conflictos innecesarios, se le concedió, además, el permiso de inspeccionar los libros de contabilidad siempre que lo deseara.

Briggs estaba complacido con su nuevo editor, pues sabía que el nombre de Poe tenía cierta autoridad en el mercado editorial y sería particularmente beneficioso para la revista contar con un revisor trabajando a jornada completa. El *Broadway Journal*, al igual que tantos otros periódicos, dependía de los ingresos obtenidos por anunciantes y suscriptores, y para mantener la fidelidad de su audiencia era fundamental contar con un autor capaz de escribir textos atractivos y de incuestionable calidad. Con la incorporación de Poe quedaban atrás las publicaciones tibias del *Broadway Journal* sobre la ciudad, como las consecuencias de una tormenta de nieve o el frenético recorrido de las familias en las tiendas neoyorquinas para comprar los regalos navideños.[N1]

En sus primeros meses como editor, Poe trabajó con vigor, cumpliendo jornadas de hasta quince horas, aunque aún no había hecho ninguna contribución original a la revista. En su lugar, se dedicó a reimprimir versiones revisadas de algunos de sus relatos más famosos como *Ligea, William Wilson* y *El corazón delator*. Estos textos recibieron correcciones puntuales, pero debido al gusto de Poe por los refinamientos lingüísticos, los cambios fueron precisos: alteró mayúsculas y cursivas, eliminó palabras innecesarias y cambió la puntuación para lograr la métrica que deseaba. En otras palabras, Allan Poe quería que sus textos tuvieran un ritmo y una cadencia que le permitiera al lector «escuchar» la narración, además de comprenderla. Su perfil perfeccionista, sumado a la libertad editorial de la que gozaba, hizo que al menos una docena de sus cuentos fueran publicados en tres ocasiones, y otros tantos hasta cinco veces. Esta política de reciclar continuamente sus trabajos hasta considerarlos perfectos podía ser loable, pero contradecía de lleno el reclamo publicitario del *Broadway Journal*, que aseguraba al lector una oferta exclusiva de contenido original. Como editor asociado, Poe no ignoraba esta realidad y de su pluma también salieron múltiples artículos en los que compartía sus preocupaciones con el mercado literario.

En esta etapa profesional en el *Broadway Journal*, Allan Poe experimentó un progresivo aumento de publicaciones y editoriales, lo que supuso una gran oportunidad para los autores de la época. A ello contribuyó principalmente la invención de la prensa cilíndrica de vapor, que aceleraba el proceso de impresión, y la aparición del papel de la pulpa de madera, más barato que el utilizado hasta el momento. Además, las mejoras en los transportes ayudaron a expandir el mercado geográficamente, lo que llevó a la proliferación de diarios y revistas a lo largo y ancho del país. El número de las publicaciones periódicas en Estados Unidos creció de menos de cien en 1825 a unas seiscientas en 1850.[N2] Muchas de estas editoriales, sin embargo, debían su fortuna a la piratería literaria y Poe se veía como una víctima de esta terrible práctica, ya que los autores estadounidenses tenían sus textos protegidos bajo las leyes vigentes, a diferencia de las extranjeras, que circulaban libremente por el país como si fueran obras de dominio público. Eso significa que los editores tenían que pagar a los escritores estadounidenses, pero no a los extranjeros. Poe se cuestionaba en uno de sus artículos: «¿Por qué un editor de Nueva York que gana dinero impunemente con Dickens y Walter Scott se molestaría en recibir mis manuscritos? A no ser que fuese un filántropo obsesionado por la literatura, invertir algunas decenas de dólares en mí con vistas a un discutible beneficio sería una decisión bastante inconsecuente». En tiempos de Poe, nueve de cada diez libros que circulaban en Estados Unidos eran de autores ingleses, que, aparte de la libertad para imprimirlos sin contrato, ya habían confirmado su éxito en Europa.

Estas obras salían de forma clandestina de Inglaterra, ocultas en las bodegas de los barcos. Cuando llegaban a los muelles de Nueva York, eran recogidas por jóvenes de familias pobres que cargaban sacos llenos de libros hasta las imprentas, que trabajaban a toda velocidad para abastecer al mercado con suficientes ejemplares a la mañana siguiente. La piratería literaria que se practicaba era tan descarada que algunas obras de autores británicos fueron publicadas en Estados Unidos antes que en el país de origen, y esto se debía a que muchos editores contaban con cómplices en Londres que obtenían copias de los manuscritos o las pruebas de maquetación. Como cada país solo protegía a sus propios autores, la piratería era recíproca. En una ocasión, Poe pidió a un editor de Londres cincuenta libras por una colección de sus obras ya publicadas en Estados Unidos, a lo que este le respondió sin rodeos: «¿Por qué debería darte este dinero si puedo conseguir una copia gratis en tres semanas?».

En 1843, el American Copyright Club celebró en Nueva York un congreso con el objetivo de presionar a las autoridades para convertir la piratería literaria en delito, pero se encontró con la oposición de muchos editores que argumentaban que los lectores de las clases más desfavorecidas del país solo podían acceder a los títulos extranjeros gracias a su libre circulación en el mercado. Indignado, Poe respondió que dicha práctica perjudicaba a todos los autores, ya fueran estadounidenses o no, y saturaba el mercado con miles de obras mal impresas y de pésima calidad literaria. Por desgracia, Poe no vivió lo suficiente para ver la aprobación de la ley internacional sobre los derechos de autor, que finalmente puso fin a estas prácticas.[N3]

Al verse como un simple soldado en una batalla que consideraba perdida, Allan Poe decidió dirigir sus esfuerzos hacia una de las tareas que más placer —y enemigos— le proporcionaba: la crítica literaria. Y no tuvo que esperar más de una semana para verse envuelto en una gran controversia cuando fue anunciado el lanzamiento del nuevo libro de poemas de Henry Wadsworth Longfellow. En su reseña, Poe afirmó haber encontrado ciertas influencias y algunas imitaciones en la obra, lo que prácticamente llevaba implícita una acusación de plagio. Este tipo de disputas eran bastante frecuentes en aquella época, y la desconfianza general se veía abonada una y otra vez por la práctica de las ediciones piratas. Pero Poe, fiel a su estilo *tomahawk*, llevó su campaña demasiado lejos, hasta el extremo de que, llegado un momento, apenas le fue posible sostener la acusación, principalmente porque el propio Briggs determinó que su periódico no debería prestarse a este estilo de crítica agresiva. Las acusaciones injustas de Poe en sus reseñas se hicieron aún más evidentes cuando Longfellow decidió no intervenir y dejó su defensa en manos de sus ardientes partidarios. Aunque Poe consiguió retirarse del asunto de una forma más o menos airosa al argumentar que había juzgado los poemas de Longfellow de forma precipitada, Briggs abandonó el proyecto que había fundado pocos meses antes y vendió su parte a Allan Poe por cincuenta dólares.

En esta nueva etapa, Allan Poe se unió a Bisco en la gestión de la empresa, pero la partida repentina de Briggs también significó la pérdida de la fuente de capital más importante para la revista, que entonces tenía una tirada limitada, y unas ganancias que apenas alcanzaban para cubrir los costes de edición y el pago de las nóminas.[N4] En medio de este escenario de profunda incertidumbre, tuvo lugar uno de los hitos más trascendentales de la vida de Allan Poe, cuando el *New York Evening Mirror* decidió publicar su obra maestra, *El cuervo*, un poema que destacaba por su elegante expresión y su atmósfera sobrenatural. Los periódicos elogiaron la obra, la imprimieron en secciones señaladas y destacaron a Poe como un genio, lo que supuso el punto culminante de su carrera literaria, aunque los honorarios del autor fueron solo de nueve dólares.

Aunque *El cuervo* es un trabajo indudablemente hermoso y profundo, su contenido se puede resumir en pocas palabras: sentado en su estudio durante una noche oscura, un hombre desconsolado por la muerte de su amada, Leonor, trata de buscar refugio en la lectura. Una serie de señales le hace advertir una presencia misteriosa y, tras varias comprobaciones inútiles, decide abrir una ventana cuando, furtivamente, un cuervo entra en la habitación y se posa en el busto de Palas Atenea situado sobre el dintel de la puerta. Sorprendido por aquella visita tan inesperada, el hombre se dirige a la criatura y, sin esperar respuesta alguna, le pregunta su nombre. El cuervo, para su asombro, responde de forma escueta con las palabras: «Nunca más». La respuesta desencaja al sujeto, que elabora toda clase de elucubraciones para explicar el fantástico episodio. ¿Sería acaso que repite lo que aprendió de un antiguo amo o es un profeta misterioso? Anhelando noticias reconfortantes sobre su amada, le pregunta si podría volver a verla, aunque sea en el mundo de los difuntos. La respuesta es infatigablemente la misma: «Nunca más». Al darse cuenta de que esto es lo único que el pájaro sabe decir, el narrador comienza a formular preguntas, sabiendo de antemano cuál será la respuesta, como si su verdadera intención fuera profundizar aún más en su sentimiento de pérdida.[N5] La respuesta «nunca más», declamada con tal insistencia por el cuervo, no solo descarta un posible reencuentro entre Leonor y el narrador en el más allá, sino que también niega cualquier esperanza para la vida de este último.

El cuervo es un ejemplo de literatura gótica, género que tuvo su origen en la Inglaterra del siglo XVIII y se caracteriza por el uso del horror, la muerte, lo sobrenatural y el amor hacia una joven mujer. Los personajes suelen ser altamente emocionales y habitan en casas oscuras rodeadas de paisajes salvajes. Nathaniel Parker Willis, editor del *Evening Mirror*, consideró que *El cuervo* no tenía parangón en la literatura inglesa gracias a su

> The Raven
>
> Once, upon a midnight dreary, while I pondered, weak and weary,
> Over many a quaint and curious volume of forgotten lore —
> While I nodded, nearly napping, suddenly there came a tapping,
> As of some one gently rapping, rapping at my chamber door.
> "'Tis some visiter," I muttered, "tapping at my chamber door —
> Only this and nothing more."
>
> Ah, distinctly I remember it was in the bleak December,
> And each separate dying ember wrought its ghost upon the floor.
> Eagerly I wished the morrow; — vainly I had sought to borrow
> From my books surcease of sorrow — sorrow for the lost Lenore —
> For the rare and radiant maiden whom the angels name Lenore —
> Nameless here for evermore.
>
> And the silken, sad, uncertain rustling of each purple curtain
> Thrilled me, filled me with fantastic terrors never felt before;
> So that now, to still the beating of my heart, I stood repeating
> "'Tis some visiter entreating entrance at my chamber door —
> Some late visiter entreating entrance at my chamber door; —
> This it is and nothing more."

Notas manuscritas de Edgar Allan Poe para *El cuervo*. Aunque existen excelentes traducciones de este poema al castellano, ninguna se acerca a la musicalidad y la atmósfera sobrenatural que el autor consiguió recrear en su idioma nativo. Se desconoce durante cuánto tiempo Poe trabajó en *El cuervo;* la especulación abarca desde un único día hasta diez años.

ingeniosa maestría en el uso del verso y la imaginación, capaz de fijarse en la memoria de todo aquel que lo leyera. De hecho, la obra fue tan impactante que comenzó a publicarse de forma simultánea en diversos periódicos en Estados Unidos, como el *New York Tribune*, el *Broadway Journal*, el *Southern Literary Messenger*, el *Saturday Courier* o el *Richmond Examiner*.

Durante las etapas iniciales de desarrollo de su poema más famoso, Allan Poe ya tenía claro que su protagonista tendría un animal como interlocutor y eligió un cuervo porque quería una criatura que no pudiera razonar, pero fuera capaz de hablar. Dicen que el autor también había considerado la posibilidad de utilizar un loro, pero concluyó que esta ave no encajaría con el tono oscuro y siniestro que deseaba transmitir en el poema. En este sentido, el cuervo cumple una doble función: por un lado, es un mensajero de la muerte y, por otro, encarna el tono obsesivo y negro del cabello de la madre del propio Poe, al que se refería como *raven-black hair* en sus escritos.[N6] Allan Poe también sostuvo que su ave diabólica estuvo inspirada en parte en Grip, el cuervo hablador de la novela *Barnaby Rudge* de Charles Dickens, y que su estilo metódico y pausado del cuervo proviene del poema de Elizabeth Barrett, *El cortejo de Lady Geraldine*. A diferencia del cuervo de Poe, Grip era capaz de decir muchas palabras y tenía incluso sus momentos humorísticos, pero Poe no solo enfatizó las cualidades más dramáticas del ave, sino que también escribió una reseña en la que afirmaba que Dickens debería haber utilizado su cuervo para un propósito más poético y simbólico.

Entre todas las características que hacen de *El cuervo* una obra única, destaca su original composición rítmica y su lírica, elementos que se pierden en las versiones traducidas, debido a que se trata de un poema que emplea técnicas muy propias del inglés. De hecho, cada uno de los elementos que componen esta obra fue pensado con cuidado por el escritor, especialmente la palabra clave del poema, *nevermore*, que pronuncia el cuervo, elegida por su efecto sonoro de vocal larga. El poema está estructurado en 108 versos y 18 estrofas compuestas por seis líneas cada una. Esta métrica se conoce como trocaica optómetra y consiste en ocho troqueos por línea. En la literatura inglesa, un troqueo es un pie compuesto de una sílaba tónica seguida de una sílaba átona, a fin de dar al poema un ritmo y musicalidad.[N7]

Otra curiosidad que aporta un pequeño halo de misterio a *El cuervo* es la ausencia completa de la letra «Z», una singular característica que lo convierte en un lipograma, término que define un texto en el que se omite una letra —o varias— del alfabeto. El grado de dificultad de este artificio lingüístico es directamente proporcional a la frecuencia de la letra omitida y la extensión del texto. Esta técnica —o más bien reto literario— ha sido usada por varios escritores, como el mexicano Gabriel García Márquez, quien omite intencionalmente la letra «I» en la novela que recibió el curioso título de *Vivir sin i.* Entre los lipogramáticos europeos destaca Gottlob Burmann, un excéntrico poeta alemán que tenía tal fobia a la letra «R», hasta el punto de que la omitió en los 130 poemas que escribió. Durante los últimos diecisiete años de su vida, procuró evitarla incluso en su habla cotidiana. Por ello, probablemente, dejó de pronunciar su apellido durante ese tiempo (porque contiene una R). En Francia existe el caso de Georges Perec, quien escribió un libro entero sin usar la letra «E» (la novela *La Disparition*). En España, Jardiel Poncela escribió cinco cuentos en torno a 1926 en los que prescindió de una vocal. Los lipogramas existen desde la antigua Grecia y se cree que el primer autor que lo usó fue Laso de Hermíone, a quien se deben dos obras en las que suprimió la letra griega sigma (Σ): *Oda a los centauros* y el *Himno a Démeter.*[N8]

Nota del Autor

Existen muchos artistas que tienen mascotas para que les hagan compañía; los más convencionales suelen tener gatos o perros, mientras que otros optan por animales más exóticos, como serpientes o iguanas. Sin embargo, hay un caso especial que destaca: el de Charles Dickens, que tenía como mascota a un cuervo llamado Grip. Aunque no fuese su primera ave, Grip fue la más apreciada por el autor, debido a su inteligencia y habilidad para imitar algunas palabras que Dickens pronunciaba, como hacen los loros. Llegó incluso a tener un buen vocabulario para ser un pájaro, lo cual no es sorprendente teniendo en cuenta que era la mascota de uno de los grandes nombres de la literatura inglesa.

Se dice que los hijos de Dickens adoraban a esta ave negra y majestuosa y le pidieron a su padre que lo incluyera en la historia que estaba escribiendo en aquel momento, su quinta novela, titulada *Barnaby Rudge*. La trama de la obra se basa en los disturbios anticatólicos en la Inglaterra de 1780, y se publicó por entregas en el semanario *Master Humphrey's Clock*, editado por el propio Dickens entre febrero y noviembre de 1841. En medio de una trama algo complicada en la que se mezclan asesinatos, líos de familia y revueltas sociales, Dickens situó a Grip al final del quinto capítulo, cuando el ave emite un ruido y alguien pregunta: «¿Qué fue eso? ¿Es alguien tocando a la puerta?». La respuesta es: «Ha sido alguien golpeando suavemente la persiana».

Retrato de los hijos de Dickens con su mascota favorita, el cuervo Grip (Daniel Maclise, 1841).

Después de la muerte de Grip en 1841, parece ser que por haber ingerido accidentalmente pintura con plomo, Dickens lo mandó disecar con la intención de preservarla, tal y como era cuando imitaba las palabras que había aprendido mientras jugaba con sus hijos pequeños. Sin embargo, lo más curioso de todo fueron las circunstancias que hicieron que la mascota disecada terminara en la tierra de Poe. En 1870, tras la muerte de Dickens, se organizó una subasta en la que se vendieron muchos de sus objetos personales, incluyendo a Grip. El cuervo disecado pasó por las manos de un coleccionista de Charles Dickens y, después de algunas vueltas, acabó en manos de un coleccionista de Edgar Allan Poe llamado Richard Gimbel, un coronel de Filadelfia que se había empeñado en reunir todos los objetos relacionados con el escritor maldito. Entre sus adquisiciones más valiosas se encontraban los manuscritos originales de *Annabel Lee* y *Los crímenes de la calle Morgue*, primeras ediciones de todas las obras de Poe y el único ejemplar conocido de *El cuervo* escrito de puño y letra del autor. En 1971, los herederos de Gimbel decidieron donar toda su colección a la biblioteca pública de Filadelfia, incluyendo el cuervo de Dickens, donde todavía se encuentra posado majestuosamente sobre un tronco en un marco hecho de madera.[N9]

La mascota favorita de Charles Dickens, el cuervo Grip, sirvió de inspiración a Allan Poe para escribir su poema más famoso. Disecado después de su muerte y declarado monumento literario por la Asociación Nacional de Bibliotecas de los Estados Unidos, este emblemático pájaro puede ser visto en la actualidad en una vitrina en la tercera planta de la Biblioteca Pública de Filadelfia, situada en el número 1901 de Vine Street.

* * *

Durante el proceso creativo de *El cuervo*, Poe se inspiró en varias referencias mitológicas. La más evidente es el busto de Palas Atenea, la diosa de la sabiduría, sobre el cual el ave se posa para «hablar» con su interlocutor. En la mitología nórdica, Odín tiene dos cuervos llamados Hugin y Munin, que representan el pensamiento y la memoria; y en *Las metamorfosis* de Ovidio, el cuervo solía ser blanco como la paloma, pero su desmedida charlatanería provocó que Apolo lo castigara y se oscureciera. Un suceso similar es narrado en la historia hebrea del arca de Noé, cuando un cuervo blanco es enviado para comprobar si las aguas se han retirado, pero no informa de inmediato y es castigado, convirtiéndose en un animal negro para que tuviera la apariencia de un ave en descomposición. Por su dieta carroñera, los cuervos son considerados mediadores entre la vida y la muerte, y cuando aparecen solos, se les considera portadores de un mal presagio.

Otra referencia mitológica en *El cuervo* se hace presente cuando el narrador imagina que un serafín entra en la habitación para llevarse sus recuerdos de Lenore utilizando nepente, una droga mencionada en la *Odisea* de Homero que induce el olvido. Allan Poe también destaca la maldad del cuervo, sugiriendo que pertenece a la «noche plutónica» del dios romano del Hades (el mundo de los muertos en la mitología griega), lo que se refuerza por la ubicación del texto en diciembre, un mes asociado con las fuerzas oscuras. Además, hay referencias bíblicas, como al bálsamo de la Meca, mencionado en el Libro de Jeremías 8:22: «No hay bálsamo en Gilead; ¿no hay ningún médico ahí? ¿Por qué no se ha recobrado entonces la salud de la hija de mi pueblo?». En ese contexto, el bálsamo de Gilead es una resina usada para fines medicinales, lo cual sugiere que el narrador necesita curarse después de la pérdida de Lenore. Poe también menciona el «Aidenn», que es otro nombre usado para el jardín del edén, al referirse a si Lenore habrá ingresado al paraíso. Para muchos críticos, *El cuervo* es el mejor poema de Allan Poe, aunque el autor consideraba que su mejor obra en este género fue *La durmiente*, un poema de amor publicado en 1831 que narra la muerte prematura de una mujer hermosa y cuestiona la naturaleza de la vida y la muerte.

La primera persona en tener acceso al manuscrito original de *El cuervo* fue el amigo y antiguo jefe de Poe, George Rex Graham, quien era el propietario de la *Graham's Magazine*. Graham rechazó el poema, que podría no haber sido la versión definitiva, y solo le dio quince dólares por caridad. Luego, el autor intentó publicarlo en *American Review: A Whig Journal*, que le pagó nueve dólares por el manuscrito, pero finalmente el texto acabó siendo publicado en el *Evening Mirror*. Incluso antes de su publicación oficial, el editor del *Mirror*, Nathaniel Parker Willis, lo calificó como «inigualable en la poesía en inglés por la sutil concepción, el magistral ingenio de la versificación y constante, sustentante del impulso imaginativo… Se fijará en la memoria de quien lo lea». Tras esa publicación, el poema apareció en varios periódicos estadounidenses, como el *New York Tribune*, el *Broadway Journal*, el *Southern Literary Messenger*, el *Literary Emporium*, el *Saturday Courier* y el *Richmond Examiner*.[N10]

La misteriosa magia del poema, su oscuro llamado y el nombre del autor, envuelto en un halo de «leyenda negra», se confabularon para convertir *El cuervo* en la imagen misma del Romanticismo en Norteamérica, y en una de las referentes más memorables de la poesía de todos los tiempos. En una misiva dirigida al dramaturgo y periodista Joseph M. Field, Poe celebra el éxito de su obra más exitosa:

El cuervo ha causado una gran conmoción en Inglaterra y ha generado un sentimiento de «sano horror». Tengo conocimiento de que algunas personas han quedado completamente obsesionadas con el «nunca más», y sé de un conocido mío que lamentablemente posee un busto de Palas y ya no es capaz de contemplarlo en penumbra. Nuestro gran poeta, Mr. Browning, autor de *Paracelso*, de *Las granadas*, etc., manifiesta su entusiasmo y admiración por el ritmo del poema.

Nota del Autor

El fútbol americano es considerado el deporte más popular en Estados Unidos y atrae a millones de personas que disfrutan de los partidos en estadios o desde la comodidad de sus hogares. Su historia puede rastrearse hasta las versiones más primitivas del *rugby* que se jugaba en la Gran Bretaña a mediados del siglo XIX, cuando el balón se pateaba hacia un poste o se corría con él para atravesar una línea. Cuando el deporte cruzó el Atlántico, los americanos cambiaron algunas reglas hasta convertirlo en un deporte completamente diferente. La popularidad de los encuentros

El cuervo ha sido ampliamente ilustrado por artistas de diferentes épocas. Su primera edición, la más conocida, publicada en 1883, incluyó espléndidos grabados de Gustave Doré (quien falleció antes de la publicación). Las ilustraciones que se muestran arriba pertenecen, respectivamente, a John Tenniel (el mismo ilustrador de la primera edición de *Alicia en el País de las Maravillas*) y al impresionista francés Édouard Manet. Muchos artistas contemporáneos también crearon ilustraciones basadas en *El cuervo*, como la que se muestra a la derecha, creación de Gahan Wilson.

universitarios de fútbol americano aumentó gradualmente, lo que llevó a la creación de competiciones internas que concluían con el partido final que decidía el campeón, la bowl (así llamada por la forma de cuenco del estadio donde se jugaba), como la ya mundialmente conocida Super Bowl, la gran final de la liga profesional. En 1920 se creó la American Professional Football Association, que dos años después cambiaría su nombre por el de National Football League (NFL), dando pie al surgimiento profesional de esta disciplina deportiva, que pasó de ser una práctica llevada a cabo en las universidades a convertirse en un deporte con una afición nacional. En 1996 surgió el Baltimore Ravens, uno de los equipos más jóvenes de la NFL, pero, a pesar de sus pocos años de existencia, se ha convertido en uno de los equipos más exitosos de la liga, con dos Super Bowls, dos títulos de conferencia y seis títulos de división. Según la edición de diciembre de 2020 de la revista *Forbes*, los Baltimore Ravens son el trigésimo segundo club deportivo más valioso del mundo y el decimosexto de la NFL, con un valor estimado de 2975 millones de dólares.[N11]

La historia de los Baltimore Ravens está estrechamente relacionada con el sistema de franquicias vigente de la NFL, que permite que un equipo que cambia de sede pueda absorber la identidad de su nuevo lugar. En el caso de los Ravens, como su origen se encuentra en los Cleveland Browns, la dirección decidió conectar el nuevo equipo con la ciudad de Baltimore al involucrar a sus ciudadanos en la elección del nuevo nombre. Para ello, se encargó al diario *Baltimore Sun* la tarea de llevar a cabo una encuesta tele-

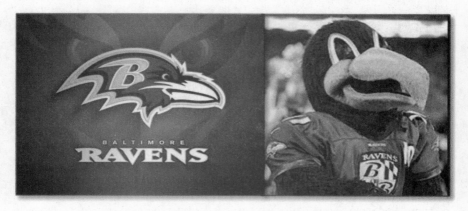

En 1996, los ciudadanos de Baltimore decidieron honrar a Edgar Allan Poe bautizando a su nuevo equipo de fútbol con el nombre de su obra más célebre: Baltimore Ravens (Cuervos de Baltimore). Pero la historia no termina ahí: las mascotas del equipo se llaman Edgar, Allan y Poe, tres cuervos negros que representan las tres líneas del campo que conforman un equipo de fútbol americano.

fónica en la que participaron más de treinta mil vecinos de la ciudad. Inicialmente, había una lista de cien nombres que se redujo a seis candidatos, que luego fueron sometidos a una segunda encuesta telefónica realizada a mil personas. Los finalistas fueron los Marauders (nombre de un avión de la Segunda Guerra Mundial fabricado en Baltimore); Americans (Americanos) y Ravens (Cuervos), en referencia directa al poema más famoso del escritor Edgar Allan Poe, quien nació en Boston, pero vivió mucho tiempo en Baltimore y falleció en esa misma ciudad, donde se encuentra, además, su sepultura, en el cementerio Westminster Hall and Burying Ground, un lugar de peregrinación para los amantes de su obra. De ahí el motivo por el que el equipo de la localidad lleva el nombre del ave que Poe retrató en su poema más conocido.[N12]

* * *

El cuervo había llevado a Poe a la fama de la noche a la mañana, pero su inesperado vuelo había caído en picado, dejándolo de nuevo a ras de suelo. Los trabajos que publicó los meses siguientes no alcanzaron ni de lejos el éxito del poema, como fue el caso del excelente relato de terror *La verdad sobre el caso del señor Valdemar*. En esta obra, Poe ofrece al lector una narración fría y minuciosa de un experimento sobre un enfermo terminal de tuberculosis que se encuentra en el umbral de la muerte no para sanarlo, sino para suspender su agonía y de ese modo examinar detenidamente el proceso de la muerte. El moribundo, llamado Valdemar, acepta participar del experimento y es llevado a un estado de trance. Después de un tiempo, afirma que está muerto, aunque consigue comunicarse mediante una voz horrorosa que brota de su boca abierta e inarticulada.[N13] Sin pulso y sin respiración, la agonía indescriptible de Valdemar se prolonga siete meses, hasta que su cuerpo entra en un rápido proceso de putrefacción, transformando el tono «científico» que la obra presenta al inicio en una crónica de terror que tanto gusta al autor.

Poe logró que muchos consideraran su relato como una historia real, gracias al lenguaje periodístico que utilizó. Incluso recibió una carta de un investigador de sucesos paranormales de Londres llamado Robert Collyer, quien afirmaba haber llevado a cabo el mismo experimento y haber devuelto la vida a un hombre.[N14] Otro que se quedó cautivado por la obra fue H. P. Lovecraft, quien lo consideraba uno de los cuentos de terror de Poe que más lo influenciaron. En esta obra, Poe pretendía exagerar la situación para desacreditar el discurso frío y objetivo de la ciencia, presentando una historia que lo superara en impacto emocional.

En realidad, *La verdad sobre el caso del señor Valdemar* forma parte de una colección de relatos fantásticos que se acercan a la pseudo ciencia ficción, es decir, que examinan varios fenómenos paranormales, aunque el propio autor no les otorga ningún tipo de crédito. Los otros dos relatos que cierran esta especie de trilogía paranormal son *Von Kempelen y su descubrimiento* (1849) y *Revelación mesmérica* (1844), cuyo título ya sugiere que se trata de una obra relacionada con el mesmerismo, una teoría que afirma que los seres vivos poseen una fuerza magnética, un tipo de éter, que podía ser liberado con varias técnicas, entre ellas la hipnosis. Una vez liberado el magnetismo, se creía que servía para curar enfermedades.

Como escribe Poe en el relato *Revelación mesmérica:* «Aunque la teoría del mesmerismo esté aún envuelta en dudas, sus sobrecogedoras realidades son ya casi universalmente admitidas». Sin embargo, a mediados del siglo XIX, varias comisiones de académicos determinaron que no existía dicho fluido y que las curaciones, si se producían, era por sugestión, lo que hoy se conoce como efecto placebo. En la actualidad, el mesmerismo es considerado una pseudociencia.[N15]

> El más imperceptible signo de vitalidad había cesado en Valdemar; seguros de que estaba muerto, lo confiábamos ya a los enfermeros, cuando nos fue dado observar un fuerte movimiento vibratorio de la lengua. La vibración se mantuvo aproximadamente durante un minuto. Al cesar, de aquellas abiertas e inmóviles mandíbulas brotó una voz que sería insensato pretender describir. Es verdad que existen dos o tres epítetos que cabría aplicarle parcialmente: puedo decir, por ejemplo, que su sonido era áspero y quebrado, así como hueco. Pero el todo es indescriptible, por la sencilla razón de que jamás un oído humano ha percibido resonancias semejantes. Dos características, sin embargo —según lo pensé en el momento y lo sigo pensando—, pueden ser señaladas como propias de aquel sonido y dar alguna idea de su calidad extraterrena. En primer término, la voz parecía llegar a nuestros oídos (por lo menos a los míos) desde larga distancia, o desde una caverna en la profundidad de la tierra. Segundo, me produjo la misma sensación (temo que me resultará imposible hacerme entender) que las materias gelatinosas y viscosas producen en el sentido del tacto. EDGAR ALLAN POE, FRAGMENTO DE *LA VERDAD SOBRE EL CASO DEL SEÑOR VALDEMAR* (1845)

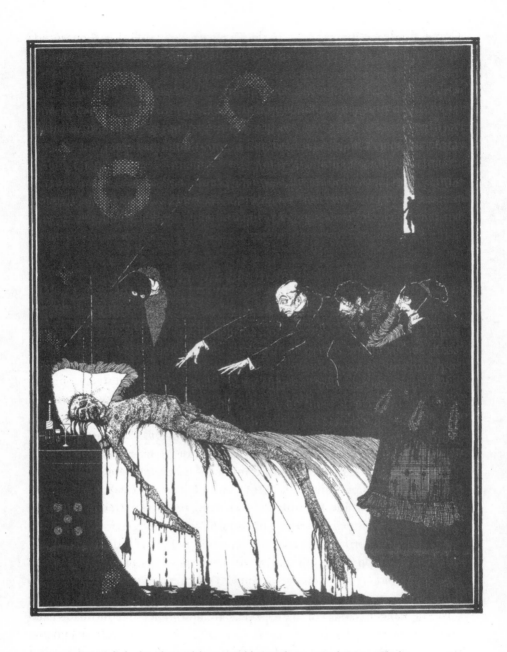

La verdad sobre el caso del señor Valdemar. Ilustración de Harry Clarke
para la colección Tales of Mystery & Imagination (1919).

Con el fin de capitalizar el éxito de *El cuervo*, Poe publicó casi enseguida el ensayo *Filosofía de la composición* (1846), donde explica el proceso de desarrollo que condujo a su creación más exitosa. Se trata de una obra muy interesante, ya que son raras las veces en que los grandes autores se toman el tiempo de exponer con tanto detalle el proceso creativo de sus obras, como lo hizo Allan Poe en este ensayo.

> A veces me detengo a pensar lo interesante que sería un artículo en el que un autor se hubiera propuesto detallar paso a paso el proceso por el cual llegó a concluir una de sus obras. No sabría decir por qué no se ha escrito nunca un artículo semejante, pero creo que la vanidad de los autores es la principal responsable de tal omisión. A la mayoría de los escritores —y especialmente a los poetas— les encanta convencernos de que componen bajo una suerte de espléndido frenesí, una intuición extática, y les horrorizaría la idea de que el público pudiera meter la nariz en lo que ocurre entre bambalinas, en las laboriosas y vacilantes crudezas del pensamiento, en los verdaderos fines alcanzados solo en el último momento, en los innumerables atisbos de ideas que no acaban de manifestarse, en las fantasías completamente maduras que hay que descartar con desesperación por ingobernables, en las siempre difíciles selecciones y rechazos, en las dolorosas correcciones y los añadidos; en pocas palabras, en los engranajes, en la maquinaria que mueve el decorado, las escalas y las trampas, las plumas de ave, el colorete, los lunares y todos los aceites que, en el noventa y nueve por ciento de los casos, constituyen el utillaje del histrión literario. FRAGMENTO DE *FILOSOFÍA DE LA COMPOSICIÓN*. EDGAR ALLAN POE[N16]

En *Filosofía de la composición*, Allan Poe explica que la razón por la que el cuervo entra en la habitación es una tormenta que se avecina (la «lóbrega medianoche» en el «lóbrego diciembre»), y lo hizo posar sobre el pálido busto de Palas Atenea con el único propósito de crear un contraste visual con el plumaje negro del ave. Según Allan Poe, ningún aspecto del poema fue accidental, sino que fue escrito de forma calculada, como la palabra que el cuervo pronuncia de forma reiterada en la obra, «nevermore», elegida por el efecto sonoro que la vocal larga producía. En cuanto al tema del poema, este fue elegido porque, según Poe, «la muerte de una bella mujer es, sin duda, el tema más poético del mundo». Más allá de lo poético, la pérdida de Lenore podría haber sido inspirada por eventos de la vida de

Poe, como la temprana muerte de su madre o la duradera enfermedad de su esposa. Por último, Poe consideró *El cuervo* como un experimento que sería bien recibido por la crítica y el público general, accesible tanto para los altos como los medios mundos literarios.

En realidad, la verdadera razón que impulsó a Poe a escribir ese ensayo fue un sentido de reflexión sarcástica respecto a sus afortunados coetáneos. En aquel momento, parecía una provocación enojosa que un excéntrico «don nadie» se atreviera a decir que un poema no es fruto de la gracia y la inspiración, sino una exhaustiva operación de cálculo en la que se busca que los versos «cuadren» al igual que los números en una fórmula matemática. El poeta francés Paul Valéry consideró a Poe como el primer «ingeniero literario» de la historia.

Ni que decir tiene que yo no pretendo haber sido original en el ritmo o en el metro de *El cuervo*. El primero es troqueo; el otro se compone de un verso octómetro acataléctico, alternando con un heptámetro cataléctico que, al repetirse, se convierte en estribillo en el quinto verso, y finaliza con un tetrámetro cataléctico. Para expresarme sin pedantería, los pies empleados, que son troqueos, consisten en una sílaba larga, seguida de una breve; el primer verso de la estancia se compone de ocho pies de esa índole; el segundo, de siete y medio; el tercero, de ocho; el cuarto, de siete y medio; el quinto, también de siete y medio; el sexto, de tres y medio. Ahora bien, si se consideran aisladamente, cada uno de esos versos habían sido ya empleados, de manera que la originalidad de *El cuervo* consiste en haberlos combinado en la misma estancia: hasta el presente no se había intentado nada que pudiera parecerse, ni siquiera de lejos, a semejante combinación. El efecto de esa combinación original se potencia mediante algunos otros efectos inusitados y absolutamente nuevos, obtenidos por una aplicación más amplia de la rima y de la aliteración. EDGAR ALLAN POE, FRAGMENTO DE *FILOSOFÍA DE LA COMPOSICIÓN* (1846)

Nota del Autor

El famoso compositor francés Claude Debussy (1862-1918), autor de clásicos como *El mar, Claro de luna* y *Preludio a la siesta de un fauno*, compuso una única ópera completa en vida: *Peleas y Melisande*, una obra en cinco actos que describe un apasionado triángulo amoroso entre Pelléas, su hermano Golaud y la extraña Mélisande. Ambientada en un reino imaginario llamado Allemonde, la obra no hace referencias temporales, aunque su arcaísmo sugiere que transcurre en la Edad Media.

Entre 1908 y 1917, Debussy trabajó en otra ópera llamada *La caída de la Casa Usher*, basada en la obra homónima de Poe, y que iba a ser una pieza de acompañamiento para otra ópera corta, *El diablo en el campanario*, basado también en otro cuento de Poe del mismo nombre. Publicado en 1839, el cuento narra la historia de un aislado pueblo llamado Vondervotteimittiss, cuyos habitantes, extremadamente puntillosos, residen en viviendas idénticas, se visten igual y comparten el mismo orgullo: el gran reloj del campanario del ayuntamiento, ubicado encima del salón de sesiones del Consejo de Vondervotteimittis. Según la historia contada por los más viejos del lugar, ese reloj nunca se ha retrasado ni un solo segundo desde que lo pusieron en funcionamiento, de modo que los habitantes viven en función de esperar el tintineo de la campana que marca las horas para asegurarse de que el reloj sigue funcionando correctamente y en perfectas condiciones. Un día, este «ritual» se ve interrumpido por la aparición de una extraña figura que se acerca al pueblo y justo cuando el reloj está a punto de marcar el mediodía, la criatura se precipita hacia el interior del campanario y hace que la campana suene tres veces antes de tiempo, desatando el pánico de toda una población que jamás había visto su rutina alterada por décadas.

Con la muerte de Debussy en marzo de 1918, el trabajo quedó inacabado hasta que en 2012 el musicólogo inglés Robert Orledge, un reconocido experto en el campo de la música francesa de principios del siglo XX, decidió terminar ambas óperas completando los pasajes que faltaban.[N17]

Debussy no fue el único compositor clásico que encontró inspiración en las obras de Edgar Allan Poe. En 1913, el maestro y pianista ruso Serguéi Rajmáninov compuso la sinfonía coral *Las campanas*, basada en el poema homónimo de Edgar Allan Poe, publicado después de su muerte. La idea nació en circunstancias especiales durante una estancia vacacional en Roma en 1913, cuando el músico recibió una carta anónima de una estudiante de chelo acompañada de una traducción al ruso de *Las cam-*

panas de la que se encargó Konstantín Balmont. Conmovido por la bella composición del poema, Rajmáninov decidió adaptarlo para su sinfonía y la presentó públicamente el 30 de noviembre del mismo año en San Petersburgo. La composición recibió el mismo nombre de la obra original de Poe y se dividió en los cuatro movimientos tradicionales de una sinfonía: una melodía alegre, el *allegro;* una melodía más lenta, el *adagio;* el *scherzo* y el *trío* (que son composiciones con tiempo rápido al estilo inicial del *allegro);* y el final de la sinfonía, que se caracteriza por un ritmo rápido similar al *allegro.* Aunque Poe pudo hacer un uso fascinante del sonido y los recursos evocadores del inglés en el texto original, Rajmáninov no era menos hábil para establecer su propia versión musical en un contexto absolutamente ruso. Además, el compositor estaba fascinado por la idea de incluir sonidos de campanas en su obra, según su testimonio:

> El sonido de las campanas es una presencia constante en todas las ciudades de Rusia, acompaña a los rusos desde su nacimiento hasta su muerte. Por lo tanto, un compositor no puede ignorar ni subestimar su influencia. Durante toda mi vida, he disfrutado escuchando el resonar de las campanas en las más diversas melodías y contextos, desde los alegres tintineos hasta los melancólicos carrillones fúnebres. Cada ruso lleva consigo un amor por las campanas, y si alguna vez logré evocar las emociones humanas en mis obras, esto se debe a que pasé la mayor parte de mi vida rodeado por las vibraciones de los campanarios de Moscú.

Las partes solistas para soprano, tenor y barítono en la sinfonía coral de Rajmáninov revelan su sensibilidad al comprender la obra de Edgar Allan Poe. La sucesión de las cuatro partes de la sinfonía representa el curso de la vida, desde la juventud a la tumba, utilizando campanas de diferentes materiales: las campanas de plata simbolizan el nacimiento; las de oro, la boda; las de bronce, terror, y las de hierro, el pago del peaje hacia el mundo de los muertos. Para Rajmáninov, su adaptación de *Las campanas* es una de sus obras más exitosas, aunque no es interpretada con demasiada frecuencia en los conciertos que se celebran en todo el mundo.

Durante el siglo XX, muchos compositores se sintieron atraídos por las obras de Edgar Allan Poe, y adaptaron algunos de sus textos en bellas piezas de la música clásica, como fue el caso de *Ligeia,* una ópera de la compositora estadounidense Augusta Read Thomas. También como tributo a Allan Poe, el compositor holandés Robert Weirauch creó un ciclo musical con los poemas *Estrella de la tarde, Lenore* y *Annabel Lee,* mientras que el compositor sueco Fredrik Klingwall hizo lo propio con nueve piezas para piano de los poemas *Espíritus de los muertos, Solo* y *La durmiente*. Emma Lou Diemer compuso su versión para piano de los poemas *Un sueño dentro de un sueño* y *Eldorado*; el director y compositor estadounidense Leonard Slatkin hizo un trabajo similar con *El cuervo* y Edgar Stillman Kelley hizo lo propio con *El pozo y el péndulo*.

En 1976, la banda inglesa de *rock* progresivo The Alan Parsons Project lanzó *Tales of Mystery and Imagination*, un álbum conceptual que gira en torno a la obra de Poe a través de siete canciones, incluyendo *El cuervo, El corazón delator, El barril de amontillado, El sistema del doctor Tarr y el profesor Fether* y *La caída de la Casa Usher*. El álbum comienza y termina con dos composiciones libremente inspiradas en los poemas *Un sueño en un sueño* y *A alguien en el paraíso*. La primera es una pieza instrumental a la que se añadió más tarde una narración de Orson Welles también inspirada en el poema, mientras que la segunda es una balada que termina con una narración del último verso del poema epónimo.

Esta es la portada alternativa del álbum *Tales of Mystery and Imagination* del grupo británico The Alan Parsons Project. La imagen hace referencia a muchos de los relatos de Allan Poe, cuyos personajes acaban encerrados de alguna manera en ataúdes, muros de ladrillo o bajo tierra. En la portada, podemos observar al propio Alan Parsons ilustrado como el hombre «encintado», una figura parecida a una momia envuelta, no en vendajes, sino en una cinta magnética de dos pulgadas.

Se puede decir, sin miedo a equivocarse, que la vida de Allan Poe alcanzó su punto máximo de reconocimiento con la publicación de *El cuervo* y la respuesta entusiasta que recibió fue casi instantánea. Antes, su rutina se limitaba a dividir su tiempo entre la redacción y su casa, pero, después de su éxito, se vio obligado a asistir eventos sociales, representaciones de teatro y recitales y aceptar todo tipo de invitaciones para no perjudicar su nueva posición y su prestigio. Su esposa Virginia, que estaba enferma y cada vez más débil, no podía acompañarlo con frecuencia, pero a él se le veía a menudo en sociedad, y se le abrieron las puertas de ciertos círculos literarios y salones regidos por amantes de las bellas artes en los que se reunían personas interesadas en el arte o la literatura. A pesar de su ascenso social, Allan Poe seguía tan pobre como antes, pero creía que ya le tocaba cosechar algún éxito después de una vida llena de derrotas. En medio del frenesí generado por *El cuervo*, Poe publicó nuevas ediciones de sus cuentos y de sus poemas, que aparecieron en la colección Tales, publicada por la editorial neoyorquina Wiley and Putnam, con la intención de proporcionar a un público de clase media un producto de incuestionable calidad literaria por un precio accesible. Tales fue el único volumen de Poe que logró cierto éxito comercial en 1845, ya que vendió más de 1500 copias en cuatro meses. La publicación también recibió críticas favorables de los periódicos más importantes del país, y Rufus Griswold calificó a Poe como «un integrante de la élite literaria estadounidense». Aunque estas publicaciones no le aportaron muchos beneficios materiales, sí aumentaron la admiración del público por Poe.[N18]

Mientras tanto, en Francia, comenzaron a aparecer las primeras traducciones de la obra de Edgar Allan Poe. La revista *Le Magasin Pittoresque* publicó una adaptación de *La carta robada* bajo el título *La letre volée* y *El escarabajo de oro* salió en una edición de la *Revue Brittanique* como *Le Scarabée d'Or*. Un crítico inglés calificó la calidad de la obra de Poe como «microscópica», mientras que otro atribuyó su pericia para la agudeza a la influencia de los nativos americanos en su habilidad para rastrear a sus presas, un comentario que molestó a Poe sobremanera, quien declaró: «Este análisis no tiene ningún sentido, primero porque yo nunca estuve en una floresta y, además, no he visto un indio en mi vida».

Durante este periodo, también se publicó otra obra de Poe, *El sistema del doctor Tarr y del profesor Fether*, que aborda el tema de la locura. La historia comienza con el narrador relatando su visita a un manicomio privado en el sur de Francia. Allí es recibido amablemente por el director y un grupo de personas con las que disfruta de una encantadora velada, hasta que en un determinado momento las ventanas comienzan a tintinear, las puertas se atascan, se oyen gritos y se produce un gran alboroto. El narrador aún no lo sabía, pero semanas antes de su visita, los locos que residían en el manicomio habían conseguido dominar a los médicos y guardianes y los habían encerrado en sus celdas. Los diálogos entre el protagonista y sus anfitriones destilan un humor macabro que Poe utiliza de manera brillante para mostrar que los locos pueden disimular su verdadera condición.

No hay explicación para los caprichos de los locos y, en mi opinión, que comparto con el doctor Tarr y el profesor Fether, nunca se está seguro si se les deja andar solos y sin vigilancia. Un lunático puede ser «calmado» por un tiempo, pero siempre acaba provocando algún alboroto. Su considerable astucia es, además, proverbial. Si proyecta alguna cosa, la ocultará con extrema sagacidad; y la destreza con que finge la cordura plantea al filósofo uno de los problemas más relevantes del estudio de la mente. No le quepa duda: cuando un loco se muestra completamente sano, ha llegado el momento de ponerle la camisa de fuerza. EDGAR ALLAN POE, FRAGMENTO DE *EL SISTEMA DEL DOCTOR TARR Y DEL PROFESOR FETHER* (1845)

Nota del Autor

Como escritor, Poe solía trabajar casi en exclusiva para las revistas a las que estaba profesionalmente vinculado o, en el peor de los casos, de forma autónoma. Esta modalidad no le complacía, puesto que le obligaba a sufragar los costes de producción de sus escritos, sin contar con que el autor no tenía la misma capacidad de distribución que una editorial convencional. Además, el pago de sus derechos tardaba mucho más de lo previsto, lo que le obligaba a escribir con más frecuencia, muchas veces en detrimento de la calidad literaria que tanto valoraba. Este *modus operandi* ha llevado a muchos estudiosos a especular sobre cuáles de las obras de Poe debían tomarse en serio y cuáles eran simplemente un llamamiento para obtener dinero rápido.

Los derechos de autor también suponían un constante quebradero de cabeza, ya que muchas revistas ni siquiera se molestaban en controlar la reproducción de sus textos en otras publicaciones. Según cuentan algunos biógrafos, en especial los primeros que escribieron sobre la vida de Poe en el siglo XIX, los recurrentes problemas financieros del poeta bostoniano tenían como raíz su equivocada estrategia de dedicar sus esfuerzos a la industria de las revistas, que no tardaban en pagar por los derechos de publicación, pero los importes cobrados eran casi siempre insignificantes.

Otros escritores, como Washington Irving, por ejemplo, solían concentrar su producción literaria en los libros, que aseguraban mejores honorarios a largo plazo. De hecho, Irving fue el primer escritor estadounidense que llegó a vivir solamente de sus escritos. Sin embargo, hay una diferencia fundamental entre Poe e Irving que no podemos despreciar y que explica de forma clara y objetiva sus diferencias en cuanto a estrategias comerciales. Poe sobrevivía únicamente con los ingresos que obtenía cada día y, por tanto, no podía esperar a que una editorial tardara un año en pagarle mejores honorarios. Irónicamente, Allan Poe fue un duro crítico de Irving y consideraba que sus escritos no eran sofisticados. «Está muy sobrevalorado —escribió Poe en 1838— y se podría establecer una buena distinción entre su reputación justa y su reputación subrepticia y adventicia, entre lo que se debe únicamente al pionero y al escritor». En una crítica para el *New-York Mirror,* escribió: «Ningún hombre en la República de las Letras ha estado más sobrevalorado que el señor Washington Irving». Es posible que Poe no se percatara de que el mercado literario demandaba historias populares y de fácil comprensión, a diferencia de sus obras, escritas con una calidad literaria tan meticulosa que solo llegaban a una pequeña parte de la población.

El cuervo, ilustración de Gustave Doré (1884).

XI

MARIE-LOUISE

«No existe belleza exquisita
sin un poco de extrañeza en proporción».
EDGAR ALLAN POE

Aunque era muy pronto para hablar de fama, parecía claro que Edgar Allan Poe estaba comenzando a forjarse un nombre en las capas más altas de la sociedad estadounidense. Con su porte elegante y su mirada intensa y melancólica, Poe era la personificación que se tenía en los círculos burgueses de lo que era un escritor romántico. El poeta bostoniano se mostraba siempre generoso en su respuesta a las invitaciones que recibía, ya fueran conferencias o simples reuniones literarias en las que se veía asediado para que leyera sus poemas, especialmente *El cuervo*, que lo recitaba de memoria y con una elocuencia casi sobrenatural.

Una de las veladas más concurridas de la ciudad era la organizada por la presidenta de la sociedad literaria de Nueva York, Anne Charlotte Lynch, una joven y esbelta poetisa de treinta años que enseñaba inglés en la Academia Femenina de Brooklyn. Lynch era considerada por muchos como la anfitriona perfecta: era hermosa, agradable, extravertida y tenía la cantidad justa de confianza para no parecer una completa esnob. Cada sábado a las siete en punto, un promedio de cincuenta personas solía acudir a las charlas que Lynch organizaba en su residencia, en el número 116 de Waverly Place, al lado de Washington Square, en el sur de la isla de Manhattan. Este lugar cercano a la Universidad de Nueva York, en el barrio de Greenwich Village, ha sido un sitio tradicional de encuentros, mítines políticos, protestas y también de actividades culturales. Fue inaugurado en 1826, sobre el emplazamiento de un antiguo cementerio extramuros. En ocasiones, cuando el artista de la noche era un nombre ilustre, las veladas de la señorita Lynch se llenaban tanto que muchos asistentes tenían que sentarse en la escalera, lo que no era de extrañar si tenemos en cuenta que por sus salones ya habían pasado nombres de la talla de Washington Irving, William Cullen Bryant, Ralph Waldo Emerson, Margaret Fuller, Herman Melville, Matthew Arnold y el gran violinista Ole Bull, sin mencionar a otro gran número de artistas que, pese a no ser tan conocidos, hacían las delicias de los invitados con sus poesías, conciertos y números de baile.

En el caso de Allan Poe, su entrada en este evento exclusivo no se debió solo al éxito retumbante de *El cuervo*, sino también a su forma elocuente y trepidante de recitarlo, que parecía hipnotizar a la audiencia. En poco tiempo, tanto el autor como el pájaro negro que protagonizaba su obra se convirtieron en dos figuras magnéticas para los invitados de la señora Lynch. Siempre que el poeta bostoniano hacía acto de presencia, los salones se llenaban con invitados fascinados por su presencia.

En medio de estas veladas artísticas mezcladas con tertulias literarias, Allan Poe comenzó a coquetear con Frances Sargent Osgood —también conocida como Fanny—, una joven poetisa cuyos primeros trabajos habían recibido reseñas elogiosas de Poe varios años antes en Filadelfia. En total, Osgood escribió y editó una docena de volúmenes en prosa y verso, entre los cuales destacan *La poesía de las flores* (1841), *El copo de nieve* (1842) y *El gato con botas* (1844). Como sugieren sus títulos, estas obras eran poco profundas, estaban sobrecargadas de clichés y personajes tan estereotipados como son los héroes invencibles y las damiselas en apuros. En otras palabras, estaban casi todas dirigidas al público infantil, aunque Osgood trataba de presentarse como una escritora erudita con cierta profundidad filosófica.[N1] Aunque parecía inmadura, Fanny Osgood era madre de dos hijas pequeñas, fruto de su matrimonio con Samuel Stillman Osgood, un hombre aventurero y de rostro curtido que había pasado un tiempo en el mar, aunque entonces se ganaba la vida como retratista de moda, habiendo sido formado en la Royal Academy de Londres. Muchos de sus encargos lo llevaban a viajar a diferentes ciudades, lo que a menudo dejaba sola en casa a Fanny. Las pocas cartas que se conservan de este matrimonio son muy afectuosas, aunque se sabía en la época que Samuel tenía sus amantes, lo que no pocas veces suscitaba chismes y rumores maliciosos.

Edgar Allan Poe y Fanny Osgood se conocieron en marzo de 1845 en una de las reuniones organizadas por los *literati* —la flor y nata de la gente de letras de Nueva York—, que se celebraban en casas de personas acaudaladas como Anne Charlotte Lynch. Cuenta una anécdota que mientras escuchaba recitar a Poe, Francis lo miraba con adoración y se la veía cautivada por su encanto. Luego, cuando finalmente pudo hablar con él, le dijo sin rodeos: «Me gustó mucho», una frase un tanto ambigua, pero bastante atrevida para una mujer casada que se dirigía a un hombre que apenas conocía.

Algunos dicen que Allan Poe quedó impactado por Frances Osgood nada más conocerla. Quizá se debió a que ambos habían pasado su infancia en Boston, o tal vez fue porque la joven se parecía físicamente a Virginia, incluso en sus padecimientos, ya que también sufría de los síntomas de tuberculosis, aunque en un grado mucho más leve y bastante menos alarmante que el de la esposa del autor. Entre los dos nació una relación llena de coqueteo y admiración recíproca. Poe colaboró con la publicación de algunos poemas de Fanny, y ella se lo retribuía dedicándole versos cifrados que firmaba como Violeta Vane, aunque todo el mundo sabía que era ella. Conocido por su entusiasmo por la criptografía, Allan Poe usó sus conocimientos para dedicarle el poema acróstico, *A Valentine*, en el que de forma implícita se podría leer el nombre completo de Frances. Este acróstico en concreto tenía una estructura más compleja, ya que Poe no utilizó las primeras letras de cada verso para componer los nombres, sino la primera letra del primer verso, la segunda letra del segundo verso, la tercera del tercer verso y así sucesivamente hasta llegar al verso número veinte. Se trata de una composición de gran dificultad, pero era entonces la única la forma que Poe tenía de expresar a su «nueva musa» la admiración que sentía por ella.[N2]

> *For her this rhyme is penned, whose luminous eyes,*
> *Brightly expressive as the twins of Loeda,*
> *Shall find her own sweet name, that, nestling lies*
> *Upon the page, enwrapped from every reader.*
> *Search narrowly the lines!—they hold a treasure*
> *Divine—a talisman—an amulet*
> *That must be worn at heart. Search well the measure—*
>
> *The words—the syllables! Do not forget*
> *The trivialest point, or you may lose your labor!*
> *And yet there is in this no Gordian knot*
> *Which one might not undo without a sabre,*
> *If one could merely comprehend the plot.*
> *Enwritten upon the leaf where now are peering*
> *Eyes scintillating soul, there lie perdus*

Three eloquent words oft uttered in the hearing
Of poets, by poets—as the name is a poet's, too.
Its letters, although naturally lying
Like the knight Pinto—Mendez Ferdinando—
Still form a synonym for Truth—Cease trying!
You will not read the riddle, though you do the best you can do.

Esta relación de cortejos mutuos, definida como platónica por ciertos biógrafos, no tuvo ninguna connotación negativa en el seno de la familia Poe y fue aparentemente consentida por Virginia, quien veía en Frances una influencia beneficiosa sobre su marido, que vivía con la mente sobrecargada de problemas en diferentes ámbitos, en especial en el financiero. Durante este periodo, Poe no bebía, ya que sentía la necesidad de mantener cierta seriedad con Osgood, y esta es la razón principal por la que Virginia aprobaba la relación. La mayoría de los biógrafos asumen que la conexión entre Poe y Osgood nunca fue más allá de una profunda amistad, la cual Virginia se esforzó en alentar, pero hay una teoría alternativa que sugiere que el cortejo desenmascaró intereses románticos —probablemente sin efecto— y Virginia, aun en un estado de salud en perpetuo declive, quería asegurarse de que alguien cuidaría de Edgar cuando ella muriese.

Mi primer encuentro con el señor Poe tuvo lugar en el hotel Astor. Algunos días antes, había leído el extraño y sorprendente poema titulado *El cuervo*, cuando supe que el autor quería conocer mi opinión. Hubiera sido muy desagradecida si me hubiera negado, pues había oído los entusiastas elogios que había dedicado a mis obras. No olvidaré la mañana en que fui llamada a una salita donde él me esperaba, con la cabeza orgullosa y erguida, un inimitable encanto y una expresión orgullosa. Me saludó de forma tranquila y casi fría, con una seriedad que me dejó profundamente impresionada.

Desde ese momento hasta su muerte seguimos siendo amigos, aunque solo nos tratamos personalmente durante el primer año. Incluso en esa época mantuve con él una relación epistolar a petición de su esposa, quien suponía que mi influencia sobre él podía tener un efecto beneficioso; y esto parecía cierto: me había prometido solemnemente apartarse de todos los estimulantes, y mantuvo su promesa. Durante nuestra amistad, nunca lo vi ni siquiera un poco «alegre». El amor confiado entre él y su esposa me produjo una profunda impresión: aparte de otros apasiona-

mientos ocasionales, disculpables por su temperamento román-
tico, creo que fue la única mujer que Poe amó verdaderamente.
RELATO DE FRANCES OSGOOD SARGENT ACERCA DE SU ENCUEN-
TRO CON POE (1845)

Estas líneas fueron escritas después de la muerte del Allan Poe, cuando
la relación personal entre él y Frances había terminado hacía mucho tiempo,
y se utilizaron como defensa a la memoria del escritor. Sin embargo, se
pueden notar en ellas algunas referencias a la ruptura que tuvo lugar en la
primavera de 1846 debido a los rumores que comenzaron a circular entre
los escritores de la ciudad, ya que tanto ella como Poe estaban casados,
pero coqueteaban abiertamente en público, una imprudente exposición
que no pasó inadvertida en el mundillo literario, siempre pendiente de
potenciales cotilleos.

La relación amistosa de Poe y Osgood acabó en un *petit scandale* que se
originó a partir de ciertos comentarios maliciosos de una conocida dama
literaria llamada Elizabeth Ellet, una joven de veintisiete años que ya había
publicado un variado catálogo de obras, incluyendo versos, novelas, obras
de teatro y antologías. Tenía un amplio conocimiento de literatura europea
en los idiomas originales y tradujo obras densas del francés, el alemán,
el español y el italiano. Se jactaba de ser una mujer independiente, pero
rechazaba la asociación de su nombre con el movimiento feminista, aunque una de sus obras más aclamadas se titulase *Las mujeres en la Revolución americana*, un libro de tres volúmenes que reseñaba las vidas de las
mujeres patriotas de la historia temprana de los Estados Unidos.

Como escritora profesional, Ellet estaba presente en las veladas literarias que se organizaban en diferentes casas de Nueva York. Muchos de su
círculo consideraban que estaba celosa de Osgood, tanto en el ámbito profesional como en el sentimental. De hecho, Ellet llegó incluso a insinuar
que Poe podría ser el padre biológico de una hija recién nacida de Osgood,
cuyo nombre era Fanny Fay. El bebé murió a los pocos meses y Osgood
nunca quiso confirmar la identidad de su padre. No existen evidencias de
que Poe fuera el padre, aunque algunos estudiosos sugieren que el autor
podría haber dejado alguna pista en su poema *Ulalume*, que trata, entre
otras cosas, de la pérdida de un hijo.

Tranquilicé a mi psiquis, y besándola,
de su mente aparté las inquietudes
y sus zozobras disipé profundas,
y convencerla de que siguiera pude.

Llegamos hasta el fin; ¡ojalá nunca
llegara! Al fin de la avenida lúgubre
nos detuvo la puerta de una tumba
(¡oh, triste noche del lejano octubre!),
nos detuvo la losa de una tumba,
de legendario monumento fúnebre.
«¡Oh, hermana! —dije—, ¿qué inscripción confusa
en la sellada losa se descubre?».
Respondiome: «Ulalume, esta es su tumba,
¡la tumba de tu pálida Ulalume!».

En un momento dado, Ellet intentó coquetear con Poe a través de su poesía, pero el autor no solo la rechazó públicamente, sino que también decidió imprimir sus poemas junto con los de Fanny Osgood para que los lectores pudieran comprobar la calidad literaria de ambas escritoras. Conocida por su carácter rencoroso y vengativo, Ellet decidió asistir a una tertulia en la casa de Poe, donde encontró un manojo de cartas personales de Osgood escritas al poeta. Movida por los celos —o por el deseo de provocar un escándalo—, Ellet le sugirió a Osgood que debería tener más cuidado con sus indiscreciones si quería mantener su matrimonio. Sintiéndose acosada, Osgood pidió a sus amigas Margaret Fuller y Anne Lynch que fueran a casa de Allan Poe para reclamar sus cartas y este, avergonzado de que cada vez más personas supieran de su vida sentimental, se las devolvió sin protestar.[N3]

El asunto no terminó allí. Elizabeth creía que Allan Poe aún conservaba algunas cartas, por lo que envió a su hermano, el coronel William Lummis, a buscarlas. En presencia de Virginia, que se encontraba en fase terminal, Lummis amenazó a Poe de muerte. Lejos de dejarse intimidar, Poe le pidió una pistola a Thomas Dunn English, que casualmente también estaba presente, pero English no solo se negó a prestarle una pistola, sino que se puso de parte de Lummis y le exigió que le entregara las cartas. Sobrepasado por la situación, Poe desafió a Lummis a un duelo callejero poco digno de dos caballeros adultos y se enzarzaron en una pelea a puñetazos. Nunca se supo quién fue el vencedor de esa lamentable trifulca, aunque más tarde Poe afirmó: «Le di una paliza que recordará hasta el día de su muerte». Lummis, por su parte, siempre mantuvo que había ganado.

El escándalo llegó a los oídos del esposo de Frances Osgood, quien, temiendo por la reputación de su esposa, decidió interponer una demanda a Elizabeth Ellet, quien no tuvo más salida que retractarse de sus declaraciones, aunque alegó que todo se debía a una confusión debido a la condición de alcohólico de Poe, a quien además señaló como una persona propensa a actos de locura. Esta última declaración desencadenó una serie de rumores que se difundieron entre los enemigos de Poe y se publicaron en varios periódicos, como el *St. Louis Reveille*, acérrimo difamador de las obras de Poe, que cubrió extensamente el episodio y no ahorró en adjetivos peyorativos para referirse al poeta.[N4]

En una sociedad donde la reputación lo era todo, la única salida posible para Poe y Osgood fue poner fin a su relación. Estaba claro que su vínculo era perjudicial para ambos y Virginia no soportaba verse en el centro de un aluvión de cotilleos malintencionados.[N5] Osgood también se sintió agraviada por las habladurías y pasó a defenderse de los rumores que se extendían en su círculo más íntimo de la única manera que le era posible: a través de sus poemas:

> Un susurro despertó el aire; un tono de luz suave y baja. Sin embargo, con vergüenza y desgracia. Sin embargo, podría perecer allí. ¿O no irse más? ¡Ah, yo! Un oído rápido y ansioso atrapa el sonido con poco significado. De oreja a los labios, de labios a oreja.
>
> FRANCES OSGOOD SARGENT, FRAGMENTO DE *SALANDER* (1845)

Frances Sargent Osgood, E. A. Poe y Elizabeth Ellet fueron los protagonistas de lo que se conoció como «la guerra de las literatas». Aunque el escándalo terminó con la separación de Osgood y Poe, Virginia continuó recibiendo cartas anónimas que acusaban a su esposo de infidelidades inexistentes con mujeres casadas. Se cree que Elizabeth Ellet fue la autora de estas cartas, las cuales afectaron a Virginia hasta el punto de que en, su lecho de muerte, acusó a Ellet de haber marchitado su corazón antes que la tuberculosis. Frances Sargeant Osgood murió cuatro años después a causa de la tuberculosis y mantuvo su lealtad al poeta, defendiéndolo hasta sus últimos días. En junio de 1846, Elizabeth Ellet afirmó que Poe «estaba sumido en la infamia».

Otra fuente de tensión en la relación platónica entre Allan Poe y Frances Osgood fue la indeseada interferencia de Rufus Griswold. Al parecer, Griswold estaba enamorado de Osgood y solía acompañarla en los círculos literarios. «En todos los aspectos, la señora Osgood es la mujer más admirable que he conocido», le escribió Griswold al editor James Thomas Fields en 1848. Osgood respondió la amabilidad, dedicándole un libro de poesía «como recuerdo de admiración por su genio, como gratitud por su carácter generoso y por sus valiosos consejos literarios».[N6]

Que Poe fue un pertinaz enamorado constituye otro cargo irrefutable. Cortejó a muchas mujeres, pero sin acarrear daño a ninguna. A todas les gustó muchísimo. Hubo por lo menos una docena, y el orgullo que cada una muestra en sus memorias por las atenciones de Poe solo es igualado por su odio hacia las otras once. JULIO CORTÁZAR.[N7]

El escándalo causado por la relación indecorosa entre Frances Sargent Osgood y Edgar Allan Poe, junto con el visible deterioro de la salud de Virginia, tuvo un gran impacto en el poeta, quien volvió a caer en el alcoholismo. En esta época se puede apreciar claramente cómo Poe experimentaba altibajos emocionales constantes, pues apenas hacía unas semanas había disfrutado de la sensación de ser reverenciado públicamente por una de sus obras, pero se encontraba en un estado de total desequilibrio emocional, luchando contra la miseria, los cambios frecuentes y cada vez más humillantes de residencia y las recurrentes querellas que presentaba contra sus propios colegas. Mientras se publicaba una edición ampliada de sus cuentos, su imprudente amistad con la señora Osgood se veía comprometida por los rumores, lo que obligaba a su amiga a retirarse de la escena, dejándole una vez más frente a sí mismo.[N8]

Por vez primera desde hace dos meses, por fin tengo todo el tiempo del mundo para mí, aunque me encuentro tremendamente enfermo y deprimido. Parece como si acabara de despertar de una pesadilla espantosa, en la que todo era confusión y sufrimiento. Solo la constante amabilidad de ella y de otros dos o tres amigos cercanos me aliviaron. Creo que he rozado la locura, aunque no es menos verdad que me han sobrado motivos para llegar hasta tal extremo. He tomado la decisión de dar un paso que en el futuro me protegerá de la mayoría de los problemas que me han asediado últimamente. CARTA DE EDGAR ALLAN POE A EVERT A. DUYCKINCK, JUNIO DE 1845

Falto de inspiración para crear textos que merecieran ser remunerados, Poe intentó ganarse la vida ofreciendo conferencias a cualquier persona o entidad que estuviera dispuesta a pagar por ellas. Sin embargo, su primer cliente debió de arrepentirse pronto, ya que Poe había bebido tanto los días previos que, llegado el momento de presentarse, no tuvo ningún material inédito para ofrecer al público. En su lugar, recitó *Al Aaraaf*, una de sus primeras obras, escrita cuando era todavía un adolescente y que estaba muy por debajo de su genialidad; además, no era la más indicada para la ocasión. El público abandonó la sala de inmediato y los titulares del día siguiente se hicieron eco de su desafortunada actuación. Sintiéndose humillado, Poe pasó a la ofensiva y se puso a insultar al público, alegando que no tenían cultura suficiente para entender su obra. Todo esto no hizo más que condenarlo al ostracismo.

A finales de año, Poe se enfrentó a nuevas dificultades: el *Broadway Journal* había estado en números rojos durante meses y Poe, quien poseía una parte de la sociedad, hizo todo lo posible para reunir el dinero necesario para salvar la publicación. Para ello, contrajo nuevas deudas e incluso invirtió parte de sus ahorros en la empresa. Sus esfuerzos y su profundo conocimiento del mercado literario no fueron suficientes para salvar el diario, que se declaró en bancarrota y tuvo que cerrar en enero de 1846. En la portada de su última edición, se publicó una breve nota escrita por Poe que decía: «Puesto que las tareas del *Broadway Journal* que me afectan personalmente ya están cumplidas, les doy ahora un cordial adiós a todos mis amigos y enemigos. El señor Thomas H. Lane será el encargado de liquidar los asuntos financieros».[N10]

Las razones que llevaron al fracaso del *Broadway Journal* son múltiples y la verdad es que Poe heredó una revista que ya estaba luchando en un mercado saturado de publicaciones periódicas, con lo que resultaría injusto culparlo exclusivamente por su desaparición, aunque sus habilidades como editor eran cuestionables. En primer lugar, Poe no era un hombre de negocios y ninguno de sus biógrafos lo recuerda como tal. Su papel primordial en todas las revistas y periódicos por donde pasó era el de crítico y, en este aspecto, Poe era insuperable, y sus reseñas, por sí solas, ya eran más que suficientes para atraer a una legión de suscriptores. Además, a Poe le gustaba profundizar en todos los aspectos esenciales de una editorial: poseía cierto conocimiento en artes gráficas, tintas de impresión y maquinaria editorial, y también tenía experiencia con la logística de distribución y las estrategias de captación de suscriptores.

Bajo su mando, el rotativo publicó una parte sustancial de sus obras, casi todas revisadas, que acabarían convirtiéndose en la versión estándar que conocemos en la actualidad. A pesar de sus habilidades como crítico y su conocimiento en diferentes disciplinas, la gestión de un periódico no es tarea para solo un hombre y, por mucho que Poe tuviera razonables conocimientos en diferentes disciplinas, no podía gestionarlo todo a la perfección. El autor, además, no quería que el *Broadway Journal* se convirtiera en un periódico de masas. Su objetivo siempre fue promocionar la excelencia de las letras estadounidenses y competir con el ya consolidado mercado editorial británico. Los lectores estadounidenses, sin embargo, se sentían más atraídos por los romances cursis y los folletines policiacos, así que, de todas formas, el *Broadway Journal* habría desaparecido tan rápido como otras tantas revistas «intelectuales» que nunca llegaron a prosperar en el siglo XIX.

Con el cierre definitivo del *Broadway Journal*, Allan Poe comenzó a escribir una serie de artículos para el *Godey's Lady's Book*, de Filadelfia, una revista de gran circulación en el período anterior a la guerra civil americana. Cada número ofrecía a sus lectores poesías inéditas, artículos sobre el panorama nacional y grabados creados por destacados escritores y artistas de la época, además de un tener un diferencial frente a la competencia de solo publicar textos originales de autores estadounidenses. Esta popular revista, en la que antes había rechazado trabajar, se convirtió, al menos durante un tiempo, en la única fuente de ingresos del Allan Poe. Allí publicó un sarcástico ensayo titulado *Los literatos: algunas opiniones honestas sobre los méritos y deméritos de los autores*, en el que reflexionaba sobre el estado de la creación literaria en Estados Unidos. En consonancia con su naturaleza conflictiva, Poe creía que no era suficiente perderse en consideraciones valorativas de algunas obras literarias, y como conocía prácticamente a todos sus autores, decidió ocuparse también de ellos escribiendo una descripción personal y «creativa» sobre la personalidad de cada uno. Y lo hizo sin escrúpulos, como si se tratara de un ajuste de cuentas, bien a su estilo *tomahawk*, describiendo aspectos tan superficiales como la edad del autor reseñado, su aspecto físico, antecedentes familiares, estado civil, patrimonio, dominio de idiomas, etc. Todos los perfiles escritos por Poe eran escuetos y apenas llegaban a cuatro líneas, pero fueron lo suficientemente agresivos como para despertar el resentimiento de todos los mencionados. Hasta las notas favorables dedicadas a algunos autores tenían implícito algún comentario ofensivo sobre su apariencia o formación.

Sobre Nathaniel Parker Willis escribió: «Una tercera parte de su éxito se debe a sus dotes intelectuales, las otras dos partes han de atribuirse a su temperamento». También sometió a la conocida periodista y escritora Sarah Margaret Fuller a su escrutinio, revelando haber encontrado un buen número de faltas gramaticales en sus obras. Sobre su persona, Poe escribió: «La boca, cuando está en silencio, revela emotividad y afectación. Si sonríe un poco, puede incluso ser bonita por la intensidad de la expresión. El labio superior, como bajo la presión de una tensión muscular involuntaria, descubre a menudo los dientes, prestando a sus rasgos un aire cómico. Imagínese una persona mirándola seriamente a los ojos con la mueca». En cuanto al editor William M. Gillespie, Poe dijo que nunca sabía cómo sentarse o ponerse de pie: «Cuando tenía las manos libres no sabía qué hacer con ellas y cuando caminaba por la calle murmuraba para sí mismo». Estas reseñas, que parecían haber sido escritas por un adolescente de quince años, ofrecían afrentas por partida doble o triple. En primer lugar, descalificando las obras del autor; en segundo lugar, cuestionando los medios que utilizó para lograr su reputación; y finalmente, realizando comentarios groseros sobre su apariencia física.

Con la llegada de las primeras entregas por las calles de Nueva York, se formó la tormenta perfecta: los escritores aludidos se vieron reconocidos en estos retratos y quedaron horrorizados. La excitación que se produjo en la ciudad fue inmensurable y la voz corrió como pólvora. Los ejemplares del *Godey's Lady's Book* se agotaron en pocas horas y sus editores tuvieron que volver a publicar el mismo artículo en la edición del día siguiente y también en la del día posterior, lo cual era bastante raro e inusual en una publicación cuyos lectores siempre demandaban textos inéditos.

A pesar del tono contundente del artículo, algunos periódicos se pusieron del lado de Allan Poe, alegando que el autor ofrecía un enfoque más auténtico del mundillo literario de Nueva York, contrariando las notas de autopromoción escritas por los autores o las reseñas favorables que eran publicadas a base de propinas. Por otro lado, sus críticos consideraron las descripciones que Poe hizo sobre la apariencia personal de los autores de un tremendo mal gusto y alegaron que, además, se trataba de una intromisión en la vida privada de las personas que «rozaba la calumnia».

La reacción por parte de los escritos afectados no tardó en producirse en forma de notas que trataban de mancillar la reputación de Allan Poe con una serie de testimonios sobre su alcoholismo, sus episodios de acoso a damas en los salones literarios e incluso pequeñas estafas. En julio, el escándalo alcanzó su punto culminante cuando Poe decidió dirigir sus «ametralladoras» hacia un antiguo compañero, el conocido escritor Thomas Dunn English: «Veo que el señor English no está completamente falto de ingenio, aunque no le vendría mal dedicarse un poco más a sus estudios». Más adelante, Poe demostró su talento para el sarcasmo con una frase bastante ácida: «No le basta con llamarse English, tiene que dominar el idioma también». Para defenderse de tantos insultos, Thomas Dunn English decidió hacer públicos todos los datos de los que disponía acerca de la vida de Poe, confirmando muchas de las acusaciones hechas por sus colegas contra el poeta bostoniano.

El contrataque habría sido definitivo si English no hubiera cometido el error de acusarlo de una falsificación que nunca existió, incluso nombrando a un testigo que no existía. Poe presentó de inmediato una querella por difamación y ganó la causa, pero cuando se dictó la sentencia, a nadie le interesaba ya aquel escándalo. A partir de ese momento, ambos se dedicaron a ridiculizarse mutuamente a través de caricaturas literarias. Por su parte, English publicó una novela titulada *El poder del S. F.*, que trata sobre una sociedad secreta. Uno de sus personajes, Marmaduke Hammerhead, está claramente inspirado en Poe. English lo describe como un periodista ebrio que se hace famoso gracias a una obra titulada *El cuervo negro*, y a medida que avanza la obra, el personaje va volviéndose loco hasta que termina sus días internado en un asilo.

La respuesta de Poe llegó de manera inmediata con uno de sus relatos más conocidos, *El barril de amontillado*, que hace referencia a ciertos aspectos de la novela de English. En esta obra, Poe optó por dejar de lado buena parte de los intereses metafísicos que hasta entonces habían caracterizado sus obras y se dispuso a narrar una historia cruda, sin artificios, en la que el tema de la venganza lleva al personaje a cometer un atroz asesinato. La historia tiene lugar durante los carnavales de una ciudad italiana del siglo XIX. El narrador, un hombre llamado Montresor, busca a su detractor, Fortunato, con ánimo de vengarse de una pasada humillación. Al encontrarlo ebrio, le resulta fácil convencerlo de que lo acompañe a su *palazzo* con el pretexto de probar un nuevo vino. Entonces, lo lleva a las catacumbas de la casa y allí lleva a cabo su venganza. Como es habitual en la obra de Poe, en este relato se pueden identificar diversas emociones, especialmente la ira, muy presente en las primeras frases del texto:

> Había yo soportado lo mejor que podía, hasta entonces, las mil ofensas de que Fortunato me hacía objeto, pero cuando se atrevió a insultarme juré que me vengaría. Pero vosotros, que

conocéis perfectamente mi alma, adivinaréis que no proferí amenaza alguna. Con el tiempo acabaría vengándome, no me cabía la menor duda de ello; y esa misma seguridad excluía toda idea de riesgo. No solo pretendía castigar, sino hacerlo con absoluta impunidad. No se repara una afrenta cuando el castigo alcanza al reparador, y tampoco si el vengador no consigue mostrarse como tal a quien le ha ofendido. EDGAR ALLAN POE, FRAGMENTO DE *EL BARRIL DE AMONTILLADO* (1846)

El destino trágico de Fortunato se cumple al final del relato justo después de haber conocido el lema de la familia Montresor: «Nadie me ofende impunemente». Una frase que concordaba a la perfección con el sentimiento de Allan Poe en aquellos días de disputas con sus colegas. Este pasaje parece ser un discurso dirigido directamente a English: «Las mil heridas de Fortunato las había soportado como mejor podía, pero cuando se aventuró a insultar, juré venganza. Tú, que tan bien conoces la naturaleza de mi alma, no supondrás, sin embargo, que yo pronuncié una amenaza».[N11]

En 1896, después de la muerte de Edgar Allan Poe, English publicó *Recuerdos de Poe*, un libro de memorias en el que se reproducen conversaciones que mantuvo con el poeta bostoniano. Tal vez debido a su edad avanzada, English cambió su actitud y defendió a Poe de las viejas acusaciones de alcoholismo y drogadicción. «Si Poe hubiera tenido el hábito del opio cuando lo conocí (antes de 1846), yo, como médico y como persona observadora, lo habría notado, ya fuera durante sus frecuentes visitas a mi casa, mis visitas a la suya, o en nuestros muchos encuentros. Nunca vi nada de eso y juzgo todas esas habladurías como meras calumnias sin fundamento alguno».[N12]

Es comprensible que todos estos escándalos lo llevaran a un total aislamiento en los círculos literarios de Nueva York. En medio de una gran especulación periodística, Poe y su familia decidieron abandonar la ciudad a comienzos de marzo de 1846, no solo para huir de los chismes que circulaban, sino, sobre todo, para encontrar un entorno más saludable para Virginia, quien no podía seguir viviendo en una ciudad que crecía vertiginosamente. A mediados del siglo XIX, Nueva York ya albergaba a más de tres millones de personas, que, en su mayoría, circulaban en los miles de

El barril de amontillado, ilustración de Harry Clarke para la
colección Tales of Mystery & Imagination (1919).

carromatos tirados por caballos que transitaban por sus calles y avenidas. El problema no era el intenso tráfico que suponían estos vehículos, sino la insalubridad que representaban las grandes cantidades de excrementos de los animales en plena vía pública. Para hacernos una idea, un solo caballo, burro o asno puede llegar a defecar una media de entre diez y quince kilogramos de estiércol diario. En ciudades en las que estas deposiciones son recogidas inmediatamente y destinadas como abono, se pueden manejar cantidades considerables. Sin embargo, en ciudades cada vez más pobladas como Nueva York, se producía más estiércol del que se necesitaba. Se calcula que en la década de 1840 había alrededor de un cuarto de millón de equinos en Nueva York, lo que generaba cifras astronómicas en toneladas de estiércol diario, llegando a los cuatro millones de kilos de deposiciones al día.

En los días calurosos, el hedor que emanaba el estiércol resultaba insoportable, y en los días lluviosos, gran parte de las deposiciones eran arrastradas por el agua hasta los sótanos de muchas viviendas, agravando aún más la insalubridad de la ciudad. Además, los animales también orinaban en las calles, lo que generaba una gran cantidad de líquido adicional en las vías públicas y aumentaba aún más el olor desagradable. El exceso de estiércol y orina también atraía a ratas y moscas, que propagaban enfermedades y contribuían a la falta de higiene en la ciudad. Otro problema añadido a la contaminación por estiércol y orina era la presencia de hollín, que se mezclaba con el aire de la ciudad y resultaba extremadamente dañino para los pulmones. La situación era tan grave que los residentes de la ciudad se veían obligados a lavarse la cara y las manos varias veces al día para mantener una apariencia respetable, pero, aun así, la falta de higiene y el mal olor eran difíciles de evitar.

Todos estos factores hicieron que Poe y su familia decidieran trasladarse a una granja en Turtle Bay, un pequeño poblado rural rodeado de grandes extensiones de pastos, brezales y bosques antiguos. La granja, propiedad de la familia Miller, tenía dormitorios bien ventilados y producía huevos y leche frescos diarios. Allí, los Poe permanecieron tan solo dos meses hasta que el autor encontró un lugar donde la familia pudiera establecerse por su cuenta, más precisamente en el poblado de Fordham, ubicado a unos veintiún kilómetros de Nueva York. La zona todavía era predominantemente rural, con un puñado de granjas que ofrecían la sensación de comodidad y estabilidad. La casa que alquiló Poe por cien dólares anuales tenía habitaciones minúsculas y techos bajos para ahorrar madera y recursos para calentarla. «Era una cabaña era sumamente humilde —dijo un amigo cercano al autor— y resulta difícil imaginar que una familia decente pudiera vivir en ella; aun así, había un cierto aire de refinamiento en todos sus rincones. Así era aquel lugar, una especie de pesebre de la melancolía, donde las únicas fuentes de calor para los tres habitantes eran la gata Catterina y la capa de cadete de West Point de Allan Poe».

La pequeña casa de los Poe, situada en lo alto de una colina, se encuentra rodeada de una o dos yugadas de césped liso como el terciopelo y limpio como una alfombra bien cuidada. La vivienda tiene tres habitaciones, una cocina, un salón y un dormitorio encima de este, así como un porche donde uno puede sentarse en verano a la agradabilísima sombra de los árboles. La casita de campo tiene cierto encanto que seguramente proviene de sus moradores. Nunca antes había visto una casa más limpia, más humilde y modestamente amueblada. El suelo de la cocina reluce. Una mesa, una silla y una pequeña estufa son todo lo que hay allí. En el salón hay esterillas tejidas a mano y cuatro sillas alrededor de la mesa; una lámpara y una estantería para libros forman el resto del mobiliario. El señor Poe se encontraba entonces muy deprimido debido a la terrible penuria en la que vivía, la enfermedad de su esposa y de su incapacidad para escribir lo suficiente. TESTIMONIO DE UNO DE LOS VECINOS DE FORDHAM

Esta fotografía muestra la casa en la que Edgar Allan Poe vivió en Fordham en la actualidad, que se intuye tan frágil en este pequeño espacio verde, rodeada por grandes avenidas y edificios. En 1913, el inmueble fue desplazado de su lugar original y trasladado a unos cuatrocientos cincuenta metros, donde se encuentra hoy en día, frente al parque municipal Poe, en la esquina de las calles Kingsbridge y 192. Ahora convertida en museo, se trata de un lugar de recuerdo protegido que todavía conserva algunos objetos auténticos de la época en que Poe vivía allí, como la cama en la que el autor dormía con Virginia, un espejo y una mecedora.

* * *

Edgar Allan Poe vivió las primeras semanas en su nuevo hogar como un animal acosado. Rara vez salía de casa y pasaba la mayor parte del tiempo trabajando en su estudio o haciendo compañía a Virginia junto a su cama; se dirigía a ella habitualmente con frases cariñosas y estaba pendiente las veinticuatro del día. Con Virginia era siempre cariñoso, casi reverencial. Los Poe vivían el uno para el otro y la mutua dependencia que nació de esta sólida unión se hizo tan poderosa que llegó incluso a afectar a la gata Catterina, quien, según los vecinos, se negaba a comer cuando Poe no estaba en casa. Pero ni la privacidad ni el entorno bucólico fueron suficientes para traer alivio a familia. Poe se sentía tan enfermo que apenas podía escribir una carta. Incluso hubo ocasiones en las que tuvo que pedir a Maria Clemm que las escribiera por él. Juraba que había dejado de beber, como había hecho en otras ocasiones, y se quejaba de cómo la pobreza le había «molido hasta los huesos». El autor aún se resentía de las últimas semanas vividas en Nueva York, en las que no faltaron trifulcas, acusaciones, deudas apremiantes y el alcohol como paliativo. Ahora, Virginia se moría y faltaba de todo en el hogar de los Poe. La única carta que se conserva del autor a su mujer tiene tonos y acentos desgarradores:[N13]

> Mi querida Virginia, nuestra madre ya te explicará por qué no estaré de vuelta esta noche. Confío en que la entrevista que tengo será beneficiosa para nosotros. Si no fuera por ti, mi querida esposa, habría perdido todo coraje. Eres mi mayor y único estímulo ahora para luchar contra esta vida tan difícil, insatisfactoria e ingrata. Espero que tengas una buena noche de sueño y que Dios te bendiga. Tu esposo, Edgar.[N14]

Así terminaba el año de 1846 para los Poe: sin el menor atisbo de esperanza. El autor, que nunca había sido una persona resiliente ni perseverante, cayó en una tristeza apática. Su melancolía crecía como lo hacen las lianas en Florida y se ahogaba en su propia tristeza, como si estuviera inmovilizado por la hiedra. Incluso Virginia, que apenas conseguía sostenerse en pie, intentó consolarlo, pero Allan Poe ya no podía luchar; era un hombre quebrantado y cualquier golpe, por pequeño que fuera, era capaz de romperlo como un delicado vaso de porcelana. Es comprensible que en tales circunstancias el autor apenas publicara algo nuevo durante 1846, ya que la vida de Virginia se había reducido a un destello sin esperanza.

Durante ese tiempo de extrema pobreza, Maria Clemm se vio obligada a recolectar verduras de forma clandestina en huertos vecinos durante las horas nocturnas para poder dar de comer a sus hijos. En otoño, el estado de salud de Virginia empeoró; la joven experimentaba un apetito irregular, mejillas sonrojadas, pulso variable, sudores nocturnos, fiebre alta, resfriados repentinos, falta de aliento, dolores en el pecho, toses y esputos con sangre. Preocupado, un amigo de Allan Poe llamado Nathaniel Parker Willis publicó un anuncio el 30 de diciembre de 1846 solicitando ayuda para la familia, aunque los datos no eran del todo correctos. La nota fue reproducida por otros periódicos de Nueva York, Boston y Filadelfia, y su contenido era similar a otro que hicieron los amigos de la madre de Poe en el pasado, durante las últimas etapas de su enfermedad.

> Con gran pesar nos hemos enterado de la grave enfermedad de consunción que afecta al señor Poe y su esposa, así como de las dificultades económicas que están atravesando. Es lamentable constatar que se encuentran en una situación de privación extrema, apenas capaces de procurarse lo necesario para sobrevivir. Esta es, sin duda, una triste circunstancia y esperamos que los amigos y admiradores del señor Poe puedan brindarle la ayuda que tanto necesitan en estos momentos de gran necesidad. El señor Poe es autor de innumerables cuentos y poesías, publicados por Wiley y Putnam, y su obra ha dejado una huella imborrable en la literatura estadounidense. Creemos que es responsabilidad de la comunidad literaria y de aquellos que valoran su legado hacer algo para ayudarlo en este difícil momento. En particular, llamamos a los señores Wiley y Putnam a tomar medidas para apoyar al señor Poe y su familia en estos tiempos de crisis.[N15]

Varios periódicos se solidarizaron con la situación de la pareja y publicaron anuncios solicitando la colaboración ciudadana. El *Saturday Evening Post* informó de que Virginia estaba en una situación desesperada y de que la familia estaba completamente desamparada. Incluso Hiram Fuller, el editor al que Poe había demandado anteriormente por difamación, trató de buscar ayuda para su antiguo adversario a través de una nota en el *New York Mirror*: «Nosotros, con quienes peleó, tomaremos la iniciativa para ayudarlo».[N16]

A pesar de que la intención de todos los involucrados era loable y tenía como objetivo llamar la atención de la colaboración ciudadana, sus anuncios terminaron fomentando rumores exagerados que coparon las portadas de diferentes diarios locales. Algunos titulares de la época llegaron a afirmar que Poe y su esposa estaban postrados en un lecho de miseria, enfermedad y sin un céntimo. «Se ha dicho que Edgar A. Poe sufre de fiebre cerebral y que su esposa se encuentra en las últimas etapas de la tuberculosis. Se encuentran sin dinero y sin amigos», escribió el *Saturday Evening Post*. «¡Gran Dios! —exclamó el titular de otro periódico de gran tirada—, ¿será posible que los aficionados a la literatura de la Unión dejen al pobre señor Poe morir de inanición y lo arrojen a la mendicidad en Nueva York?».[N17] A Edgar Allan Poe no le hizo la menor gracia ver que su nombre y el de su esposa fueran expuestos públicamente en la prensa como si se tratara de «pobres diablos» y trató de desmentir ciertos rumores en una carta enviada a Nathaniel Parker Willis con la intención de, al menos, conservar su dignidad.

He recibido la nota que se ha difundido acerca de la enfermedad de mi esposa y la mía propia, así como de nuestra situación de indigencia. Las razones que motivaron a usted y a otras personas a publicar una nota de esta naturaleza las dejo a su conciencia. Aunque lo hecho, hecho está, y las preocupaciones de mi familia han sido expuestas de manera inmisericorde ante el público en general, entiendo que no tengo otra opción que hacer una declaración abierta acerca de lo que es verdadero y lo que es falso en la información a la que me refiero.

Es cierto que mi esposa está enferma; fácilmente podrá usted imaginar con qué sentimiento añado que esa enfermedad, ya desde el principio, era incurable. Como consecuencia de esta situación, he experimentado dificultades financieras y he necesitado dinero. Sin embargo, es falso que haya sufrido privaciones materiales más allá de mi capacidad de sufrimiento. Además, es una calumnia ignominiosa afirmar que me encuentro «sin amigos». Solo en la ciudad de Nueva York podría mencionar a cien personas por su nombre y apellido, a cada una de las cuales no tendría reparo ni inconveniente en recurrir en busca de ayuda sin sentir ningún tipo de humillación. Creo que no es necesario agregar más, mi estimado Willis. Me estoy recuperando poco a poco de mi enfermedad, tal vez esto sea un consuelo para mis enemigos. No tengo ningún temor en recaer; de hecho, tengo mucho por hacer y he decidido no morir hasta cumplir con mis deberes. Le envío mis más sinceros saludos.

Aunque Poe demostró cierto orgullo en sus palabras, no rechazó las múltiples ayudas que recibió, que no fueron pocas. Un editor de un periódico logró recaudar sesenta dólares para él y su familia en el Metropolitan Club de Nueva York, mientras que un abogado de Brooklyn consiguió una cantidad similar durante una comparecencia ante el tribunal. Además, el nieto del famoso empresario del sector de pieles, John Jacob Astor, envió diez dólares. Otras personas también se acercaron a su residencia para prestar auxilio, principalmente escritoras de Nueva York que Poe había conocido en los salones literarios; además, una prima de Baltimore llamada Elizabeth Herring, Eliza White, la hija de su antiguo empleador en el *Messenger*, y Mary Deveraux, una antigua amante de los tiempos de Baltimore que también conocía a Virginia, se presentaron en persona para ofrecer su ayuda.

A finales de la primavera o principios del verano, los Poe recibieron la visita de la hermana de Edgar, Rosalie, quien aún vivía bajo la protección de sus padres adoptivos en Richmond y trabajaba como profesora de caligrafía en la escuela de su madre. Rosalie mostraba su orgullo por la fama literaria de Allan Poe y hacía saber a todos sus conocidos que era su hermana, aunque también expresaba su queja por haber recibido poca atención durante su estancia en Fordham. Según Rosalie, Edgar y su tía María Clemm dedicaban todo su tiempo a Virginia y no se preocupaban por nadie más que por ellos mismos. Estos comentarios reflejan algunos celos de Rosalie, quien nunca fue considerada como una «auténtica Poe» por sus hermanos y rara vez era recordada por su tía, posiblemente influenciada por los rumores que cuestionaban su verdadera paternidad. Lo cierto es que después de convivir con ellos durante un mes, Rosalie regresó a Richmond con una carta de María Clemm pidiendo ayuda financiera a su familia adoptiva para que pudiera cuidar mejor de los suyos. En aquel entonces, Mary Gove Nichols, una allegada de la familia, escribió lo siguiente:

En otoño, la enfermedad de la señora Poe se agravó y tuve la oportunidad de visitarla en su habitación. A pesar de que todo estaba limpio, el lugar parecía humilde y marcado por la pobreza, lo que me hizo sentir una opresión en el corazón al ver a la enferma. Su cama solo tenía un colchón de paja, estaba pintada de laca blanca como la nieve. Hacía frío y la joven temblaba debido a la fiebre propia de los tísicos. Estaba envuelta en el gran capote de su esposo y tenía en su regazo una gata de color atigrado, quien parecía saber lo importante que era para su dueña. El abrigo y la gata eran los únicos medios para darle calor, aunque su marido también trataba de calentarla frotándole las manos y sus pies. Mrs. Clemm quería mucho a su hija y era desgarrador ver la desesperación en la que estaba sumida ante su miseria y la enfermedad. Tan pronto salí de la casa de los Poe, busqué ayuda en una dama caritativa que siempre estaba dispuesta a escuchar las súplicas de los pobres y los afligidos. Gracias a ella, se pudo obtener un colchón y un edredón de plumas, así como suficiente ropa de cama y otros enseres que fueron los primeros frutos de su acción caritativa. Desde ese momento, esta buena señora se convirtió en su protectora.[N18]

La señora mencionada en esta conmovedora carta es Marie-Louise Shew, una vecina que trabajaba como enfermera y poseía ciertos conocimientos en cuidados paliativos gracias a su padre y a su marido, ambos médicos. Marie-Louise proporcionó a la joven moribunda un edredón, ya que entonces usaba como manta la vieja capa militar de Poe, y también botellas de vino, que la enferma bebía sonriendo, incluso cuando le resultaba difícil tragarlo. Un año más tarde, Allan Poe escribiría un poema dedicado a Marie-Louise Shew como agradecimiento por el cuidado que brindó a Virginia. La obra recibió el curioso título de *No hace mucho, el autor de estas líneas*, y se publicó originalmente en la edición de marzo de 1848 de la revista *Columbian Magazine*.

No hace mucho, el autor de estas líneas
afirmaba, con loca vanidad intelectual,
«el poder de las palabras», y descartaba
que en el cerebro humano hubiese
pensamientos ajenos al reino de la lengua.
Ahora, como burlándose de tal jactancia,
dos palabras —dos suaves bisílabos extraños
de ecos italianos, labrados solo para los labios
de ángeles que, bajo la luna, sueñan «en rocío
que pende del Hermón como perlas hilvanadas»—
han emergido de los abismos de su corazón, como
increíbles pensares que son el alma del pensamiento,
como visiones más ricas, más rústicas y divinas
que cuantas Israfel, el serafín del arpa («aquel que,
de todas las criaturas de Dios, tiene la voz más dulce»),
pudiera articular. ¡Y se han roto mis hechizos!
Impotente, la pluma cae de mi mano temblorosa.

Si el texto ha de ser, como me pides, tu dulce nombre,
no puedo escribir, no puedo hablar o pensar,
ay, ni sentir; pues no creo que sea un sentimiento
esta inmovilidad que me ata frente al dorado
portal de los sueños abierto de par en par,
con la mirada absorta en la espléndida visión,
extasiado y conmovido al comprobar que a un lado
y a otro, a lo largo y ancho,
entre vapores púrpuras, y aún más allá
de donde acaba el paisaje... solo estás tú.

El verano y el otoño transcurrieron sin que Poe encontrara la tranquilidad que tanto anhelaba; su fama atraía a numerosos visitantes a Fordham y hay múltiples testimonios de la ternura del autor hacia su esposa y de los esfuerzos de Mary Clemm para darles de comer. Pero llegado el invierno, la situación se volvió desesperada. Los círculos literarios de Nueva York eran conscientes de la difícil situación que atravesaba aquella desafortunada familia y la inminente muerte de Virginia había conmovido a muchos corazones que, de haber sido solo por Poe, no se habrían mostrado tan piadosos. A pesar de que al principio Poe pudo haberse rebelado ante la ayuda ofrecida, no tuvo otro remedio que aceptarla para evitar que Virginia pasara frío y hambre.

Virginia, mi pobre esposa, aún sigue con vida, aunque se va desvaneciendo rápidamente y sufriendo grandes dolores. Oro para que Dios le conceda la vida hasta que pueda usted visitarla, para que pueda agradecerle personalmente. Tanto su corazón como el mío están llenos de una gratitud ilimitada e inexpresable hacia usted. A pesar de que es posible que Virginia no la vea nunca más, ella me pide que le envíe sus besos más dulces y cariñosos, y le dice que morirá bendiciendo su nombre. Por favor, venga lo antes posible, mañana mismo si puede. Trataré de mantener la calma y seguiré sus consejos con nobleza. CARTA DE EDGAR ALLAN POE A MARIE-LOUISE SHEW, 29 DE ENERO DE 1847

Marie-Louise llegó a tiempo para ver a Virginia y recibir de ella un retrato de Edgar, así como una cajita para joyas que había pertenecido a la madre del autor, una reliquia que Poe llevaba a todas partes. Finalmente, Virginia pidió a su cuidadora que le leyera dos cartas que había conservado y que fueron escritas por Frances Allan en 1827, justo después de que Poe dejara el hogar de los Allan. Aunque no se conoce el contenido completo de estas cartas, se sabe que en una de ellas Frances le pedía que volviera. Con independencia de su contenido, parece evidente que eran de gran importancia para Virginia, ya que se las entregó a Marie-Louise Shew en un momento crucial.[N19]

En aquellos terribles días, Allan Poe pasaba la mayor parte del tiempo en casa, sentado junto a la cama de su esposa, abatido por la tristeza; y por las noches se turnaba con su tía para atenderla en el caso de que se despertara. En algunas ocasiones, Poe apoyaba la cabeza contra el pecho de su esposa mientras dormía, con la única intención de comprobar que su corazón seguía latiendo. Esos escasos segundos eran los únicos momentos en los que le permitía experimentar algo de alegría, pero, aun así, se afligía por ello, pues no se consideraba con el derecho de hallar felicidad ante el sufrimiento de su amada Virginia.

Durante los once años de matrimonio, Virginia solo había experimentado la sensación de felicidad en escasos momentos su vida, ya que vivía en un estado de pobreza constante. Aun así, y a pesar de su juventud, demostró una madurez poco común al soportar todo con una sonrisa, como lo afirman los que la conocieron. Hizo feliz a su marido hasta el final y le rindió la admiración que tanto necesitaba. Tal era su fortaleza que, incluso con su salud quebrantada, Virginia parecía incluso más fuerte que Poe, quien se hundía en sus pensamientos y temores. En un momento en el que se encontraba más serena, Virginia hizo prometer a su madre que cuidaría de su esposo en su ausencia, una misión que la anciana cumpliría con toda rigurosidad.

Virginia exhaló su último y doloroso aliento en su dormitorio en la mañana del 30 de enero de 1847, tras librar una terrible batalla contra la tuberculosis. Solo tenía veinticuatro años de edad, llevaba cinco años enferma y once casada con Poe, quien se negó a ver a su esposa muerta, pues deseaba conservar en su memoria el recuerdo de su rostro lleno de vida. Sumido en lo más profundo de los dolores, Poe pasó un largo rato solo en una habitación contigua hasta que finalmente se derrumbó y comenzó a llorar como un niño desamparado, con un sentimiento que mezclaba el dolor y el remordimiento. Virginia era la esposa que había elegido por razones que nunca se aclararon del todo, quizás debido a una profunda carencia de afecto. Ella había sido su compañera en los años difíciles mientras intentaba entrar en el mercado editorial, y quizá la mejor amiga que jamás había tenido. Aunque nunca la había amado plenamente como esposa, Poe trataba de convencerse a sí mismo de que había hecho todo lo que estuvo a su alcance para llenarla siempre de cuidados y mimos, pues sentía que tenía que compensarla por la total falta de medios de subsistencia que sufría a su lado. Tan precaria era su situación que su casero, John Valentine, ofreció el panteón familiar para que el autor pudiera enterrar a su esposa con dignidad.

Virginia fue sepultada en el cementerio parroquial de Fordham, y su funeral fue organizado por Marie-Louise Shew, quien se encargó de comprar el ataúd y también asumió la delicada tarea de preparar el cuerpo de la difunta para su funeral. Primero, lo limpió cuidadosamente con una toalla húmeda y tibia, luego esparció polvos de aroma perfumado sobre todo su cuerpo y finalmente la vistió con una prenda tejida con una delicada tela de lino que Shew compró para la ocasión. «Nunca podré expresar mi gratitud por el cuidado demostrado por la señora Shew hacia mi querida hija —escribió Maria Clemm un tiempo después—; si no hubiera sido por ella, mi pobre Virginia habría tenido el funeral de una indigente». Entre los asistentes se encontraban Nathaniel Parker Willis, Ann S. Stephens y el editor George Pope Morris, que recordaban cómo Poe siguió el cortejo envuelto en su vieja capa de cadete, que durante meses había constituido el único abrigo de la cama de su esposa.[N20]

Profundamente afligido y viéndose incapaz de hacer frente a la muerte de su amada, Allan Poe sufrió una crisis nerviosa que lo mantuvo en cama durante semanas, con fiebres persistentes y delirios. Marie-Louise se encargó de cuidar del autor durante los días posteriores a la muerte de Virginia y llegó a afirmar que Poe habría sufrido una congestión cerebral, un controvertido diagnóstico que más tarde llevaría a un sinfín de especulaciones acerca su muerte.[N21] El autor ya no parecía gozar de buena salud semanas antes de la muerte de Virginia; sufría de los nervios y por las noches se despertaba bañado en sudor y presa de las pesadillas. Preocupada, Marie-Louise contactó con sus familiares para conseguir una cita con un conocido médico de Nueva York llamado Valentine Mott, quien, tras examinarlo, confirmó que el poeta sufría de estrés postraumático. Dado que en aquella época no había muchos recursos terapéuticos específicos y eficaces para la curación de enfermedades de este tipo, el doctor Mott decidió suministrarle algunos de los pocos medicamentos disponibles, tales como el cloral, el bromuro y algunos sedantes derivados del opio para tratar la ansiedad, como el hachís, la belladona o la escopolamina. Sin embargo, al enterarse de la relación de Poe con el alcohol y ciertos productos opiáceos, Mott prefirió recomendarle a su cuidadora que creara condiciones favorables que lo ayudaran a recuperarse de su enfermedad de forma natural.

Con el tiempo, Allan Poe encontró fuerzas donde pocos las habrían buscado y gradualmente fue respondiendo a los cuidados de Mary-Louise, quien lo atendía con su inagotable compasión. Ella admiraba su genio y él le tenía una profunda estima, pero cuando Marie-Louise se dio cuenta de que la presencia constante del poeta en su vida iba a comprometerla, decidió alejarse para evitar cualquier trato personal más cercano, al igual que hizo en su día Frances Osgood. Temiendo verse solo una vez más, Poe decidió escribirle una carta desesperada, pero la joven, mostrándose mucho más madura y realista que el poeta, decidió no responder, porque sabía que si lo hacía, Allan Poe interpretaría cualquier palabra suya de manera errónea y fuera de la realidad.

He leído y releído su carta y no logro convencerme de modo seguro de que la haya escrito usted en plena posesión de su buen juicio. Las naturalezas tan tiernas y sinceras como la suya son fieles hasta la muerte; ¡pero usted no está muerta, está llena de vida y de hermosura! [...] ¡Oh, Louise, cuántos pesares la esperan, su naturaleza compuesta de candor y de bondad será incesantemente herida al contacto con este mundo hueco y sin corazón! En cuanto a mí, ¡ay!, a menos que me salve un amor verdadero, tierno y puro, yo solo no sobreviviré un año más. CARTA DE EDGAR ALLAN POE A MARIE-LOUISE SHEW, EN JUNIO DE 1848[N22]

Consciente de la profunda carencia del poeta, Marie-Louise tomó la sabia decisión de alejarse definitivamente y no sintió remordimientos hasta mucho más tarde:

Aunque siempre traté al señor Poe con respeto e hice todo lo posible para ser una buena amiga en su momento de necesidad, no puedo negar que era una persona muy excéntrica y diferente a los demás. Si bien yo también tenía mi propia excentricidad, decidí tomar una posición clara y mantenerla. Sé que él se sintió herido por mi decisión, y lamento profundamente la carta que le envié después de nuestra separación. Como sucede con frecuencia, solo después de que él falleció, me di cuenta de que me arrepentía de haberme alejado de él demasiado deprisa. Pero el señor Poe no sabía interpretar mis sentimientos hacia él y no quería hacerle ningún daño.[N23]

Con su trágica muerte, Virginia acabó convertida en la musa inspiradora de Edgar Allan Poe, en cuyas obras la retrató como una joven hermosa que lucha con todas sus fuerzas contra una fatal enfermedad. Uno de los ejemplos más emblemáticos es *Annabel Lee* (1849), que menciona la muerte de una doncella y el dolor de su amante. En ocasiones, Allan Poe habla entre líneas, describiendo la dolencia física de sus personajes de forma que parece conducirnos a su propia mente. Y lo más descomunal es que, en la mayoría de los relatos, la mujer está destinada a morir de manera lóbrega y trágica, siendo la tuberculosis la habitual causa de muerte. La madre de Poe, Eliza Poe, también había muerto de tuberculosis, lo que despertó una gran herida en él y lo llevó, tal vez inconscientemente, a retratar el padecimiento y dolor de Virginia y, a través de ella, su propio dolor. En una nota cruel y, además, falsa, el clérigo y periodista escocés George Gilfillan Critic afirmó que Allan Poe había sido el responsable de la muerte de su esposa, insinuando que la había empujado a un fallecimiento prematuro con la única intención de conseguir la inspiración necesaria para escribir *Annabel Lee*.

Ulalume (1847) también se considera un homenaje a Virginia, al igual que *Lenore* (1843), en el que el personaje principal es descrito como «la más hermosa muerta que falleció tan joven» y, desde luego, *El cuervo* (1845), en el que un siniestro pájaro tortura a un hombre al borde del colapso con su implacable «nunca más». Virginia también aparece reflejada en sus cuentos cortos, como *Eleonora* (1842), que narra la historia de un hombre que se prepara para casarse con su prima, con la que vive junto a la madre de ella —cuando Poe escribió este cuento, Virginia empezaba a mostrar los primeros síntomas de su enfermedad—. En *La caja oblonga* (1844), Poe nos presenta el lamento de un hombre tras la muerte de su esposa mientras transporta su cadáver en barco. Cuando el barco naufraga, el marido prefiere morir antes que separarse del cuerpo de su mujer. En el relato *Ligeia* (1838), el personaje que da título a la obra sufre los estragos de una enfermedad que va deteriorando gradualmente el cuerpo y el rostro de una joven hermosa.[N24] Tras la muerte de Virginia, Poe decidió modificar la versión original del cuento *Metzengerstein*, suprimiendo la frase en el que el narrador dice: «Desearía que todo lo que amo pereciese de esta suave enfermedad». La supuesta locura de Poe durante la enfermedad de su esposa también se ve reflejada en varios relatos en primera persona, como *El corazón delator*, *El gato negro* y *El barril de amontillado*.

Virginia también expresó su amor por Allan Poe en un poema acróstico que escribió un año antes de su muerte, fechado el 14 de febrero para el Día de San Valentín de 1846.[N25]

Ever with thee I wish to roam,
Dearest my life is thine.
Give me a cottage for my home
And a rich old cypress vine,
Removed from the world with its sin and care

And the tattling of many tongues.
Love alone shall guide us when we are there,
Love shall heal my weakened lungs;
And Oh, the tranquil hours we'll spend,
Never wishing that others may see!

Perfect ease we'll enjoy, without thinking to lend
Ourselves to the world and its glee,
Ever peaceful and blissful we'll be.

Deseo vagar siempre contigo,
queridísimo, mi vida es tuya.
Dame una cabaña por hogar
cubierta de una espesa enredadera,
lejos del mundo con sus pecados y sus preocupaciones

y del cotilleo de muchas lenguas.
Sólo el amor nos guiará cuando estemos allí,
el amor curará mis débiles pulmones;
qué tranquilas horas disfrutaremos
sin cuidarnos de los demás,

en perfecta calma gozaremos,
apartados del mundo y sus reclamos.
Siempre tranquilos y felices viviremos.

Después de la muerte de Virginia, Poe pasó a visitar su tumba con regularidad; se le solía ver caminando alrededor de ella. En una noche de invierno, fue visto sentado junto a la tumba, casi helado en la nieve. Sus detractores atribuían estos actos al consumo excesivo de alcohol; no obstante, para Poe la locura fue lo que le condujo al alcohol, y no al revés. De esta dura etapa, Poe escribió una carta en la que relata un suceso violento en el cual se vieron implicadas otras personas: «No fue culpa del alcohol… Aquella vez yo no había bebido una sola gota. Pero vi a Virginia; ella estaba ahí». Sumido en una profunda depresión, Allan Poe volvió a la bebida después de un largo período de abstinencia. La frecuencia y cantidad de alcohol que consumía sigue siendo un tema controvertido que fue discutido en vida del autor y sigue siendo objeto de debate.

Nota del Autor

La muerte de Virginia no solo causó tristeza y una recaída al alcoholismo en Allan Poe, sino que también lo sumió en un oscuro período de depresión y vacío creativo. Marie-Louise Shew trató de animarlo, sugiriéndole que escribiera un nuevo poema, y Poe aceptó el desafío. Agarrando papel y pluma, comenzó a escribir un poema que tituló *The Bells* (Las campanas), que fue publicado de manera póstuma en la edición de noviembre de 1849 de la revista *Sartain's Union Magazine*. En este poema, Poe repite la palabra *bells* una y otra vez para evocar el sonido de las campanas y crear una sensación de irrealidad en el lector. El poema también incluye términos un tanto extraños, como *tintinnabulation*, que puede referirse a un instrumento medieval llamado tintinábulo, y *ghouls*, que son criaturas necrófagas que luego serían consideradas por los autores de la literatura gótica como una inusual raza de vampiros.[N26]

Esta es la única imagen conocida de Virginia, una acuarela pintada apresuradamente para la cual se cree que el artista pudo haber utilizado el cadáver como modelo. Poe conservó este retrato junto al único que poseía de su madre.

Aunque parezca un detalle sin importancia, nunca se ha sabido con certeza a qué campanas se refería Poe en su poema. Algunos de sus primeros biógrafos sugieren que se refería a las campanas de la universidad jesuita St. John's College, que se encontraba cerca de la casa de campo donde Poe y Virginia vivieron pocos meses antes de la muerte de ella. Aunque esta hipótesis nunca ha sido confirmada, Poe visitó la universidad en varias ocasiones y estableció una buena relación con los jesuitas, quienes le brindaban algo de confort y consuelo. Le caían bien, según decía en una carta a un amigo, porque eran «caballeros y eruditos altamente cultivados, y para mi sorpresa fumaba y bebían como nosotros y aún jugaban a las cartas. Pero lo mejor —concluyó Poe— es que nunca decían una palabra sobre religión». Un antiguo jesuita de Fordham recordaba a Poe como un visitante habitual y una figura familiar en la universidad: «Parecía que se calmaba la mente cuando paseaba por los hermosos jardines que teníamos dentro de nuestro campus».

Sin embargo, no era el paisaje ni el entorno apacible lo que atraía a Poe a aquel lugar, sino la compañía intelectual y espiritual de los jesuitas. Su universidad estaba ubicada en una comunidad rural y escasamente poblada, donde no había muchas personas con las que se pudiera conversar sobre literatura, pero los jesuitas simpatizaban con el inquieto artista, y lo invitaban a cenar e incluso le permitían acceder a su amplia biblioteca. Normalmente, Poe regresaba a casa sintiéndose mejor, aunque en ocasiones le resultaba difícil enfrentarse a la dura realidad de su hogar, donde su esposa luchaba por sobrevivir. En esas ocasiones, cuando su dolor era demasiado palpable, uno de los jesuitas lo acompañaba hasta su casa. Uno de ellos, llamado Edward Doucet —que más tarde se convertiría en el rector de la universidad—, mantuvo una estrecha relación con Poe y lo respetaba por su «discreción, su carácter franco y su enorme simpatía». Doucet recordaba al poeta como «extremadamente refinado y un caballero por naturaleza y por instinto». Incluso llegó a ser su confesor, y en sus paseos por los jardines del campus, Poe abría su corazón al joven sacerdote y le hablaba de sus penas. Aunque nunca siguió ninguna religión, encontró en Doucet y en los demás sacerdotes una audiencia literaria, un oído atento y una compañía necesaria. En gran medida, estos jesuitas ofrecieron cuidado pastoral a un alma afligida e infeliz que necesitaba de algo de compasión, algo que Poe jamás obtuvo de su círculo literario más íntimo.[N27]

* * *

Existen algunos aspectos en los que hay un acuerdo unánime sobre Edgar Allan Poe, como su elevada distinción natural, su elocuencia y su belleza, de la que se decía que se sentía un tanto vanidoso. Sus modales eran una mezcla singular de altivez y de dulzura exquisita, y su persona respiraba una solemnidad penetrante. En sus días buenos, todo en él señalaba que era un ser elegido: su fisonomía, sus andares, sus gestos, sus movimientos de cabeza. Era como esas figuras de viandantes que atraen la mirada del observador y preocupan su memoria, marcado por la Naturaleza de una manera inolvidable. Incluso Griswold, un pedante y agrio crítico que visitó a Poe cuando estaba pálido y enfermo por la muerte y la enfermedad de su esposa, confesó que se sintió conmovido en alto grado por la perfección de sus modales, su fisonomía aristocrática y la atmósfera perfumada de su modesta habitación. Lo que Griswold ignoraba es que Poe tenía el maravilloso privilegio, atribuido a la mujer parisiense y española, de saber adornarse con nada. Enamorado de la Belleza en todas las cosas, Poe había encontrado el arte de transformar una choza en un palacio de una nueva clase. CHARLES BAUDELAIRE

For every sound that floats
    A Paan from the bells!
And his merry bosom swells
    With the Paan of the bells!
And he dances and he yells;
Keeping time, time, time,
In a sort of Runic rhyme,
    To the Paan of the bells —
    Of the bells: —

Texto original de *Las campanas*, escrito del puño y letra del propio Allan Poe.
Aparte de la belleza de sus versos, también destaca su bonita caligrafía.

The Common Lot, Litografía de J. Bouvier (1845).

XII

HELEN

«Se entregó solitario a su complejo destino de inventor de pesadillas. Quizá, del otro lado de la muerte, siga erigiendo, solitario y fuerte, espléndidas y atroces maravillas».

JORGE LUIS BORGES

Numerosos biógrafos han intentado, sin éxito, desentrañar los últimos tres años de la vida de Edgar Allan Poe, que en su conjunto se caracterizan por una monotonía desconsoladora, un errático torbellino de excesos, derrumbamientos recurrentes y amoríos irracionales, cuyas causas tal vez se deban buscar en un creciente desmoronamiento de su personalidad. Sin embargo, y a pesar de todo esto, sigue siendo sorprendente que, en medio de esta larga etapa de agonía, surgieran algunas pausas creativas e inspiradoras.

Allan Poe cumplía treinta y ocho años y se encontraba en una situación límite. Ya había perdido amistades y oportunidades profesionales inmejorables en varias ocasiones, pero perder a Virginia lo dejó a la deriva y solo en el mundo, sin dinero y rodeado de detractores. Hundido y llevado por un anhelo irresistible, Poe decidió crear una obra alejada de todos los temas que había escrito desde entonces, un «tratado científico» que, según sus pretensiones, abarcaría mucho más allá de lo que cualquier mente del siglo XIX pudiera entender: el origen del universo, su naturaleza y su funcionamiento; la física de los astros y de los átomos, el tiempo, el espacio, la materia y la energía. El autor llegó incluso a adentrarse en asuntos tan trascendentales como la estructura de Dios, a la que consideraba el principio matemático en el que se basa el universo. La hija del poeta francés Théophile Gautier, Judith Gautier, escribió en 1864: «Sería un error pensar que Edgar Poe, al crear esta obra, solo pretendía escribir un poema; estaba absolutamente convencido de haber descubierto el gran secreto del universo, y utilizó toda la potencia de su talento para desarrollar su idea».

Resulta difícil comprender la mayor parte de las ideas que Poe vertió en esta obra, que recibió el sugerente nombre de *Eureka*, cuyas complejidades son tan abstractas que lo único que demuestran es que su autor estaba rozando peligrosamente la línea que separa la genialidad de la demencia, que es lo que muchos de sus críticos pensaron entonces. «Me propongo hablar del universo físico, metafísico y matemático; material y espiritual —escribió el autor—, de su esencia, origen y creación; de su condición presente y de su destino». Embriagado por lo que creía que iba a ser no solo su obra cumbre, sino la piedra angular de la ciencia futura, Allan Poe asedió al editor George Putnam, asegurándole que el descubrimiento de Isaac Newton no era más que una bagatela en comparación con las revelaciones de *Eureka*, y que sería necesario sacar unos cincuenta mil ejemplares para atender a la demanda, pero Putnam no se dejó convencer y solo aceptó producir quinientos, pagándole un adelanto de catorce dólares.

La obra está dedicada a un gran científico alemán de la época, Alexander von Humboldt, considerado cofundador de la geografía como ciencia empírica.[N1] Al postularse para una posición similar, Poe llegó a pensar en dejar de escribir poemas y cuentos para concentrarse en la literatura científica, porque creía que se convertiría en el negocio de su vida y que revolucionaría el conocimiento humano de su generación. Por desgracia, *Eureka* no levantó el menor interés, ni de público ni de crítica, y acabó convirtiéndose en una de sus obras más olvidadas, incluso mucho tiempo después de que se hubiera reconocido el genio de su autor. Los pocos críticos que se ocuparon de este ensayo filosófico apenas fueron capaces de entender lo que Poe intentaba transmitir, ya que la obra fue escrita por intuición y sin el menor fundamento científico, por lo que estaba sembrada de errores, aunque —hágase justicia— también contenía desconcertantes aciertos. Estos solos han podido revelarse como tales muchas décadas después, entre los que destaca el *big bang* como origen del universo. Esta es la teoría que más importancia cobra en la obra de Poe, y representa el hilo conductor de todas las demás ideas que expone.

La primera teoría científica que presentó un modelo del universo en expansión solo apareció setenta años después de la obra de Poe, en 1917. No fue hasta 1965, con la detección de una radiación de fondo generalizada en todas las direcciones del espacio —que les valió el Premio Nobel a sus descubridores— cuando la ciencia reconoció que el universo se formó a partir de la explosión de un superátomo primigenio donde estaba concentrada toda la masa y toda la energía existentes hoy en día. Fueron necesarios 118 años para desarrollar la tecnología de las gigantescas antenas parabólicas de los radiotelescopios que permitieron demostrar que algunos de los conceptos presentados por Poe en su libro no eran solo una patraña. Según el astrofísico inglés Arthur Eddington, Poe «destruyó el infinito», es decir, reconoció la finitud del universo con la infinitud del espacio. Incluso genios de la talla de Albert Einstein clasificaron la obra pseudocientífica de Allan Poe como «un logro muy hermoso de una mente extraordinariamente independiente».

A partir de supuestos metafísicos, Edgar Allan Poe desarrolló un modelo cosmológico de gran importancia para la historia de las ideas. Fue el primero y único en captar el concepto de Newton de un universo en evolución, mucho antes de que surgieran la teoría de la relatividad y los modelos relativistas. A menudo, se considera que la teoría de un universo en expansión es una consecuencia de la teoría general de la relatividad, aunque también se puede llegar a ella utilizando la física newtoniana, que se demostró matemáticamente después de la teoría de la relatividad y después de que el telescopio espacial Hubble demostrara que el universo está en expansión. Antes de Einstein y Hubble, nadie había refutado la teoría de un universo estático. Nadie, excepto Poe. ALBERTO CAPI, ASTRÓNOMO ITALIANO

Las alabanzas que Allan Poe esperaba recibir solo llegarían muchos años después de su muerte, ya que, en la época de su publicación, lo único que recibió fue una avalancha de críticas e incluso acusaciones de herejía y blasfemia. En un principio, el autor reaccionó con firmeza, escribiendo cartas furiosas a los periódicos, lo que hizo que pareciera un loco megalómano. Además, se sabe que recitaba largos pasajes de su libro en bares y lugares públicos ante una concurrencia poco apropiada que le tomaba por loco. Sus enemigos, por su parte, aprovechaban la oportunidad para hacer leña del árbol caído. La crítica más elogiosa vino del escritor francés Paul Valéry a principios de la década de 1930, quien lo definió como la primera «poesía cosmológica moderna».[N2]

A pesar del desprecio demostrado hacia su obra, Poe se esforzó por difundir las ideas presentadas en *Eureka* con gran entusiasmo. El 9 de febrero de 1848 ofreció una serie de conferencias en la Society Library de Nueva York con la esperanza de recaudar suficientes fondos para retomar el antiguo plan de lanzar su propia revista. Durante la conferencia, Poe abordó diversos temas, incluyendo una hipótesis para resolver la conocida como paradoja de Olbers, formulada por el astrónomo alemán Heinrich Wilhelm Olbers en 1823, que afirmaba que, en un universo estático e infinito, el cielo nocturno debería estar completamente iluminado sin ninguna región oscura. Poe contrarrestó esta tesis argumentando que solo podemos ver unas cuantas estrellas en el cielo porque su luz aún no ha llegado a la Tierra. Se trata de un acierto científico tan contundente que incluso hoy en día no se sabe si se puede achacar a su capacidad de razonamiento o a que verdaderamente contaba con una comprensión de la ciencia del cosmos digna de tener en cuenta.[N3]

A pesar de las expectativas del autor de tener una gran afluencia de público en su conferencia, una tormenta de nieve envolvió la ciudad y solo asistieron unas sesenta personas y muy pocos entendieron los exóticos teoremas que Poe se esforzaba en explicar. Este primer fracaso, después de la muerte de Virginia, llevó a Poe a derrumbarse y a terminar en Richmond sin tener más motivo que la nostalgia de su hogar. Según algunos testimonios de la época, Allan Poe se instaló durante seis semanas en la casa de los Mackenzie (la familia de acogida de su hermana) y dedicó su tiempo a visitar a conocidos, como el pintor Robert Sully y, en especial, al escultor Edward Valentine, hermano menor de su amada y difunta madre Frances, la única «Allan» cuyo recuerdo permanecía inalterable en su corazón. También hizo una visita al *Southern Literary Messenger*, su primera revista, dirigida entonces por John Reuben Thompson, quien posteriormente hizo un informe poco halagüeño sobre el controvertido poeta bostoniano:

El señor Poe abandonó Richmond después de permanecer aquí durante tres semanas. Según los testimonios de algunos amigos en común, estaba extremadamente ebrio y hablaba sobre *Eureka* en las tabernas, dirigiéndose a cualquier persona que quisiera escucharlo. Sus amigos trataron de mantenerlo sobrio para que volviera a trabajar, no tuvieron éxito y finalmente lo obligaron a embarcar hacia Nueva York. Durante su estancia en Richmond, traté de conseguir que escribiera algo para mí, pero sus momentos de lucidez eran tan breves e irregulares que resultó imposible. Acepté de él un texto titulado *Teoría del verso*, pero fue más un acto de compasión que otra cosa, ya que su contenido exigía una gran familiaridad con un tema muy específico y, por tanto, resultaría extraño para la mayoría de los lectores. No cabe duda de que Poe es un individuo único.

La breve estancia de Allan Poe en Richmond fue turbulenta y desoladora. Sumido en el alcohol, se dice que el autor intentó enfrentarse a John M. Daniel, el joven editor del periódico *Semi-Weekly Examiner*, en un duelo a vida o muerte. Aunque las circunstancias de este altercado nunca quedaron del todo aclaradas, parecían estar relacionadas con una nota calumniosa sobre Allan Poe que salió publicada en el periódico de Daniel. De todas formas, ambos hombres podrían haber resuelto sus diferencias de manera más civilizada, ya que el duelo nunca tuvo lugar. Aunque Poe era consciente de sus actos cuando se mantenía sobrio, su adicción al alcohol lo llevó a buscar ayuda en George W. Eveleth, un joven estudiante de medicina de origen humilde que se había convertido en su seguidor y confidente gracias a la lectura de sus escritos. Poe le escribió en diversas ocasiones desahogando sus penas más profundas y, gracias a que Eveleth conservó esta correspondencia, ha sido posible conocer más detalles sobre esta oscura etapa de la vida de Allan Poe.

Supongo que en ocasiones usted se preguntará: ¿qué tremendo dolor es este capaz de llevar a un individuo razonablemente cuerdo a una vida tan deplorable y tan llena de altibajos? Yo puedo proporcionar una respuesta e incluso más que una explicación: hace seis años, mi esposa, a quien amaba más que a nadie en este mundo, sufrió la ruptura de un vaso sanguíneo mientras cantaba. Creí que iba a morir y pasé junto a ella todo el tiempo de su lucha contra la muerte. Pero al final de ese mismo año, el vaso se rompió de nuevo y viví la misma escena, y luego otra vez en diferentes periodos. En cada ocasión, volvía su agonía, y en cada recaída de su enfermedad me aferraba a su vida con una obstinación desesperada. Pero yo soy un hombre de una sensibilidad extraordinariamente aguda y durante estos ataques de enajenación bebí; Dios sabe cuánto y con qué frecuencia lo hice. Ya había perdido toda esperanza de curarme, pero me recuperé tras la muerte de mi esposa, pérdida que ahora puedo soportar y que soporto como corresponde a un hombre. Sin embargo, la terrible e interminable oscilación entre la esperanza y la desesperación no habría podido soportarla por más tiempo sin perder completamente la razón.
CARTA DE ALLAN POE A GEORGE EVERLETH (1848)

En las últimas líneas de esta carta, cuando Poe dice «me recuperé tras la muerte de mi esposa», no parecía estar hablando de forma metafórica. En el verano de ese mismo año, su amigo Evert Duyckinck lo visitó en Fordham y se sorprendió al ver una mesa repleta de exquisitos manjares, fruto de la victoriosa demanda que Poe había interpuesto contra Thomas Dunn English por difamación pública.[N4] Poco después, Poe también recibió en su casa a un ministro episcopal llamado Cotesworth P. Bronson, quien esperaba verlo deprimido, pero también quedó sorprendido por su buen estado de ánimo. En octubre, un grupo de amigos que estuvieron con Poe relataron que el autor llegó a retarlos en una disputa de salto de longitud en la que acabó rompiendo sus polainas, pero el sacrificio mereció la pena, ya que nadie logró superar su marca. A pesar de que su corazón aún estaba destrozado por la reciente pérdida de Virginia, Poe se decía curado: «Nunca he estado tan bien y pretendo seguir así. Hace mucho que no bebo, hago ejercicios diarios al aire libre y no necesito de ninguna asistencia médica».

Sin embargo, la aparente estabilización de la vida de Poe fue efímera; el autor no fue capaz de sostenerla por mucho tiempo, porque no pasaba de ser un espejismo, una quimera de la que debía salir antes que terminara de hundirse para siempre en las sombras. De forma errática, arrebatado por sentimientos cada vez más contradictorios, Poe se dedicó a cortejar a varias mujeres a la vez, a veces utilizando las mismas frases en sus cartas, lo que sugiere falta de sinceridad y confusión emocional. Algunos biógrafos sugieren que Allan Poe estaba obsesionado con mujeres enfermas y tenía una especial predilección por aquellas que estaban al borde de la muerte. Otros llegaron al absurdo de acusarlo de pedofilia, basándose en el hecho de que se casó con una joven de trece años, sin tener en cuenta que en la época en la que vivió Poe era común que las jóvenes se casaran a edades tempranas en el sur de Estados Unidos.

Todos estos críticos y detractores ignoran el compromiso que Poe asumió en el otoño de 1848 con una mujer llena de inmaterial encanto, como las heroínas de sus obras. Su nombre era Sarah Helen Whitman, nacida en Rhode Island (la tierra que también vio nacer a H. P. Lovecraft). Helen, como Poe solía llamarla, había quedado viuda a una edad temprana y sufría de una rara afección cardíaca que la sumía en un estado de agitación y cansancio casi permanente. La pareja no había tenido hijos debido a una recomendación médica y, para no vivir sola, Helen optó por regresar a la casa de su madre en la pequeña localidad de Providence, población principal del minúsculo estado de Rhode Island y en el ámbito intelectual de Boston. A pesar de ser seis años mayor que Poe y de gozar de buena salud, ella vivió casi treinta años después de la muerte de Poe, lo que desecha las especulaciones sobre la obsesión de Poe por jóvenes moribundas. Además, el hecho de que su nombre fuera el mismo que el de su primer amor de adolescencia agrega un toque poético y mágico a su relación.[N5]

Cuando miraban fijos tus ojos en los míos, vi que ellos eran Helen, mi Helen, la Helen de mil sueños. Si murieras, tomaría tu mano en mi mano y con dicha bajaría contigo a la noche de las tumbas. FRAGMENTO DE UNA CARTA DE EDGAR ALLAN POE A SARAH HELEN WHITMAN

Helen era una lectora de los trabajos de Allan Poe desde hacía varios años. En su diario, relata que, en cierta ocasión, una de sus historias la sobrecogió sobremanera, y le causó una sensación de horror tan intenso que no se atrevió a volver a leer nada de lo que había escrito, ni siquiera a pronunciar su nombre. Con el tiempo, el horror dio paso a la fascinación y pronto Helen volvió a devorar con avidez lo que él publicaba. Asistía a sus charlas siempre que podía, y finalmente tuvo la oportunidad de conocerlo gracias a una amiga que tenían en común. A partir de ahí, comenzó una historia de amor que tuvo sus altibajos y claroscuros. Ambos tenían muchas afinidades y compartían muchos intereses, sobre todo en temas como la muerte, el más allá, lo paranormal y la espiritualidad; y les gustaba hablar sobre el espiritismo, el mesmerismo, la transmigración de las almas y la reencarnación. Helen se consideraba a sí misma una «discípula del trascendentalismo emersoniano», una corriente filosófica que surgió a fines de los años 1830 en los Estados Unidos y estaba basada en la bondad inherente de las personas y de la naturaleza. Sus seguidores creían que la sociedad y sus instituciones habían corrompido la pureza del individuo, y consideraban que las personas estaban en su mejor momento cuando eran verdaderamente autosuficientes e independientes. Esta corriente fue liderada por el escritor Ralph Waldo Emerson, quien promovió la idea de que cada persona tiene dentro de sí una chispa divina que le permite conectarse con la naturaleza y el universo, y que esa conexión puede conducir a una comprensión más profunda de la vida y la verdad.

De todos estos asuntos, lo que más atraía a Helen era la narrativa gótica de Allan Poe y sus historias pobladas de elementos mágicos y fantasmales. De hecho, Helen siempre se dejaba ver luciendo un curioso colgante en el cuello en forma de ataúd como un recordatorio de que la muerte es una realidad tan inevitable como misteriosa.[N6] Vestía, de manera poco convencional para una viuda de la época, con bufandas y chales de colores brillantes que a menudo se dejaban caer mientras ella caminaba por las aceras —al parecer— para que algún hombre se los recogiera y se los entregara, creando así una sutil y atrevida oportunidad de cortejo.

La magia de una forma encantadora hecha mujer. La necroman-
cia de gracia femenina. Fue siempre un poder que me fue imposible resistir. Pero aquí estaba la gracia personificada, encarnada.
La belleza ideal de mis más salvajes y entusiastas visiones. Hice
mil planes en mi mente. Con los cuales podría obtener a la dama
mayor. EDGAR ALLAN POE, FRAGMENTO DE *LOS ANTEOJOS* (1844)

Edgar Allan Poe y Sarah Helen Whitman se conocieron en 1845 durante
una lectura organizada por la poetisa Frances Sargent Osgood en Providence. Después de la reunión, Poe y Osgood dieron un paseo por las calles
de la ciudad y pasaron frente a la casa de Sarah Helen Whitman, quien se
encontraba en el jardín cuidando de sus rosas. Osgood se dispuso a presentarle a la dama, pero Poe declinó el ofrecimiento, sin saber que Helen
ya era una vieja admiradora suya. Tres años más tarde, cuando se acercaba
la festividad de San Valentín, la poetisa Anne Lynch le pidió a Helen que
escribiera un poema dedicado a la celebración del día de los enamorados.
Whitman no solo aceptó la petición, sino que le dedicó la obra al poeta
bostoniano. El poema, titulado *A Edgar Allan Poe*, comenzaba con los
siguientes versos:

> Oh, tú, lúgubre y antiguo cuervo o
> del plutoniano río de la noche.
> A menudo, en sueños, tus alas espectrales
> flotan y palpitan en torno a mi puerta...

Sorprendida e incrédula ante la actitud de su amiga, Anne Lynch se
apresuró a informarle a Helen de quién era el poeta al que estaba dedi-
cando tan hermosos versos: «Hace algún tiempo tuvimos una gran guerra
en el círculo de las literatas y este señor no se mostró nada digno; de hecho,
dijo e hizo muchas cosas abominables». A pesar de la advertencia, Helen
decidió publicar su poema en el *Home Journal*, de su amigo Nathaniel Parker Willis. Sin haber leído el poema, pero sabiendo que era obra de Helen,
Poe decidió devolver la cortesía dedicándole un poema titulado *A Helen*, el
cual le envió antes de que fuera publicado.

> Te vi una vez, solo una vez, hace años:
> no debo decir cuántos, pero no muchos.
> Era una medianoche de julio,
> y de luna llena que, como tu alma,
> cerníase también en el firmamento,
> y buscaba con afán un sendero a través de él.

Caía un plateado velo de luz, con la quietud,
la pena y el sopor sobre los rostros vueltos
a la bóveda de mil rosas que crecen en aquel jardín encantado,
donde el viento solo deambula sigiloso, sobre las puntas de los pies.
Caía sobre los rostros vueltos hacia el cielo
de estas rosas que exhalaban,
a cambio de la tierna luz recibida,
sus ardorosas almas en el morir extático.
Caía sobre los rostros vueltos hacia la noche
de estas rosas que sonreían y morían,
hechizadas por ti,
y por la poesía de tu presencia.

EDGAR ALLAN POE, FRAGMENTO DEL POEMA *A HELEN* (1848)

Los movimientos de Edgar en esta época eran complejos, cambiantes y a veces desconocidos. Tras algunos sutiles coqueteos mutuos, Poe y Helen iniciaron una relación epistolar que duró varios meses, durante los cuales intercambiaron poemas y observaciones literarias. En una carta llena de entusiasmo, Poe le expresó sus intensos sentimientos:

Cuando la vi entrar en la estancia, pálida, tímida, vacilante, con el corazón evidentemente oprimido; cuando sus ojos descansaron tan conmovedores por un breve instante en los míos, sentí por primera vez en toda mi vida, y la reconocí temblorosamente, la existencia de influencias espirituales que escapan de todo punto al reino de la razón. Entendí que era Helen, mi Helen, la Helen mil veces soñada.

La relación que surgía entre ambos era, sin duda, auténtica, pero a la vez envuelta en conflictos: Poe estaba buscando una figura materna que pudiera cuidarlo, mientras que Helen solo buscaba una aventura romántica con un poeta joven y carismático.[N7]

El 21 de septiembre, Poe y Helen finalmente se conocieron en persona y el autor no dudó en declarar su amor y pedir la mano de la poetisa. El romance entre estas dos almas predestinadas no pasó desapercibido por la turba hostil de las literatas de Nueva York, que no perdió un minuto en intentar abrir los ojos a la ingenua Helen, quien desconocía los antecedentes de su prometido. Anticipando posibles problemas, Allan Poe decidió viajar a Rhode Island para reafirmar su amor por Helen, pero la respuesta que recibió fue un inesperado rechazo. Lo único que consiguió sacar de su (nueva) amada fue la promesa de meditar sobre su propuesta y darle una respuesta por carta, la cual llegaría casi un mes después. En esta misiva, Helen confirmó su negativa a casarse, una decisión aparentemente influenciada por su madre, quien le había hablado de las antiguas relaciones de Poe, así como de su infidelidad, problemas económicos recurrentes y su abuso del alcohol. Helen, sin embargo, era incapaz de resistir la fascinación que sentía por el poeta, pero, como no se veía dispuesta a casarse de nuevo, se limitaba a prometerle volver a reflexionar y tomar una decisión definitiva. [N8]

> No te preocupes, pues no te exigiré nada. Me postraría a tus pies para siempre, si así lo deseas, y renunciaría a todos mis deseos humanos. Y me vestiría en la gloria de la paz pura y del afecto poco exigente. [...] Yo te consolaré, te aliviaré y te daré tranquilidad, mi amor. CARTA DE EDGAR ALLAN POE A SARAH HELEN WHITMAN (1848)

Allan Poe regresó a Fordham con la esperanza de casarse con Helen, y ella pronto le escribió. Sin embargo, sus líneas reflejaban una mayor inseguridad y mencionaban algunos obstáculos que tendrían que afrontar si decidían unirse en matrimonio: el círculo de amistades de ella rechazaba abiertamente a Poe, y personas como Elizabeth F. Ellet y Margaret Fuller lo aborrecían. Además, Helen mencionó que padecía de una afección cardiaca que amenazaba con acortar su vida y temía que Poe no fuera capaz de soportar una segunda viudez. «Sé que ya estaré muerta, pero no quiero que mi alma cargue con el peso de la culpa por hacerte sufrir una vez más». Dispuesto a superar la resistencia de su prometida, Poe le envió una carta de doce páginas —la más larga que había escrito a una mujer hasta entonces, según sus propias palabras— en la que intentó convencerla de que ningún obstáculo sería capaz de hacerles desviar de su destino, porque sus vidas estaban predestinadas. Y cuando llegara el momento, él estaría preparado para mostrarle lo que era capaz de hacer por ella.

> Ahora, en cambio, me oprime un espantoso terror, ya que comprendo con demasiada claridad que las objeciones que me plantea, por infundadas o fútiles que resulten, difícilmente podría haber sido expresadas en serio, al menos no por alguien cuya naturaleza me es tan conocida como la suya. Y temo aún más que estas objeciones enmascaren otras más reales que usted, quizás por piedad, vacila en confiarme. Me causa un gran dolor darme cuenta de que, en ningún momento, se le ha permitido a usted

expresar su amor por mí. Usted bien sabe, dulce Helen, que existen motivos insuperables que me impiden presionarla para que admita mi amor. Si no fuera pobre por mi situación de pobreza, mis recientes errores y excesos, que justamente me han rebajado a los ojos de los buenos, o si tuviera una fortuna que pudiera ofrecerle los honores mundanos, entonces, cuán orgulloso me sentiría de perseverar, rogar, implorarle, arrodillarme y suplicarle su amor con la más profunda humildad, a sus pies, a sus pies, Helen, anegado en lágrimas apasionadas.

No se sabe cómo respondió Helen a esta carta, si es que lo hizo. Poe no se había dado cuenta de que su forma de pensar y sentir difería en muchos aspectos de la de Helen, quien, aunque poseía un rasgo místico y romántico, era también muy cautelosa y prudente cuando se trataba de asuntos amorosos. Además, como dama de la sociedad, no le resultaría fácil adaptarse a la vida errática y precaria de Allan Poe. En definitiva, todos aquellos excesos de Byron y Goethe que Helen defendía en sus románticos poemas no podían aplicarse en su vida real.

A partir de este momento, la historia de Allan Poe se vuelve cada vez más brumosa. En otoño de 1848, el autor se enamoró de Nancy Locke Heywood, una viuda de treinta años residente en Lowell (Massachusetts). Nancy era de mirada tímida y recelosa, y aunque no tenía una formación literaria, poseía un gran encanto y una belleza singular. En muchos aspectos, era la antítesis de Sarah Helen Whitman, lo que la hacía deseable a los ojos de Poe. Al principio, se creía que la relación entre los dos era solo amistosa, pero a finales de 1870 —cuando el autor ya llevaba veinte años fallecido— Nancy entregó al biógrafo de Allan Poe, John H. Ingram, copias de unas cartas que el autor le había enviado entre octubre de 1848 y junio de 1849. Estas cartas, cargadas de dramatismo y mal escritas, muestran a un Poe consumido por una pasión obsesiva, aunque la postura demostrada por Nancy tampoco se puede clasificar de equilibrada; tanto que, después de conocer al autor bostoniano, Nancy decidió adoptar formalmente el apodo de Annie, presumiblemente para vincularse de manera más firme con el poema de amor *Para Annie*, escrito por Poe y que sería publicado más tarde, en la edición del 28 de abril de 1849 del periódico *Flag of Our Union*. Esta pasión, demostrada en las cartas, habría sido paralela a su breve y desafortunado compromiso con Sarah Helen Whitman, quien recibía de su prometido cartas similares de amor desbordado y promesas imposibles de cumplir.

La decisión de Nancy (o Annie) de entregar las copias de las cartas que Poe le había enviado a John Ingram no agradó a su hija Caroline, quien consideró su actitud como una ofensa imperdonable a la memoria de su padre, Charles Richmond, lo que acabó desencadenado una lamentable disputa familiar y, como resultado de su indiscreción, Annie se vio aislada de su familia durante mucho tiempo. Sus esfuerzos por «promocionarse» le permitieron pasar a la historia, pero el precio personal que pagó fue bastante alto.[N9]

Mientras tanto, en Rhode Island, el círculo más íntimo de Helen, que rechazaba a Poe sin disimulo, hacía todo lo posible para alejarla de una persona de tan mala reputación. Luchando contra la corriente, Edgar decidió visitar a Helen, pero no consiguió llegar a su destino porque en el transcurso del viaje se hizo con sesenta gramos de láudano, un opiáceo que se vendía en las farmacias como analgésico, e ingirió la mitad del frasco en el tren que lo llevaría a Boston. Cuando estaba a punto de tomar la otra mitad del frasco —que lo hubiera matado—, su cuerpo reaccionó y acabó vomitando el exceso de láudano. Como las fechas son inciertas debido a la confusión del autor, nunca se supo con qué intención tomó el medicamento. Si Poe hubiera sido adicto a los opiáceos, habría sabido que la cantidad ingerida sería expulsada por el estómago, lo que sugiere que su posible intento de suicidio no fue más que una simple escenografía.

Algunos biógrafos sostienen que la supuesta opiomanía de Edgar Poe fue una invención de Charles Baudelaire, quien fue el primero en traducir sus obras al francés. Baudelaire se habría basado en una frase de *La caída de la Casa Usher*, que dice: «Una fuerte depresión de ánimo únicamente comparable, como sensación terrenal, al despertar del fumador de opio». El poeta francés llegó a reemplazar la palabra *morfina* por *opio* en una traducción de los cuentos de Poe y, posteriormente, al identificar al autor con sus personajes, elevó el opio a la dignidad de un instrumento de inspiración para Poe, tal como había hecho con el alcohol.[N10]

En cuanto al supuesto intento de suicidio de Poe, no hay más testimonios que el suyo, que fueron registrados en una carta fechada el 16 de noviembre, dos semanas después del acontecimiento. Este documento, muy extenso y con muchos subrayados, no solo es la única prueba existente, sino que además revela la violencia del incendio pasional que lo impulsó.

> No lograba conciliar el sueño y estuve dando vueltas en la cama, llorando sin cesar durante aquella larga, larga y pavorosa noche de desesperación. Cuando despuntó el día, me levanté y procuré tranquilizarme dando un paseo, a paso muy vivo, para sentir

el aire frío y penetrante, pero hasta ese empeño fue en vano. El demonio seguía atormentándome. A la sazón me procuré dos onzas de láudano y regresé de coche de punto a Boston, sin pasar siquiera por mi hotel. Por eso no pude verla, mi amada, pues no me hallaba en estado de presentarme. [...] Estoy tan enfermo, tan terrible y desesperadamente enfermo de cuerpo y alma que me parece que no puedo seguir con vida, a menos que me sea dado sentir su dulce, amable, amorosa mano posada sobre mi frente. ¡Mi purísima, virtuosa, generosa, bella, bellísima Annie! ¿No les es posible venir a visitarme? ¿De veras? ¿Aunque solo fuese una breve semana? Hasta que logre domeñar esta terrible agitación, que caso de prolongarse bien destruirá mi vida, bien me volverá irremediablemente loco... Adiós aquí y para siempre. CARTA DE EDGAR ALLAN POE A ANNIE RICHMOND, 16 DE NOVIEMBRE DE 1848[N11]

Cuando Allan Poe pudo finalmente reunirse con Helen en Providence, tuvo lugar una escena desgarradora. Sin mencionar su incidente con el láudano durante el viaje, Poe admitió haber caído en excesos en Boston y le suplicó que se casara con él sin demora. Desconcertada, Helen aceptó la petición con la condición de que abandonara para siempre el uso de cualquier droga o estimulante. El autor aceptó la condición impuesta, aunque lo más importante fue la redacción de un contrato que la madre de su prometida le obligó a firmar. En una de las cláusulas, Poe renunciaba a cualquier derecho que pudiera tener sobre los bienes de Helen en caso de que ella muriera primero. La cantidad en cuestión parecía ser sustancial, ya que la herencia incluía acciones en seis bancos y préstamos no reclamados a particulares por importes superiores a cinco mil dólares, garantizados con hipotecas. A Poe le disgustó sobre todo esta condición, como si lo consideraran un aventurero, pero accedió a los términos impuestos y regresó a Fordham, donde su tía lo esperaba angustiada por su larga ausencia. Para entender al Poe de esta etapa solo es necesario leer la correspondencia que envió a Helen desde entonces. Su contenido no habla más que de miseria, inquietud, angustias y un sinfín de pesadillas.

Mi querida Helen, si aún queda algo de compasión en tu corazón, por favor, contéstame de inmediato a esta carta y hazme saber por qué no he tenido noticias tuyas. Si no sé pronto algo de ti, estoy seguro de que moriré. Me imagino todos los males que pueden sobrevenir. A veces pienso que te he ofendido y que ya no me amas, que ya no te importo. Sabes muy bien lo mucho que te amo, lo fiel y puro que es mi amor por ti, y por eso sé que me perdonarás, porque también sabes que es imposible verte y no amarte. En mis sueños más desbordantes nunca había imaginado a alguien tan completamente adorable, tan bueno, tan leal, tan noble, tan puro, tan virtuoso. Tu silencio me llena el alma de terror. ¿Es posible que no hayas recibido mi carta? Si estás enojada conmigo, te suplico de rodillas que me perdones; soy tu rendido esclavo en todo. Hazme saber algo de ti al menos una vez más, y sabré soportar lo que tenga que soportar. Te aseguro que te compadecerías de mí si supieras en qué agonía vivo mientras te escribo estas líneas. Por favor, no me abandones. CARTA DE EDGAR ALLAN POE A HELEN WHITMAN, 22 DE NOVIEMBRE DE 1848. [N12]

Numerosos biógrafos han observado algunas similitudes entre esta carta y la que el autor escribió a su tía Maria Clemm después de enterarse de que Virginia había sido invitada a vivir con su tío Neilson Poe, en especial en cuanto a su tono dramático. Ambas cartas reflejan el pánico que sentía y una profunda carencia afectiva. Poco después de enviar esta misiva, Allan Poe ofreció una conferencia en el Franklin Lyceum de Providence que fue aplaudida con entusiasmo. Helen ya había respondido a sus súplicas epistolares y asistió al evento en primera fila. Durante la recitación del poema *A Health*, de Edward Coote Pinkney, su prometida tuvo la certeza de que estaba dedicado a ella y, emocionada por el gesto romántico, aceptó casarse de inmediato. Sin embargo, todo cambió la noche del 24 de diciembre, víspera de la boda, cuando Helen recibió una carta anónima en la que se denunciaban los comportamientos alcohólicos del poeta y sus coqueteos con otras mujeres.

Sin saber que su prometida había descubierto sus deslices y confiado en que todo estaba en orden, Poe escribió a Maria Clemm: «Queridísima madre, nos casaremos el lunes y estaremos en Fordham el martes con el primer tren». El mismo día, le pidió a su amigo William Pabodie que depositara una carta destinada al reverendo William Crocker en la oficina de correos, en la que solicitaba que leyera las amonestaciones y oficiara la ceremonia. Pero Pabodie, que era amigo tanto de Poe como de Helen, decidió no enviar el mensaje por precaución. Esta decisión provocó una discusión en la que finalmente intervino la madre de Helen y la boda fue cancelada, a pesar de las súplicas de Poe.[N13] Esa misma tarde, Helen le dijo que todavía lo amaba, pero la amenaza de ser desheredada se agravó, porque Poe no dejaba de beber, a pesar de su ultimátum. A regañadientes, Helen rompió el compromiso y terminó la relación.

En aquel momento difícil, también experimentaba un sentimiento de alivio ante la idea de ser liberada del intolerable peso
de la responsabilidad que él había intentado imponerme al per-
suadirme de que su destino, para bien o para mal, dependía
de mí [...] En presencia de mi madre y del señor Pabodie, me
despedí con una profunda conmiseración por su destino y con
una intensa tristeza por tener que separarme de un hombre cuya
naturaleza exquisita y llena de gracia me había hecho quererle
más allá de toda expresión, y cuyo intelecto tan particular y
extraño había dado a mi vida un encanto nuevo. TESTIMONIO DE
SARAH HELEN WHITMAN, DICIEMBRE DE 1848[N14]

Nota del Autor

El 9 de noviembre de 1848, apenas cuatro días después de su (supuesto)
intento de suicidio con una sobredosis de láudano, Edgar Allan Poe fue llevado por Sarah Helen Whitman al estudio Samuel Masury y S. W. Hartshorn para que le hicieran un retrato mediante una técnica llamada daguerrotipo, el primer procedimiento que incluía una etapa de revelado. Este
retrato, que se hizo conocido como *Ultima Thule*, se convirtió en una de las
imágenes más icónicas no solo del autor, sino de la literatura universal, y
hoy en día se utiliza para estampar tazas de café, marcapáginas, camisetas
y todo tipo de *souvenirs*.

En este daguerrotipo, Allan Poe parece encarnar el estereotipo del trágico poeta romántico, con un aspecto casi fúnebre y consumido por su
propia naturaleza autodestructiva. Sin embargo, su triste semblante puede
tener dos explicaciones, ambas complementarias. En primer lugar, cuando
los daguerrotipos comenzaron a aparecer, Allan Poe pronto captó el poder
de persuasión que podrían tener los retratos y pasó a visitar estudios para
hacerse fotografiar. Y no lo hizo solo por un impulso de documentarse a sí
mismo, sino también por su reconocimiento de cómo los retratos podrían
moldear su reputación profesional. Sabía que los lectores vincularían su
imagen personal con sus escritos, otorgando a su obra una personalidad
propia. En segundo lugar, Allan Poe no se consideraba un hombre hermoso
ni fotogénico, y como no podía editar su propio rostro —como hacía con sus
obras— pasó a manipular su imagen de modo que tuviera cierta concordan-
cia con el tono oscuro de sus relatos. Aprovechaba su bigote para aportarle

cierta autoridad y posicionaba su cabeza de forma que su nariz proyectara una sombra sobre su prominente *filtrum* (nombre dado a la pequeña depresión ubicada entre el labio superior y la nariz). Optó por esta estrategia después de que un amigo suyo le dijera que la falta del bigote le daba una apariencia «menos sombría» y bastante alejada de sus oscuras obras.[N15]

Tal vez sea esta la razón por la que Allan Poe no sonríe en sus fotografías, aunque la explicación puede ser más compleja de lo que parece. Aparte de sus posados «publicitarios», el rostro de Edgar Allan Poe también refleja las cicatrices psicológicas que fueron apareciendo a lo largo del tiempo, señales evidentes de la tristeza causada por la muerte de sus seres queridos y las desilusiones amorosas que sufrió. Esta actitud, sin embargo, no era exclusiva de Poe, ya que muchos personajes históricos de finales del siglo XIX o principios del XX tampoco sonríen en sus fotografías. Charles Darwin, por ejemplo, era un hombre afable y bromista, pero parece congelado en la melancolía en todas sus fotos; en los retratos de Marie Curie, la científica polaca aparece siempre seria, ensimismada y cansada. Y esto no se debe a que la gente del pasado fuera más pesimista que nosotros, sino todo lo contrario: los británicos decimonónicos se tomaban con humor incluso los aspectos más lúgubres de su sociedad y los europeos del sur disfrutaban de unos carnavales con unas extravagancias cómicas tan desenfrenadas que son difíciles de ver incluso en los días actuales.

Ultima Thule (en el centro de esta composición) fue el nombre dado por Sarah Helen Whitman a un daguerrotipo de Allan Poe tomado en noviembre de 1848 en Rhode Island. El término proviene de una frase en latín que se utilizaba en la Edad Media para designar «cualquier lugar lejano más allá de las fronteras del mundo conocido». En las otras fotografías, Poe aparece siempre con un gesto melancólico, jamás con una sonrisa o con expresión afable. Se dice que tanto las ropas como los posados fueron elegidos a conciencia por el autor para transmitir una imagen más oscura, de modo que no se le representa exactamente como era, sino como él deseaba ser recordado.

Así las cosas, la seriedad que se retrata en las fotografías del siglo XIX no evidencia una tristeza o depresión generalizada, sino que tiene más que ver con la actitud hacia el retrato en sí; es decir, las fotos antiguas mostraban a las personas en su contexto —o en el que querían ser representadas—, como estatuas que cristalizaran un tipo de vida. Por esta razón, muchas veces las poses eran poco naturales, y los personajes no parecían relajados. Además, los tiempos de exposición necesarios para capturar una imagen podían durar varias horas. Incluso cuando se popularizó el retrato como una práctica más común, las personas todavía tenían que permanecer inmóviles durante minutos para evitar que sus imágenes salieran borrosas. Si bien es cierto que a finales del siglo XIX ya existían cámaras que no requerían tanto tiempo de exposición, las sonrisas seguían siendo poco comunes en las fotografías. Eso sugiere que también había razones culturales por las cuales la gente no sonreía en las fotos: la solemnidad que suponía retratarse en el pasado hacía que las fotografías fueran mucho más valiosas que las instantáneas que compartimos diariamente en nuestras redes sociales. Un retrato trataba de congelar la apariencia de una persona en un momento determinado, no congelar un momento de la vida en sí. En otras palabras, en los primeros tiempos de la fotografía, el mundo no era como el de hoy, donde las personas se hacen fotos para mantener sus redes sociales actualizadas a cada instante. En el mundo decimonónico, las fotografías eran un registro (muchas veces único) para la posteridad, y nadie quería ser recordado como un demente. Mark Twain, autor de *Las aventuras de Tom Sawyer*, dijo en una ocasión: «Creo que la fotografía es el documento más importante que tenemos, y no hay nada que pueda dañar más la reputación de una persona que una estúpida y tonta sonrisa captada y fijada para la eternidad».[N16]

Después de la ruptura forzada con Helen, Poe se sintió desmoralizado y regresó a Fordham sumido en un infierno de angustia. Sin embargo, quizá fue precisamente este infierno emocional lo que lo impulsó a levantarse una vez más. Cansado de los rumores, la malicia y las mezquindades de la sociedad literaria, Poe se encerró en su pequeño hogar y luchó con sus últimas fuerzas para salir adelante y reanudar su trabajo creativo.[N17] Sin embargo, este regreso no sería fácil. Durante el último año, su producción, ya disminuida, se había vuelto prácticamente nula; sus ingresos seguían siendo escasos y se le prohibía el acceso a los salones literarios de Nueva

York. Además, muchos de los escritores y editores con los que había tenido diferencias públicas lo mantenían al margen del mercado.

A pesar de sus dificultades, algunos apreciaban su trabajo, como el *Southern Literary Messenger*, que anunciaba su próximo regreso al mundo de las letras con la publicación de textos inéditos. De hecho, Poe tenía guardado en un cajón un poema recién terminado llamado *Ulalume*, cuyas líneas —al igual que en otros de sus trabajos— narran la muerte prematura de una mujer, en este caso, la esposa del narrador. Según algunos críticos, *Ulalume* es un intento desesperado de Poe por exorcizar los demonios que agitaban su vida, cuya situación, tanto material como espiritual, era entonces desesperada. Algunos temas controvertidos en la obra, como la necrofilia y el vampirismo, eran tan escandalosos para la época que los editores, incluso aquellos que ya estaban bien familiarizados con su estilo, no se atrevieron a publicar nada del autor durante cierto tiempo. «Permítame, como auténtico amigo, hablarle franca y abiertamente —le escribió el bienintencionado W. S. Simms, de Nueva York—. Usted se encuentra ahora en el peor momento de toda su carrera, en el que cualquier paso en falso puede tener consecuencias funestas. Dedíquese a su cuidado y aléjese de todas las diversiones y tentaciones que sean indignas de ella».[N18]

Según algunos biógrafos, *Ulalume* fue un encargo de un reverendo llamado Cotesworth Bronson, quien le pidió a Poe un poema que tuviera una fuerte presencia sonora como característica principal. Sin embargo, después de recibir el texto, el reverendo decidió no utilizarlo debido a la oscuridad de sus versos. Poe lo envió entonces al *Sartain's Union Magazine*, pero la revista lo rechazó por la misma razón. Finalmente, apareció publicado anónimamente en *American Whig Review* con el título: *Ulalume, una balada*.

> Así calmando a Psiquis, la besé,
> intenté alejar su melancolía
> y vencí sus escrúpulos y tristeza;
> pero estábamos parados a la puerta de una tumba,
> cerca de la puerta de una legendaria tumba.
> Y yo dije: «¿Qué lees, dulce hermana,
> en la puerta de esa legendaria tumba?».
> Y ella dijo: «Ulalume, Ulalume.
> ¡Es la tumba de tu perdida Ulalume!».
> Sentí mi corazón lúgubre y yerto,
> como cuando las hojas se crispaban,
> como cuando las hojas estaban marchitas y secas.
> Y yo grité: «¡Será seguramente octubre!».

Fue una noche idéntica hace un año,
cuando viajé, cuando descendí hasta aquí.
Llevando una terrible carga.
¡Aquella noche, aquella noche del año!
¡Oh!, ¿qué demonio me trae hasta aquí?
Reconozco la ciénaga de Áuber
y la región brumosa de Weir;
bien conozco ahora que esta es la ciénaga de Áuber
y aquel el embrujado bosque de Weir.

EDGAR ALLAN POE, *FRAGMENTO DE ULALUME* (1847)

Algunos críticos de la época clasificaron *Ulalume* como un trabajo excesivamente espeso, incluso hubo quienes dijeron que el propio Poe se mostraba reacio a leer el poema en voz alta debido a sus constantes aliteraciones, lo que lo hacía difícil de recitar. Algunas de las primeras biografías de Allan Poe de principios del siglo XX conjeturan que, en la época de publicación de este poema, el autor se había convertido en fumador de opio y que sus depresiones podrían estar vinculadas a recurrentes crisis de abstinencia. Si Poe consumía otras drogas en algún otro momento de su vida, es algo que nunca se ha podido comprobar; lo que sí se puede afirmar es que la huida hacia ciertas adicciones representó para Poe el único medio de llenar el vacío que sentía para fingir una vida que no tenía. «Soy de constitución delicada, nervioso hasta un grado fuera de lo normal —escribió el poeta bostoniano pocos años antes de su muerte— y durante aquellos estados de absoluta inconsciencia bebía; solo Dios sabe cuántas veces y cuánto».[N19]

Nota del Autor

Charles Baudelaire (1821-1867) fue uno de los autores más destacados del siglo XIX en la literatura francesa. Sus habilidades como escritor en prosa prácticamente igualan a su habilidad como poeta. Además, Baudelaire fue el primer traductor al francés de las obras de Edgar Allan Poe y uno de sus biógrafos más destacados de la época. Comenzó su labor de divulgación e interpretación de Poe en 1847, cuando era un aprendiz y había acabado de leer *El gato negro*, obra que le causó un gran impacto. Desde ese momento, la vida de Baudelaire se transformó radicalmente. Más tarde, escribió: «La primera vez que abrí uno de sus libros vi, para mi sorpresa y placer, que allí se encontraban no solamente ciertos motivos con los que yo había soñado, sino frases que yo había pensado, escritas por él veinte años antes».

En un artículo escrito después de la muerte de Allan Poe, Baudelaire parece tratar de disculparlo por sus vicios al afirmar que: «Para ser del todo justo, se debe atribuir una parte de sus vicios, y particularmente el de su embriaguez, a la severa sociedad en que la providencia lo recluyó». Baudelaire explica reiteradamente que su persistente interés en la figura de Poe se debe a una estrecha semejanza entre ambos escritores, cuyas vidas estaban dominadas por los mismos fantasmas: falta de dinero, soledad, desamparo social, miserias conyugales, mezquinos rencores literarios y el excesivo consumo de alcohol. Con ello, queda claro que Baudelaire perseguía en sus análisis de Poe una identidad propia, y encontró en él una imagen redimida de su propia condición y destino, una justificación y glorificación de su existencia miserable.[N20]

> Después de haber leído diversos documentos, anécdotas y biografías, he sacado la triste conclusión de que para Poe los Estados Unidos fueron una gran prisión que recorría con la agitación febril de alguien destinado a respirar un ambiente más aromático que el de aquella sociedad cretina y poderosa, llena de reyes mercachifles y buscadores de oro al calor pestilente del gas. Su vida interior, su espiritualidad como poeta e incluso sus desvaríos de borracho eran un esfuerzo perpetuo por liberarse de esta atmósfera antipática.[N21] CHARLES BAUDELAIRE

Con el tiempo, Baudelaire llegó a creer que había una conexión sobrenatural entre él y Allan Poe y estaba convencido de que la similitud en sus estilos se debía a la similitud en sus vidas. En total, Baudelaire presentó treinta y seis obras en prosa de Allan Poe al público francés, que se publicaron en dos tomos entre 1856 y 1857, en una traducción que aún no ha sido igualada. Gracias al prestigio universal del francés en ese momento, las obras en prosa de Poe se dieron a conocer con relativa rapidez en toda Europa. Una de las claves del éxito de Allan Poe en el Viejo Continente tiene un matiz cultural: en Estados Unidos, pocos se atrevían a leer sus obras y nadie quería reconocer su talento por puritanismo, ya que lo consideraban un mal ciudadano, «un hombre enfermo que escribe relatos perversos», todo lo contrario del escenario cultural europeo de la época, en el que se valoraba el carácter canalla, bohemio y rebelde de los poetas y escritores.

Resulta irónico pensar que gran parte de la información que Baudelaire manejó sobre Poe y que se dedicó a difundir era errónea, ya que provenía de los trabajos biográficos de Rufus Griswold, quien intencionadamente había alterado y distorsionado un buen número de datos acerca del autor con el único propósito de desprestigiarlo ante la opinión pública. Entre las invenciones de Griswold a las que Baudelaire tuvo acceso y difundió creyéndolas verosímiles, se incluyen la idea de que Poe se marchó de casa para participar en la Revolución griega, que fue llevado a Rusia para protestar contra el Gobierno y que unos compañeros estadounidenses lo salvaron de un exilio en Siberia. Sin duda, se trataba de unos materiales nada despreciables para una biografía de Edgar Allan Poe, incluso más interesantes que algunos episodios reales de su vida, menos novelescos y, sin duda, más vulgares.[N22]

> Los personajes de Poe, esas personas de facultades hipersensibles, de voluntad ardorosa que lanzan el reto hasta contra el mismo imposible, aquellas cuya mirada se lanza rígida como una espada sobre objetos que se agrandan a fuerza de contemplación, nacen todos o, mejor dicho, son todos el mismo Poe. Y sus mujeres, todas luminosas y enfermas, muriendo de males misteriosos, hablando con voces de música, son también el mismo Poe; o, al menos, lo son por sus extrañas aspiraciones, por su valor, por su melancolía incurable. Por otra parte, su mujer ideal, su Titánida, se revela bajo diferentes imágenes, que vienen a ser más bien maneras distintas de sentir la belleza en una unidad vaga pero sensible. En esa unidad vive más delicadamente, tal vez que en otra parte, ese amor insaciable de lo bello que constituye el gran título del artista supremo y que le da, en resumen, el derecho al afecto y a la admiración de los poetas. CHARLES BAUDELAIRE

El término «poeta maldito» surgió en Francia a finales del siglo XIX para denominar a una generación de autores que protagonizaron una importante revolución estilística, totalmente innovadora y rompedora con lo que se había logrado hasta el momento. Los «malditos» solían cultivar una clase de poesía que emanaba cierto aire gótico en el que predominaba una actitud fuertemente destructiva, con versos de una belleza siniestra que ofrecía una literatura más oscura y devastadora. El término proviene de un libro de ensayos escrito y publicado por Paul Verlaine en 1884, titulado *Los poetas malditos*, en el que recopilaba, analizaba y exaltaba la obra de seis poetas franceses que llevaban una vida «maldita», es decir, llena de excesos, tormentos e incomprensiones y que, a su vez, desarrollaban obras en las que abordaban temas como la maldad, la pobreza y el hambre, aunque también buscaban la belleza donde nadie la veía.[N24]

Aunque muchos críticos de la época clasificaron la expresión creada por Verlaine como «muy relativa», el poeta destacó que el uso del concepto

Charles Baudelaire fue el gran responsable de la introducción de la obra de Edgar Allan Poe en Francia y, por consiguiente, en el resto del continente europeo. Conoció sus textos por mera casualidad y quedó tan fascinado que decidió dedicar buena parte de su tiempo a traducirle al francés. En algunos periodos de su vida estuvo tan obsesionado con la empresa de difundir el nombre de Edgar Allan Poe que llegó incluso a descuidar su propia obra. Aún en vida, Baudelaire recibió el mote de «poeta maldito», que designaba a escritores que, como él, llevaban vidas bohemias, consumidas por los excesos, y cuyas obras destacaban por la provocación y el gusto por mostrar que puede haber belleza aun en lo siniestro. El mayor ejemplo fue *Las flores del mal* (1857), censurada por «ofender a la moral y a las buenas costumbres», desatando una gran polémica en torno a la figura del autor.[N23]

se refería más precisamente al estilo de vida bohemio y pecaminoso del artista, que conllevaba un proceder altamente criticado por la sociedad. Estos comportamientos incluían el consumo excesivo del alcohol, fiestas, drogas y sexo, elementos que hoy en día están plenamente asociados a las estrellas del *rock*, que son considerados por muchos como los «poetas malditos» de la actualidad. De hecho, hace muchos años ya, surgió en Internet «el club de los 27», que hace referencia a los artistas que comparten la singularidad de haber fallecido de forma trágica y prematura a la edad de 27 años. Esta lista incluye nombres como Jimi Hendrix, Janis Joplin, Kurt Kobain y Amy Winehouse, cuyas historias casi siempre están relacionadas con el consumo de drogas y alcohol, así como con un pasado personal bastante turbulento.

Los seis poetas malditos mencionados en la obra del Verlaine son Tristan Corbière (desdeñaba la idea del éxito y de la gloria), Arthur Rimbaud (quien no deseaba que sus escritos fueran publicados, pues no le importaba la fama), Stéphane Mallarmé (considerado maldito debido a que pocos lo leían), Marceline Desbordes-Valmore (porque en su época la sociedad no reconocía la labor de las mujeres en la literatura) y Auguste Villiers de L'Isle-Adam (porque su obra literaria no era suficientemente reconocida en los ámbitos sociales, académicos y culturales). El propio Verlaine se incluyó a sí mismo en este selecto grupo, aunque utilizó el anagrama «Pouvre Lelian». Verlaine tuvo una vida muy controvertida, marcada por malas decisiones y con consecuencias funestas. En su ensayo, destaca la difícil labor de dedicarse a la poesía, porque la libertad de escribir lo que él deseaba lo conducía a no ser tomado en cuenta por los grupos artísticos de su época. Algunos especialistas literarios coinciden en que el calificativo de «poetas malditos» creado por Verlaine está inspirado en *La bendición*, un poema de Charles Baudelaire, que en uno de sus fragmentos maldecía el nacimiento de los poetas:

Cuando, por un decreto de potencia suprema,
el poeta aparece en este mundo hastiado,
espantada la madre, dolorida, blasfema,
crispa el puño hacia Dios, que la mira apiadado.

¡Ah! Un nido de serpientes mejor haber parido,
antes que amamantar esta pobre irrisión.
Maldita sea la noche de placer fementido
en que mi propio vientre concibió la expiación.

Este poema pertenece a la primera parte de la obra magna de Baudelaire, *Las flores del mal* (1857), y está influenciado en gran medida por la estética poética de Edgar Allan Poe. Ambos autores utilizaban sus obras como un escape del sentimiento de tedio y angustia, conocido en la literatura como esplín, que se experimentaba al ser rechazado por una sociedad hipócrita y decadente. Según Baudelaire, la mejor manera de evadir este pesar es a través del arte, la poesía, los excesos y el amor, que no se aleja del sufrimiento. Para muchos especialistas literarios, sin Edgar Allan Poe, la obra de Baudelaire no sería la misma. De hecho, algunos piensan que Poe superó ampliamente los avatares que Rimbaud, Mallarmé y compañía tuvieron que experimentar, ya que la sombra del malditismo ya se movía en la mente y la sensibilidad de un artista que fue oscuro en toda la extensión de la palabra.[N25] De la obra de Poe, figuran muchos poemas malditos como *A Elena* (1831), *Annabel Lee* (1849), *El día más feliz* (1847), *Israfel* (1831), *Lenore* (1831) y *El cuervo* (1845).

La expresión «poetas malditos», creado por Paul Verlaine para clasificar específicamente a seis poetas franceses, se extendió a muchos y diversos autores de diferentes nacionalidades. Actualmente, se conoce como una condición artística que apunta a aquellos creadores que se salen de la norma pautada y se alejan de la sociedad convencional. Edgar Allan Poe es considerado el mayor exponente de este movimiento en la literatura de habla inglesa. En la imagen aparecen los retratos de los siguientes poetas malditos: Charles Baudelaire, Arthur Rimbaud, Paul Verlaine, Edgar Allan Poe y Guy de Maupassant.

* * *

El año 1848 llegó a su fin con el lanzamiento de grandes clásicos de la literatura mundial, tales como *Cumbres borrascosas*, de Emily Brontë; *La dama de las camelias*, de Alexandre Dumas, y *Memorias de ultratumba*, de François-René de Chateaubriand. Mientras tanto, Charles Baudelaire comenzaba a traducir al francés las obras de Edgar Allan Poe, quien, por su parte, regresaba a Fordham sin pena ni gloria, solo con la vana esperanza de rehacer su vida, una vez más.

> Seré un escritor toda mi vida; ni por todo el oro de California abandonaría las esperanzas que me impulsan a perseverar [...] ¿No te sorprende ver que todo lo que hay de verdaderamente precioso para un hombre de letras —en especial para un poeta— en modo alguno puede comprarse? El amor, la gloria, el imperio de la inteligencia, la conciencia del poder, el sentimiento estremecedor de la belleza, el espacio libre del firmamento, el ejercicio del cuerpo con la salud física y moral que del mismo resulta, son las únicas cosas que cuentan para un poeta; dime, pues, ¿por qué habría yo de desistir? CARTA DE EDGAR ALLAN POE A THOMAS WHITE, 29 DE DICIEMBRE DE 1848

Edgar Allan Poe caminado solitario en el High Bridge,
litografía de B. J. Rosenmeyer (1930).

ANNABEL LEE

«Si hubiese tenido más talento que genio, Poe habría
sido un hombre muy rico, pero lo que sí es cierto es que
merece su lugar entre los inmortales de la literatura».
EDITOR DE UN DIARIO DE RICHMOND

Durante los ocho meses en los que Poe estuvo cortejando a Helen, su producción literaria, que ya era deficiente, disminuyó aún más. Además, las innumerables horas que pasó viajando para atender sus citas románticas y la tristeza que sintió cuando Helen decidió romper con él un día antes de la boda lo sumieron en una profunda depresión. A pesar de todo, Poe encontró la motivación para escribir un extenso texto para una conferencia en el hotel Exchange de Richmond titulada *El principio poético*. En esta obra, Poe llamó la atención sobre las poesías inglesas y americanas que mejor se adaptaban a su gusto. Para muchos expertos, esta conferencia ofrecida por Allan Poe en Richmond fue la primera y más profunda contribución estadounidense a la crítica estética, en la que defiende que el propósito de todo autor debe ser escribir un poema «por el poema» y que la última meta del arte es siempre la estética. También discute el concepto del poema largo, afirmando que una poesía épica debe estar estructurada en una colección de partes más pequeñas que sean lo suficientemente cortas como para leerlas de una sola sentada. Y para no perder la costumbre, Poe aprovecha este ensayo para criticar las obras de otros poetas de su tiempo. La conferencia tuvo una acogida bastante tibia por parte de la crítica, que la clasificó como «demasiado técnica para el público general»; sin embargo, ya hacía tiempo que Poe había dejado de escribir para el lector común, porque creía «que el país carecía de obras dedicadas al estudio de nuestra propia literatura». Como curiosidad, Poe perdió sus apuntes en la víspera de la conferencia y tuvo que reescribirlos pocas horas antes de su presentación.

Algunos estudiosos de Poe sugieren que *El principio poético* estuvo en parte inspirado por el fracaso crítico de dos de sus poemas más tempranos, *Al Aaraaf* y *Tamerlán*, después de los cuales no volvió a escribir otro poema extenso. A partir de esta experiencia, el escritor conjeturaba que los poemas largos eran incapaces de sostener un clima apropiado o mantener una forma poética de alta calidad y, por lo tanto, estaban inherentemente viciados.[N1]

Durante este periodo de escasez creativa, Poe logró publicar, en la edición del 17 de marzo de 1849 de *The Flag of Our Union*, el cuento *Hop-Frog*, cuyo título podría traducirse más o menos como «salto de rana» o «rana saltarina». En este relato corto, Poe nos narra la historia Hop-Frog, un bufón enano que actuaba en la corte de un rey aficionado a las bromas pesadas. Tanto él como su amada, Tripetta, sufren todo tipo de humillaciones hasta que llega el momento en el que Hop-Frog decide vengarse de toda la corte. Para ello, se encarga de preparar los trajes del rey y de los ministros para una fiesta de disfraces, en la que irán todos vestidos de orangutanes y encadenados los unos a los otros. Llegado el día de la fiesta, Hop-Frog los cuelga de una cadena colgada del techo y, ante las miradas horrorizadas de los invitados, los quema vivos con el fuego de una antorcha, ya que sus trajes estaban hechos de un material altamente inflamable.

> El texto que terminé ayer tiene un título que usted no podrá adivinar: ¡Hop-Frog! Imagínese: ¡Yo escribiendo una historia con un título tan peculiar! El título tampoco le dirá nada sobre su contenido (es horroroso), estoy seguro de ello; y se va a publicar en *The Flag of Our Union*; quizá no sea una revista muy prestigiosa desde el punto de vista literario, al menos es una de las que mejores honorarios pagan a sus escritores. CARTA DE EDGAR ALLAN POE A ANNIE RICHMOND, FEBRERO DE 1849

Se ha sugerido que la historia de *Hop-Frog* fue escrita por Poe como una forma de venganza literaria contra algunos miembros del círculo literario de Nueva York que habían difundido rumores sobre presuntas indecencias del autor. Entre ellos se encontraba Elizabeth F. Ellet, cuyos flirteos amorosos habían sido reiteradamente rechazados por Allan Poe. Ellet podría estar representada en el relato por el rey mismo, cuyos siete consejeros podrían ser enemigos literarios de Poe, como Margaret Fuller, Hiram Fuller, Thomas Dunn English, Anne Lynch Botta, Anna Blackwell, Ermina Jane Locke y su esposo. Críticos posteriores también han encontrado otros elementos biográficos en este cuento. El personaje del bufón, Hop-Frog, al igual que Poe, fue «secuestrado de su casa y se presentó al rey» (su padre adoptivo, el opulento John Allan), y fue nombrado de una manera que no correspondía a su bautismo, sino impuesto. El bufón, también como Poe, es «muy sensible al vino» y se enfurece cuando es insultado y obligado a beber, algo que le sucedió a Poe en una ocasión cuando fue presionado para beber y se emborrachó tras terminar de tomar la primera copa.[N2]

Más allá de todas estas interpretaciones, es posible inferir del cuento de *Hop-Frog* la cantidad de odio y rencor que Allan Poe había acumulado en su interior, en especial, después de la muerte de Virginia. Durante aquellos meses de invierno de 1848-1849, Poe escribió arduamente todas las noches en la misma habitación donde ella había fallecido, y solo descansaba cuando conseguía dormir o cuando se sentía dispuesto para salir de casa y caminar sin rumbo bajo la protección de su capa militar de West Point, la misma que, en innumerables noches, había servido como manta para calentar a su esposa.

Y cómo he trabajado, cómo me he esforzado, ¡cómo he escrito! Dios mío, ¿no he estado escribiendo siempre constantemente? No conozco la palabra «fácil». Me he pasado todo el día sentado en la mesa de escribir y, por la noche, mi lámpara seguía encendida incluso después de la medianoche. Deberías haberme visto inclinándome hacia la izquierda, hacia la derecha, hacia adelante y hacia atrás, siempre sentado frente a la hoja en blanco. He escrito tanto en los buenos como en los malos días. No importa lo que haya escrito. Lo que realmente importaba era el estilo... ¡De ello dependía todo![N3]

Parece que Poe estaba dispuesto a retomar su carrera literaria con energías renovadas. En una carta dirigida a Annie Richmond, describió con entusiasmo sus perspectivas profesionales:

En las últimas semanas, he enviado textos inéditos al *American Review*, al *Metropolitan* y al *Southern Literary Messenger*. Además, he recibido encargos de una revista de Cincinnati y estoy tratando de acordar con varias revistas el envío de textos de forma regular para asegurarme unas ganancias. Les estoy pidiendo unos honorarios de cinco dólares por página y, como puedo escribir fácilmente dos páginas al día, significa que estoy en condiciones de ganar setenta dólares semanales. Estoy determinado a convertirme en un hombre rico y, cuando esto suceda, mi vida finalmente se calmará. Puedes estar segura de mis palabras, querida Annie, pues, después de todo, la literatura es la más noble de las profesiones.[N4]

Sin embargo, por alguna razón que transciende nuestro entendimiento racional, el destino parecía siempre obstaculizar sus pequeños progresos y en poco tiempo Poe vio como sus ilusiones se desmoronaban como un castillo de naipes. En una nueva carta dirigida a Annie Richmond, el autor se desahoga sobre el motivo de todas sus decepciones:

Sabe usted bien con cuánta moral le escribí hace poco acerca de mis perspectivas y esperanzas; también sabe de sobra que tenía previsto salir pronto de mis aprietos. ¡Bien! Pues todo parece haberse frustrado, al menos por el momento. Como de costumbre, las desgracias nunca vienen solas, y me he encontrado con un disgusto tras otro. Primero, me falló el *Columbian Magazine* y luego el *Post Union* (que se llevó mi principal fuente de ingresos). Luego, la *Whig Review* y el *Democratic* suspendieron el pago de todas las colaboraciones. Además, tuve una disputa con una persona cuyo nombre prefiero omitir debido a la insolencia. Y como colmo de males, el *Gentleman's Magazine*, con el que llegué a firmar un compromiso de colaboración regular (en el cual me pagarían 10 dólares semanales durante el año entero) acaba de publicar una circular a todos sus colaboradores alegando escasez de fondos y rechazando la recepción de nuevos artículos. Por si fuera poco, el *Southern Literary Messenger*, que me debe un buen dinero, no me puede pagar en este momento. Con todo ello, me he visto reducido a contar solo con Sartain y Graham, ambos en situación muy precaria. Usted atribuirá mi «melancolía» a estos eventos mundanos, pero tales consideraciones no tienen el poder de deprimirme. No, mi tristeza es inexplicable, y esto me entristece más aún. Estoy lleno de tenebrosos presentimientos. Nada me anima, nada me consuela. Parece que mi vida está echada a perder y que el futuro es un erial pavoroso. Pero, aun así, pienso seguir luchando y tener esperanza contra toda esperanza.[N5]

Es cierto que en aquel momento los editores interesados no se comportaron demasiado bien con un autor que ya había demostrado en más de una ocasión sus asombrosas cualidades literarias. Por otra parte, Poe tampoco ayudó al verse implicado en recurrentes escándalos que, de vez en cuando, copaban los titulares de la prensa. Acostumbrado a los altibajos de su carrera (más bien *bajibajos*), Poe no se dejó rendir y aprovechó su buena relación con el editor de la revista *Flag of Our Union* para publicar una serie de nuevos textos, aunque algunos estaban bastante alejados de su incuestionable genialidad narrativa. Este fue el caso del extraño relato *El párrafo de las «X»*, que pone en escena el feroz enfrentamiento de dos diarios rivales de un pequeño pueblo llamado Alejandromagnópolis: *La Tetera* y *La Gaceta*. Sintiéndose aludido por una crónica de *La Gaceta* en la que predomina la letra «O», el redactor jefe de *La Tetera* decidió escribir una réplica punzante en la que solo se usaba como vocal la O, pero su texto terminó destrozado por el regente de la imprenta que, al no encontrar dicha vocal en el cajetín de las letras, decidió reemplazarla por la letra «X». A la mañana siguiente, la población de Alejandromagnópolis no sabía cómo reaccionar ante aquel extraño editorial que salió impreso de la siguiente manera:

¡Xh, Jxhn, xh, txntx! ¿Cxmx nx te txmx encxnx, lxmx de plxmx! ¡Ve a Cxncxrd, Jxhn, antes de txdx! ¡Vuelve prxntx, gran mxnx rxmx! ¡Xh, eres un sxllx, un xsx, un txpx, un lxbx, un pxllx! ¡Nx un mxzx, nx! ¡Txntx gxlxsx! ¡Cxlxsx sxrdx! ¡Te txmx xdix, Jxhn! ¡Ya xigx tu cxrx, lxcx! ¿Sxmxs bxbxs nxsxtrxs? ¡Txrdx rxjx! ¡Pxn el hxmbrx, y ve a Cxncxrd en xtxñx, cxn Ixs cxlxnxs!

Más difícil que entender estas confusas líneas fue concebir la agitación ocasionada por este místico y cabalístico artículo. La primera idea concreta que circuló entre el pueblo fue que en esos jeroglíficos se encerraba alguna traición diabólica, por lo cual hubo una protesta ante la residencia del editor de *La Tetera*, que ya no se encontraba allí. «Habíase evaporado, sin que nadie supiera decir cómo, y desde entonces no se ha vuelto a ver ni siquiera su fantasma».

La llegada de la primavera de 1849 marcó la última etapa productiva de Allan Poe, cuyo cénit, en lo que se refiere a calidad literaria, fue el poema *Un sueño dentro de un sueño*, publicado el 31 de marzo de 1849 en *The Flag of Our Union*, y es considerado por la crítica como uno de sus mejores trabajos. Con solo veintidós líneas, es un poema corto, pero muy conmovedor, que cuestiona si la línea borrosa que separa los sueños de la realidad no sería otra cosa que un sueño dentro de un sueño. El narrador, en pie frente al mar, recoge un puñado de arena y observa cómo los granos se deslizan entre sus dedos. Esta escena es posiblemente una analogía de muchos de los sueños interrumpidos de Poe, como la desaparición de su amada esposa Virginia, la traumática ruptura con Sarah Helen Whitman o el fracaso de su propia revista *The Stylus*, que nunca vio la luz, entre otros sucesos. Con este poema, Poe consiguió transmitir en pocas palabras la profundidad y magnitud de uno de los sentimientos más universales de la condición humana: los sueños rotos. Debido a ello, ha conseguido convertir esta obra en una de sus más populares y cuya fuerza llegó a nuestros días.

> ¡Toma este beso sobre tu frente!
> Y, me despido de ti ahora,
> no queda nada por confesar.
> No se equivoca quien estima
> que mis días han sido un sueño;
> aun si la esperanza ha volado
> en una noche, o en un día,
> en una visión, o en ninguna,
> ¿es por ello menor la partida?
> Todo lo que vemos o imaginamos
> es solo un sueño dentro de un sueño.

> Me paro entre el bramido
> de una costa atormentada por las olas,
> y sostengo en mi mano
> granos de la dorada arena.
> ¡Qué pocos! Sin embargo, cómo se arrastran
> entre mis dedos hacia lo profundo
> mientras lloro, ¡mientras lloro!
> ¡Oh, Dios! ¿No puedo aferrarlos
> con más fuerza?
> ¡Oh, Dios! ¿No puedo salvar
> al menos uno de la implacable marea?
> ¿Es todo lo que vemos o imaginamos
> un sueño dentro de un sueño?

En la edición del 14 de abril de 1849, el periódico *Flag of Our Union* publicó un nuevo relato de Poe que, de haber sido tomado en serio, podría haber causado un pequeño desastre financiero. En una época en la que la fiebre del oro comenzaba a afectar a muchos estadounidenses, Poe escribió *Von Kempelen y su descubrimiento*, un relato corto que afirmaba que un químico alemán llamado Von Kempelen había encontrado la manera de transformar el plomo en oro. El relato concluye afirmando que la noticia del descubrimiento había provocado que el precio del plomo se disparara un 200 % y el de la plata un 25 %. En este último caso, la broma iba claramente dirigida a aquellos que estaban obsesionados con la fiebre del oro, que fue un período de migración apresurada y masiva de trabajadores hacia zonas más rústicas en las que se ha llevado a cabo un descubrimiento espectacular de yacimientos de oro.[N6] La obra en prosa de Poe termina con *La cabaña de Landor*, publicado originalmente también en la edición del 9 de junio de 1849 del *Flag of Our Union*.

A finales de abril, la situación económica en el hogar de los Poe se volvió acuciante, ya no había dinero ni siquiera para pagar el alquiler. «Empieza a invadirme un terror secreto, el de no volver a verla nunca más —escribió el autor a Annie Richmond—. Me asedian presentimientos sombríos y nada hay que me dé valor ni me tranquilice. Mi vida no es más que desolación y veo el porvenir como un lúgubre vacío, pero voy a seguir luchando». Esta vez, sus palabras no quedaron como promesas vacías y Poe hizo todo lo posible para reunir fuerzas y volver a la carga una vez más. Sus esfuerzos, sin embargo, no se centraron en escribir otra historia, cuyos honorarios de publicación eran siempre irrisorios, sino en retomar su plan de editar su revista propia. Para este fin, se puso a trabajar en los anuncios que habían de servir como presentación de la *Stylus*, olvidados hasta entonces en el cajón, y los hizo llegar a potenciales inversores. Como había perdido mucho crédito entre sus amistades más cercanas, decidió ampliar el círculo de posibles socios, enviando sus bosquejos a personas que le eran completamente desconocidas, acompañados de algunas palabras de cortesía. Parecía un plan sin grandes perspectivas hasta que un día llegó una carta de una pequeña ciudad de nombre indio a orillas del Misisipi, en Illinois: Oquawka, un enclave arenoso que contaba entonces con dos almacenes, una tienda de alimentación, dos hoteles, varias viviendas y un semanario, el *Oquawka Spectator*, fundado por J. B. Patterson.

Su remitente era Edward Horton Norton, el hijo del fundador del semanario, y en ella manifestaba su deseo de financiar la empresa de Allan Poe, ofreciéndole el control absoluto de la redacción y la mitad de los beneficios. Se trataba, en otras palabras, de la oferta más sólida que Allan Poe había recibido hasta ese momento para fundar su revista, y representaba la última oportunidad de su vida. Poe se apresuró a responderle para informar a Norton que podía asegurar la suscripción inmediata de doscientos abonados y que esperaba llegar a mil en tres meses, por lo que proponía una tirada de veinte mil ejemplares. Inicialmente, Norton y Poe tuvieron algunas discrepancias conceptuales que se resolvieron pronto. A Poe no le gustaba el título de la revista ideado por Norton, que también había propuesto un precio al lector un poco más bajo que el de otras publicaciones similares. Tampoco le agradó la idea de lanzar la revista en Oquawka, una ciudad que no era un centro literario como Filadelfia o Nueva York. En cambio, sugirió que el lanzamiento se anunciara simultáneamente en las principales capitales de la costa este estadounidense, y que el primer número del *Stylus* apareciera en enero de 1850.[N7]

Dado su interés por la obra de Allan Poe, Norton acordó publicar una revista mensual que no excediera las cien páginas durante el primer año, con la posibilidad de ampliarla a 120 o incluso 130 páginas en función de las ventas. Para lanzar la revista, Norton calculó que sería necesaria una inversión aproximada de al menos mil dólares, que incluiría los costes de producción de dos mil copias durante tres meses. Si Poe lograba conseguir los mil suscriptores prometidos, Norton asumiría todos los costes iniciales y continuaría con el proyecto. Además, acordaron que Norton financiaría los viajes de Poe para promocionar la revista, proporcionándole un generoso anticipo de cincuenta dólares para cubrir los gastos de transportes, dietas y alojamiento.

Con la mente perturbada y llena de malos presentimientos, Poe se dirigió al muelle en compañía de su pobre tía Maria Clemm y la poetisa Stella Lewis, quien acogía a la anciana en su casa a modo de pensión. Mientras se despedía de Stella, le confesó tener la sensación de que no regresaría y

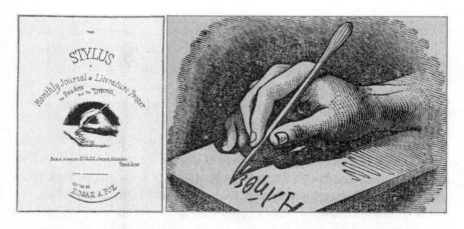

Boceto de lo que sería la portada de la primera edición de la revista *Stylus,* diseñada por el propio Allan Poe, quien dibujó una mano sosteniendo una pluma y escribiendo αλήθεια *(alētheia),* una palabra procedente del griego que significa «verdad».

no pudo evitar derramar algunas lágrimas. En ese momento, sus nervios estaban a flor de piel y temblaba a cada palabra. «Si no regreso, te ruego que escribas la historia de mi vida. Solo tú puedes hacerme justicia y yo sé que lo harás». Luego, se giró hacia su querida Maria Clemm y, con lágrimas en los ojos, le dijo: «Dios te bendiga, madre bienamada, no temas por mí. Me portaré bien durante mi ausencia y volveré para quererte y cuidarte».[N8]

Por alguna razón que todavía se desconoce, Allan Poe decidió modificar su plan de viaje durante la travesía marítima y desembarcó en Filadelfia para atender algún asunto cuya naturaleza nunca trascendió. Se cree que, entre otras cosas, Poe visitó la biblioteca municipal con la esperanza de encontrar algún artículo o reseña que hablara de su madre, algo que solía hacer de forma recurrente cada vez que llegaba a una nueva ciudad. Su breve estancia en Filadelfia fue extraña y, probablemente, después de varios días de intoxicación etílica, el autor se vio involucrado en un suceso tan oscuro que muchos de sus biógrafos no han logrado esclarecer con exactitud los detalles de lo ocurrido. Durante uno de sus interminables paseos nocturnos, el autor fue interceptado en la calle por la policía y trasladado a la cárcel de Moyamensing bajo la acusación de estar ebrio en vía pública. Encerrado en una celda oscura, tuvo alucinaciones que no habrían estado fuera de lugar en muchos de sus cuentos. En una visión espeluznante, imaginó a unos torturadores sometiendo a su pobre e indefensa tía y presenció «cómo le serraban los pies y los tobillos, las piernas a la altura de las rodillas y, después, los muslos, las caderas y otras partes del cuerpo». Por fortuna para el autor, su estancia en los calabozos duró apenas unas pocas horas, ya que el alcaide lo reconoció y ordenó su liberación inmediata sin cargos.

Cárcel de Moyamensing en Filadelfia, donde Allan Poe fue detenido por embriaguez en vía pública y pasó una noche encarcelado.

Después de pasar la noche encarcelado y sin lugar donde alojarse, Allan Poe decidió buscar refugio en la casa de John Sartain, un reconocido ilustrador y colaborador frecuente de la *Graham's Magazine*. Los grabados de Sartain se hicieron tan famosos que, en un momento dado, el propietario de la revista, George Rex, llegó a decir que Sartain tenía tantos seguidores como los mejores escritores de su publicación. El éxito de Sartain le dio la confianza necesaria para desvincularse de la *Graham's* y fundar su propia revista, la *Sartain's Union Magazine*, que fue la primera en publicar el poema *Las campanas*, cuando Allan Poe ya había fallecido. Para Sartain, la noche de Allan Poe en prisión, aunque anecdótica, le habría trastocado profundamente, porque, pocos días después de lo ocurrido, el autor irrumpió en su despacho suplicando con desesperación que lo protegiera de dos hombres que le seguían con la intención de matarlo. Esta inesperada paranoia persecutoria estalló con tal fuerza que el autor llegó a pedir una navaja para poder afeitarse el bigote y que así no lo reconocieran. Sartain escribió poco tiempo después:

> Poe hablaba de forma confusa sobre visiones extrañas, sueños y sobre la cárcel. A fin de apaciguar su espíritu, decidí hacerle caso, lo llevé al baño y le corté el bigote yo mismo. Acto seguido, lo acompañé a un parque cercano para que tomara algo de aire fresco y luego lo llevé de regreso a casa y lo ayudé a acostarle en su lecho. Parecía entonces más tranquilo, pero como no me sentía a gusto de dejarlo solo, pasé la noche a su lado, tumbado en el sofá hasta que amaneció.

No podremos saber qué sueños o pesadillas tuvo Poe aquella noche, ya que al despertar por la mañana estaba convencido de que Maria Clemm había muerto y afirmó haber intentado quitarse la vida durante la noche, pero el fantasma de Virginia lo había detenido. Por la mañana parecía encontrarse más o menos cuerdo y se disculpó con su amigo, hablando de alucinaciones y de tener el sistema nervioso enfermo. Al comprobar que el poeta había recuperado en parte la cordura, Sartain lo dejó solo en casa para atender algunos recados profesionales. El autor, aprovechándose de la ausencia de su protector de turno, se puso a escribir una carta a Maria Clemm para tratar de tranquilizarla, pero el contenido de la misiva la alarmó aún más de lo que ya estaba.[N9]

> Querida madre: He estado muy enfermo. He sufrido de cólera o convulsiones y apenas puedo sostener la pluma. Es urgente que

vengas conmigo. La alegría de verte me ayudaría a superar todo el sufrimiento. Al menos, podríamos morir juntos. Yo no puedo más, tengo que morir. Después de haber escrito *Eureka*, siento que no tengo nada más que hacer en la vida. Tú eres todo para mí, mi querida y buena madre, eres mi mejor y más preciada amiga. No estaba realmente loco, pero los acontecimientos perturbaron mi corazón. Estuve en la cárcel debido a la embriaguez, pero no estaba borracho, fue a causa de Virginia.

Nota del Autor

Además de dar cobijo a Allan Poe, John Sartain también le compró los derechos de *Annabel Lee*, el último poema completo compuesto por el autor bostoniano, publicado poco tiempo después de su muerte. Al igual que muchas de sus obras, este poema explora la temática de la muerte de una hermosa mujer y el amor que persiste más allá de su desaparición. El narrador del poema —un personaje anónimo, como también es lo habitual— se enamora de Annabel Lee cuando ambos eran jóvenes y continúa incluso amándola después de su fallecimiento. Aunque algunos podrían interpretar este sentimiento como propio del Romanticismo y sus excesos, el narrador explica que los celos que los ángeles tenían por el intenso amor que él sentía por ella fueron la verdadera causa de su muerte.

Los ángeles, que no eran en el cielo ni la mitad de felices,
sentían envidia de ella y de mí.
¡Sí!, esa fue la razón (como todos los hombres saben,
en este reino junto al mar)
por la que el viento estalló de una nube durante la noche,
congelando y matando a mi Annabel Lee.
Pero nuestro amor era más fuerte, más intenso
que el de todos nuestros ancestros,
más grande que el de todos los sabios.
Y ningún ángel en su bóveda celeste,
ningún demonio debajo del océano
podrá jamás separar mi alma
de mi hermosa Annabel Lee.

Annabel Lee.
By Edgar A. Poe.

It was many and many a year ago,
    In a kingdom by the sea,
That a maiden there lived whom you may know
    By the name of Annabel Lee; —
And this maiden she lived with no other thought
    Than to love and be loved by me.

She was a child and I was a child,
    In this kingdom by the sea,
But we loved with a love that was more than love —
    I and my Annabel Lee —
With a love that the wingèd seraphs of Heaven
    Coveted her and me.

And this was the reason that, long ago,
    In this kingdom by the sea,
A wind blew out of a cloud by night
    Chilling my Annabel Lee;
So that her high-born kinsmen came
    And bore her away from me,
To shut her up in a sepulchre
    In this kingdom by the sea.

Fragmento de *Annabel Lee*, el último poema de Allan Poe,
publicado pocos días después de su muerte.

Es importante notar que Poe no se refiere a una doncella o dama en particular, sino que emplea el término «virgen», lo cual sugiere una posible conexión con el nombre de Virginia. A pesar de que Poe no era partidario de obviedades, la palabra «virgen» funciona, al menos en su vocabulario, como una asociación a la pureza, lo cual refuerza la tesis defendida por algunos de los biógrafos del poeta que sostienen que él y su esposa jamás consumaron su matrimonio. Asimismo, al igual que Annabel Lee, Virginia era joven y estaba enamorada, pero falleció dos años antes de la composición del poema, lo cual la sitúa dentro del tópico de la muerte prematura de una mujer hermosa. En oposición, Sarah Elmira Royster, una novia de la infancia de Poe, creía firmemente que era la verdadera inspiración detrás de Annabel Lee, e incluso afirmó que fue el propio poeta quien se lo confesó. Sarah Helen Whitman, otro de los amores inconclusos de Allan Poe, también afirmó públicamente ser la musa que estaba detrás del poema, aunque ninguna de ellas falleció de manera prematura ni tampoco encajaban en el perfil de «virgen» en cuanto a su pureza física y sentimental.[N10] Más allá de estas polémicas, para muchos seguidores de Allan Poe lo importante de esa obra no es el misterio de la verdadera identidad de Annabel Lee, sino su lírica, considerada una de las más bellas jamás creadas por el poeta, sobre todo su estrofa final:

> Pues la luna nunca resplandece sin traerme sueños
> de la hermosa Annabel Lee,
> y las estrellas nunca brillan sin que yo sienta los ojos radiantes
> de la hermosa Annabel Lee,
> y cuando llega la marea nocturna, me acuesto justo al lado
> de mi amada —mi amada—, mi vida y mi prometida
> en su sepulcro, allí junto al mar,
> en su tumba junto al ruidoso mar.

Las seis estrofas de este poema, impregnadas de susurros de mar y de dolor, son una expresión del recuerdo imborrable que dejó en Poe su esposa fallecida. A pesar de que Poe atravesaba por un periodo difícil durante las últimas semanas de su vida en Fordham, su capacidad intelectual y su fuerza poética permanecían inalterables, lo que le permitía, por momentos, tener destellos de genialidad, que se hacían evidentes incluso en sus momentos más bajos. Es posible que Poe tuviera la rara capacidad de convertir su propio sufrimiento en una poderosa fuente de inspiración. En cuanto a la elección del nombre de Annabel Lee, Poe utilizaba con frecuencia un método quirúrgico en sus personajes femeninos, ya que solían tener una letra «L» en el nombre, como Ligeia, Morella, Eulalia, Eleonora, Lenore o Ulalume.[N11]

Después de un largo periodo de descanso en la residencia de John Sartain, Poe se recuperó y, cuando su socio Patterson le hizo llegar un nuevo anticipo, Sartain lo embarcó en el vapor de Baltimore, desde donde partió hacia Richmond, donde llegó el 13 de julio. Poco antes de su llegada, escribió de nuevo a Maria Clemm para pedirle que fuera a reunirse con él:

> El clima es terriblemente caluroso, pero lo peor de todo es el sentimiento de añoranza del hogar que domina mi cuerpo y mi mente. Nunca antes en mi vida había deseado tanto ver a alguien como lo deseo hoy contigo, mi querida madre. Me encuentro tan deprimido que siento que haría cualquier sacrificio por tenerte aquí conmigo en estos momentos tan difíciles. Junto a ti siento que puedo soportarlo todo, pero al estar lejos me siento demasiado miserable como para seguir adelante.

Lejos de cualquier compañía y cuidado, Edgar se sentía perdido, y aunque siempre había sido un hombre solitario, no sabía estar solo. Sin embargo, al llegar a Richmond, tuvo la suerte de ser acogido una vez más en Duncan Lodge, la amplia casa de los Mackenzie, donde pudo disfrutar de un ambiente más saludable, mejores alimentos y una cama más cómoda, lo que le permitió recuperarse en pocos días. Bajo el techo de los Mackenzie, Edgar pudo renovar sus vínculos fraternales con Rosalie, quien acababa de cumplir los treinta y ocho años de edad, aunque aparentaba ser mayor que su hermano. Las descripciones de esta época la retratan como aburrida y nunca hacía nada que se saliera de lo predecible. El 19 de julio, sintiéndose más dispuesto, Allan Poe se apresuró a escribir una nueva carta a Maria Clemm:

> Madre mía bienamada; te darás cuenta de inmediato, por la caligrafía de esta carta, de que estoy mucho mejor, tanto de salud como de ánimo. ¡Oh, si supieras cuánto me hizo bien recibir y leer tu amable carta! La mayor parte de mi sufrimiento venía de un pensamiento terrible del que no podía deshacerme: el pensamiento de que habías muerto. Durante más de diez días, he estado completamente desequilibrado, aunque no bebí ni una sola gota de alcohol; y durante este tiempo imaginé las más terribles calamidades. A pesar de todo, querida madre, siento que no todo está perdido y la hora más oscura es justo antes del amanecer. Ten ánimo, pues aún es posible que todo salga bien. Voy a desplegar todas mis energías y cuando mi corazón esté un poco más apaciguado, intentaré escribir otra vez.

Bien atendido y respirando la atmósfera virginiana que, después de todo, era la única que consideraba verdaderamente suya, Allan Poe nadaba una vez más contracorriente, como solía hacer de niño, impresionando a sus camaradas y haciendo todo lo posible para mostrar su mejor versión. Paseó por las calles de Richmond, visitó a amigos y asistió a diferentes tertulias, donde lo presionaban cordialmente para que recitara una y otra vez El cuervo, el poema que lo había alzado a la fama, aunque sin proporcionarle el beneficio económico que esperaba. A pesar de ello, Poe aceptaba encantado todas las peticiones que le hacían y recitaba una y otra vez las estrofas de su obra, cautivando a sus oyentes con la musicalidad de su discurso. De las charlas entre amigos, Poe pasó a ofrecer conferencias públicas, que luego fueron clasificadas por la prensa local como un evento imperdible, una oportunidad única de escuchar a un hijo famoso, cuyas obras habían sido elogiadas en lugares tan lejanos como Francia e Inglaterra. Y ni siquiera el calor sofocante del final del verano, que hizo que habitantes de la ciudad buscaran refugio en el campo, pudo disminuir las expectativas de la gente en torno al poeta más famoso de la región. La sala de conciertos se llenó todas las noches en que se presentó. Las críticas fueron superlativas y describieron las veladas como «llenas de sentido y contenido». Entusiasmado con la recepción brindada por sus conciudadanos, Poe escribió a Maria Clemm diciendo que finalmente habían reconocido sus méritos y todo lo que había aportado a la literatura estadounidense.[N12]

Al encontrarse más dispuesto, Poe concluyó que no debía seguir molestando a los Mackenzie, y se instaló en la Taberna del Cisne, un elegante pero sencillo establecimiento construido en la década de 1780 cerca del edificio del capitolio de Thomas Jefferson. Desde el balcón de su cómoda habitación, Poe podía contemplar toda la ciudad, que apenas había cambiado en los últimos años: por un lado estaba el sereno James, río de sus hazañas; las escuelas del señor Burke y del señor Clarke al otro lado y, no muy lejos, las tres tumbas «sagradas»: la de su madre, la de Frances Allan y la de Jane Stannard. Al levantar la vista, podía incluso vislumbrar la casa de John Allan, quien había fallecido quince años antes, pero con el añadido de una gran ala para los hijos de su segundo matrimonio. Fueron tres meses en los que Poe hizo un «viaje nostálgico» y se encontró con personas que en algún momento habían sido parte de su vida. Incluso personas cercanas a John Allan lo recibieron con los brazos abiertos.[N13] Entre los amigos que lo invitaban, varios lo habían conocido de niño y lo recordaban vestido de terciopelo. Entre ellos, estaban su compañero de escuela, Robert Stannard, hijo de Elena, y Robert Sully, hijo de un actor inglés que había actuado con la madre de Poe. El primero se había convertido en un abogado y el segundo en un conocido retratista. Allan Poe también se reencontró con Catherine Elizabeth Poitiaux, ahijada de Frances Allan, a quien recordaba como una niña cariñosa que le escribía desde Inglaterra cuando él tenía diez años y aprendía latín con el reverendo Bransby. En una carta escrita años después de la muerte de Allan Poe, Poitiaux narra el día en el que hizo un paseo en compañía del autor por el Ermitage, una antigua finca de la familia Mayo, que él había frecuentado mucho en su juventud:

Al llegar, noté que estaba silencioso y pensé que eso se debía a los recuerdos relacionados con el lugar, así que tuve cuidado de no hablarle. Pasamos lentamente junto a unos bancos musgosos, conocidos como los «bancos de los enamorados», que estaban ubicados en el mismo sitio en el que estaban desde la última vez habíamos estado allí, bajo dos árboles centenarios. Buscando al pie de los arbustos silvestres, descubrimos algunas flores que él guardó cuidadosamente entre dos hojas en su cuaderno de apuntes. Luego, entró en la casa vacía, pasando de una habitación a otra con una mirada grave y ausente. Al pasar por el salón en que brillantes grupos se habían concentrado en otro tiempo, se quitó el sombrero de manera involuntaria. Nos sentamos en el umbral de una de las ventanas, cuyas profundas hendiduras ahora estaban invadidas por la hiedra, y su memoria debió de devolverle escenas del pasado, pues comenzó a recitar uno de los poemas más hermosos de Thomas Moore, titulado *La última rosa del verano*.

Es la última rosa del verano,
que solitaria queda floreciendo.
Todas sus adorables compañeras
se han marchitado y se han ido;
no hay flor de su linaje,
no hay capullo cercano
que refleje su rubor,
o devuelva suspiro por suspiro.

No dejaré que tú, ¡solitaria!,
languidezcas en el tallo;
ya que las adorables duermen,
ve tú a dormir con ellas.

Así yo esparciré, suavemente,
tus hojas sobre el lecho,
donde tus compañeras de jardín
yacen sin perfume y muertas.

Tan pronto como pueda seguirte,
cuando las amistades decaigan,
y desde el círculo brillante del amor,
las gemas caigan alejadas.
Cuando los corazones sinceros yazcan marchitos,
y los bondadosos hayan volado,
¡oh!, ¿quién habitaría
este mundo sombrío en soledad?

A finales de julio, Poe viajó a Norfolk para ofrecer una conferencia de *El principio poético*. Durante su estancia, aprovechó para hacer una visita nostálgica a Fort Monroe y Point Comfort, en el extremo sur de la península de Virginia, donde había servido como recluta bajo el pseudónimo de Edgar A. Perry después de abandonar la universidad. En aquel entonces, parecía que Poe tendría una prometedora carrera en el Ejército, ascendiendo a sargento mayor de artillería, el más alto rango de suboficiales, pero, tan solo dos años después de ser reclutado, Poe solicitó el alta. El poeta pasó al menos una noche cerca del fuerte, hospedado en el hotel Hygeia, que ofrecía bonitas vistas al océano. La conferencia, que tuvo lugar al día siguiente, fue un éxito modesto, ya que no hubo demasiada gente. Un periódico local señaló que sus recitaciones eran exquisitas y provocaron la más cálida admiración del público, pero lamentó la escasa asistencia. En su defensa, Poe alegó que Norfolk era una ciudad pequeña y que, además, había otros dos espectáculos programados para la misma noche. Pese a todo, se sintió satisfecho de haber tenido un público entregado y de haber cobrado unos honorarios que le permitieron tener una cómoda estancia en la ciudad. El breve paso de Allan Poe por Norfolk quedó registrado en un artículo escrito por el historiador Parker Sheperd Rouse pocas semanas después:

Poe regresó a Norfolk unos veinte años después de haber servido en Fort Monroe, y se hospedó en el hermoso y antiguo hotel

Hygeia, construido por la familia Armistead para alojar a visitantes y también a militares recién llegados a la ciudad. Su pasaje debe haber evocado fuertes recuerdos de su servicio juvenil, cuando el gran fuerte estaba en construcción junto a Mill Creek de Hampton y frente a la bahía de Chesapeake. En la noche del 9 de septiembre de 1849, Poe aceptó la petición de sus admiradores para recitar su poesía en la terraza del hotel a la luz de la luna. Además de *El cuervo* y *Annabel Lee*, Poe recitó la mística *Ulalume* y quiso explicar a su asistencia que la última estrofa de este poema quizás no fuera inteligible para los oyentes, ya que él mismo apenas la entendía. Cuando una joven alabó el poema, Poe le envió al día siguiente una copia manuscrita y firmada por él.

Susan Ingram, que es el nombre de la afortunada receptora de una copia autografiada de *Ulalume* de las manos del propio Allan Poe, dejó registrado en su diario la experiencia que vivió en aquella emblemática noche:

Por aquel entonces, yo era demasiado joven e inexperta para comprender plenamente lo que el poema significaba. Sin embargo, cuando expresé al señor Poe mi admiración por la belleza de sus versos, él pareció complacido. Al día siguiente, para mi gran sorpresa, encontré bajo la puerta de mi habitación el manuscrito del poema, copiado con su hermosa caligrafía. Junto con los versos, había una nota en la que confesaba que temía que el poema no fuera muy claro, ni siquiera para él mismo. Un día en que paseábamos juntos, el señor Poe me dijo que estaría dispuesto a explicar lo que había querido decir en el poema, pero luego se cohibió, porque un amigo le había dicho que era una estupidez intentar explicar lo que debería ser evidente por sí solo. Ese día yo llevaba puesto un perfume de raíz de iris y él se dio cuenta del olor. Entonces me dijo: «¿Sabes en qué me hace pensar ese perfume? En mi madre adoptiva. En su habitación, cada vez que abría los cajones de su cómoda, salían vaharadas de olor de raíz de iris. Desde entonces, cada vez que noto la presencia de ese perfume en el ambiente vuelvo a la época en que yo era un muchachito y pienso en mi madre».

Esta ilustración, publicada en un diario local de Norfolk el 10 de septiembre de 1849, muestra a Edgar Allan Poe en la terraza del hotel Hygea recitando sus versos ante un pequeño grupo de asistentes. La joven sentada a su derecha es, posiblemente, Susan Ingram, quien más tarde recibiría del autor una copia autografiada de *Ulalume*.

De vuelta a Richmond, el autor se reunió de nuevo con John Reuben Thompson, el editor de la *Southern Literary Messenger*, quien le propuso escribir algunos textos nuevos para la revista, pero el autor rechazó amablemente la propuesta alegando sentirse cansado. En cambio, entregó nuevos capítulos que había escrito para ampliar su ensayo *Marginalia* y una copia manuscrita de *Annabel Lee*. Es probable que esto último lo hiciera a cambio de un préstamo de cinco dólares para ayudar a cubrir los gastos de su viaje. A finales de agosto, Poe decidió abandonar sus malos hábitos y se comprometió a abstenerse de beber alcohol y permanecer sobrio de forma indefinida. Consciente de que sería necesaria mucha disciplina para cumplir su promesa, el autor se unió a la Sociedad Estadounidense por la Templanza, un movimiento social que se formó en los Estados Unidos en 1826 con el objetivo de reducir el consumo de alcohol en el país y luchar contra los problemas sociales asociados a la embriaguez, como la violencia doméstica, la pobreza y la criminalidad. Para ello, la sociedad promovía la educación sobre los peligros del alcoholismo y organizaba campañas de concienciación y boicot a las bebidas alcohólicas. Este movimiento tuvo un gran impacto en la sociedad estadounidense del siglo XIX y, aunque finalmente no logró la prohibición total del alcohol, sí contribuyó a reducir de forma significativa su consumo.

Allan Poe se tomó muy en serio su decisión de convertirse en abstemio, a pesar de que era difícil mantener su juramento en una ciudad tan bohemia como Richmond y en presencia de sus amigos, que seguramente se burlarían de sus intenciones. Pero, de alguna forma, Poe logró mantenerse alejado de los vicios, quizá motivado por el terrible recuerdo de la cárcel, aunque, de todas las razones que lo mantuvieron sobrio, ninguna fue más importante que impresionar a Sarah Elmira Royster, su antiguo amor de juventud. Elmira era ahora una madre de tres hijos y viuda de un rico industrial cuyo patrimonio estaba valorado en cien mil dólares (más de dos millones de euros de hoy). El difunto esposo, Alexander Barret Shelton, había hecho su fortuna en la industria del transporte como socio de una compañía de navegación que operaba a lo largo del río James. Fue entonces, después de veinticinco años de una separación forzada, cuando Poe tuvo el valor de hacer una visita a su antigua novia, un evento que ella dejó registrado en una carta enviada a una amiga cercana:

> Me estaba preparando para ir a la iglesia cuando la criada me informó de que había un hombre en la entrada que deseaba verme. Bajé y me sorprendí al verlo y lo reconocí de inmediato. Acto seguido, se acercó a mí y, con gran entusiasmo, me dijo: «¡Oh, Elmira, eres tú!». Le expliqué que estaba a punto de ir a

La Sociedad Estadounidense por la Templanza tuvo una facción radical liderada por Carrie Nation, una feroz activista que atribuía su lucha contra el alcohol a su fallido primer matrimonio con Charles Gloyd, un hombre que murió debido al alcoholismo. Conocida por invadir tabernas con un hacha en la mano para destruir todas las botellas que encontraba, Nation fue arrestada más de treinta veces y pagaba sus multas con las donaciones recibidas en sus conferencias y la venta de hachas de mano similares a la que usaba en sus ataques. La influencia de Nation y otros defensores de la templanza llevó eventualmente a la aprobación de la ley seca en los Estados Unidos en la década de 1920, una década después de la muerte de Nation.

la iglesia y que no cambiaría mis planes, por lo que tendría que volver otro día. Edgar lo entendió y se marchó, pero volvió al día siguiente, se quedó un rato y se portó muy bien conmigo.

Al volver a reencontrarse después de tanto tiempo, la pasión adolescente pareció renacer en ambos; Elmira tenía mucho cariño por Poe y lo admiraba «más que a cualquier otro hombre que haya conocido», escribiría más tarde. El afecto que tenía por Poe, nacido durante sus años de juventud, se había mantenido a lo largo del tiempo, incluso después de que el autor se casara. De hecho, en una ocasión, Elmira vio a Poe paseando con Virginia en un parque de Richmond y de inmediato le invadió un terrible sentimiento de celos que logró apaciguar recordando que era una mujer casada. «Ese día, enterré todos estos sentimientos como si se tratara de un reptil venenoso». Ahora que ambos estaban solteros, a Elmira no le costó aceptar los galanteos de su novio de juventud, quien, hundido en la más absoluta de las carencias, le propuso el matrimonio ya en su segunda cita. Se trataba de una petición delicada, ya que su marido había reflejado expresamente en su testamento que le quitaría un tercio de su herencia si se volvía a casar con otro hombre. Además, sus hijos no aprobarían el enlace, al igual que su abuelo décadas antes, pero Elmira parecía dispuesta a hacer valer su deseo y, secretamente, decidió acudir a una conferencia del poeta en Richmond. No sabemos si Poe la vio en la penumbra del auditorio, pero sí sabemos que habló con tal maestría que Elmira salió a la calle dispuesta a aceptar su propuesta de matrimonio. En la adolescencia, Elmira había prometido ser su mujer; los años pasaron y, sin previo aviso, Edgar regresó a su vida, ahora más maduro y misterioso, rodeado por una fama en la que el escándalo era una prueba más de su genio provocador.

Durante las semanas siguientes a su reencuentro, la pareja revivió su romance adolescente. A pesar de algunos malentendidos y recaídas por parte de Poe, en septiembre de 1849 se concertó definitivamente el matrimonio para el mes siguiente. Parecía que, al final, Allan Poe tendría motivos para creer en un giro del destino cuando, a finales de septiembre, tuvo que hacer un viaje a Nueva York para zanjar una serie de asuntos importantes. Entre ellos, tenía que entregar la casa de Fordham a su propietario y entrevistarse con Griswold, quien había aceptado asumir el papel de su albacea literario. Después de finalizar estas gestiones, Poe se trasladaría finalmente con su tía a Richmond, donde su futura esposa le franquearía la entrada a la alta sociedad del lugar y donde sería acogido y admirado como nunca antes en su vida, o al menos era lo que él imaginaba. Esperanzado la nueva y prometedora etapa que se avecinaba, Allan Poe escribió una carta a su tía Maria Clemm, que sería la última que enviaría:

Anoche, al regresar de Norfolk, recibí con gran alegría sus dos cartas. No puedo expresar cuánto me alegra saber que se encuentra bien y llena de esperanza. Que Dios la bendiga, mi querida Muddy. Ayer por la noche estuve con Elmira en el campo y siento que ella me ama con una intensidad que nunca antes había experimentado, pero todavía no hemos acordado nada definitivo y no quiero apresurar las cosas. El lunes di una conferencia en Norfolk, lo que me permitió pagar mi factura del Madison House, y todavía me sobraron dos dólares. Tuve un público muy elegante, aunque Norfolk es una ciudad pequeña y hubo otras dos conferencias esa misma tarde. El próximo lunes daré otra conferencia y espero tener aún más público. El martes viajaré a Filadelfia para ocuparme de los poemas de la señora Loud y, si es posible, el miércoles iré directamente a la casa de la señora Lewis en Nueva York. ¿No le parece mejor que no vaya a Fordham? Por favor, escríbame de vuelta a Filadelfia. Como temo no recibir su carta, envíela a E. S. T. Grey. Aunque estoy haciendo planes para casarme antes de partir, aún no es seguro. Por favor, transmita

En algún momento, entre los días 17 y el 27 de septiembre, Edgar Allan Poe conoció a William Abbott Pratt, un reconocido fotógrafo de Richmond que causó sensación en Londres dos años después de la muerte del autor cuando expuso en el Crystal Palace una parte de los treinta y cinco mil retratos de sus archivos, incluyendo el último de Allan Poe hecho en vida. El poeta le había prometido posar para él y un día Pratt se lo recordó a la puerta de su establecimiento; así logró ponerlo frente a su cámara, a pesar de las reticencias de Edgar, que no se consideraba adecuadamente vestido. El último retrato de Poe, catalogado bajo el nombre de *Daguerrotipo Thompson*, no presenta la fisonomía sombría del *Ultima Thule*, que presenta a Allan Poe con un semblante taciturno y melancólico.

todo mi cariño a la señora Lewis. Lamentablemente, todavía no puedo enviarle ni siquiera un dólar, pero tenga esperanza, pues confío en que nuestras dificultades pronto terminarán. Los periódicos aquí me están elogiando mucho y he sido recibido con entusiasmo en todas partes. Que Dios la bendiga y la proteja, mi querida Muddy. CARTA DE EDGAR ALLAN POE A MARIA CLEMM. 18 DE SEPTIEMBRE DE 1849

El 23 de septiembre estaba previsto que Poe llegara a Filadelfia para revisar los poemas de la poetisa Saint Leon Loud antes de regresar a Nueva York. Sin embargo, el poeta cambió de planes y pasó la tarde en casa de unos amigos, los Talley. Allí, mostró estar de buen humor y seguro de sus planes. Tal como recordó uno de los asistentes a la velada:

> El señor Poe habló de su futuro, que parecía afrontar con todo el ardor de la juventud. Declaró que las últimas semanas habían sido las más felices que había conocido desde hacía muchos años y que cuando abandonara definitivamente Nueva York para vivir aquí, dejaría tras de sí todas las penas y vejaciones de su vida pasada. Aquella noche, el poeta fue el último en salir de la casa. Tras bajar algunos escalones, se detuvo, se dio la vuelta y agitó de nuevo su sombrero en un último gesto de adiós.

El 24 de septiembre, Poe dio una conferencia en el hotel Exchange y, a petición de la audiencia, recitó *El cuervo*. La charla fue muy aplaudida y transcurrió sin contratiempos, aunque, horas más tarde, Elmira notó que su prometido parecía más pálido de lo habitual y que sus ojos tenían una expresión inquieta y nerviosa. Al tomarle el pulso, se dio cuenta de que tenía fiebre y concluyó que en esas condiciones el autor no podría viajar según lo planeado. Pero al día siguiente, cuando preguntó por él, se sorprendió al saber que se había embarcado en el primer barco de vapor que había salido del muelle.[N14] A partir de ese momento, el autor se vio envuelto en una sucesión de acontecimientos nebulosos y tan mal explicados que ni su círculo más cercano ni sus mejores biógrafos fueron capaces de llegar a una conclusión satisfactoria.

Lo único que se sabe con certeza es que Allan Poe decidió retomar su plan de viajar a Filadelfia para revisar una selección de textos de una poetisa llamada Margarite Loud a cambio de una remuneración de cien dólares. Después, se reuniría con Maria Clemm en Nueva York para desalojar la casa de Fordham, en la que vivían de alquiler, y dirigirse juntos a Richmond para a su boda con Sarah Elmira Royster. Sin embargo, Poe nunca llegó a Filadelfia ni a Nueva York, dejando en el aire un vacío de seis días de los que apenas hay información. Se pensaba entonces que Poe habría llegado a Filadelfia, pero, por error, acabó tomando el tren equivocado de regreso a Baltimore. Sin embargo, algunos biógrafos creen que Poe interrumpió su viaje en Baltimore a raíz de un turbio suceso que le impidió continuar su viaje hacia Filadelfia. Según esta teoría, el autor habría caído en manos de malas compañías que lo habrían embriagado y dejado medio inconsciente en la calle.[N15]

Fue en la tarde del 3 de octubre cuando un joven periodista del *Baltimore Sun* llamado Joseph Walker lo encontró en una alcantarilla cerca del *pub* Gunner's Hall en un estado lamentable, con las ropas sucias y desgarradas. Walker lo reconoció de inmediato y preguntó si tenía algún conocido en la ciudad que pudiera ayudarlo. Angustiado, y en un estado de confusión que le impedía explicar coherentemente lo que le había ocurrido, el autor aún tuvo fuerzas para dar la dirección y el nombre del editor y médico Joseph E. Snodgrass, quien vivía en East Lombard Street. Walker le escribió la siguiente nota comunicándole el terrible suceso:

> Estimado señor: Le escribo para informarle acerca de una situación urgente. En el cuarto distrito electoral de Ryan, hay un caballero llamado Edgar A. Poe que se encuentra en muy mal estado y parece necesitar ayuda de inmediato. Él me ha dicho que lo conoce a usted, por lo que le pido su colaboración en este asunto. Es urgente. Atentamente, Joseph W. Walker.

El doctor Snodgrass, que conocía bien al escritor, se apresuró al lugar indicado, un infame barrio que atraía a toda clase de trotamundos, borrachos y delincuentes de Baltimore. Poe estaba sentado en un rincón y rodeado de curiosos, con la cabeza apoyada sobre la mesa y vistiendo unas ropas ordinarias que no eran de su talla y muy alejadas de su típica vestimenta. «Tenía el rostro pálido, por no decir hinchado, y el pelo despeinado; en conjunto, su aspecto era horroroso —describió Snodgrass poco tiempo después de lo ocurrido—, llevaba puesto un abrigo sucio y desteñido de alpaca; la tela era de poca calidad y estaba rota por las costuras; los pantalones eran de color metálico, estaban muy gastados y le quedaban muy mal. No llevaba chaleco ni bufanda, y su camisa estaba arrugada y endurecida por la suciedad; y sus zapatos eran de un material de muy mala calidad y parecían no haber sido cepillados nunca». Esta imagen debió de haber dejado estupefacto al doctor Snodgrass, que conocía la imagen inalterable del escritor, siempre vestido de negro y con unos trajes impecables.[N16]

Dispuesto a sacar a su amigo de aquella situación vejatoria, Snodgrass lo acomodó en una habitación de la taberna mientras trataba de localizar a sus parientes. En este momento, apareció en escena Henry Herring, un tío político de Poe, quien de alguna manera también se había enterado de su situación, aunque se negaba a hacerse cargo del poeta. Herring alegó que en ocasiones anteriores, cuando había intentado ayudarlo, Poe se mostró insolente y poco agradecido. La única opción viable era trasladarlo al Washington College Hospital, donde ingresó a las cinco de la tarde en estado de *shock*. El autor recibió atención médica inmediata en el centro hospitalario por el doctor de turno, John Josep Moran, quien vivía en una casa anexa al hospital junto a su esposa.

A pesar de haber recibido su título de médico en la Universidad de Maryland solo cuatro años antes, Moran era conocido entre sus colegas como un profesional altamente capacitado y no tardó mucho tiempo en diagnosticar que el autor sufría de *delirium tremens*, un cuadro causado por el consumo excesivo de alcohol. Posteriormente, al reunirse con Snodgrass, el doctor Moran expresó su preocupación por las condiciones en las que se encontraba el paciente, por lo que decidió confinarlo en una habitación similar a una prisión con ventanas de barrotes en una sección del edificio reservada para enfermos mentales. Durante la madrugada, Allan Poe agotó las pocas fuerzas que le quedaban luchando contra las terribles alucinaciones que invadían su mente y contra las enfermeras que lo sujetaban en la cama. En ningún momento tuvo suficiente lucidez para explicar cómo había llegado a tan deplorable estado y por qué llevaba ropas que no eran suyas.

> No logramos calmarlo hasta el segundo día después de su ingreso. Instruí a los vigilantes para que me llamaran en cuanto recuperara el conocimiento, y lo hicieron. Le pregunté acerca de su familia, su hogar y sus padres. Sin embargo, solo proporcionó respuestas inconexas e incompletas. Me dijo que tenía una esposa en Richmond (lo cual resultó ser falso, según averigüé después) y que no recordaba cuándo había salido de esa ciudad ni qué había sucedido con su maleta. Traté de alentarlo, pero su ánimo seguía disminuyendo rápidamente. Le dije que esperaba

que pronto se reuniera con sus amigos y que me encantaría contribuir de alguna manera a su bienestar y comodidad. CARTA DEL DOCTOR JOHN J. MORAN A MARIA CLEMM, 15 DE OCTUBRE DE 1849

En su misiva, el doctor Moran relata que la situación duró desde el miércoles, día en que Poe fue ingresado, hasta el sábado. Durante todas las noches y hasta la madrugada del domingo, el autor llamó repetidas veces a un tal Reynolds, pero nadie ha sido capaz de identificar a la persona a la que se refería. Algunos biógrafos sugieren que podría haber estado recordando su encuentro con Jeremiah Reynolds, un editor de periódico y explorador que se cree que inspiró su novela *Las aventuras de Arthur Gordon Pym*.

Después de intentar inútilmente escapar de una habitación con ventanas enrejadas que más se parecía a un calabozo, Poe se fue tranquilizando hasta que pareció dormitar. Durante la noche del 6 de octubre, se produjo en él un cambio evidente en su ánimo que lo llevó a preguntar a las enfermeras si quedaba alguna esperanza para él. Cuando le dijeron que estaba muy grave, rectificó: «No quiero decir eso. Quiero saber si hay esperanza para un miserable como yo más allá de esta vida». Este breve intervalo de discernimiento se conoce hoy como lucidez terminal, un fenómeno que ya era tema de discusión desde la época de Hipócrates, considerado el padre de la medicina. Curiosamente, es uno de los fenómenos clínicos menos estudiados en la medicina, y la mayoría de la información disponible es anecdótica. La lucidez terminal se presenta cuando un paciente desahuciado se recupera repentinamente poco antes de morir. En un momento dado, recuerda todo lo que había olvidado y se comporta con la mayor naturalidad, como si jamás hubiera tenido algún problema. Poco después, fallece. No se conocen las razones por las cuales algunas personas presentan la lucidez terminal ni se sabe con certeza la frecuencia de este fenómeno, ya que parecen ser más los pacientes que mueren sin haber pasado por este estado de conciencia recuperada. Algunos investigadores sugieren que cuando un individuo está cerca de la muerte, su organismo produce una inmensa cantidad de hormonas, como la adrenalina y otras, que podrían provocar efectos poderosos en el cerebro y activar neuronas, lo que conduciría a la recuperación inmediata de la lucidez.

Sin haber podido explicar qué hacía en esa ciudad ni qué le había sucedido, a las cinco de la mañana del domingo 7 de octubre, Allan Poe volvió la cabeza hacia un lado y, con lo que le restaba de fuerzas, le dijo la enfermera que le asistía: «Que Dios ayude a mi pobre alma». Fueron sus últimas palabras. Tenía entonces cuarenta años de una vida atormentada, cuyas marcas indelebles acabaron por dejar su rostro ojeroso y demacrado.[N17] Se estableció como causa de muerte una frenitis, la manera en que antiguamente se llamaba a la inflamación cerebral. También era una manera de eludir el diagnóstico de intoxicación alcohólica. La credibilidad del doctor Moran siempre ha sido cuestionada, ya que, con el paso de los años, sus relatos variaban cada vez que le preguntaban sobre el asunto. En uno de sus múltiples relatos, declaró haber contactado con Maria Clemm tras la muerte de Poe para darle la noticia, pero la verdad es que solo le escribió después de que ella se lo pidió el 9 de noviembre, más de un mes después de la muerte de Allan Poe. También afirmó que el autor había dicho, casi poéticamente, mientras se preparaba para lanzar su último suspiro: «Los arqueados cielos me rodean y Dios tiene su decreto escrito legiblemente sobre las frentes de todos los seres humanos creados, y los demonios se encarnan, su meta será embravecer las olas de blanca desesperación». El editor del *New York Herald,* que publicó este testimonio de Moran, admitió de forma tajante: «No puedo imaginar, ni siquiera a un hombre como Poe, construyendo estas oraciones en pleno estado de delirio».[N18]

Las declaraciones de Moran son contradictorias incluso cuando se refieren a las fechas. En ciertas ocasiones, el doctor afirmaba que Poe fue llevado al hospital el 3 de octubre a las cinco de la mañana, luego decía que fue el 6 de octubre a las nueve e incluso llegó a mencionar el 7 de octubre (el día que murió). Para cada una de las declaraciones, afirmaba tener posesión de los registros del hospital como evidencia material. Durante décadas, varios estudiosos de la vida de Poe buscaron estos registros —principalmente su certificado de defunción—, pero nunca se han encontrado estos documentos.

Maria Clemm se enteró la muerte de su sobrino/yerno dos días después de su defunción, a través de uno de los muchos periódicos que dedicaron obituarios en honor al poeta. Inevitablemente, quedó desconcertada con las noticias y escribió de inmediato a su primo Neilson Poe, quien le respondió confirmando todos los hechos que ella había leído en la prensa.

Tan pronto como supe dónde se encontraba, acudí para verlo, pero debido a su agitación los médicos consideraron preferible que no lo viera. Al día siguiente, regresé con ropa limpia y me informaron de que se encontraba mejor, pero luego volvió a empeorar. Hoy, desafortunadamente, tengo la difícil tarea de informarle de que su querido hijo Edgar ya no está entre los vivos. Podemos llorar y lamentar su partida, pero no podemos cambiarla. Edgar sufrió mucho y tenía pocos motivos para estar satisfecho con la vida, por lo que su desaparición apenas puede ser considerada una desgracia. Aunque él la deja sola en este mundo desafortunado, yo puedo usar el privilegio de nuestra amistad para expresar la esperanza de que, meditando sobre el mundo al que se ha ido y hacia el cual todos nos dirigimos, encuentre un consuelo duradero y suficiente. En cualquier circunstancia, estaría feliz de recibir noticias suyas y hacer todo lo que esté a mi alcance para aliviar su aflicción en esta desgracia, si es que mis posibilidades están a la altura de mi buena voluntad. Mi esposa se une a mí en simpatía. Su amigo y servidor, Neilson Poe.

El modesto funeral de Edgar Allan Poe se llevó a cabo el 8 de octubre de 1849 a las cuatro de la tarde en el cementerio presbiteriano de Baltimore. El autor fue enterrado en una esquina trasera de la iglesia sin una lápida y cerca de su abuelo, el «general» David Poe. En total, ocho personas estuvieron presentes, entre ellas sus primos Neilson Poe y Elizabeth Rebecca, su tío Henry Herring, el doctor Snodgrass y el reverendo William T. D. Clemm, tío de Virginia, quien ofició la ceremonia. Aunque sus allegados no escatimaron esfuerzos para proporcionarle una despedida digna, el funeral fue bastante sencillo y se llevó a cabo de forma apresurada y con los pocos medios de que disponían. Según se dice, la esposa del doctor John Moran confeccionó el sudario, Neilson Poe proporcionó el coche fúnebre y Henry Herring el ataúd de caoba. Sin embargo, se afirma que el ataúd no tenía placa de identificación, asas, forro de tela ni un cojín para la cabeza del cadáver. Tras un breve y discreto funeral que se celebró bajo una llovizna persistente que no cesó ni un solo instante, Poe fue enterrado en una cueva cuya lápida solo constaba de un número, el 80. Después de un tiempo, Neilson Poe consiguió hacerse con una lápida de mármol blanco con la inscripción «Aquí, por fin, soy feliz». Sin embargo, días antes de que la llevaran al cementerio, un tren descarriló y se estrelló contra el patio de marmolería donde se encontraba, por lo que resultó destruida por completo.

En 1873, el poeta sureño Paul Hamilton Hayne visitó la tumba y, al constatar el precario estado en que se encontraba, decidió publicar un artículo sugiriendo a las autoridades la construcción de un monumento más apropiado. La indignación transmitida por Hamilton llegó a los oídos de una maestra de Baltimore llamada Sara Sigourney Rice, quien, al darse cuenta de que surgía un renovado interés por la tumba de Poe, decidió crear una campaña con el objetivo de obtener fondos para su rehabilitación. Numerosas personas de Baltimore y de todo el país contribuyeron y un nuevo e imponente monumento fue diseñado por el arquitecto George A. Frederick, que incluía entre otros adornos un medallón con la efigie de

Allan Poe, obra de un artista llamada Valck. En 1875, los restos mortales de Poe fueron trasladados a una nueva ubicación cerca del frente de la iglesia, y en el lugar original de su sepultura se colocó una lápida conmemorativa. Entre los asistentes se encontraban Neilson Poe, quien pronunció un breve discurso en el que dijo que su primo fue «uno de los hombres de mejor corazón que han vivido». El poeta y dramaturgo inglés Alfred Tennyson, considerado uno de los referentes más importantes del posromanticismo, contribuyó con un poema que fue leído durante la ceremonia:

> Destino que una vez lo negaste,
> y envidia que una vez lo despreciaste,
> y malicia que lo contradijiste,
> cenotafio sois ahora de su fama.[N19]

Poco tiempo después, el cementerio en el que yacía Virginia fue desmantelado y sus restos se habrían perdido de no haber sido por un biógrafo de Poe llamado William Gill, quien recogió sus huesos y los conservó en una caja precintada debajo de su cama. Esta espeluznante historia apareció en el *Boston Herald* veintisiete años después de los hechos; en ella, Gill relata que visitó el cementerio de Fordham el mismo día en que el sacristán estaba a punto de deshacerse de los huesos de Virginia, argumentando que nadie los había reclamado. Como Allan Poe ya había fallecido, Gill decidió quedarse con los restos de la joven esposa de Poe, que finalmente se unieron a los suyos el 19 de enero de 1885, coincidiendo con el 76.º aniversario del nacimiento del poeta. El mismo hombre que había oficiado como sacristán durante el funeral original de Poe y sus posteriores exhumaciones e inhumaciones también estuvo presente en los ritos funerarios, por los cuales el cadáver del escritor quedó reposando junto al de Virginia y al de la madre de esta, Maria Clemm.

Era un día frío y sombrío de octubre, poco adecuado para paseos al aire libre. Yo acababa de salir de mi casa cuando mi atención fue atraída por una carroza fúnebre seguida por un pequeño cortejo. Movido por la curiosidad y un impulso inexplicable, me acerqué a uno de los asistentes y pregunté de quién era el entierro. Su respuesta me sorprendió: «Del señor Poe, el poeta». Decidí seguir el cortejo hasta el cementerio, que estaba a unas manzanas de mi casa, y cuando llegamos, vi a cinco o seis señores y al ministro oficiante bajar del coche y seguir el ataúd hasta la tumba. Yo, por mi parte, decidí mantenerme apartado, pero lo suficientemente cerca como para acompañar la ceremonia de inhumación, que no duró más de tres minutos, y fue tan fría y tan poco cristiana que provocó en mí un sentimiento de cólera irreprimible. El único pariente presente era un primo de Baltimore; los demás eran personas del hospital y creo que había alguien de la prensa. Cuando terminó la ceremonia y ya no había nadie alrededor, me situé ante la tumba y me quedé observando el trabajo de los sepultureros hasta que la tumba quedó completamente cubierta de tierra. Mi corazón se sentía desolado, pero tenía un consuelo: yo había sido la última persona en ver el ataúd que contenía los restos mortales de Edgar Allan Poe. TESTIMONIO DEL POETA WALT WHITMAN, QUIEN PRESENCIÓ EL FUNERAL DE POE EN 1849[N20]

Lápida que marca el lugar donde se encuentra la tumba original de Edgar Allan Poe en el cementerio Westminster Hall and Burying Ground, en Baltimore.

La verdad sobre el caso del señor Valdemar,
ilustración de Frederick Simpson Coburn (1902).

Epílogo

> Edgar Allan Poe ha muerto. Murió anteayer en Baltimore. Este anuncio sorprenderá a muchos, aunque serán pocos los que sentirán pena. El poeta era ampliamente conocido en todo el país, sobre todo por su reputación. [...] En todo momento fue un soñador, habitaba en reinos ideales, ya fuera en el cielo o en el infierno, y caminaba por las calles, a veces enloquecido o melancólico, con los labios mascullando imprecisas maldiciones, o con los ojos volteados hacia arriba en apasionadas oraciones, que nunca eran sí mismo, porque sentía, o profesaba sentir, que ya estaba condenado.[N1]

Este obituario de Edgar Allan Poe, publicado en el *New York Tribune* el día siguiente de su muerte y atribuido a un tal Ludwig, fue reproducido por numerosos medios en todo el país. Sin embargo, lo que nadie sabía en ese momento era que gran parte de la caracterización del poeta se había copiado casi literalmente de un pasaje de la novela *Los Caxtons,* de Edward Bulwer-Lytton. Posteriormente, se descubrió que el autor real del obituario era Rufus Griswold, quien había sido un gran adversario de Poe desde 1842. Griswold logró convertirse en el albacea literario de Allan Poe después de engañar a la madre política del poeta, Maria Clemm, para obtener la cesión de los derechos de autor, que ella no estaba legalmente autorizada a conceder. En lugar de deponer las armas y aprovechar la ocasión para cerrar con dignidad su historia de rivalidad con Poe, ahora que este ya no vivía para poder defenderse, Griswold decidió desplegar su arsenal con un artículo biográfico titulado *Memoria del autor,* con el que encabezó uno de los tres volúmenes de las obras completas de Poe. En este artículo, el poeta bostoniano fue descrito como un hombre adicto a las drogas, borracho y carente de moral al intentar seducir a la segunda esposa de su padrastro. Esta obra, que contaba algunas medias verdades y muchas mentiras descaradas, pasaría pronto a la historia como uno de los documentos más pérfidos y calumniosos que se hayan escrito sobre una personalidad literaria de primera categoría.

> En él [Edgar Poe] la pasión era el producto de las emociones más funestas y más contrarias a la felicidad de los hombres. No se le podía contradecir sin provocar de inmediato su cólera ni hablar de fortuna sin ver palidecer sus mejillas bajo los efectos de una envidia devoradora. Las ventajas naturales de este pobre muchacho —su belleza, su osadía, el espíritu audaz que emanaba de él como una atmósfera resplandeciente— habían acabado subvirtiendo la confianza fundamental que tenía en sí mismo: esta se había transformado en una arrogancia tal que el derecho que tenía a la admiración se trocaba en prevención hostil [...] Alimentaba hasta un punto enfermizo lo que vulgarmente se llama la ambición, pero sin ninguna aspiración a la estima o al amor a su prójimo; solo le quedaba el arisco deseo de triunfar —no de brillar ni de servir— para poder despreciar un mundo que hería su suficiencia.[N2] RUFUS GRISWOLD, FRAGMENTO DE *MEMORIA DEL AUTOR*

Este montaje malicioso, uno de los más infames de la literatura, es considerado por algunos biógrafos de Allan Poe como un acto de venganza de un literato lleno de odio y rencor, aunque otros creen que Griswold solo trataba de aumentar su fama al desacreditar a su rival. Su obra fue denunciada por aquellos que conocían bien al poeta bostoniano, y en su defensa acudieron, entre otros, Nathaniel Parker Willis —quien lo describía como un genio y como una persona trabajadora, cumplidora y constante— y George Rex Graham, pero nadie pudo evitar que las falsedades de Griswold se extendieran, ya que se trataba de la única biografía dedicada a Poe por entonces. Además, los lectores se entusiasmaban ante la idea de estar leyendo las obras de un autor atormentado. Si bien es cierto que Allan Poe tuvo problemas, mostró rarezas de comportamiento, lidió con adicciones y enfermedades e incluso tuvo actitudes cuestionables, debemos abordar con cautela la verdadera magnitud de estas manifestaciones, puesto que la realidad dista bastante de lo que comúnmente se cree. En Inglaterra, por ejemplo, el rechazo a Poe fue general a causa de las calumnias de Griswold, y ni siquiera Charles Dickens, el favorito de la Inglaterra victoriana, se dispuso a defender al poeta, pese a que le había conocido en persona y le tenía, al menos desde el punto de vista literario, en alta estima.[N3]

La imagen «maldita» de Poe que prevalecía en el imaginario popular solo comenzó a cambiar con la publicación de una nueva biografía en 1875 por parte del escritor inglés John Ingram, quien tenía la intención de rehabilitar su reputación. Para escribir su obra, Ingram buscó fuentes más fiables y recopiló todo lo que pudo sobre él, incluyendo fotos, artículos, correspondencia y documentos. La obra incluso tuvo una segunda edición ampliada gracias a la colaboración desinteresada de Sarah Whitman y de otras personas que convivieron con el autor, quienes le ofrecieron no solo su testimonio, sino también acceso a cartas y documentos inéditos. A medida que pasó el tiempo, se escribieron otras biografías y, aunque persistió la controversia en torno a muchos aspectos de la vida de Poe, la obra de Ingram al menos logró romper el «monopolio» que Griswold tenía sobre la vida y la imagen del autor bostoniano.[N4] Ese mismo año, el escritor escocés Robert Louis Stevenson (autor de la famosísima novela *El extraño caso del doctor Jekyll y el señor Hyde*) publicó un ensayo titulado *Las obras de Edgar Allan Poe*, en el que intentó sumarse a los esfuerzos de muchos escritores en preservar la memoria del poeta.

> Para emitir un juicio completo y preciso sobre el carácter de un autor, sea como hombre o como escritor, es necesario tener acceso a todas sus obras. Por lo tanto, aunque la nota biográfica de Mr. Ingram proporciona información valiosa en el primer volumen, sería imprudente hacer un análisis detallado en este momento debido a que solo se poseen algunas de las obras del autor. Sin embargo, es importante destacar que Mr. Ingram ha realizado un gran esfuerzo por limpiar el nombre de Edgar Allan Poe de las calumnias difundidas por Rufus Griswold. Este personaje, cuyo nombre siniestro evoca una figura repulsiva en la historia de la literatura, fue responsable de difundir falsedades sobre Poe, lo que generó una imagen negativa de él. La labor de Mr. Ingram es especialmente relevante dado que Griswold podría ser comparado con la imaginación virulenta de su propia víctima. ROBERT LOUIS STEVENSON, FRAGMENTO DE *LAS OBRAS DE EDGAR ALLAN POE*

Griswold no llegó a conocer las publicaciones de Ingram y de Stevenson, ya que falleció de tuberculosis en agosto de 1857, tan solo ocho años después de la muerte de Poe. Durante este periodo, Griswold no escatimó esfuerzos en destruir el prestigio de su rival. Un enfoque tan agresivo y que lo consumió tanto que puede que no se diera cuenta de se había transformado en un personaje de Allan Poe: un sujeto que quiere eliminar a su doble, un espejo que lo interpela y en el cual no quiere contemplarse. Poe ya había explorado este tema en su cuento *William Wilson*, y Griswold, posiblemente sin reparar en ello, dejó de ser él mismo para convertirse en el William Wilson que narra el cuento. A pesar de que estos dos personajes no tienen parentesco, comparten nombre y apariencia física. El William Wilson «doble» es el único personaje que logra enfrentarse al William Wilson «original», el único que puede hacerle sombra y superarlo. Y con este mismo afán, pero en la vida real, Griswold se entregó al impulso de destruir el legado de su enemigo, ganando bastante dinero con los derechos de la obra de Poe, pero tuvo que aceptar el hecho de que su rival se había convertido en un escritor de fama internacional que pasaría a la historia como uno de los más grandes de su tiempo, mientras que Griswold solo sería conocido como alguien cuya fama y ganancias provenían de recopilar el trabajo de otros. Con ello, cumplió con la profecía que el poeta estadounidense Henry Beck Hirst había hecho en una reseña publicada en 1843: «El destino de Rufus Griswold ya está sellado: terminará sus días olvidado por sus contemporáneos y, con el paso del tiempo, caerá en el anonimato». Como predijo Hirst, Griswold fue olvidado por el público en general y los únicos que se interesan en estudiar su biografía solo lo hacen con la intención de saber más sobre la vida y la obra de Edgar Allan Poe.[N5]

Diferentes leyendas sobre la causa de la muerte de Edgar Allan Poe comenzaron a circular en paralelo a la publicación de Griswold, y al poeta bostoniano le hubiera entretenido estar presente para inventar hechos, confundir a las personas y poner su impagable imaginación al servicio de una biografía mítica, tal y como había hecho con sus fantásticos relatos. Para dar más color al misterio que rodea su muerte, se le negaron las visitas en el hospital en sus últimos días de vida. Además, la declaración del doctor Moran (la última persona que lo vio con vida) ha sido puesta en duda en varias ocasiones por numerosos especialistas, no solo porque su relato sobre los hechos cambió en varias ocasiones, sino también porque tanto sus informes médicos como su certificado de defunción se perdieron. Los periódicos de la época informaron de que la muerte de Allan Poe se debió a una «congestión» o «inflamación» cerebral, eufemismos que se solían utilizar para los fallecimientos por motivos más o menos vergonzantes, como el alcoholismo. Este rumor fue iniciado en parte por el propio Snodgrass, a quién Poe pidió ver antes de morir. Militante activo del movimiento de la abstinencia del alcohol, Snodgrass estaba genuinamente convencido de que Poe murió de alcoholismo y se empeñó en diseminar esta idea, ya que encontró en Poe un ejemplo útil para su campaña. Sin embargo, el doctor que le atendió, John Moran, contradijo esta versión, porque, según su examen médico, el autor no presentaba síntomas de intoxicación ni el más mínimo rastro de licor en su aliento.[N6]

Existen numerosos estudios que han intentado determinar la *mortis causa* de Edgar Allan y han sugerido una serie interminable de posibilidades, pero casi todas están basadas en prejuicios personales o sospechas infundadas. Algunas de las teorías que se han planteado incluyen envenenamiento por plomo, comorbilidades previas, como diabetes o hipoglucemia, abuso de drogas, sífilis, apoplejía, cardiopatías, epilepsia o meningitis, entre otras. Además, también se ha propuesto la posibilidad de que Poe contrajera cólera durante su estancia en Filadelfia en el invierno de 1849, justo cuando la ciudad se enfrentaba a una epidemia de esta enfermedad. De hecho, Allan Poe cayó enfermo en este periodo y escribió una carta a Maria Clemm en la que mencionaba que podría haber contraído cólera o «espasmos igual de malos». Charles Baudelaire, por su parte, sostenía que su muerte fue el resultado de un intento de suicidio premeditado, una tesis nada descabellada si nos atenemos principalmente a una carta dirigida a Maria Clemm en la que escribió: «Desde que publiqué *Eureka* no tengo deseos de seguir con vida».

La única teoría que los biógrafos aceptan como «la más plausible» es que Edgar Allan Poe podría haber sido víctima del *cooping* (literalmente, el enjaulamiento), un método de fraude electoral común en los Estados Unidos durante el siglo XIX que consistía en abordar a los viandantes solitarios y drogarlos con una mezcla de *whisky* y narcóticos para arrastrarlos hacia las oficinas electorales y hacer que votasen por el mismo candidato varias veces en distintos lugares bajo múltiples identidades y diferentes atuendos. Esta teoría cobra fuerza debido a que Poe llegó a Baltimore el día en que se estaba celebrando la campaña para la elección de un representante en el Congreso del estado de Maryland, y el Gunner's Hall servía como lugar de votación para las urnas del cuarto distrito. Además, Poe fue encontrado semiinconsciente en una taberna en un día de elecciones con una ropa de una talla que no le correspondía. Estos son indicios suficientes que ratifican la hipótesis. También es importante mencionar que aunque estos bares servían de local electoral, el alcohol corría a raudales. Una vez que las víctimas cumplían con su cometido, eran encerradas en un lugar oscuro, sin alimentos ni comodidades, antes de ser arrojadas sobre los adoquines en un estado de embotamiento suficiente para impedirles reaccionar ni acordarse del ultraje sufrido. Según el testimonio de un periodista que cubría las elecciones en la ciudad, el *cooping* de aquel año había superado lo usual, y los rufianes que actuaban por el bando de los demócratas podrían haber enjaulado a alrededor de setenta y cinco electores en Lexington Street, mientras que los del bando republicano habrían hecho lo propio con entre ciento treinta y ciento cuarenta en High Street.[N7] Teniendo en cuenta que Poe pudo haber sido víctima del *cooping* en aquella fatídica jornada, lo más probable es que su débil organismo no sobreviviese al cruel tratamiento al cual fue sometido.

Otros biógrafos de innegable relevancia, como Georges Walter, se preguntan sobre el destino del dinero que Poe tenía guardado en su bolsillo en el momento de caerse en medio de la calle: «Su última conferencia en Richmond, de gran éxito, según la prensa (trescientas entradas a cinco dólares), le habría dejado al menos mil dólares de ganancias, suma que nunca antes había tenido en su vida. Habría sido fácil que los delincuentes lo hubieran divisado y, no contentos con vaciarle los bolsillos, lo habrían despojado de sus ropajes para vestirlo con andrajos».[N8]

Existen varias teorías que intentaron dilucidar la misteriosa muerte de Edgar Allan Poe, pero la que cuenta con más aceptación entre los biógrafos es el *cooping*, una práctica que se popularizó en los Estados Unidos en el siglo XIX y que consiste en forzar a personas inocentes a votar repetidamente por un mismo candidato en una elección. Las víctimas eran forzadas a ingerir alcohol o drogas para que cumplieran con las órdenes de sus captores, quienes las obligaban a cambiar de ropa y usar pelucas, barbas y bigotes falsos para que los oficiales en las mesas de votación no los reconocieran.

Frances Sargeant Osgood y su marido se reconciliaron en 1846 y se trasladaron a Filadelfia por un corto período para alejarse del escándalo de su relación con Poe. Poco después, Osgood contrajo tuberculosis y decidió confinarse en su habitación para dedicarse plenamente a la escritura. Su marido, que apenas ganaba dinero como pintor, la abandonó en 1849 atraído por la fiebre del oro de California, pero regresó poco tiempo después. Frances murió de tuberculosis un año después que Poe, en 1850, y está enterrada en el cementerio Mount Auburn de Cambridge (Massachusetts). En 1851, sus amigos publicaron una antología de sus escritos.

La hermana menor de Allan Poe, Rosalie, nunca se casó y tuvo una vida acomodada y tranquila hasta el estallido de la guerra de Secesión en 1861. El conflicto arruinó la economía del Sur y acabó con muchas fortunas, incluida la de los McKenzie, familia que le acogió cuando era tan solo un bebé. Sus miembros se dispersaron y Rosalie se trasladó a Baltimore en busca de sus parientes paternos, pero cuando estos se hartaron de cargar con ella, quedó abandonada a su suerte. Rosalie terminó sus días vendiendo copias de las fotos de su famoso hermano y autógrafos falsos para intentar subsistir, ya que no pudo reclamar la herencia de Edgar por no tener la documentación necesaria para administración. Murió en 1874, a los sesenta y cuatro años de edad, en un asilo.

En 1860, once años después de la muerte de Poe, Sarah Helen Whitman publicó un libro en defensa del autor contra sus críticos, particularmente Rufus Griswold. Un periódico de Baltimore manifestó que «la obra de Whitman representaba un noble esfuerzo, pero no lo suficiente para borrar las deshonrosas pruebas recogidas en la biografía del Dr. Griswold». Whitman murió en 1878, a los setenta y cinco años de edad, en la casa de un amigo de Providence, donde también fue enterrada. En su testamento, destinó una parte de su patrimonio a la publicación de sus poesías y la otra parte a una entidad protectora de animales de Providence.

Después de la muerte de Poe, Sarah Elmira Royster se mantuvo alejada de la opinión pública y se negó a conceder entrevistas sobre su relación con el autor. En 1875, sin embargo, habló con un escultor local, Edward Valentine, en respuesta a la biografía de Poe escrita por John H. Ingram. En esa conversación, Sarah negó haber estado comprometida para casarse con Poe y afirmó que no le había guardado luto tras su muerte. Falleció el 11 de febrero de 1888, y su obituario, publicado en la primera página del periódico *Richmond Whig* el 12 de febrero, llevaba como título «El primer y último amor de Edgar Allan Poe».

Después de la muerte de Poe, Maria Clemm se trasladó a Massachusetts, donde fue acogida por una familia cercana al autor. Sin embargo, no fue capaz de adaptarse a la nueva vida y decidió marcharse para vivir con otra familia, pero nunca se sentía a gusto. Para empeorar las cosas, Griswold le hizo firmar un documento en el que cedía todos los derechos de las obras de Allan Poe, dejándola sin recursos para subsistir. Como nadie quería hacerse cargo de ella, tuvo que depender de la caridad ajena. Murió en 1871, a los ochenta y un años de edad, y fue enterrada en Baltimore, junto a su amado sobrino y yerno.

A lo largo de su vida, Edgar Allan Poe buscó el amor incondicional, la aceptación y el reconocimiento de las mujeres. Y no fueron pocas las que se mostraron dispuestas a atender sus deseos, pero siempre había algo que se interponía entre él y la amada de turno, como una barrera invisible e infranqueable. Entre estas mujeres se encontraban Jane Stannard, su primer amor adolescente; Frances Allan, la primera mujer a quien amó con devoción incondicional; Annie Richmond, sin la cual, según Poe decía, no podía vivir; Sarah Helen Whitman, a quien consideraba una figura maternal que podría salvarlo; y Sarah Elmira Royster, su amor de adolescencia a quien reencontró después de un cuarto de siglo. Por último, su esposa Virginia, la pura doncella a quien adoró con devoción. Para comprender cómo la vida y muerte de estas mujeres afectaron profundamente a Edgar Allan Poe, es necesario retroceder hasta la primera infancia del poeta bostoniano.

En 1811, Poe tenía dos años y su vida en Richmond transcurría normalmente junto a su madre Eliza y sus hermanos Henry y Rosalie. Eliza era una actriz exitosa y popular, aunque en esa época la actuación era considerada una profesión desagradable y un primer paso hacia la prostitución. Ella, por su parte, no sabía hacer otra cosa excepto actuar y se mantuvo firme en contra de los insultos que le proferían por atreverse a subir a un escenario. Con el tiempo, se convirtió en una actriz muy solicitada y, durante su corta vida, interpretó más de doscientos papeles diferentes, muchos de los cuales su hijo Edgar veía detrás de las cortinas del escenario. Ver a su madre usando atuendos de heroínas shakespearianas o diosas griegas debió haber sido una experiencia impactante para un niño, y es posible que la percibiera como una especie de figura de cuento que bailaba y cantaba en los escenarios. Inmerso en un mundo tan idílico, ¿qué habría pasado por la mente del pequeño Poe al ver una figura tan radiante postrada en una cama y demacrada por una enfermedad que la llevó a la muerte?

Con estos antecedentes, muchos biógrafos creen que Edgar Allan Poe escribió poemas y cuentos que hablaban de una joven mujer a punto de morir tal vez porque no era capaz de aceptar la muerte prematura de su madre. Cuando era niño, Poe la vio interpretando personajes que morían al final del último acto, pero, después de la función, su madre «regresaba a la vida». ¿Es posible que, con tan solo dos años, Edgar Allan Poe no pudiera distinguir y creyera que su madre tenía el poder de volver del más allá según su voluntad? Cuando finalmente su madre murió en la vida real, debió ser muy difícil para él entender que nunca volvería.

Con todo lo expuesto, se puede afirmar que la idea de que Allan Poe dedicaba sus románticos y oscuros poemas a las mujeres que cortejó y amó es solo una verdad a medias, ya que ninguna de ellas encarnó la influencia más inspiradora y poderosa en su vida, como fue su propia madre. Más que cualquier otra mujer, Eliza Poe es la personificación de la joven hermosa cuya muerte lo afectó profundamente, y su presencia se encuentra reflejada en los personajes ficticios de Berenice, Morella, Ligeia, Eleonora y Annabel Lee, quienes cumplen el papel de llenar el vacío que Eliza dejó en su vida, trayéndola de vuelta de entre los muertos una y otra vez, al menos, en sus relatos. Por lo tanto, se puede concluir, sin temor a equivocarse, que lo que Poe expresaba en sus profundos textos no era otra cosa más que llorar la irremediable ausencia de su madre.

> Duerme en paz. El espíritu del amor reina y gobierna, y al entregar tu corazón a una mujer como Ermengarde, quedas absuelto, por razones que se te darán a conocer en el cielo, de tus juramentos a Eleonora. ELEONORA (1842)

> Porque siento que allá arriba, en el cielo, los ángeles que se hablan dulcemente al oído, no pueden encontrar entre sus radiantes palabras de amor una expresión más ferviente que la de «madre». A MI MADRE (1830)

> A la postre, en un breve lapso de tiempo, hubo una recaída evidente; desapareció el color de los párpados y de las mejillas, dejando una palidez más que marmórea; los labios se apretaron con doble fuerza y

se contrajeron con la expresión lívida de la muerte; una frialdad y una viscosidad repulsiva cubrieron enseguida la superficie del cuerpo, y la habitual rigidez cadavérica sobrevino al punto. *LIGEIA* (1838)

Una enfermedad fatal cayó sobre ella como el simún, y mientras yo la observaba, el espíritu de la transformación la arrasó, penetrando en su mente, en sus hábitos y en su carácter, y de la manera más sutil y terrible llegó a perturbar su identidad. *BERENICE* (1835)

Yo le ruego al Señor que, con mano piadosa,
la deje descansar con sueño no turbado,
mientras que los difuntos desfilan por su lado.
Ella duerme, amor mío. ¡Oh!, mi alma le desea
que así como es eterno, profundo el sueño sea;
que los viles gusanos se arrastren suavemente
en torno de sus manos y en torno de su frente;
que en la lejana selva, sombría y centenaria,
le alcen una alta tumba tranquila y solitaria
donde flotan al viento, altivos y triunfales,
de su ilustre familia los paños funerales;
una lejana tumba, a cuya puerta fuerte
piedras tiró, de niña, sin temor a la muerte,
y a cuyo duro bronce no arrancará más sones,
ni los fúnebres ecos de tan tristes mansiones.
¡Qué triste imaginarse pobre hija del pecado!
¡Que el sonido fatídico a la puerta arrancado,
y que quizá con gozo resonara en tu oído,
de la muerte terrífica era el triste gemido!

LA DURMIENTE (1831)

Annie Richmond, Sarah Helen Whitman, Sarah Elmira Royster y Virginia Poe.
Todas estas mujeres tuvieron una influencia poderosa en la vida de Edgar Allan Poe,
pero ninguna de ellas personificó todos los arquetipos que poblaron sus obras como
su madre, Eliza Poe, quien fue su musa inspiradora en numerosas ocasiones.

En 1875, los restos mortales de Edgar Allan Poe fueron exhumados y trasladados a un hermoso mausoleo de granito ubicado en la zona sudeste del cementerio, donde descansan hasta el día de hoy. A este segundo funeral asistieron decenas de seguidores que se reunieron para brindarle una despedida más solemne y acorde con su relevancia, ya que el primer y breve funeral se llevó a cabo sin mucho alboroto debido al mal tiempo propio de la estación. Luego, en 1885, los restos mortales de Virginia Poe fueron enterrados junto a los de su marido.

¡Gracias a Dios! La crisis y el peligro han pasado,
y la enfermedad persistente terminó por fin,
y la fiebre llamada «Vida» está finalmente vencida.

Tristemente, sé que estoy desprovisto de mi fuerza,
y ni un músculo muevo cuando descanso tendido.
¡Pero no importa! Me siento mejor, al fin.

Y descanso tan tranquilo, ahora en mi lecho,
Que cualquier espectador podría imaginarme muerto,
Podría asustarse al contemplarme, creyéndome muerto.

Y de todos los tormentos, aquel que más
tortura ha cesado: el terrible tormento de la
sed por la corriente oscura de una pasión maldita.
He bebido de un agua que apaga toda sed.

He bebido de un agua que corre con sonido
arrullador, de una fuente subterránea pero
poco profunda, de una caverna que no está
muy lejos, bajo tierra.

Y así reposo tan tranquilamente en mi lecho—conociendo
su amor—que me creéis muerto.
Y así reposo, tan serenamente en mi lecho,—con
su amor en mi corazón,—que me creéis
muerto, que os estremecéis al verme, creyéndome
muerto.

Edgar Allan Poe

(1809-1849)

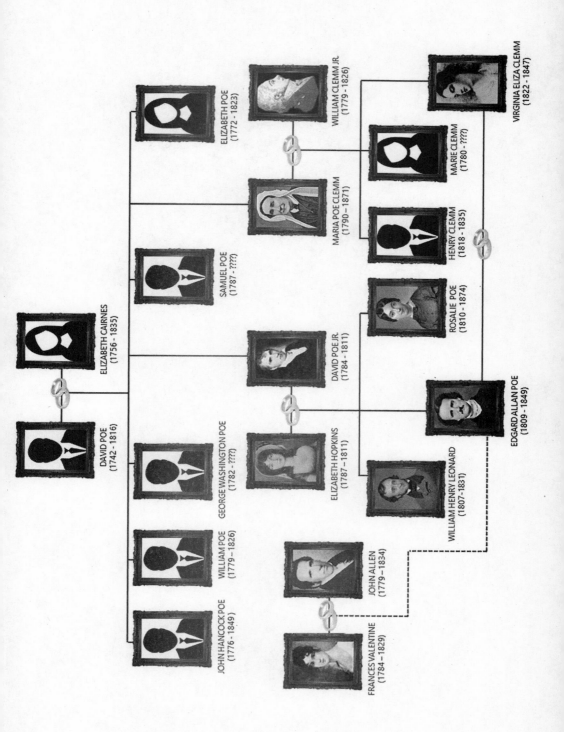

DAVID POE
(1742 - 1816)

ELIZABETH CAIRNES
(1756 - 1835)

ELIZABETH POE
(1772 - 1823)

WILLIAM CLEMM JR.
(1779 - 1826)

VIRGINIA ELIZA CLEMM
(1822 - 1847)

MARIE CLEMM
(1780 - ????)

MARIA POE CLEMM
(1790 - 1871)

SAMUEL POE
(1787 - ????)

HENRY CLEMM
(1818 - 1835)

ROSALIE POE
(1810 - 1874)

DAVID POE JR.
(1784 - 1811)

EDGAR ALLAN POE
(1809 - 1849)

GEORGE WASHINGTON POE
(1782 - ????)

ELIZABETH HOPKINS
(1787 - 1811)

WILLIAM HENRY LEONARD
(1807 - 1831)

WILLIAM POE
(1779 - 1826)

JOHN HANCOCK POE
(1776 - 1849)

JOHN ALLEN
(1779 - 1834)

FRANCES VALENTINE
(1784 - 1829)

447

APÉNDICE A

EL CUERVO

ESCRITO POR EDGAR ALLAN POE
ILUSTRADO POR GUSTAVE DORÉ

Gustave Doré nació en 1832 en Estrasburgo, Francia, y es considerado uno de los ilustradores más importantes del siglo XIX. Sus obras más destacadas incluyen las ilustraciones para *El ingenioso hidalgo don Quijote de la Mancha*, la Biblia y la *Divina comedia*, trabajos de magnitud extraordinaria que han sido referentes para generaciones posteriores de pintores, ilustradores y escultores. La diversidad de sus diseños y el hecho de que se aventurara a tareas poco exploradas antes demuestran su asombrosa capacidad de ingenio y creatividad. (Enumerar la inmensidad de trabajos, incluyendo algunos de sus volúmenes únicos con cientos de ilustraciones, solo ofrecería una vaga idea de su arduo esfuerzo y dedicación). En 1884, Doré recibió el encargo de ilustrar *El cuervo* de Edgar Allan Poe y produjo 26 grabados detallados que plasman los distintos pasajes del poema, aportando un profundo claroscuro que encajó a la perfección con la temática y el estado de ánimo de la obra poética.

LOS PERSONAJES

EL NARRADOR ANÓNIMO: hay poca información directa sobre el personaje que narra la historia, aunque se trate del protagonista. Debido a que el poema se desarrolla desde su perspectiva, el narrador se muestra como una persona atormentada por el recuerdo de su amada Leonora, a quien considera una virgen entre los ángeles de Dios. Es claro desde el principio que se trata de un erudito de algún tipo. De hecho, en la obra que da secuencia al poema, *La filosofía de la composición*, Allan Poe se refiere a él como un «estudiante», lo que sugiere su edad, pero no aclara por completo sus actividades. Asimismo, no sería descabellado imaginar que el narrador anónimo no sea el mismísimo Poe, como se ha observado en las ilustraciones que se han hecho del poema a lo largo del tiempo, en las que el narrador guarda similitudes físicas con el autor de la obra.

EL CUERVO: majestuoso y con una mirada diabólica, Allan Poe eligió esta criatura para satisfacer las pautas que había establecido para el poema. Esta ave, además, proporciona una razón para el refrán de una sola palabra, que lo identifica como un «pájaro de mal agüero» un término adecuado para un poema maldito. La llegada repentina del cuervo a la habitación del narrador le provoca una inquietante reacción; este siente curiosidad y se divierte cuando escucha las primeras respuestas del ave para después caer en ira y desespero a medida que la conversación con el cuervo avanza.

LEONORA: aunque este personaje nunca aparece en el poema y no se revela nada sobre ella, aparte de su condición de amada del narrador, su presencia se cierne sobre el texto, ya que el narrador no puede evitar llorar su fallecimiento y preguntarse si podría volver a verla. Muchos críticos sugieren que Leonora, el amor perdido del narrador, es una representación de la difunta esposa de Allan Poe, Virginia, aunque esta solo fallecería dos años después de la publicación del poema, por lo que se debería descartar esta asociación. Cabe resaltar que el poema transcurre durante una medianoche de diciembre, el mismo mes que falleció la madre del poeta, Eliza Poe.

EL POEMA

Once upon a midnight dreary, while I pondered, weak and weary,
Over many a quaint and curious volume of forgotten lore—
While I nodded, nearly napping, suddenly there came a tapping,
As of some one gently rapping, rapping at my chamber door.
"'Tis some visiter," I muttered, "tapping at my chamber door—
Only this and nothing more."
Ah, distinctly I remember it was in the bleak December,
And each separate dying ember wrought its ghost upon the floor.
Eagerly I wished the morrow;—vainly I had sought to borrow
From my books surcease of sorrow—sorrow for the lost Lenore—
For the rare and radiant maiden whom the angels name Lenore—
Nameless here for evermore.

And the silken sad uncertain rustling of each purple curtain
Thrilled me—filled me with fantastic terrors never felt before;
So that now, to still the beating of my heart, I stood repeating
"'Tis some visiter entreating entrance at my chamber door—
Some late visiter entreating entrance at my chamber door;
This it is and nothing more."
Presently my soul grew stronger; hesitating then no longer,
"Sir," said I, "or Madam, truly your forgiveness I implore;
But the fact is I was napping, and so gently you came rapping,
And so faintly you came tapping, tapping at my chamber door,
That I scarce was sure I heard you"—here I opened wide the door—
Darkness there and nothing more.

Deep into that darkness peering, long I stood there wondering, fearing,
Doubting, dreaming dreams no mortals ever dared to dream before;
But the silence was unbroken, and the stillness gave no token,
And the only word there spoken was the whispered word, "Lenore?"
This I whispered, and an echo murmured back the word, "Lenore!"—
Merely this and nothing more.

Back into the chamber turning, all my soul within me burning,
Soon again I heard a tapping something louder than before.
"Surely," said I, "surely that is something at my window lattice;
Let me see, then, what thereat is and this mystery explore—
Let my heart be still a moment and this mystery explore;—
'Tis the wind and nothing more."

Open here I flung the shutter, when, with many a flirt and flutter,
    In there stepped a stately Raven of the saintly days of yore.
Not the least obeisance made he; not a minute stopped or stayed he,
But, with mien of lord or lady, perched above my chamber door—
    Perched upon a bust of Pallas just above my chamber door—
        Perched, and sat, and nothing more.

Then the ebony bird beguiling my sad fancy into smiling,
    By the grave and stern decorum of the countenance it wore,
"Though thy crest be shorn and shaven, thou," I said, "art sure no craven,
Ghastly grim and ancient Raven wandering from the Nightly shore—
    Tell me what thy lordly name is on the Night's Plutonian shore!"
        Quoth the Raven, "Nevermore."

Much I marvelled this ungainly fowl to hear discourse so plainly,
Though its answer little meaning—little relevancy bore;
For we cannot help agreeing that no living human being
Ever yet was blessed with seeing bird above his chamber door—
Bird or beast upon the sculptured bust above his chamber door,
With such name as "Nevermore."

But the Raven, sitting lonely on that placid bust, spoke only
That one word, as if its soul in that one word he did outpour
Nothing farther then he uttered; not a feather then he fluttered—
Till I scarcely more than muttered: "Other friends have flown before—
On the morrow he will leave me, as my Hopes have flown before."
Then the bird said "Nevermore."

Startled at the stillness broken by reply so aptly spoken,
"Doubtless," said I, "what it utters is its only stock and store,
Caught from some unhappy master whom unmerciful Disaster
Followed fast and followed faster till his songs one burden bore—
Till the dirges of his Hope that melancholy burden bore
        Of 'Never—nevermore.'"

But the Raven still beguiling all my sad soul into smiling,
Straight I wheeled a cushioned seat in front of bird and bust and door;
Then, upon the velvet sinking, I betook myself to linking
Fancy unto fancy, thinking what this ominous bird of yore—
What this grim, ungainly, ghastly, gaunt, and ominous bird of yore
        Meant in croaking "Nevermore."

This I sat engaged in guessing, but no syllable expressing
To the fowl whose fiery eyes now burned into my bosom's core;
This and more I sat divining, with my head at ease reclining
On the cushion's velvet lining that the lamp-light gloated o'er,
But whose velvet violet lining with the lamp-light gloating o'er
She shall press, ah, nevermore!

Then, methought, the air grew denser, perfumed from an unseen censer
Swung by Seraphim whose foot-falls tinkled on the tufted floor.
"Wretch," I cried, "thy God hath lent thee—by these angels he hath sent thee
Respite—respite and nepenthe from thy memories of Lenore!
Quaff, oh quaff this kind nepenthe and forget this lost Lenore!"
Quoth the Raven, "Nevermore."

"Prophet!" said I, "thing of evil!—prophet still, if bird or devil!—
Whether Tempter sent, or whether tempest tossed thee here ashore,
Desolate, yet all undaunted, on this desert land enchanted—
On this home by Horror haunted—tell me truly, I implore—
Is there—is there balm in Gilead?—tell me—tell me, I implore!"
Quoth the Raven, "Nevermore."

"Prophet!" said I, "thing of evil!—prophet still, if bird or devil!
By that Heaven that bends above us—by that God we both adore—
Tell this soul with sorrow laden if, within the distant Aidenn,
It shall clasp a sainted maiden whom the angels name Lenore—
Clasp a rare and radiant maiden whom the angels name Lenore."
Quoth the Raven, "Nevermore."

461

"Be that our sign of parting, bird or fiend!" I shrieked, upstarting—
"Get thee back into the tempest and the Night's Plutonian shore!
Leave no black plume as a token of that lie thy soul has spoken!
Leave my loneliness unbroken!—quit the bust above my door!
Take thy beak from out my heart, and take thy form from off my door!"
Quoth the Raven, "Nevermore."

And the Raven, never flitting, still is sitting, still is sitting
On the pallid bust of Pallas just above my chamber door;
And his eyes have all the seeming of a demon's that is dreaming
And the lamp-light o'er him streaming throws his shadows on the floor;
And my soul from out that shadow that lies floating on the floor
Shall be lifted—nevermore!

APÉNDICE B

OBRA COMPLETA

POESÍA

1824
Poetry (Nunca publicado)
1825
Qué tiempos, qué modales (Nunca publicado)
1827
Tamerlán (Tamerlane and Other Poems)
Canción (Tamerlane and Other Poems)
Imitación (Tamerlane and Other Poems)
Un sueño (Tamerlane and Other Poems)
El lago (Tamerlane and Other Poems)
Espíritus de la muerte (Tamerlane and Other Poems)
Estrella de la noche (Tamerlane and Other Poems)
Sueños (Tamerlane and Other Poems)
Estancias (Tamerlane and Other Poems)
El día más feliz, la hora más feliz (The North American)
Para Margareth (Nunca publicado)
1829
Solo (Nunca publicado)
Para Isaac Lea (Nunca publicado)
Al río (Aaraaf, Tamerlane, and Minor Poems)
Para-- (Aaraaf, Tamerlane, and Minor Poems)
Romance (Aaraaf, Tamerlane, and Minor Poems)
País de hadas (Aaraaf, Tamerlane, and Minor Poems)
Soneto a la ciencia (Aaraaf, Tamerlane, and Minor Poems)
Al Aaraaf (Aaraaf, Tamerlane, and Minor Poems)
Un acróstico (Nunca publicado)
Elizabeth (Nunca publicado)
1831
A Helen (Poems by Edgar A. Poe)
Un pean (Poems by Edgar A. Poe)
La durmiente (Poems by Edgar A. Poe)
La ciudad en el fondo del mar (Poems by Edgar A. Poe)
El valle de la inquietud (Poems by Edgar A. Poe)
Israfel (Poems by Edgar A. Poe)
1833
Enigma (Baltimore Saturday Visiter)
Fanny (Baltimore Saturday Visiter)
El coliseo (Baltimore Saturday Visiter)
Serenata (Baltimore Saturday Visiter)

1834
A alguien en el Paraíso (Godey's Lady's Book)
1835
Himno (Southern Literary Messenger)
Para F--s S. O— (Southern Literary Messenger)
1836
Ode a May Queen (Nunca publicado)
Canción espiritual (Nunca publicado)
Himno latino (Southern Literary Messenger)
1837
Balada nupcial (Southern Literary Messenger)r
Soneto a Zante (Southern Literary Messenger)
1839
El palacio embrujado (American Museum)
1840
Soneto del silencio (Saturday Courier)
1843
Líneas sobre Joe Locke (Saturday Museum)
El gustano conquistador (Graham's Magazine)
Lenore (The Pioneer)
1844
A Campaign Song (Nunca publicado)
País de sueño (Graham's Magazine)
1845
Impromptu. Para Kate Carol (Broadway Journal)
Para F-- (Broadway Journal)
Eulalie (American Review: A Whig Journal)
Epigram for Wall Street (Evening Mirror)
El cuervo (Evening Mirror)
The Divine Right of Kings (Graham's Magazine)
1846
Tarjeta del día de San Valentín (Evening Mirror)
1847
Beloved Physician (Nunca publicado)
Deep in Earth (Nunca publicado)
Para M. L. S-- (The Home Journal)
Ulalume (American Whig Review)
1848
Lines on Ale (Nunca publicado)
Para Marie Louise (Columbian Magazine)
Un enigma (Union Magazine of Literature and Art)
A Helen (Sartain's Union Magazine)
1849
Un sueño en un sueño (Flag of Our Union)
El dorado (Flag of Our Union)
Para Annie (Flag of Our Union)
A mi madre (Flag of Our Union)
Annabel Lee (New York Daily Tribune)
Las campanas (Sartain's Union Magazine)

CUENTOS

1832
Metzengerstein (Philadelphia Saturday Courier)
El duque de L'Omelette (Philadelphia Saturday Courier)
Cuento de Jerusalén (Philadelphia Saturday Courier)
El aliento perdido (Philadelphia Saturday Courier)
Bon-Bon (Philadelphia Saturday Courier)

1833
Manuscrito hallado en una botella (Baltimore Saturday Visiter)
1834
La cita (Godey's Lady's Book)
1835
Berenice (Southern Literary Messenger)
Morella (Southern Literary Messenger)
Los leones (Southern Literary Messenger)
La incomparable aventura de un tal Hans Pfaall (Southern Literary Messenger)
El Rey Peste (Southern Literary Messenger)
Sombra – Parábola (Southern Literary Messenger)
1836
Cuatro bestias en una (Southern Literary Messenger)
1837
Mixtificación (American Monthly Magazine)
1838
Silencio – Fábula (Baltimore Book)
Ligeia (Baltimore American Museum)
Cómo escribir un artículo a la manera del Blackwood (Baltimore American Museum)
Una mala aventura (Baltimore American Museum)
1839
El diablo en el campanario (Saturday Chronicle and Mirror of the Times)
El hombre que se gastó (Burton's Gentleman's Magazine)
La caída de la Casa Usher (Burton's Gentleman's Magazine)
William Wilson (The Gift: A Christmas and New Year's Present for 1840)
La conversación de Eiros y Charmion (Burton's Gentleman's Magazine)
1840
Por qué el pequeño francés lleva la mano en cabestrillo (Tales of the Grotesque and Arabesque)
El hombre de negocios (Burton's Gentleman's Magazine)
El hombre de la multitud (Graham's Magazine)
1841
Los crímenes de la calle Morgue (Graham's Magazine)
Un descenso al Maelström (Graham's Magazine)
La isla del hada (Graham's Magazine)
El coloquio de Monos y Una (Graham's Magazine)
Nunca apuestes tu cabeza al diablo (Graham's Magazine)
1842
Eleonora (The Gift for 1842)
Tres domingos por semana (Saturday Evening Post)
El retrato oval (Graham's Magazine)
La máscara de la muerte roja (Graham's Magazine)
El jardín paisaje (Snowden's Ladies' Companion)
El misterio de Marie Rogêt (Snowden's Ladies' Companion)
El pozo y el péndulo (The Gift: A Christmas and New Year's Present)
1843
El corazón delator (The Pioneer)
El escarabajo de oro (Dollar Newspaper)
El gato negro (United States Saturday Post)
El timo, considerado como una de las Ciencias Exactas (Philadelphia Saturday Courier)
1844
Los anteojos (Dollar Newspaper)
Cuento de las Montañas Escabrosas (Godey's Lady's Book)
El entierro prematuro (Dollar Newspaper)
Revelación mesmérica (Columbian Magazine)
La caja oblonga (Godey's Lady's Book)
El ángel de lo raro (Columbian Magazine)
Tú eres el hombre (Godey's Lady's Book)
Autobiografía literaria de Thingum Bob, Esq. (Southern Literary Messenger)

1845
La carta robada (The Gift: A Christmas and New Year's Present)
El cuento mil y dos de Scheherazade (Godey's Lady's Book)
Conversación con una momia (American Review: A Whig Journal)
El poder de las palabras (Democratic Review)
El demonio de la perversidad (Graham's Magazine)
El sistema del doctor Tarr y el profesor Fether (Graham's Magazine)
1846
La verdad sobre el caso del señor Valdemar (The American Review)
La esfinge (Arthur's Ladies Magazine)
El barril de amontillado (Godey's Lady's Book)
1847
El dominio de Arnheim (Columbian Lady's and Gentleman's Magazine)
1849
Mellonta Tauta (Flag of Our Union)
Hop-Frog (Flag of Our Union)
Von Kempelen y su descubrimiento (Flag of Our Union)
El párrafo de las "X" (Flag of Our Union)
La cabaña de Landor (Flag of Our Union)

ENSAYOS

El jugador de ajedrez de Maelzel (1836) Southern Literary Messenger
La filosofía del mueble (1840) Burton's Gentleman's Magazine)
Unas palabras sobre la escritura secreta (1841) Graham's Magazine
Mañana en el Wissahiccon (1844) The Opal
Filosofía de la composición (1846) Graham's Magazine
Eureka (1848)
Los fundamentos del verso (1848) Southern Literary Messenger
El principio poético (1848) Southern Literary Messenger
NOVELAS
Las aventuras de Arthur Gordon Pym (1838)
El diario de Julius Rodman (1840) — Incompleto

OBRAS TEATRALES

Politian (1836) — Incompleto

OTROS

El primer libro del conquiólogo (1839) — Un libro de textos sobre conchas marinas, al cual Poe
    prestó su nombre, a pesar de no haber escrito en él.
El camelo del globo (1844) — Un artículo de diario que era en realidad un engaño periodístico.
El faro (1849) Una obra incompleta que podría haber sido un cuento corto o una novela

RECOPILACIONES (se refiere solamente a aquellas publicadas en vida de Poe)

No se incluyen antologías modernas.
Tamerlane and Other Poems (1827)
Al Aaraaf, Tamerlane and Minor Poems (1829)
Poems (1831)
Tales of the Grotesque and Arabesque (1839)
The Prose Romances of Edgar A. Poe (1843)
Tales (1845)
The Raven and Other Poems (1845)

REFERENCIAS Y NOTAS

INTRODUCCIÓN

CRÉDITOS DE LAS FOTOGRAFÍAS E ILUSTRACIONES
INT-1. The Edgar Allan Poe Society of Baltimore.
INT-2. Getty Images.
INT-3. Archivo del autor.
INT-4. Cornell University Library.

CAPÍTULO 1

REFERENCIAS BIBLIOGRÁFICAS
N1. QUINN, Arthur Hobson. *Edgar Allan Poe: A Critical Biography.* Johns Hopkins University Press, 1998.
N2. MASSOC, Paloma; Tuelssa, José. *Colonialismo, trasiegos y dualidades: la fiebre amarilla.* Departamento de Enfermería Comunitaria, Medicina Preventiva y Salud Pública e Historia de la Ciencia. Universidad de Alicante. Octubre de 2007.
N3. LENNING, Walter. *E.A. Poe.* Salvat, 1985.
N4. WALTER, Georges. *Edgar Allan Poe, poeta americano.* Anaya & Mario Muchnik, 1995.
N5. LENNING, Walter. *E.A. Poe.* Salvat, 1985.
N6. WALTER, Georges. *Edgar Allan Poe, poeta americano.* Anaya & Mario Muchnik, 1995.
N7. MARTYNKEWICZ, Wolfang. *Edgar A. Poe.* Edaf, 2005.
N8. INGRAM, Juan H. *Edgardo Allan Poe. Su vida cartas y opiniones.* Jacob Peuser, 1887.
N9. SILVERMAN, Kenneth. *Edgar A. Poe: Mournful and Never-Ending Remembrance.* Harper Perennial, 1991.
N10. MARTYNKEWICZ, Wolfang. *Edgar A. Poe.* Edaf, 2005.
N11. ARAGÓN, Margarita Rigal. *La "verdad" sobre el caso del señor Edgar Poe.* Revista de Filología nº28, Univ. de Castilla-La Mancha, enero de 2010.
N12. WALTER, Georges. *Edgar Allan Poe, poeta americano.* Anaya & Mario Muchnik, 1995.
N13. ARCHER Susan. *The Home Life of Poe.* Broadway Publishing Co,1907.
N14. QUINN, Arthur Hobson. *Edgar Allan Poe: A Critical Biography.* Johns Hopkins University Press, 1998.
N15. WEISS, Susan Archer. *The Sister of Edgar A. Poe.* Continent, vol. III, no. 6, June 27, 1883.
N16. GAYLIN, David F. *Edgar Allan Poe's Baltimore.* Arcadia Publishing, 2015.
N17. GRADMANN, C. *Robert Koch and the white death: from tuberculosis to tuberculin.* Microbes, 2006.
N18. WALTER, Georges. *Edgar Allan Poe, poeta americano.* Anaya & Mario Muchnik, 1995.
N19. ARAGÓN, Margarita Rial. *La "verdad" sobre el caso del señor Edgar Poe.* Universidad de Castilla-La Mancha Revista de Filologia, 28. Enero, 2010.
N20. WALTER, Georges. *Edgar Allan Poe, poeta americano.* Anaya & Mario Muchnik, 1995.

OTRAS REFERENCIAS
BITTNER, William. *Poe: A Biography.* Little, Brown and Company, 1962.
CLARKE, Graham. *Edgar Allan Poe: Critical Assessments.* Helm Information, 1991.
CORTÁZAR, Julio. *Vida de Edgar Allan Poe. Introducción a E. A. POE.* Alianza, 1963.
LAVERTY, C. *Science and pseudo-science in the writings of Edgar Allan Poe.* Duke University, 1951.
MEYERS, Jeffrey. *Edgar Allan Poe: His Life and Legacy.* John Murray Publishers, 1992.
POWELL, Michael A. *Too Much Moran: Respecting the Death of Edgar Poe.* Rim University Press, 2009.

CRÉDITOS DE LAS FOTOGRAFÍAS E ILUSTRACIONES
1.1. Archivo del autor.
1.2. Wikimedia Commons.
1.3. Harry Ransom Center, The University of Texas at Austin.
1.4. Edgar Allan Poe House and Museum, Baltimore.
1.5. Archivo del autor.
1.6. Wikimedia Commons.
1.7. Archive.org.

CAPÍTULO 2

REFERENCIAS BIBLIOGRÁFICAS
N1. WALTER, Georges. *Edgar Allan Poe, poeta americano*. Anaya & Mario Muchnik, 1995.
N2. CORTÁZAR, Julio. *Obras en Prosa I. Cuentos de Poe*. Alianza Editorial, 1970.
N3. MARTÍNEZ MAZA, Clelia. *El esclavismo antiguo en los Estados Unidos del periodo antebellum (1780-1860)*. Gerión, nº 34, 2016.
N4. ALLEN, Hervey. *Israfel - The Life and Times of Edgar Allan Poe*. Saveth Press, 2008.
N5. JACOBSON, Timothy. *Heritage of the South*. Crescent, 1992.
N6. WALTER, Georges. *Edgar Allan Poe, poeta americano*. Anaya & Mario Muchnik, 1995.
N7. SILVERMAN, Kenneth. *Edgar A. Poe: Mournful and Never-Ending Remembrance*. Harper Perennial, 1991.
N8. ALLEN, Hervey, Israfel. *The Life and Times of Edgar Allan Poe*. George H. Doran, 1926.
N9. LENNING, Walter. *E.A. Poe*. Salvat, 1985.
N10. CORTÁZAR, Julio. *Edgar Allan Poe. Cuentos*. Alianza Editorial, 2002.
N11. MILLER, John C. *Building Poe Biography*. University Press, 1977.
N12. WALTER, Georges. *Edgar Allan Poe, poeta americano*. Anaya & Mario Muchnik, 1995.
N13. LENNING, Walter. *E.A. Poe*. Salvat, 1985.
N14. OSTROM, John Ward; BURTON R. Pollin. *The Collected Letters of Edgar Allan Poe*. Gordian Press, 2008.
N15. CLARKE, Graham. *Edgar Allan Poe: Critical Assessments*. Helm Information, 1991.
N16. Ibidem.
N17. LENNING, Walter. *E.A. Poe*. Salvat, 1985.
N18. MARTYNKEWICZ, Wolfang. *Edgar A. Poe*. Edaf, 2005.
N19. Ibidem.
N20. PHILLIPS Mary Elizabeth. *Edgar Allan Poe, the Man*. John C. Winston, 1926.
N21. BROOKS, Van Wyck *The World of Washington Irving*. Dent & *Dutton*, 1945.
N22. WALTER, Georges. *Edgar Allan Poe, poeta americano*. Anaya & Mario Muchnik, 1995.
N23. ALLEN, Hervey, Israfel. *The Life and Times of Edgar Allan Poe*. George H. Doran, 1926.
N24. INGRAM, Juan H. *Edgardo Allan Poe. Su vida cartas y opiniones*. Jacob Peuser, 1887.
N25. CORTÁZAR, Julio. *Obras en Prosa I. Cuentos de Poe*. Alianza Editorial, 1970.
N26. BROOKS, Van Wyck *The World of Washington Irving*. Dent & Dutton, 1945.
N27. INGRAM, Juan H. *Edgardo Allan Poe. Su vida cartas y opiniones*. Jacob Peuser, 1887.
N28. WALTER, Georges. *Edgar Allan Poe, poeta americano*. Anaya & Mario Muchnik, 1995.
N29. FERNANDÉZ, Juan Jose. *Byron, poeta y "tragamillas"*. El País, 26/08/1983.
N30. WALTER, Georges. *Edgar Allan Poe, poeta americano*. Anaya & Mario Muchnik, 1995.
N31. CLARKE, Graham. *Edgar Allan Poe: Critical Assessments*. Helm Information, 1991.
N32. CORTÁZAR, Julio. *Obras en Prosa I. Cuentos de Poe*. Alianza Editorial, 1970.
N33. INGRAM, Juan H. *Edgardo Allan Poe. Su vida cartas y opiniones*. Jacob Peuser, 1887.
N34. MORA, Luis Garcia. *Del caballero Dupin a Sherlock Holmes*. Prodavinci.com, 17/08/2020.
N35. WALTER, Georges. *Edgar Allan Poe, poeta americano*. Anaya & Mario Muchnik, 1995.
N36. ALLEN, Hervey. *The Works of Edgar Allan Poe*. Collier & Son, 1927.
N37. LENNING, Walter. *E.A. Poe*. Salvat, 1985.
N38. CLARKE, Graham. *Edgar Allan Poe: Critical Assessments*. Helm Information, 1991.
N39. SILVERMAN, Kenneth. *Edgar A. Poe: Mournful and Never-Ending Remembrance*. Harper Perennial, 1991.
N40. WALTER, Georges. *Edgar Allan Poe, poeta americano*. Anaya & Mario Muchnik, 1995.
N41. Ibidem.
N42. ACKROYD, Peter. *Poe: A Life Cut Short*. Chatto & Windus, 2008.

OTRAS REFERENCIAS
BITTNER, William. *Poe: A Biography*. Little, Brown and Company, 1962.
BONET, Salfont, J.M. *Science in Verne and Poe. The Pym case*. Métode Science Studies Journal, 2016.
LAVERTY, C. *Science and pseudo-science in the writings of Edgar Allan Poe*. Duke University, 1951.
MEYERS, Jeffrey. *Edgar Allan Poe: His Life and Legacy*. John Murray Publishers, 1992.
MORAN, Dr. John J. *A Defense of Edgar Allan Poe*, William F. Boogher, 1885.
POWELL, Michael A. *Too Much Moran: Respecting the Death of Edgar Poe*. Rim University Press, 2009.
QUINN, Arthur Hobson. *Edgar Allan Poe: A Critical Biography*. D. Appleton-Century Company, 1942.
WHALEN, Trence. *Edgar Allan Poe and the Masses*. Princeton University Press, 1999.

CRÉDITOS DE LAS FOTOGRAFÍAS E ILUSTRACIONES
2.1. The Cultural Landscape Foundation.
2.2. Library of Congress.
2.3. Archivo del autor.
2.4. Archive.org.
2.5. Archivo del autor.
2.6. Wikimedia Commons.
2.7. Wikimedia Commons.
2.8. Archivo del autor.
2.9. Archivo del autor.
2.10. Archive.org.

CAPÍTULO 3

REFERENCIAS BIBLIOGRÁFICAS
N1. LENNING, Walter. *E.A. Poe*. Salvat, 1985.
N2 CORTÁZAR, Julio. *Obras en Prosa I. Cuentos de Poe*. Alianza Editorial, 1970.
N3. FERNÁNDEZ, Xosé Fernández.*La Universidad de Virginia de Thomas Jefferson. Un modelo de tipología aquite-tonica*. UDC, 2012.
N4. WALTER, Georges. *Edgar Allan Poe, poeta americano*. Anaya & Mario Muchnik, 1995.
N5. ACKROYD, Peter. *Poe: A Life Cut Short*. Chatto & Windus, 2008.
N6. WALTER, Georges. *Edgar Allan Poe, poeta americano*. Anaya & Mario Muchnik, 1995.
N7. LENNING, Walter. *E.A. Poe*. Salvat, 1985.
N8. Ibidem.
N9. WALTER, Georges. *Edgar Allan Poe, poeta americano*. Anaya & Mario Muchnik, 1995.
N10. BONET, Salfont, J.M. *Science in Verne and Poe. The Pym case*. Métode Science Studies Journal, 2016.
N11. SILVERMAN, Kenneth. *Edgar A. Poe: Mournful and Never-Ending Remembrance*. Harper Perennial, 1991.
N12. LENNING, Walter. *E.A. Poe*. Salvat, 1985.
N13. SILVERMAN, Kenneth. *Edgar A. Poe: Mournful and Never-Ending Remembrance* - Harper Perennial, 1991.
N14. WALTER, Georges. *Edgar Allan Poe, poeta americano*. Anaya & Mario Muchnik, 1995.
N15. WHALEN, Trence. *Edgar Allan Poe and the Masses*. Princeton University Press, 1999.
N16. LENNING, Walter. *E.A. Poe*. Salvat, 1985.
N17. VILLATORO, Manuel P. *La absurda muerte del presidente Thomas Jefferson por una diarrea que duró 25 años*. El País, 18/08/2022.
N18. BRODIE, F.M. *Thomas Jefferson: an intimate history*. Nueva York: Norton & Company, 1974.
N19. WALTER, Georges. *Poe*. Anaya, 1995.
N20. LENNING, Walter. *E.A. Poe*. Salvat, 1985.
N21. CORTÁZAR, Julio. *Obras en Prosa I. Cuentos de Poe*. Alianza Editorial, 1970.
N22. LENNING, Walter. *E.A. Poe*. Salvat, 1985.
N23. WALTER, Georges. *Edgar Allan Poe, poeta americano*. Anaya & Mario Muchnik, 1995.
N24. OSTROM, John Ward Ostrom. *The Letters of Edgar Allan Poe*. Gordian Press, Inc, 1966.
N25. LENNING, Walter. *E.A. Poe*. Salvat, 1985.
N26. MARTYNKEWICZ, Wolfang. *Edgar A. Poe*. Edaf, 2005.
N27. LENNING, Walter. *E.A. Poe*. Salvat, 1985.
N28. WALTER, Georges. *Edgar Allan Poe, poeta americano*. Anaya & Mario Muchnik, 1995.
N29. Ibidem.
N30. MORAN, Dr. John J. *A Defense of Edgar Allan Poe*, William F. Boogher, 1885.
N31. OSTROM, John Ward Ostrom. *The Letters of Edgar Allan Poe*. Gordian Press, Inc, 1966.

OTRAS REFERENCIAS
BITTNER, William. *Poe: A Biography*. Little, Brown and Company, 1962.
ALLEN, Hervey, Israfel. *The Life and Times of Edgar Allan Poe*. George H. Doran, 1926.
CLARKE, Graham. *Edgar Allan Poe: Critical Assessments*. Helm Information, 1991.
MEYERS, Jeffrey. *Edgar Allan Poe: His Life and Legacy*. John Murray Publishers, 1992.
MORA, Dr. John J. *Official Memoranda of the Death of Edgar A. Poe*. New York Herald, 1875.
POWELL, Michael A. *Too Much Moran: Respecting the Death of Edgar Poe*. Rim University Press, 2009.
QUINN, Arthur Hobson. *Edgar Allan Poe: A Critical Biography*. D. Appleton-Century Company, 1942.

CRÉDITOS DE LAS FOTOGRAFÍAS E ILUSTRACIONES
3.1. Wikimedia Commons.
3.2. The Edgar Allan Poe Society of Baltimore.
3.3. Archivo del autor.
3.4. Archive.org.

CAPÍTULO 4

REFERENCIAS BIBLIOGRÁFICAS
N1. INGRAM, Juan H. *Edgardo Allan Poe. Su vida cartas y opiniones*. Jacob Peuser, 1887.
N2. SADURNÍ, J.M. *Barbanegra, el pirata más temido del Caribe*. National Geographic, 17/06/2020.
N3. WALTER, Georges. *Edgar Allan Poe, poeta americano*. Anaya & Mario Muchnik, 1995.
N4. LENNING, Walter. *E.A. Poe*. Salvat, 1985.
N5. OSTROM, John Ward Ostrom. *The Letters of Edgar Allan Poe*. Gordian Press, Inc, 1966.
N6. Ibidem
N7. CERVELLERA, Maria José Báguena. *La tuberculosis en ha historia*. Universitat de Valencia, 2011.
N8. DAY, Carolyn. *Consumptive Chic: A History of Fashion, Beauty and Diseas* . Bloomsbury , 2017.
N9. BRAVO, Eduardo. *En el siglo XIX la tuberculosis era chic y marcaba tendencia*. Revista Yorokubu, 09/10/2018.
N10. MORA, Dr. John J. *Official Memoranda of the Death of Edgar A. Poe*. New York Herald, 1875.
N11. WALTER, Georges. *Edgar Allan Poe, poeta americano*. Anaya & Mario Muchnik, 1995.

N12. ZHANG, Michael. *Here's what Edgar Allan Poe wrote about the birth of photography in 1840.* PetaPixel.com, 08/10/2015.

N13. SCHLATHER, Andrea E; GIERI, Paul; ROBINSON, Mike; CENTENO, Silvia A; MANJAVACAS, Alejandro. *Nineteenth-century nanotechnology: The plasmonic properties of daguerreotypes.* PNAS, junio de 2019.

N14. LAGE, Miguel Martínez. *Edgar Allan Poe. Cartas de un Poeta.* Editorial Grijalbo, 1992.

N15. LENNING, Walter. *E.A. Poe.* Salvat, 1985.

OTRAS REFERENCIAS

ALLEN, Hervey, Israfel. *The Life and Times of Edgar Allan Poe.* George H. Doran, 1926.

BITTNER, William. *Poe: A Biography.* Little, Brown and Company, 1962.

MEYERS, Jeffrey. *Edgar Allan Poe: His Life and Legacy.* John Murray Publishers, 1992.

MORAN, Dr. John J. *A Defense of Edgar Allan Poe,* William F. Boogher, 1885.

POWELL, Michael A. *Too Much Moran: Respecting the Death of Edgar Poe.* Rim University Press, 2009.

QUINN, Arthur Hobson. *Edgar Allan Poe: A Critical Biography.* D. Appleton-Century Company, 1942.

SILVERMAN, Kenneth. *Edgar A. Poe: Mournful and Never-Ending Remembrance.* Harper Perennial, 1991.

CRÉDITOS DE LAS FOTOGRAFÍAS E ILUSTRACIONES
4.1. The Edgar Allan Poe Society of Baltimore.
4.2. Wikimedia Commons.
43. Archivo del autor.
4.4. Archivo del autor.
4.5. The Edgar Allan Poe Society of Baltimore.
4.6. Wikimedia Commons.
4.7. Wikimedia Commons.
4.8. Archive.org.

CAPÍTULO 5

REFERENCIAS BIBLIOGRÁFICAS

N1. WALTER, Georges. *Edgar Allan Poe, poeta americano.* Anaya & Mario Muchnik, 1995.

N2. ACKROYD, Peter. *Poe: A Life Cut Short.* Chatto & Windus, 2008.

N3. CORTÁZAR, Julio. *Obras en Prosa I. Cuentos de Poe.* Alianza Editorial, 1970.

N4. Ibidem.

N5. OSTROM, John Ward Ostrom. *The Letters of Edgar Allan Poe.* Gordian Press, Inc, 1966.

N6. MARTYNKEWICZ, Wolfang. *Edgar A. Poe.* Edaf, 2005.

N7. ALLEN, Hervey, Israfel. *The Life and Times of Edgar Allan Poe.* George H. Doran, 1926.

N8. Ibidem.

N9. LENNING, Walter. *E.A. Poe.* Salvat, 1985.

N10. ESTAÑOL, Bruno. *Poe, el desamparado.* Revista de la Univ de México, Nº96, 2002.

N11. BOGOUSSLAVSKY, Julen. *Neurological Disorders in Famous Artists.* S. Karger, 2018.

N12. BERINGHELI, Sebastián. *Psícologia de Edgar Allan Poe.* Elespejogotico.blogspot.com, julio de 2013.

N13. QUINN, Arthur. *Edgar Allan Poe: A Critical Biography.* The Johns Hopkins University Press, 1998.

N14. SILVERMAN, Kennet. *Edgar A. Poe: Mournful and Never-ending Remembrance.* Harper Perennial, 1991.

N15. MARTYNKEWICZ, Wolfang. *Edgar A. Poe.* Edaf, 2005.

N16. SOSA, Manuel Canga. *Lectura de Metzengerstein: entre Poe y Vadim.* Trama y fondo: revista de cultura, Nº. 37, 2014

N17. ANARD, Mary Newton. *Edgar Allan Poe Letters Till Now Unpublished in the Valentine Museum, Richmond, Virginia.* J. B. Lippincott, 1925.

N18. BERINGHELI, Sebastián. *Bon Bon: Edgar Allan Poe; relato y análisis.* Elespejogotico.blogspot.com, junio de 2011.

N19. GONZÁLEZ, María Isabel Jiménez. *Fantasía y realidad en la literatura de ciencia ficción de Edgar Allan Poe.* Universidad de Castilla-La Mancha. Tesis Doctoral, 2013.

N20. WALTER, Georges. *Edgar Allan Poe, poeta americano.* Anaya & Mario Muchnik, 1995.

N21. MARTYNKEWICZ, Wolfang. *Edgar A. Poe.* Edaf, 2005.

N22. WALTER, Georges. *Edgar Allan Poe, poeta americano.* Anaya & Mario Muchnik, 1995.

N23. BERINGHELI, Sebastián. *«La cita»: Edgar Allan Poe; relato y análisis.* Elespejogotico.blogspot.com, septiembre de 2009.

N24. STANARD, Mary Newton. *Edgar Allan Poe Letters Till Now inéditas en el Valentine Museum, Richmond, Virginia.* J. B. Lippincott, 1925.

N25. CORTÁZAR, Julio. *Obras en Prosa I. Cuentos de Poe.* Alianza Editorial, 1970.

N26. Ibidem.

OTRAS REFERENCIAS

BITTNER, William. *Poe: A Biography.* Little, Brown and Company, 1962.

CLARKE, Graham. *Edgar Allan Poe: Critical Assessments.* Helm Information, 1991.

MEYERS, Jeffrey. *Edgar Allan Poe: His Life and Legacy.* John Murray Publishers, 1992.

QUINN, Arthur Hobson. *Edgar Allan Poe: A Critical Biography.* D. Appleton-Century Company, 1942.

CRÉDITOS DE LAS FOTOGRAFÍAS E ILUSTRACIONES
5.1. Archivo del autor.
52. Archivo del autor.
5.3. Archive.org.
5.4. The Edgar Allan Poe Society of Baltimore.
5.5. Archive.org.

CAPÍTULO 6

REFERENCIAS BIBLIOGRÁFICAS
N1. WILLIAMS, R. *Historia de la comunicación.* Bosch, 1992.
N2. PODHORCER, Sacha. BOQUET, Natalia ed. *Resumen y Análisis "Morella".* GradeSaver, 20/08/2020.
N3. GARZÓN, Alfredo Piquer. *Mujeres de Poe.* Revista Cultural, 15/11/2017.
N4. BERINGHELI, Sebastián. *La reencarnación en la obra de Poe.* Elespejogotico.blogspot.com, mayo de 2005.
N5. ARAGÓN, Margarita Rial. *La "verdad" sobre el caso del señor Edgar Poe.* Universidad de Castilla-La Mancha Revista de Filología, 28. Enero, 2010.
N6. SILVERMAN, Kenneth. *Edgar A. Poe: mournful and never-ending remembrance.* Harper Perennial, 1991.
N7. WEEKES, Karen. *Poe's Feminine Ideal.* Cambridge University Press, 2002.
N8. OSTROM, John Ward Ostrom. *The Letters of Edgar Allan Poe.* Gordian Press, Inc, 1966.
N9. MEYERS, Jeffrey. *Edgar Allan Poe: His Life and Legacy.* Cooper Square Press, 1992.
N10. WALTER, Georges. *Edgar Allan Poe, poeta americano.* Anaya & Mario Muchnik, 1995.
N11. WILSON, Edmund. *Crónica literaria.* Barral, 1972.
N12. LENNING, Walter. *E.A. Poe.* Salvat, 1985.
N13. KENNEDY, J. Gerald. *Poe, death, and the life of writing.* Yale University, 1987.
N14. MEYERS, Jeffrey. *Edgar Allan Poe: his life and legacy.* Cooper Square Press, 1992.
N15. BERINGHELI, Sebastián. *"Berenice". Edgar Allan Poe: relato y análisis.* Elespejogotico.blogspot.com, diciembre de 2007.
N16. GONZÁLEZ, María Isabel Jiménez. *Fantasía y realidad en la literatura de ciencia ficción de Edgar Allan Poe.* Universidad de Castilla-La Mancha. Tesis Doctoral, 2013.
N17. PICKOVER, Clifford A. *Muerte y el más allá.* Librero, 2019.
N18. GAMERO, Alejandro. *Los engaños de Edgar Allan Poe.*Lapiedradesisifo.com, 05/08/2013.
N19. GLEZ, Montero. *El asalto a los cielos como metáfora literaria.* El País, 24/02/2022.
N20. PALAZZESI, Ariel. *El gran fraude de la luna (1835).* Neoteo.com, 15/12/2018.
N21. GONZÁLEZ, María Isabel Jiménez. *Fantasía y realidad en la literatura de ciencia ficción de Edgar Allan Poe.* Universidad de Castilla-La Mancha. Tesis Doctoral, 2013.
N22. KOTOWICZ, Zbigniew. *The Strange case of Phineas Gage.* History of the Human Sciences, vol. 20, febrero de 2007.
N23. MACMILLAN, M. *Phineas Gage – Unravelling the myth The Psychologist.* British Psychological Society, marzo de 2008.
N24. SOVA, Dawn B. *Edgar Allan Poe, A to Z.* Checkmark Books, 2001.
N25. MARTYNKEWICZ, Wolfang. *Edgar A. Poe.* Edaf, 2005.
N26. SEOANE, Andrés. *Edgar Allan Poe, un crítico de pluma afilada.* El País, 23/10/2018.
N27. ALLEN, Hervey, Israfel. *The Life and Times of Edgar Allan Poe.* George H. Doran, 1926.

OTRAS REFERENCIAS
BITTNER, William. *Poe: A Biography.* Little, Brown and Company, 1962.
FRANK, Frederick S; MAGISTRALE, Anthony. *The Poe Encyclopedia.* Greenwood Press, 1997.
JONES, John Isaac. *A Quiet Madness: A Biographical Novel of Edgar Allan Poe.* John Isaac Jones, 2020.
MEYERS, Jeffrey. *Edgar Allan Poe: His Life and Legacy.* Cooper Square Press, 2000.
QUINN, Arthur Hobson. *Edgar Allan Poe: A Critical Biography.* D. Appleton-Century Company, 1942.
WAGENKNECHT, Edward. *Edgar Allan Poe: The Man Behind the Legend.* Lume Books, 2015.
WOODBERRY, George E. Edgar Allan Poe. Lume Books, 2017.

CRÉDITOS DE LAS FOTOGRAFÍAS E ILUSTRACIONES
6.1. The Project Gutenberg (Gutenberg.org).
6.2. Archivo del autor.
6.3. Wikimedia Commons.
6.4. Archivo del autor.
6.5. The Project Gutenberg (Gutenberg.org).
6.6. Archive.org.
6.7. The Project Gutenberg (Gutenberg.org).
6.8. Wikimedia Commons.
6.9. Wikimedia Commons.
6.10. Archive.org.

CAPÍTULO 7

REFERENCIAS BIBLIOGRÁFICAS

N1. LENNING, Walter. *E.A. Poe*. Salvat, 1985.

N2. WIMSATT, W.K. *Poe and the Chess Automaton*. University Press, 1993.

N3. GONZÁLEZ, María Isabel Jiménez. *Fantasía y realidad en la literatura de ciencia ficción de Edgar Allan Poe*. Universidad de Castilla-La Mancha. Tesis Doctoral, 2013.

N4. KRUTCH, Joseph Wood. *Edgar Allan Poe: A Study in Genius*. Alfred A. Knopf, 1926.

N5. NOEL, Daniel. *Magic 1400-1950s*. Taschen, 2015.

N6. ROUMANIS, A.R. *The Complete Science Fiction of Edgar Allan Poe*. SF Classic, 2014.

N7. GONZÁLEZ, María Isabel Jiménez. *Fantasía y realidad en la literatura de ciencia ficción de Edgar Allan Poe*. Universidad de Castilla-La Mancha. Tesis Doctoral, 2013.

N8. WALTER, Georges. *Edgar Allan Poe, poeta americano*. Anaya & Mario Muchnik, 1995.

N9. ARAGÓN, Margarita Rial. *La "verdad" sobre el caso del señor Edgar Poe*. Universidad de Castilla-La Mancha Revista de Filologia, 28. Enero, 2010.

N10. CORTÁZAR, Julio. *Prólogo de Narración de Arthur Gordon Pym. Alianza Editoria.*, 1979.

N11. RUIZA, M., Fernández, T. y Tamaro, E. *Resumen de Las aventuras de Arthur Gordon Pym, de Edgar Allan Poe*. Biografías y Vidas, 2004.

N12. TRINIDAD, Edorta. *El relato de Arthur Gordon Pym, Edgar Allan Poe: La muerte en el hielo, mi nombre en la roca*. Fabulantes.com, 11/12/13.

N13. MARISCAL, Óscar. *Nuestra señora de los hielos. Ficciones polares alrededor de la Narración de Arthur Gordon Pym*. Asociación Cultural Mentenebre, enero de 2014.

N14. CCOYLLO, Richard Rimachi. *La narración de Arthur Gordon Pym, de Edgar Allan Poe*. Contrafactica, 26/10/19.

N15. PLIMMER, Martin. *Beyond Coincidence: Amazing Stories of Coincidence and the Mystery and Mathematics Behind Them*. Thomas Dunne Books, 2015.

N16. GAMERO, Alejandro. *La desgracia que anticipó la novela de Edgar Allan Poe*. Lapiedradesisifo.com, 07/04/2015.

N17. WHALEN, Terence. *Poe and the American Publishing Industry. A Historical Guide to Edgar Allan Poe*. Oxford University Press, 2001.

N18. QUINN, Arthur Hobson. *Edgar Allan Poe: A Critical Biography*. Johns Hopkins University Press, 1988.

N19. WALTER, Georges. *Edgar Allan Poe, poeta americano*. Anaya & Mario Muchnik, 1995.

N20. GOULD, Stephen Jay. *Poe's Greatest Hit. Natural History*. CII, No. 7, July 1993.

N21. LIENHARD, John H. *Poe's Conchology. Engines of Our Ingenuity*. UH.edu, nº 1090.

N22. *La ciencia de Edgar Allan Poe*. CulturaCientifica.com, 07/05/2017.

N23. ALBERDI, Pilar. *Filosofía del mueble*. Casimiro, 01/04/2017.

N24. CORTÁZAR, Julio. *Obras en Prosa I. Cuentos de Poe*. Alianza Editorial, 1970.

N25. VELELLA, Rob. *El poeta de salón contra el cuervo en una batalla de estatuas literarias*. Atlas Obscura, 03/10/2014.

N26. BERINGHELI, Sebastián. *"La caída de la Casa Usher". Edgar Allan Poe: relato y análisis*. Elespejogotico.blogspot.com, julio de 2009.

N27. ONETTI, O. *Cinco "dobles" seductores de la literatura*. Medium.com, 16/12/2016.

OTRAS REFERENCIAS

BITTNER, William. *Poe: A Biography*. Little, Brown and Company, 1962.

FRANK, Frederick S; MAGISTRALE, Anthony. *The Poe Encyclopedia*. Greenwood Press, 1997.

HUTCHISSON, James M. *Poe*. University Press of Mississippi, 2005.

MEYERS, Jeffrey. *Edgar Allan Poe: His Life and Legacy*. John Murray Publishers, 1992.

MEYERS, Jeffrey. *Edgar Allan Poe: His Life and Legacy*. Cooper Square Press, 2000.

SOVA, Dawn B. *Edgar Allan Poe: A to Z*. Checkmark Books, 2001.WAGENKNECHT, Edward. *Edgar Allan Poe: The Man Behind the Legend*. Lume Books, 2015.

CRÉDITOS DE LAS FOTOGRAFÍAS E ILUSTRACIONES

7.1. Wikimedia Commons.
7.2. Wikimedia Commons.
7.3. Archivo del autor.
7.4. Archivo del autor.
7.5. Wikimedia Commons.
7.6. The Project Gutenberg (Gutenberg.org).
7.7. The Edgar Allan Poe Society of Baltimore.
7.8. Archivo del autor.
7.9. The Project Gutenberg (Gutenberg.org).
7.10. Archivo del autor.
7.11. The Project Gutenberg (Gutenberg.org).
7.12. The Edgar Allan Poe Society of Baltimore.
7.13. Archive.org.

CAPÍTULO 8

REFERENCIAS BIBLIOGRÁFICAS

N1. BERINGHELI, Sebastián. *"Ligea". Edgar Allan Poe: relato y análisis.* Elespejogotico.blogspot.com, febrero de 2008.
N2. LEVIN, Harris. *Notes from Underground.* Prentice-Hall, 1971.
N3. ACKROYD, Peter. *Poe: A Life Cut Short.* Chatto & Windus, 2008.
N4. WALTER, Georges. *Edgar Allan Poe, poeta americano.* Anaya & Mario Muchnik, 1995.
N5. ALLEN, Hervey, Israfel. *The Life and Times of Edgar Allan Poe.* George H. Doran, 1926.
N6. WALTER, Georges. *Edgar Allan Poe, poeta americano.* Anaya & Mario Muchnik, 1995.
N7. CLARKE, Graham. *Edgar Allan Poe: Critical Assessments.* Helm Information, 1991.
N8. QUINN, Arthur Hobson. *Edgar Allan Poe: A Critical Biography.* Johns Hopkins University Press, 1988.
N9. MILLÁS, Juan José. *El escarabajo de oro y otros cuentos.* Anaya, 1981.
N10. GAMERO, Alejandro. *El crimen que Edgar Allan Poe intentó resolver a través de la literatura.* Lapedradesisifo.com, 04/11/2014.
N11. HOPENHAYN, Silvia. *Vidas imaginarias / El detective de Poe. Auguste Dupin, el desenredador.* La Nación, 14/01/2011.
N12. MARTYNKEWICZ, Wolfang. *Edgar A. Poe.* Edaf, 2005.
N13. LENNING, Walter. *E.A. Poe.* Salvat, 1985.
N14. GAMERO, Alejandro. *Novelas que han inaugurado un género.* Lapedradesisifo.com, 04/11/2011.
N15. MARTIN, Arantxa Castillo. *Detectives de la ficción criminal (II): Arthur Conan Doyle.* Vavel.media, 02/06/2015.
N16. POE, Edgar Allan. *Los casos de monsieur Dupin.* Ediciones Abraxas, 2019.
N17. GONZÁLEZ, María Isabel Jiménez. *Fantasía y realidad en la literatura de ciencia ficción de Edgar Allan Poe.* Universidad de Castilla-La Mancha. Tesis Doctoral, 2013.
N18. QUINN, Arthur Hobson. *Edgar Allan Poe: A Critical Biography.* Johns Hopkins University Press, 1988.
N19. PHILLIPS, Mary E. *Edgar Allan Poe: The Man.* The John C. Winston Company, 1926.
N20. MÉNDEZ, Antonio. *Edgar Allan Poe – Eleonora.* AlohaCriticón.com.
N21. FISHER, Benjamin Franklin. *Eleonora: Poe and Madness.* The Edgar Allan Poe Society, 1990.
N22. BAUDELAIRE, Charles. *Edgar Allan Poe.* Fontamara, 2002.
N23. SILVERMAN, Kenneth. *Edgar A. Poe: Mournful and Never-Ending Remembrance.* Harper Perennial, 1991.
N24. WALTER, Georges. *Edgar Allan Poe, poeta americano.* Anaya & Mario Muchnik, 1995.
N25. BAYLESS, Joy. *Rufus Wilmot Griswold: Poe's Literary Executor:* Vanderbilt University Press. 1943.
N26. MOSS, Sidney P. *Poe's Literary Battles: The Critic in the Context of His Literary Milieu.* Southern Illinois University Press, 1969.
N27. FIGUERAS, Marcelo. *La maldición de Griswold.* Elcohetealaluna.com, 15/07/2018.
N28. CORTÁZAR, Julio. *Obras en Prosa I. Cuentos de Poe.* Alianza Editorial, 1970.
N29. PHILLIPS, Mary E. *Edgar Allan Poe: The Man.* The John C. Winston Company, 1926.
N30. GAMERO, Alejandro. *El insólito encuentro entre Charles Dickens y Edgar Allan Poe.* Lapiedradesisifo.com, 06/10/2015.
N31. MEYERS, Jeffrey. *Edgar Allan Poe: His Life and Legacy.* Cooper Square Press, 1992.
N32. MARTYNKEWICZ, Wolfang. *Edgar A. Poe.* Edaf, 2005.

OTRAS REFERENCIAS
BITTNER, William. *Poe: A Biography.* Little, Brown and Company, 1962.
BORGES, Jorge Luis. *El libro de los seres imaginarios.* Debolsillo, 2022.
CECILIA, Juan Herrero. *Figuras y significaciones del mito del doble en la literatura: teorías explicativas.* Çédille, revista de estudios franceses, 2011.
FRANK, Frederick S; MAGISTRALE, Anthony. *The Poe Encyclopedia.* Greenwood Press, 1997.
GAMERO, Alejandro. El día que el rey Humberto I conoció a su doble. Lapiedradesisifo.com, 23/01/2013.
GOMEZ, Pascual. *Desafío de cifrado de Poe.* Esascosas.com, 06/11/2014.
HUTCHISSON, James M. *Poe.* University Press of Mississippi, 2005.
JONES, John Isaac. *A Quiet Madness: A Biographical Novel of Edgar Allan Poe.* John Isaac Jones, 2020.
JOURDE, Pierre; TORONESE, Paolo Tortonese. *Visages du doublé: un thème littéraire.* Nathan, 1996.
MEYERS, Jeffrey. *Edgar Allan Poe: His Life and Legacy.* John Murray Publishers, 1992.
QUINN, Arthur Hobson, HART, Richard H. *Edgar Allan Poe: Letters and Documents in the Enoch Pratt.* Free Library, 1941.
THOMAS, Dwight, JACKSON, David K. *The Poe Log: A Documentary Life of Edgar Allan Poe 1809-1849.* G. K. Hall and Co., 1987.
WAGENKNECHT, Edward. *Edgar Allan Poe: The Man Behind the Legend.* Lume Books, 2015.

CRÉDITOS DE LAS FOTOGRAFÍAS E ILUSTRACIONES
8.1. The Project Gutenberg (Gutenberg.org).
8.2. National Archives Building.
8.3. Wikimedia Commons.
8.4. The Project Gutenberg (Gutenberg.org).
8.5. Archivo del autor.
8.6. The Project Gutenberg (Gutenberg.org).

8.7. Wikimedia Commons.
8.8. The Edgar Allan Poe Society of Baltimore.
8.9. The Edgar Allan Poe Society of Baltimore.
8.10. Archive.org.

CAPÍTULO 9

REFERENCIAS BIBLIOGRÁFICAS
N1. INGRAM, Juan H. *Edgardo Allan Poe. Su vida cartas y opiniones.* Jacob Peuser, 1887.
N2. LENNING, Walter. *E.A. Poe.* Salvat, 1985.
N3. MORA, Jaime G. *Escritores drogadictos.* ABC, 21/04/2017.
N4. BERINGHELI, Sebastián. *El retrato oval: Edgar Allan Poe.* Elespejogotico.blogspot.com, enero de 2008.
N5. MOSS, Sidney P. *Poe's Literary Battles: The Critic in the Context of His Milieu.* Southern University Press, (1969)
N6. WALTER, Georges. *Edgar Allan Poe, poeta americano.* Anaya & Mario Muchnik, 1995.
N7. CORTÁZAR, Julio. *Obras en Prosa I. Cuentos de Poe.* Alianza Editorial, 1970.
N8. MARTYNKEWICZ, Wolfang. *Edgar A. Poe.* Edaf, 2005.
N9. ESCALANTE, Antonio. *El corazón delator de Edgar Allan Poe - Genial y meticulosa locura.* Universoescritura.com, 28/07/2020.
N10. POE, Harry Lee. *Edgar Allan Poe: An Illustrated Companion to His Tell-Tale Stories.* Metro Books, 2008.
N11. QUINN, Arthur. *Edgar Allan Poe: A Critical Biography.* The Johns Hopkins University Press, 1998.
N12. MOSS, Sidney P. *Poe's Literary Battles: The Critic in the Context of His Milieu.* Southern University Press, (1969)
N13. WALTER, Georges. *Edgar Allan Poe, poeta americano.* Anaya & Mario Muchnik, 1995.
N14. Ibidem.
N15. KRUTCH, Joseph Wood. *Edgar Allan Poe: A Study in Genius.* Alfred A. Knopf, 1965.
N16. ARAGÓN, Margarita Rigal. *La "verdad" sobre el caso del señor Edgar Poe.* Revista de Filología nº28, Univ. de Castilla-La Mancha, enero de 2010.
N17. WALTER, Georges. *Edgar Allan Poe, poeta americano.* Anaya & Mario Muchnik, 1995.
N18. CORTÁZAR, Julio. *Obras en Prosa I. Cuentos de Poe.* Alianza Editorial, 1970.
N19. KRUTCH, Joseph Wood. *Edgar Allan Poe: A Study in Genius.* Alfred A. Knopf, 1965.
N20. CORTÁZAR, Julio. *Obras en Prosa I. Cuentos de Poe.* Alianza Editorial, 1970.
N21. CORTÁZAR, Julio. *Obras en Prosa I. Cuentos de Poe.* Alianza Editorial, 1970.
N22. FUENTES, Héctor. *Trece espeluznantes casos de personas enterradas vivas.* Guioteca.com, 29/05/2016.
N23. ELIO, Javier. *Salvados por la campana: el ingenioso ataúd con el que podías avisar de que te habían enterrado vivo.* El Español, 27/05/2019.
N24. LOPEZ, Alfred. *Destripando bulos: la expresión 'salvado por la campana' proviene del boxeo y no de ataúdes que llevaban una campana.* 20minutos.es, 03/10/2019.
N25. LOPEZ, Alfred. *Destripando bulos: la expresión 'salvado por la campana' proviene del boxeo y no de ataúdes que llevaban una campana.* 20minutos.es, 03/10/2019.
N26. CORTÁZAR, Julio. *Edgar Allan Poe: Obras en prosa.* Universidad de Puerto, 1969.
N27. BERINGHELI, Sebastián. *El demonio de lo perverso: Edgar Allan Poe; poema y análisis.* Elespejogotico.blogspot.com, septiembre de 2009.
N28. CUEVAS, Diego. *Marginalia: el arte de joder un libro.* Revista Jot Down, 02/06/2018
N29. ALLAN POE, Edgar. *Marginalia. Obras completas. Tomo II.* RBA Coleccionables, 2004.
N30. KRUTCH, Joseph Wood. *Edgar Allan Poe: A Study in Genius.* Alfred A. Knopf, 1965.

OTRAS REFERENCIAS
ACKROYD, Peter. *Poe: A Life Cut Short.* Chatto & Windus, 2008.
ALLEN, Hervey, Israfel. *The Life and Times of Edgar Allan Poe.* George H. Doran, 1926.
BITTNER, William. *Poe: A Biography.* Little, Brown and Company, 1962.
FRANK, Frederick S; MAGISTRALE, Anthony. *The Poe Encyclopedia.* Greenwood Press, 1997.
HUTCHISSON, James M. *Poe.* University Press of Mississippi, 2005.
KENNEDY, J. Gerald. *Poe, Death, and the Life of Writing.* Yale University Press, 1987.
MEYERS, Jeffrey. *Edgar Allan Poe: His Life and Legacy.* John Murray Publishers, 1992.
QUINN, Arthur Hobson. *Edgar Allan Poe: A Critical Biography.* D. Appleton-Century Company, 1942.
SILVERMAN, Kenneth. *Edgar A. Poe: Mournful and Never-Ending Remembrance.* Harper Perennial, 1991.
WAGENKNECHT, Edward. *Edgar Allan Poe: The Man Behind the Legend.* Lume Books, 2015.

CRÉDITOS DE LAS FOTOGRAFÍAS E ILUSTRACIONES
9.1. The Edgar Allan Poe Society of Baltimore.
9.2. Wikimedia Commons.
9.3. Encyclopedia Britannica.
9.4. The Project Gutenberg (Gutenberg.org).
9.5. The Project Gutenberg (Gutenberg.org).
9.6. The Edgar Allan Poe Society of Baltimore.
9.7. The Project Gutenberg (Gutenberg.org).
9.8. Archivo del autor.
9.9. Harry Ransom Center, The University of Texas at Austin.

9.10. Wikimedia Commons.
9.11. The Metropolitan Museum of Art.
9.12. The Project Gutenberg (Gutenberg.org).
9.13. The Edgar Allan Poe Society of Baltimore.
9.14. Wikimedia Commons.
9.15. Archive.org.
9.16. The Project Gutenberg (Gutenberg.org).
9.17. Archive.org.

CAPÍTULO 10

REFERENCIAS BIBLIOGRÁFICAS
N1. HOFFMAN, Daniel. *Poe*. Louisiana State University Press, 1998.
N2. GONZÁLEZ, María Isabel Jiménez. *Fantasía y realidad en la literatura de ciencia ficción de Edgar Allan Poe.* Universidad de Castilla-La Mancha. Tesis Doctoral, 2013.
N3. WALTER, Georges. *Edgar Allan Poe, poeta americano.* Anaya & Mario Muchnik, 1995.
N4. LENNING, Walter. *E.A. Poe.* Salvat, 1985.
N5. THOMAS, Dwight; JACKSON, David K. *The Poe Log: A Documentary Life of Edgar Allan Poe 1809–1849.* K. Hall & Co, 1987.
N6. BERINGHELI, Sebastián. *Psicología de Edgar Allan Poe.* Elespejogotico.blogspot.com, julio de 2013.
N7. IMAGINARIO, Andrea. *Poema El cuervo de Edgar Allan Poe.* CulturaGenial.com.
N8. Lipogramas, *literatura restrictiva y libros.* Curistoria.com, 06/06/2019.
N9. GAMERO, Alejandro. *El poema más famoso de Edgar Allan Poe se inspiró en una mascota de Charles Dickens.* Lapiedradesisifo.com, 16/09/2015.
N10. *The Poems of Edgar Allan Poe.* Edgar Allan Poe Society of Baltimore. 27 de abril de 2007.
N11. *The World's 50 Most Valuable Sports Teams 2020.* Forbes, 10/12/2020.
N12. CASADO, Edu. *Escudos y logos. Baltimore Ravens: un homenaje a Edgar Allan Poe.* 20minutos.es, 29/12/2017.
N13. BERINGHELI, Sebastián. *"Los hechos en el caso de M. Valdemar". Edgar Allan Poe: relato y análisis.* Elespejogotico.blogspot.com, enero de 2008.
N14. Ibidem.
N15. ANGULO, Eduardo. *La ciencia de Edgar Allan Poe.* CulturaCientifica.com, 07/05/2017.
N16. MARTYNKEWICK, Wolfgang. *Edgar Allan Poe.* Edaf, 2005.
N17. HOFFMAN, Daniel. *Poe.* Louisiana State University Press, 1998.
N18. LENNING, Walter. *E.A. Poe.* Salvat, 1985.

OTRAS REFERENCIAS
ALLEN, Hervey, Israfel. *The Life and Times of Edgar Allan Poe.* George H. Doran, 1926.
BITTNER, William. *Poe: A Biography.* Little, Brown and Company, 1962.
FRANK, Frederick S; MAGISTRALE, Anthony. *The Poe Encyclopedia.* Greenwood Press, 1997.
HUTCHISSON, James M. *Poe.* University Press of Mississippi, 2005.
KENNEDY, J. Gerald. *Poe, Death, and the Life of Writing.* Yale University Press, 1987.
MEYERS, Jeffrey. *Edgar Allan Poe: His Life and Legacy.* Cooper Square Press, 2000.
QUINN, Arthur Hobson. *Edgar Allan Poe: A Critical Biography.* D. Appleton-Century Company, 1942.
SILVERMAN, Kenneth. *Edgar A. Poe: Mournful and Never-Ending Remembrance.* Harper Perennial, 1991.

CRÉDITOS DE LAS FOTOGRAFÍAS E ILUSTRACIONES
10.1. The Edgar Allan Poe Society of Baltimore.
10.2. British Portraits.
10.3. FreeLibrary.org.
10.4. Archivo del autor.
10.5. Wikimedia Commons.
10.6. The Project Gutenberg (Gutenberg.org).
10.7. Wikimedia Commons.
10.8. University of California Libraries.

CAPÍTULO 11

REFERENCIAS BIBLIOGRÁFICAS
N1. BERINGHELI, Sebastián. *¿Deseas que te amen? Poema de Edgar Allan Poe dedicado a Fanny Osgood.* Elespejogotico.blogspot.com, abril de 2008.
N2. GARCIA, Micalea. *El amor de Edgar Allan Poe y la poetisa Frances S. Osgood.* Revista Hermeneuta, 13/05/2022.
N3. MOSS, Sidney P. *Poe's Literary Battles: The Critic in the Context of His Milieu.* Southern University Press, 1969.
N4. MEYERS, Jeffrey. *Edgar Allan Poe: His Life and Legacy.* Square Press, 1992.
N5. LENNING, Walter. *E.A. Poe.* Salvat, 1985.
N6. Edgar Allan Poe Society of Baltimore - Works - Letters - Poe to R. W. Griswold (LTR190/RCL517)
N7. CORTÁZAR, Julio. *Obras en Prosa I. Cuentos de Poe.* Alianza Editorial, 1970.
N8. Ibidem.

N9. MARTYNKEWICK, Wolfgang. *Edgar Allan Poe*. Edaf, 2005.

N10. LENNING, Walter. *E.A. Poe*. Salvat, 1985.

N11. RUST, Richard D. *Punish with Impunity: Poe, Thomas Dunn English and The Cask of Amontillado*. The Edgar Allan Poe Review, Vol. II, Issue 2. St. Joseph's University, 2001.

N12. MOSS, Sidney P. *Poe's Literary Battles: The Critic in the Context of His Literary Milieu*. University Press, 1969

N13. CORTÁZAR, Julio. *Obras en Prosa I. Cuentos de Poe*. Alianza Editorial, 1970.

N14. Ibidem.

N15. KRUTCH, Joseph Wood. *Edgar Allan Poe: A Study in Genius*. Alfred A. Knopf, 1965.

N16. HOFFMAN, Daniel. *Poe*. Louisiana State University Press, 1998.

N17. SILVERMAN, Kenneth. *Edgar A. Poe: Mournful and Never-ending Remembrance*. Harper Perennial, 1991.

N18. LENNING, Walter. *E.A. Poe*. Salvat, 1985.

N19. WALTER, Georges. *Edgar Allan Poe, poeta americano*. Anaya & Mario Muchnik, 1995.

N20. CORTÁZAR, Julio. *Obras en Prosa I. Cuentos de Poe*. Alianza Editorial, 1970.

N21. THOMAS, Dwight, JACKSON, David K. *The Poe Log: A Documentary Life of Edgar Allan Poe 1809-1849*. G. K. Hall and Co., 1987.

N22. WAGENKNECHT, Edward. *Edgar Allan Poe: The Man Behind the Legend*. Lume Books, 2015.

N23. MEYERS, Jeffrey. *Edgar Allan Poe: His Life and Legacy*. John Murray Publishers, 1992.

N24. BERINGHELI, Sebastián. *Edgar Allan Poe y Virginia Clemm: una historia de amor*. Elespejogotico.blogspot. com, 01/12/2011.

N25. QUINN, Arthur Hobson. *Edgar Allan Poe: A Critical Biography*. Johns Hopkins University Press, 1988.

N26. BERINGHELI, Sebastián. *Las campanas: Edgar Allan Poe; poema y análisis*. Elespejogotico.blogspot.com, julio de 2013.

N27. MCNAMARA, Pat. *Edgar Allan Poe and the Jesuits*. Patheos.com, 31/10/2011.

N28. BAUDELAIRE, Charles. *Edgar Allan Poe*. Fontamara, 2002.

OTRAS REFERENCIAS

ACKROYD, Peter. *Poe: A Life Cut Short*. Chatto & Windus, 2008.

ALLEN, Hervey, Israfel. *The Life and Times of Edgar Allan Poe*. George H. Doran, 1926.

BITTNER, William. *Poe: A Biography*. Little, Brown and Company, 1962.

CORTÁZAR, Julio. *Vida de Edgar Allan Poe. Introducción a E. A. POE*. Alianza, 1963.

HUTCHISSON, James M. *Poe*. University Press of Mississippi, 2005.

LAVERTY, C. *Science and pseudo-science in the writings of Edgar Allan Poe*. Duke University, 1951.

MARTYNKEWICK, Wolfgang. *Edgar Allan Poe*. Edaf, 2005.

MEYERS, Jeffrey. *Edgar Allan Poe: His Life and Legacy*. Cooper Square Press, 2000.

MORA, Dr. John J. *Official Memoranda of the Death of Edgar A. Poe*. New York Herald, 1875.

CRÉDITOS DE LAS FOTOGRAFÍAS E ILUSTRACIONES

11.1. Wikimedia Commons.

11.2. The Project Gutenberg (Gutenberg.org).

11.3. Wikimedia Commons.

11.4. The Edgar Allan Poe Society of Baltimore.

11.5. The Edgar Allan Poe Society of Baltimore.

11.6. Archive.org.

CAPÍTULO 12

REFERENCIAS BIBLIOGRÁFICAS

N1. WALTER, Georges. *Edgar Allan Poe, poeta americano*. Anaya & Mario Muchnik, 1995.

N2. MUNNSHE, Jorge. *El universo según Edgar Allan Poe*. Revista Ingenierias, julio-septiembre 2000, vol III, n° 8

N3. MILLÁN, Víctor. *Edgar Allan Poe, cosmólogo: la inesperada cara científica del poeta*. Hipertextual.com, 18/08/2018.

N4. ARAGÓN, Margarita Rial. *La "verdad" sobre el caso del señor Edgar Poe*. Universidad de Castilla-La Mancha Revista de Filologia, 28. Enero, 2010.

N5. CORTÁZAR, Julio. *Bicentenario de Poe*. 15/02/2019.

N6. CORTÁZAR, Julio. *Obras en Prosa I. Cuentos de Poe*. Alianza Editorial, 1970.

N7. MEYERS, Jeffrey. *Edgar Allan Poe: His Life and Legacy*. Cooper Square Press, 1992.

N8. WALTER, Georges. *Edgar Allan Poe, poeta americano*. Anaya & Mario Muchnik, 1995.

N9. SILVERMAN, Kenneth. *Edgar A. Poe: Mournful and Never-ending Remembrance*. Harper Perennial, 1991.

N10. WALTER, Georges. *Edgar Allan Poe, poeta americano*. Anaya & Mario Muchnik, 1995.

N11. LAGE, Miguel Martínez. *Edgar Allan Poe. Cartas de un Poeta*. Editorial Grijalbo, 1992.

N12. Ibidem.

N13. LENNING, Walter. *E.A. Poe*. Salvat, 1985.

N14. WALTER, Georges. *Edgar Allan Poe, poeta americano*. Anaya & Mario Muchnik, 1995.

N15. BLAKEMORE. Erin. *Edgar Allan Poe and the Power of a Portrait*. Daily Jstor, 13/02/2017.

N16. JONES, Jonathan ¿Por qué la gente no sonríe en las fotos antiguas? El País, 11/09/2015.

N17. CORTÁZAR, Julio. *Obras en Prosa I. Cuentos de Poe*. Alianza Editorial, 1970.

N18. LENNING, Walter. *E.A. Poe*. Salvat, 1985.

N19. MARTYNKEWICZ, Wolfang. *Edgar A. Poe*. Edaf, 2005.

N20. AYN, Emilio Olcina. *Edgar Allan Poe*. Fontamara, 2002.

N21. VILLAROEL, Alejandra. *CHARLES BAUDELAIRE*. Revista Bifurcaciones, 15/03/2006.

N22. PLEGUEZUELOS, Rafael Luiz. *Baudelaire & Poe*, Ltd. JotDown.es, 02/02/2017.

N23. MUSCILLO, Adriana. *200 años de Baudelaire: ¿por qué fue el primer poeta maldito?* Clarín, 09/04/2021.

N24. DEL VALLE, L. T. G. *La canonización del diablo: Baudelaire y la estética moderna en España*. Verbum, 2002.

N25. TATTO, Ricardo E. *Poe o la sombra del maldistismo*. Revista Yaconic, 19/10/2016.

OTRAS REFERENCIAS

ACKROYD, Peter. *Poe: A Life Cut Short*. Chatto & Windus, 2008.

ALLEN, Hervey, Israfel. *The Life and Times of Edgar Allan Poe*. George H. Doran, 1926.

BITTNER, William. *Poe: A Biography*. Little, Brown and Company, 1962.

BONET, Salfont, J.M. *Science in Verne and Poe. The Pym case*. Métode Science Studies Journal, 2016.

CLARKE, Graham. *Edgar Allan Poe: Critical Assessments*. Helm Information, 1991.

CORTÁZAR, Julio. *Vida de Edgar Allan Poe. Introducción a E. A. POE*. Alianza, 1963.

GONZÁLEZ, Jiménez. *Fantasía y realidad en la literatura de ciencia ficción de Edgar Allan Poe*. Univ. de Castilla-La Mancha, 2013.

HUTCHISSON, James M. *Poe*. University Press of Mississippi, 2005.

LAVERTY, C. *Science and pseudo-science in the writings of Edgar Allan Poe*. Duke University, 1951.

MARTYNKEWICK, Wolfgang. *Edgar Allan Poe*. Edaf, 2005.

MEYERS, Jeffrey. *Edgar Allan Poe: His Life and Legacy*. John Murray Publishers, 1992.

MORA, Dr. John J. *Official Memoranda of the Death of Edgar A. Poe*. New York Herald, 1875.

MORAN, Dr. John J. *A Defense of Edgar Allan Poe*, William F. Boogher, 1885.

POWELL, Michael A. *Too Much Moran: Respecting the Death of Edgar Poe*. Rim University Press, 2009.

QUINN, Arthur Hobson. *Edgar Allan Poe: A Critical Biography*. D. Appleton-Century Company, 1942.

QUINN, Arthur Hobson, HART, Richard H. *Edgar Allan Poe: Letters and Documents in the Enoch Pratt*. Free Library, 1941.

SILVERMAN, Kenneth. *Edgar A. Poe: Mournful and Never-Ending Remembrance*. Harper Perennial, 1991.

THOMAS, Dwight, JACKSON, David K. *The Poe Log: A Documentary Life of Edgar Allan Poe 1809-1849*. G. K. Hall and Co., 1987.

WHALEN, Trence. *Edgar Allan Poe and the Masses*. Princeton University Press, 1999.

JONES, John Isaac. *A Quiet Madness: A Biographical Novel of Edgar Allan Poe*. John Isaac Jones, 2020.

MEYERS, Jeffrey. *Edgar Allan Poe: His Life and Legacy*. Cooper Square Press, 2000.

WAGENKNECHT, Edward. *Edgar Allan Poe: The Man Behind the Legend*. Lume Books, 2015.

CRÉDITOS DE LAS FOTOGRAFÍAS E ILUSTRACIONES

12.1. The Edgar Allan Poe Society of Baltimore.

12.2. Archivo del autor.

12.3. Wikimedia Commons.

12.4. Archive.org.

CAPÍTULO 13

REFERENCIAS BIBLIOGRÁFICAS

N1. CORTÁZAR, Julio (1969). Edgar Allan Poe: Obras en prosa. Vol. 2. Universidad de Puerto Rico, 1969.

N2. KENNEDY, J. Gerald. Poe, Death, and the Life of Writing. Yale University Press, 1987.

N3. QUINN, Arthur Hobson. *Edgar Allan Poe: A Critical Biography*. Johns Hopkins University Press, 1998.

N4. SILVERMAN, Kenneth. *Edgar A. Poe: Mournful and Never-Ending Remembrance*. Harper Perennial, 1991.

N5. LAGE, Miguel Martínez. Edgar Allan Poe. Cartas de un Poeta. Editorial Grijalbo, 1992.

N6. GAMERO, Alejandro. Los engaños de Edgar Allan Poe.Lapiedradesisifo.com, 05/08/2013.

N7. MARTÍN, Félix. Edgar Allan Poe: Conspirador magistral. Letras Universales, 1988.

N8. MARTYNKEWICZ, Wolfang. *Edgar A. Poe*. Edaf, 2005.

N9. HUTCHISSON, James M. Poe. The University Press of Mississippi, 2005.

N10. BERINGHELI, Sebastián. *¿Quén fue Annabel Lee. La mujerdestrás del poema de Edgar Allan Poe*. Elespejogotico. blogspot.com, diciembre de 2007.

N11. BERINGHELI, Sebastián. *¿Quén fue Annabel Lee. La mujerdestrás del poema de Edgar Allan Poe*. Elespejogotico. blogspot.com, diciembre de 2007.

N12. HARRISON, James A. The Life of Edgar Allan Poe. T. Y. Crowell, 1902.

N13. HUTCHISSON, James M. Poe. The University Press of Mississippi, 2005

N14. LENNING, Walter. *E.A. Poe*. Salvat, 1985.

N15. HARRISON, James A. The Life of Edgar Allan Poe. T. Y. Crowell, 1902.

N16. WALTER, Georges. *Edgar Allan Poe, poeta americano*. Anaya & Mario Muchnik, 1995.

N17. GÓMEZ DE LA SERNA, Ramón. Edgar Poe: El genio de América. Losada, 1953.

N18. MEYERS, Jeffrey. Edgar Allan Poe: His Life and Legacy. Cooper Square Press, 1992.

N19. *PHILLIPS, Mary E (1926). Edgar Allan Poe: The Man. Chicago: The John C. Winston Company*.

N20. WALTER, Georges. *Edgar Allan Poe, poeta americano*. Anaya & Mario Muchnik, 1995. Testimonio del poeta Walt Whitman.

OTRAS REFERENCIAS

ACKROYD, Peter. *Poe: A Life Cut Short*. Chatto & Windus, 2008.
ALLEN, Hervey, Israfel. *The Life and Times of Edgar Allan Poe*. George H. Doran, 1926.
BADEULAIRE, Charles. *Edgar A Poe: su vida y sus obras*. Editorial Aguilar, 1964.
BAZIL, C. *Seizures in the life and works of Edgar Allan Poe*. Arch Neurol 1999.
BITTNER, William. *Poe: A Biography*. Little, Brown and Company, 1962.
HUTCHISSON, James M. *Poe*. University Press of Mississippi, 2005.
JONES, John Isaac. *A Quiet Madness: A Biographical Novel of Edgar Allan Poe*. John Isaac Jones, 2020.
MEYERS, Jeffrey. *Edgar Allan Poe: His Life and Legacy*. Cooper Square Press, 2000.
PATTERSON, R. Once upon a midnight dreary: the life and addictions of Edgar Allan Poe. Can Med Assoc J 1992; 147: 1246-8.
PEARL, M. *La sombra de Poe*. Barcelona: Editorial Seix Barral, 2006.
REYES A. *Edgar Allan Poe: el poeta de las pesadillas*. Hyperion Ediciones, 2006.
SILVERMAN, Kenneth. *Edgar A. Poe: Mournful and Never-Ending Remembrance*. Harper Perennial, 1991.
WAGENKNECHT, Edward. *Edgar Allan Poe: The Man Behind the Legend*. Lume Books, 2015.

CRÉDITOS DE LAS FOTOGRAFÍAS E ILUSTRACIONES

13.1. The Edgar Allan Poe Society of Baltimore.
13.2. Library of Congress.
13.3. The Edgar Allan Poe Society of Baltimore.
13.4. The Edgar Allan Poe Society of Baltimore.
13.5. Wikimedia Commons.
13.6. Wikimedia Commons.
13.7. Archivo del autor.
13.6. Archive.org.

EPÍLOGO

REFERENCIAS BIBLIOGRÁFICAS

N1. Edgar Allan Poe Society of Baltimore - Bookshelf - *Death of Edgar A. Poe* (R. W. Griswold, 1849).
N2. MORA, Dr. John J. *Official Memoranda of the Death of Edgar A. Poe*. New York Herald, 1875.
N3. ARAGÓN, Margarita Rial. *La "verdad" sobre el caso del señor Edgar Poe*. Universidad de Castilla-La Mancha Revista de Filología, 28. Enero, 2010.
N4. JACKSON, David Kelly; THOMAS, Dwight. *The Poe Log: A Documentary Life of Edgar Allen Poe*, 1809-1849. G. K. Hall & Co, 1987.
N5. FIGUERAS, Marcelo. *La maldición de Griswold*. Elcohetealaluna.com, 15/07/2018.
N6. GAMERO, Alejandro. *9 teorías para explicar la muerte de Edgar Allan Poe*. Lapiedradesisifo.com, 22/10/2014
N7. MEYERS, Jeffrey. Edgar Allan Poe: *His Life and Legacy*. John Murray Publishers, 1992.
N8. ACKROYD, Peter. Poe: *A Life Cut Short*. Chatto & Windus, 2008.

OTRAS REFERENCIAS

QUINN, Arthur Hobson. *Edgar Allan Poe: A Critical Biography*. D. Appleton-Century Company, 1942.
SILVERMAN, Kenneth. *Edgar A. Poe: Mournful and Never-Ending Remembrance*. Harper Perennial, 1991.

CRÉDITOS DE LAS FOTOGRAFÍAS E ILUSTRACIONES

EP1. Library of Congress.
EP2. Wikimedia Commons.
EP3. The Edgar Allan Poe Society of Baltimore.
EP4. Wikimedia Commons.
EP5. The Edgar Allan Poe Society of Baltimore.
EP6. The Edgar Allan Poe Society of Baltimore.
EP7. Wikimedia Commons.
EP8. Wikimedia Commons.
EP9. Archivo del autor.

APÉNDICE A

REFERENCIAS BIBLIOGRÁFICAS

Edgar Allan Poe Society (2007). "The Baltimore Poe House and Museum"

CRÉDITOS DE LAS FOTOGRAFÍAS E ILUSTRACIONES

AP.1 / AP.12. The Project Gutenberg (Gutenberg.org).
AP.13. Encyclopedia Britannica

CUADERNILLO
The Project Gutenberg (Gutenberg.org).